近代沖縄教育と「沖縄人」意識の行方

——沖縄県教育会機関誌『琉球教育』『沖縄教育』の研究——

照屋 信治
TERUYA Shinji

溪水社

【扉画像】儀間真常墓前の親泊朝擢（『沖縄教育』
復刻第 4 巻、第 64 号口絵写真、不二出版）

目次

序章
一．本書の課題……3
二．研究の対象……9
三．先行研究の検討と本書の視点……16
四．本書の構成、限界、用語……30

第一章　日清戦争後における沖縄教育論の形成
―『琉球教育』における新田義尊の編集とそれへの対応―
はじめに……42
第一節　新田義尊の沖縄教育論とその役割……44
（一）新田義尊の沖縄教育論　44
（二）新田義尊の論と現実との乖離、およびその役割　53
第二節　新田義尊への対応……56
（一）「読み替え」　56
（二）「ズラシ」（親泊朝擢）　59
第三節　『琉球教育』の構成とその変化……66

第四節　「彙報」欄に映し出された沖縄社会……74
第五節　「学術」「教授と訓練」欄における沖縄の歴史・文化・言語……80
（一）その概要　80
（二）「学術」「教授と訓練」欄での沖縄の歴史・文化の扱い　83
（三）「教授と訓練」欄における沖縄の言葉の扱い　88
小　括……93

第二章　一九〇〇年前後の沖縄県教育会の内と外
―太田朝敷の「新沖縄」構想―

はじめに……105
第一節　「クシャミ発言」の背景……109
第二節　『琉球教育』誌上の太田朝敷……113
第三節　太田朝敷の「新沖縄」と新たな「共同」性・「公共」性……117
第四節　琉球樽金（『琉球新報』）と「沖縄太郎金（おちなはたるがにー）」（『琉球教育』）の論争……121
小　括……125

第三章　一九一〇年代の『沖縄教育』誌上の「新人世代」の言論
―親泊朝擢の編集期を中心に―

はじめに……129

第一節　一九一〇年代の沖縄教育をとりまく状況……133
第二節　親泊朝擢の編集担当就任の経緯……139
（一）親泊朝擢の就任　139
（二）『沖縄教育』への改題と代議員制の議論　141
第三節　親泊朝擢の編集担当期の『沖縄教育』……143
（一）全般的論調　143
（二）「沖縄民族」意識と歴史教育の強調　147
（三）普通語の励行をめぐる問題　153
（四）親泊朝擢の「辞職」とその後　158
小　括……160

第四章　一九二〇年代から一九三〇年代初頭における「県文化運動の機関」誌への志向
―又吉康和・国吉真哲・比嘉重徳の編集期を中心に―

はじめに……169
第一節　法制的次元の同一化の完了と沖縄人の参入……173
第二節　誌面の概観……184
第三節　編集担当者時期ごとの動向と特徴……189
（一）又吉康和・国吉真哲編集期　189

（二）比嘉重徳・島袋源一郎編集担当期　194
第四節　新たな教育思想の流入とその展開……196
（一）大正自由教育と沖縄の言葉の取扱　196
（二）プロレタリア教育とソテツ地獄　198
小　括……202

第五章　一九三〇年代における「郷土」の把握
―島袋源一郎の編集期を中心に―
はじめに……208
第一節　島袋源一郎の編集と活動……210
（一）国語問題特集号　211
（二）改姓改名運動　213
第二節　郷土教育の先行研究と沖縄における争点……215
第三節　『沖縄教育』郷土史特集号と様々な議論……219
第四節　豊川善曄の「魂のルネッサンス」と沖縄救済論……225
第五節　様々な沖縄救済策と豊川の独自性……228
第六節　豊川の「沖縄人」意識と「同化」観……236
小　括……240

第六章　総力戦体制下における「沖縄方言論争」とその帰結
―有銘興昭の編集期を中心に―
はじめに……248
第一節　各論者の主張……252
第二節　標準語励行の方法をめぐる議論とその政治的意味合い……256
第三節　「混用」による「公」「私」の解体と新たな秩序の渇望……263
第四節　方言論争にみる「沖縄人」意識の様態……270
第五節　方言論争以降の展開……276
小　括……282

終　章
一．「編集権」に着目した本書の要約……292
二．歴史認識をめぐる抗争……298
三．言語認識をめぐる抗争……301
四．今後の課題……306

文献目録……311
あとがき……323
索引……336
(1)

近代沖縄教育と「沖縄人」意識の行方

――沖縄県教育会機関誌『琉球教育』『沖縄教育』の研究――

序章

一．本書の課題

一八七九年の「琉球処分」をもって琉球国（琉球藩）は解体され、日本に編入され、沖縄県としての歴史がはじまることになる。その後、一八九五年の日清戦争における日本の勝利により、沖縄の帰属問題の方向性が定まり、沖縄を日本へと統合する諸改革が政治経済文化の諸分野ではじまる。そのようななかでいち早く着手された教育もまた、日本の政府による強権のもとで普及したものであり、「大和」（「内地」「本土」に対する沖縄側の呼称、本書では「大和」と称する）よりもたらされた近代学校といえる側面を強く有していた。そのような学校を、沖縄人教師たちが、どのように自らの教育理念を実現しえる場へと変容させようとし、どのような結末をたどったのであろうか。

本書の課題は、沖縄県教育会機関誌『琉球教育』（一八九五〜一九〇六年）およびその後継誌『沖縄教育』（一九〇六〜一九四四年？）を分析し、沖縄人教師が自らの社会や歴史をどのように理解し、沖縄の文化・言語などの未来像をどのように構想したのかを明らかにすることである。教育とは自らの所属する社会の将来を創造しようとする営みでもあるから、そこではその社会を支える主体の将来が論じられ、その思想や意識が露わとなる。「同化」「皇民化」と形容されてきた近代沖縄教育のなかで、沖縄に生きる人々の意識（「沖縄人」意識）はどのような変容をたどったのであろうか。沖縄教育に対する認識とそれをめぐる葛藤を描くことは、そこから立ち上がる「沖縄人」意識を描くことにもなる。そして、近代沖縄の教師たちが大和よりもたらされた近代学校をどのように受け止め、どのようにして自らのものとしてゆこうとしたのか、その主体的な営為を描くことになる。本書では、以下に記すとおり、教育会を「抗争・葛藤の舞台」として捉える視点、および「沖縄人」意識を流動的・可変的なものとして捉える視点から、そのような課題を追求したい。

そのような課題設定の理由を述べるにあたり、ひとつの史料を提示することからはじめたい。次の史料は、一九三三年の二月に刊行された『沖縄教育』の「郷土史特集号」に掲載された沖縄県立第三中学校教頭の豊川善曄の「魂のルネッサンス」という論考の一部である。この沖縄人教師は、沖縄の歴史を教える意義を次のように論じている。

> 沖縄郷土史教授の骨子は何かときかれたら私は「魂の振興である」と答へたい。薩摩入以来抑へつけられて萎縮してゐた我々の民族魂を解放して元の通り元気よく活動させるにあると云ひたい（中略）今日の状態は如何、溌剌たる往事の面影は何処にかある、これ皆同化〳〵といつて角を矯めて民族魂を殺した為めである。吾々は尚真王時代に一大飛躍をなし又蔡温時代に黙々として牛の如く働いて来た過去の民族魂が目を覚まし新沖縄建設の原動力となる時に至らざれば本県は救われないと信づる。郷土史は吾々の失は

れた精神を呼び起こし自力更生の力とならしめるものである。(1)

一九二〇年代から三〇年代初頭の不況のなか、沖縄は、糖価の暴落を契機とした極度の生活難に直面していた。日々の食料にも事欠き、毒性の蘇鉄（ソテツ）を食さざるをえずに中毒死する者まで現れ、「ソテツ地獄」と形容される惨状を呈した。そのような危機的な状況のなか、疲弊した沖縄経済を立て直し、沖縄の人々の精神を鼓舞しようとする郷土教育の実践が行われていたのである。豊川善曄は、沖縄郷土史の骨子を、「魂の振興」であるとしているが、ここでの「魂」とは沖縄人としての「魂」であるということは文脈からも明らかである。アジアを雄飛した大交易時代の沖縄人や、薩摩支配下の苛斂誅求を耐え抜いた沖縄人の精神を呼び起こし、いわゆる「沖縄人」意識を「新沖縄建設の原動力」とし、危機に瀕した沖縄の救済を目指しているのである。その主張は、それまでの「同化」教育を批判することにつながってもいる。

従来の近代沖縄教育史研究では、「同化教育」「皇民化教育」(2)という用語で近代沖縄教育の本質を規定して、沖縄人教師は自らその担い手となったという理解が一般的であったが、(3)豊川が示した、このような「同化教育」批判や「沖縄人」意識のありようが十分に検討されることはなかった。日清戦争終結直後から沖縄戦の直前までの約五〇年間にわたって刊行された『琉球教育』『沖縄教育』を通読し、教師たちの発言を確認してゆけば、このような認識が豊川にのみ限られたものではないことに気付くであろう。沖縄の歴史・文化・言語を抑圧・否定しようとする大きな潮流に抗うような、もう一つの確かな流れが底流として存在していたと仮説的に考えることができる。従来、検討されてこなかったこのような教育認識を分析することにより、「同化教育」「皇民化教育」という用語で概括的に説明されてきた沖縄の教師たちの営為を再検討したいと思う。

では、なぜ、このような認識が教育史上で検討されてこなかったのであろうか。それは、藤澤健一が指摘するように、沖縄教育史をめぐる認識が復帰思想の強い影響を受けながら構築されたことにもよると思われる。[4] 近代沖縄教育史研究の基礎が築かれたのは一九六〇年代であった。復帰運動の動向をにらみ「沖縄県教育があくまで日本の一県としての教育であるという基本的な立場にたち、その上で本県の特殊事情をとりあげる」（阿波根直誠[5]）という傾向を有するものであった。あくまでも日本史の枠組みの中で、「日本の一県」として沖縄史を解釈しようとする認識は、復帰運動当時の時代状況に対峙した研究者の真摯な姿勢の表れといえるが、そのような中にあっては、「沖縄ナショナリズム」につながりかねない豊川らの主張は、研究者の認識の枠組みに整合的でなく、分析の対象からこぼれおちてしまうものだった。

そのような傾向は教育史研究に限らない。近代沖縄史研究全般が復帰運動の動向に規定されながら進められていた。新たな「大和世」を前に、戦前の沖縄県時代を批判的に検討する気運があったのである。[6] そのような歴史研究の方向性は、一定の成果を残すと同時に、その時代の雰囲気が濃厚に刻印されることになった。[7]

日本政府による沖縄民衆への統治がどれほどに過酷なものであるかを叙述する「受難の近代史像」と、それへの抵抗を基軸とした「抵抗の近代史像」が形作られることになる。[8] 近代沖縄史において民衆の主体的営為を描こうとするとき、日本政府からの「受難」とそれへの「抵抗」という軸で歴史を押さえることが必要であり、そこに民衆の主体的営為を読みとるべきであろう。しかし、そのような枠組みのなかで、教員たちの位置づけは微妙なものとなる。教員は、国民統合の末端としての学校で人々に抑圧的に振る舞うと同時に、近代化の可能性を人々に指示す存在でもあった。教育労働者の「抵抗」が一部に掘り起こされるものの、[9] 大多数の教員は「同化」「皇民化」教育を盲目的に担った存在として描かれることになる。

しかし著者は、日本の沖縄統治の一環としての教育に黙従しているかに見える沖縄人教師の教育議論や実践のなかにも、よりより沖縄の未来像が語られており、「抵抗」の契機が醸成されていたのではないかと考える。この場合の「抵抗」とは狭義の政治的な「抵抗」のみを意味するのではなく、自律的な沖縄社会の創造という教育論や文化論のレベルを含むものである。そのように考えるときに、学校という国民統合の末端で「沖縄人」意識を強調した豊川ら沖縄の教師たちの思想や営為を分析する枠組みが見えてくる。

このように、体制の末端を支えていた存在に「抵抗」の契機を探ろうとするのは本書に限られたものではない。近年、朝鮮史研究を中心に論じられてきた植民地近代性をめぐる議論も本書の問題意識と通底するものである。尹海東[10]は「親日概念を協力概念へと転換することで恒常的に動揺しつつ抵抗と協力の両面的な姿を帯びていたグレーゾーン」を問題として、「日常的抵抗」の可能性を検討している。また並木真人[11]も「対日協力論」として同様の問題を展開し、近代性との接触面の大きい中間層の動向を検討している。それに対して愼蒼宇[12]は「「植民地近代」の研究は、その「近代性」なるものが周縁化していく「民衆」の領域からサバルタンの問題を考えるのではなく、逆に奇妙なほど、民族主義以外の「近代性」に順応していく（都市商品文化の浸透、対日協力の恒常化など）知識人、中間層の朝鮮人の姿が強調され」、「「抵抗」と「協力」の二分法を越えるといいながら、「近代性」からの逸脱、日常と非日常（祭り、闘争）のコスモロジーといった「民衆史」的なアプローチは軽視され」ているという批判を展開している[13]。その上で、「「抵抗」から「対日協力」への転回といったモメントだけでなく、その逆にも注目すべき」として「憲兵補助員」を分析している。この「対日協力」から「抵抗」へという着眼は、近代沖縄史研究にも示唆的である。

近代沖縄史を振り返るとき、同時期の台湾や朝鮮における抗日武装闘争のような動きは皆無に等しい。また「脱清人」などの「抗日復国運動」を除き、日本への帰属を拒む運動も戦前には顕在化しなかった。これらを考えると、戦後における沖縄自立の思想に連なる水脈を見出すためには、自由民権運動、社会主義運動といった体制変革の動きの分析と並行して、より多数の民衆、すなわち体制に「加担」したとされてきた人々の中にも、主体的営為を探し出す作業が必要となる。

そう考えるとき、沖縄社会では比較的高学歴者が集う教育界が分析対象として魅力的となる。つまり教師とは絶えず民衆の情念的世界と接点をたもった存在であり、国民統合という国家的要請を担った存在でもあり、新たな思想に触れ得る能力を有した存在でもある。国家権力と民衆との狭間で双方の側に身を置きつつ未来像を模索しえた存在といえる。無論、教師をそのまま民衆と捉えるわけにはいかない。中等教育を受けた教師は、中間層として国家による民衆統治を支える存在である。しかし、それだけでなく民衆運動の担い手になりうる存在でもある。すなわち時代状況により、国家と民衆との狭間で、多様な側面を見せる存在といえるのである。

本書では、分析対象としては教員集団を選んだ上で、「抵抗」と「協力」の「グレーゾーン」を問題にし、「協力」から「抵抗」への萌芽を探索することにする。もとより、この場合の「抵抗」は必ずしも直接的に社会変革につながるようなものではない。しかし、思想史家の鹿野政直[14]は「人びとの心奥に、秩序への違和感ひいては変革への志がもやされつづけるかぎり、歴史はたえず転機となる可能性を内包している」と述べている。従来、日本による「同化」「皇民化」を無批判的に押し進めた側面のみが強調されてきた教師たちのなかにも「秩序への違和感」や何らかの未来構想はあったであろう。沖縄県教育会の機関誌『琉球教育』『沖縄教育』に掲載された沖縄教育の像（つまり将来の沖縄人のイメージ）やそれへの対応を丹念に読み込むことで、それらを確認することができるであろう。沖縄人教師たちは、「大和」よりもたらされた近代学校の中で、どのように自らの社会の未来像を模索したのかを跡付けてゆくが、それは同時に、新沖縄建設の担い手の「沖縄人」意識を描出し、その行方を追うことにもなる。

二　研究の対象

『琉球教育』『沖縄教育』について

沖縄の教師たちの教育論を分析しようとする本書において、最も重要となるのが、沖縄県教育会機関誌[15]『琉球教育』及びその後続誌『沖縄教育』である。『琉球教育』『沖縄教育』は、近代沖縄教育史研究の基礎史料であり、教育史のみならず、同時代の教育や社会を説明するための史料として利用されてきた最も重要な史料の一つといえる[16]。

まず、『琉球教育』（一八九五～一九〇六年、全一一六号）に関しては、復刻版が本邦書籍より刊行されており、全一一六号分の全てが容易に利用できる（州立ハワイ大学、西塚邦雄編集、本邦書籍、一九八〇年、全一四巻）。

『琉球教育』は、刊行当初隔月刊、一八九六年五月より月刊となった。四〇頁程が通常であり、「論説」「学術」「雑録」「彙報」「文林」「本会記事」「広告」などの各欄がある。第九六号（一九〇四年六月）以降に、「教授と訓

復刻版『**琉球教育**』（本邦書籍、1980 年）、『**沖縄教育**』（不二出版、2009 ～ 2013 年）

〈表 0-1〉『沖縄教育』発行時期一覧

年＼月	1	2	3	4	5	6	7	8	9	10	11	12	編集人
1906			*1*	*2*				*6*	*7*	*8*	*9*	*10*	
1907	*11*	*12*	*13*		*15*	*16*	*17*	*18*	*19*	*20*	*21*		
1908									31				宮城亀
1909				*36*									
1910	45		47						53		55		
1911	57	58	59	60	61	62	63	64	65	66	67	68	
1912	69	70	71	72	73		75	76		78		80	
1913		82			85		87	88		90		92	親泊朝擢
1914	93	94	95				97		98		99		
1915	100						102		103		104		
1916					105		106		107				渡邊信治
1917	109				111								
1918											115		
1919													
1920													
1921													
1922									臨時	学制			
1923											130	131	
1924	132	133		135	136	137	138		140	特139 141	142	143	又吉康和
1925	144			145		146			147			149	
1926	150	151			152	153	154	特155	156	157	158		国吉真哲
1927		160		161	162 特162		163	164		165		166	
1928									169				
1929			174				177	178					
1930				182		183		184				186	比嘉重徳
1931		187		188		189		190		191		192	
1932		193		194		195		196					
1933	198	199		200	201			204	205				←島袋源一郎
1934						214							
1935				224				228		230	231		
1936	233		235	236	237	238	239	240	241	242	243	244	
1937	245		247	248	249	250	251		253	254		256	
1938													有銘興昭
1939	269				273	274	275	276	277	278			
1940	281		283		285		287	288			291		
1941						298					303	304	
1942		306		308	309		311						
1943				318									←武富良達
1944		328											←新垣庸一

＊『『沖縄教育』解説・総目次・索引』（不二出版、2009、pp.226-227）の付表Ⅱに、各編集担当時期、頁数情報等を組み合わせた。表の右に編集人を記した。

＊ただし、No.18, No.45, No.82, No.115, No.135, No183, No.306, は奥付欠損により編集者未確認。No.178, 学制頒布五十年記念号（1922.9）は編集者不明。

＊臨時号（1922.9）は田村浩、No.139（沖縄植物総目録）は坂口総一郎が編集者。No.155（琉球植物帯）は杉谷房雄が著者。

＊斜体はタブロイド版および 39 頁未満の号、太字は 100 頁を超える号。頁計算法は < 表 4-1> と同じ。

〈表 0-2〉『沖縄教育』の編集者・発行人一覧

編集人	発行人	号数	data	発行所	印刷所	残存号	平均頁 *6
宮城亀	宮城亀	1 － 36	06.3 － 09.12	沖縄教育会	沖縄新聞社 *2	19	14.8
宮城亀	宮城亀	45 － 59	10.1 － 11.3	沖縄教育会事務所	三秀舎（東京）	7	66
親泊朝擢	親泊朝擢	60 －102	11.4 － 15.7	沖縄教育会事務所	三秀舎（東京）	32	61.7
渡邊信治	渡邊信治	103-111	15.9 － 17.5	沖縄県教育会事務所 *1	三笑堂印刷部（那覇）	7	68.4
又吉康和	沖縄県教育会	130-147	23.11- 25.9	沖縄県教育会事務所	大同印刷株式会社（熊本市）*3	17	103
国吉真哲	沖縄県教育会	149-166	25.12- 27.12	沖縄県教育会事務所	大同印刷株式会社（熊本市）	18	85.1
比嘉重徳	沖縄県教育会	169-196	28.9 － 32.8	沖縄県教育会事務所	鹿児島県教育会印刷部 *4	18	96.1
島袋源一郎	島袋源一郎	198-205	33.1 － 33.9	沖縄県教育会	向春商会印刷部（那覇市）	6	106
有銘興昭	有銘興昭	214-311	32.6-42.6	沖縄県教育会	向春商会印刷部（那覇市）	45	84.3
武富良茂	武富良達	318	43.4	沖縄県教育会	向春商会印刷部（那覇市）	1	82
新垣庸一	新垣庸一	328	1944.2	沖縄県教育会	向春商会印刷部（那覇市）	1	68
						計 174 *5	計 76.3

＊1　103 号は沖縄教育会事務所

＊2　1-21 号まではタブロイド版約 8 頁。22-44 号までは小冊子約 16 頁と推測。31 号（特別号）のみ三秀社。

＊3　130 号は盛林堂（熊本県）　＊4　198 号は向春商会印刷部（那覇市）

＊5　編集人不明の 115 号（1917・11）、1922 年 9 月と 10 月発行の特別号も含む。

＊6　頁数は目次より印刷最終頁まで。目次が欠損してる場合一頁を加えた。頁番号のない口絵・巻頭言・凡例・正誤表・広告等も頁数に含めた。
後半部分欠落で頁数が確認しえない号（18、45、47、53、82、183、306）の 7 号分は平均頁に加えていない。全て複製本で確認したため若干の誤差はありえる。

＊　1922 年 9 月臨時号は編集発行田村浩・発行所沖縄県教育会事務所・印刷書警眼社（東京）。1922 年 10 月号・第 139 号・第 155 号・第 163 号は特別号。

練」の欄が加わる。会員および寄贈分などで三五〇〜五〇〇部ほど発行された。同誌の編集委員、執筆者、時期による論調の変化などの書誌的事項は、これまで十分に論究されていない。

『沖縄教育』(一九〇六〜一九四四年?)は『琉球教育』の後身であり、一九〇六年三月の創刊号より一九四四年二月の第三三八号までの刊行が確認できている。約四〇年にわたり刊行されたものであり、時期的に残存の状況が異なり、全体の半分ほどの約一七〇冊が存在する。二〇〇九年より二〇一三年にかけて不二出版より復刻された[17]。その刊行及び残存号の一覧を示せば以下の通り(〈表0-1〉)である。

〈表0-2〉では、編集人の時期ごとに、担当した号、時期、発行所、印刷所、残存号数、平均頁数を示している。全号の平均頁数は七六・二頁で、『琉球教育』の時期の倍近い分量である。しかし、〈表0-1〉で確認できるように、欠落号が多く、一九一八年から一九二三年に関しては、ほとんど残存号がなく、大正期の自由教育の動向を確認するのに困難をきたす。また、時期により、雑誌の分量にも差があり、一九〇六年三月の創刊号から一九〇七年一一月の第二一号までは、一〇頁ほどのタブロイド版である。また、一九二八年は二号分のみ、一九〇八、一九〇九、一九三四、一九四三、一九四四年に関しては各一号のみの残存であり、一九三七年は残存号がない。発行部数に関しては、時期による変化はあるが、会員を中心に配布され、第一号で六八〇部、一九三七年七月の特別号で三〇〇〇部近くであった。

『琉球教育』(一八九五〜一九〇六年)が刊行された時期に、沖縄では就学率が急激に上昇し学校教育が確立してゆくのだが、同時に、「脱清人」による「抗日復国運動」の余韻も残り、「特別自治」を目指す公同会運動、謝花昇の参政権獲得運動などが展開されていた。日本という国家の枠組みを前提とするか否かで方向性は異なるが、いずれも日本の統治体制の根幹に対する異議申し立てという側面を持っていた。そのような状況の中で刊行されていた雑誌であることをまず念頭に置かなければならないといえよう。

沖縄県教育会は知事を総裁に戴く半官半民的な団体であり、それが『琉球教育』の内容を基本的に規定しているといえよう。[18] 政府と敵対する運動やそれに連なる運動や思想などは排除され、誌上で扱われることはない。謝花昇の沖縄倶楽部などについては、ほとんど触れられない。しかし、だからといって『琉球教育』は官の意向をもっぱら表現する媒体であったというわけではない。後述する先行研究が示しているように、一方的な上意下達的な媒体ではなく、その内部で対立や確執を内包するものであった。

『琉球教育』『沖縄教育』の先行研究

このような『琉球教育』『沖縄教育』は、沖縄戦による戦禍により県庁文書をはじめとする基礎文献の乏しい沖縄史研究にとっては貴重な史料であり、近代沖縄教育史だけでなく、近代沖縄史研究の基礎的文献とされている。しかし、その史料自体に関する研究はそれほど多いものではない。同雑誌および同会の先行研究を確認したい。

『琉球教育』に関しては、上沼八郎[19]、新城安善[20]、儀間園子[21]による研究などがある。上沼は、同時期の『信濃教育会雑誌』と比較して皇室関連記事の多さを指摘し、『琉球教育』の際だった性格としている。しかし十余年間の時期による変化についての着目に欠けている。新城の研究では、教育会内部での対立の指摘が重要だが、新田義尊と下国良之助を代表とする教育会の「派閥抗争」（「リベラル派」と「国粋派」との対立）と理解するのは必ずしも正確ではない。儀間は、『琉球教育』誌上の教育論の思想史的な分析を行っており、「本土出身教師」と「沖縄出身教師」の心情と論理を描き、後者について「手段としての皇民化、同化という意識があったのではないか」としている。重要な指摘であるが、研究時期が日清戦争直後に限定され、対象も中等学校教員に限られているという問題がある。『琉球教育』の全時期を精査すれば、その他にも注目すべき人物を確認することができる。

『沖縄教育』に関する先行研究としては、阿波根直誠[22]による解説などがある。阿波根は、同誌について「内容は、例外はあるにせよ、概してその時代を反映、同化・皇民化・国家主義的な教育思想の普及といった思潮が底流をなしているとみられる」と基本的性格を指摘している。しかし伊波普猷ら沖縄学の先人も同誌に多数執筆していることに着目するならば、全体の論調を「同化・皇民化・国家主義的な教育思想」と概括できるのか、また伊波等の議論を「例外」と把握することが適切なのか、疑問が残る。

近年の復刻作業にともなう研究の進展により、同誌の内容の多様性が明らかになっている。復刻版別冊「解説[23]」では、『沖縄教育』を「狭義の教育史にとどまらない幅をもつ」ものとされ、基礎的な書誌情報が明らかになっている。また、同誌を素材として、梶村光郎[24]、藤澤健一[25]、近藤健一郎[26]、三島わかな[27]が研究を積み重ねている。梶村は、『沖縄教育』の創刊の事情と発行状況に着目し、その性格を論じ、「日本化・皇民教育化を推進する流れがある」と同時に「「異なる沖縄教育」の可能性」の模索もあったとする[28]。また藤澤は、沖縄の自由教育運動・沖縄県初等教育研究会について、近藤は標準語教育・発音矯正教育・方言札・宮良長包について、三島は音楽教育について、個別のテーマを深めている。

これらは着実な研究の蓄積といえるが、『沖縄教育』の論調や時期ごとの違いを分析した上で、同誌の性格を検討する必要があると考える。従来の「同化」「皇民化」という規定が不十分であるのなら、それにかわる性格規定も行われなければならない。また、『沖縄教育』を本格的に利用した近代沖縄史研究・教育史研究も、これからの課題だといえる。

沖縄県教育会やその機関誌『琉球教育』『沖縄教育』はともに、長らく「同化」「皇民化」を基調とする雑誌だと捉えられてきた。しかし、『琉球教育』の先行研究で概観した通り、その内部には葛藤や対立を含むものであり、国策を一方的に住民に押しつける上意下達的な存在ではなかった。沖縄人教師たちの教育思想もその誌面に読み取りうる史料だといえよう。

そのような『琉球教育』『沖縄教育』を分析する視点を定める際に、近年の教育会研究の進展が示唆をあたえてくれる。全国・地方・植民地における教育会の研究においては、その機関誌である教育会雑誌が主な資料として活用されている。そのような研究をけん引する中で、梶山雅史[29]は、地方教育会を「地方における教育政策と教育要求の最も現実的、具体的調整を担った極めて重要な存在であった」とする。ここでは教育会を文部省や県学務課からの一方的な上意下達機関としてではなく、地域住民の教育要求を吸い上げ「具体的調整」をする場としても捉えられている点が重要である。また渡部宗助[30]は、教育会の活動が「反権力的運動に転化」する可能性もはらんでいたことを示唆している。

さらに、山田恵吾[31]は、一九二〇年代から一九四〇年代前半における千葉県学務当局の小学校教員社会に対する監督指導体制の形成・確立過程を明らかにするなかで、学務当局の教育会への統制過程を明らかにしている。そこでは、教育会会長選任問題、教育会改革の背後に、民政党と政友会、県会と行政当局、会長選出に向けた官選派と民選派などの対立軸が重要な要素として検討されている。

教育会とは、さまざまな対立を抱え、それを調整する組織であり、その性格は一方的な上意下達機関ではないのである。本書では、沖縄県教育会ならびにその機関誌『琉球教育』『沖縄教育』を、教師たちの「抗争の舞台」「葛藤の舞台」と捉え、時代の推移に留意しつつ、その展開を跡付けてゆく。そして、特に、沖縄の歴史・文化・言語をめぐる葛藤に着目し、沖縄教育像やそこにあらわれる「沖縄人」意識を確認してゆきたい。

三 先行研究の検討と本書の視点

以上のような課題と研究対象をもつ本書は、『琉球教育』『沖縄教育』という雑誌の分析を主な作業とするのだが、それだけにとどまらず、近代沖縄教育史研究、思想史研究の文脈にも位置くものであり、植民地研究との関連も有するものである。本書の視点を定めるに際して、各分野において本書の課題に関連する先行研究を取り上げ検討したい。

近代沖縄思想史研究

教育とはすこぶる政治的な営為であると同時に思想的なものでもある。「沖縄人」意識やアイデンティティに関わる側面を考察しようとする本書においては、思想史研究の動向をふまえる必要があろう。

沖縄近代思想史研究は、大和より強いられた近代を沖縄人がいかに自らのものにしようとしたのかという問い、および近代日本の中での沖縄の在り方をめぐる問いを主要な課題としてきたといえる。その課題は、伊波普猷研究を中心に積み上げられてきた。伊波普猷は「沖縄学の祖」とよばれるように、沖縄の言葉・文化・歴史・民俗に関する学術的な研究を積みあげたのだが、彼の沖縄学は沖縄人のアイデンティティの学であるという側面も有していた。日本社会の中で生きざるをえない沖縄人の自意識を支える学としての様相を呈していたのである。その思想の基本的な枠組みは、「日琉同祖論」と「個性論」ということができる。日琉同祖論は、一方では、日本の中の沖縄を肯定する論拠を示すものでもあるが、他方においては、沖縄と大和との文化的な同一性を主張することにより、一方的な沖縄文化の抑圧にあらがう論理ともなりえた。すなわち、「多元的な」日本を想定することにより、その内部にあって沖縄の「個性」を発揮することを主張するのである。伊波が述べた「各人がもってゐる所の個性は無双絶倫（ユニークネス）であります。即ち各人は神意を確実に且つ無双絶倫なる状に発現せる者であります。換言すれば各個人はこの宇宙にあって他人の到底占め得べからざる位置を有し、又他人によって重複し得らるべからざる状（サマ）に神意を発現するものであります」（伊波普猷『古琉球』沖縄公論社、一九一一年、ルビ原文・圏点削除）という言葉が、その思想を端的に示している。[32] その伊波の思想に関しては、比屋根照夫[33]、鹿野政直[34]、冨山一郎[35]、伊佐眞一[36]などの研究がある。

また近年、伊波の思想とは異なる様相を呈する思想についての研究もおこなわれている。屋嘉比収[37]は、一九一〇年代の島袋全発の「琉球民族」意識を分析し、島袋が「民族」の客観的側面でなく主観的な側面を重視しており、琉球人は大和民族に対して「異民族」であったと捉えていたことを指摘している。島袋は、伊波が「日琉同祖論」「個性論」を展開した時期に「琉球人は大和民族と極めて親密な関係にある異民族であるとするのが妥当ではあるまいか」（島袋全発「民族性と経済との関係を論ず」〈一九一四年〉）といった認識を示しているのである。それは沖縄人の生活感覚に根ざし、大和人からの「名指し」とそれを踏まえた「名乗り」としての民族意識という視点から「沖縄人」意識を捉えているものだとする。そして、その視線は植民地に対する認識においても独自性を有し、「被植民地側からの多民族的国家主義の視点[38]」が示されていると評されている。その島袋全発も教育会の一員であったことが本書においては重要である。

さらに、城間有[39]も、冒頭で紹介した豊川善曄に関する史料を収集し、一九三〇年代に豊川が唱えた強烈な「沖縄人」意識と思想を分析している。

伊波普猷の「個性論」の主張と同じ時期に、一九一〇年代の島袋全発の「琉球民族」認識、一九三〇年代の豊川善曄の「沖縄人」意識が語られていたということになる。これらの近代沖縄のアイデンティティにかかわる認識がどのようなものなのか、それぞれがどう重なり、どう違うのかを明らかにすることは、現在の近代沖縄思想史研究上の課題の一つである。

そのような問題を植民地における「ナショナリズム」としてとらえようとする研究もある。

植民地研究との関連で沖縄近代史の具体的な叙述を試みたものとして、小熊英二『〈日本人〉の境界』[40]がある。小熊は「近代日本の境界領域、すなわち沖縄、アイヌ、台湾、朝鮮などにたいする政策論」を分析し「「日本人」および「日本」という概念を再検討」し、あわせて被支配者側の動向が描いている。同著では、伊波普猷を分析し、「沖縄ナショナリズムの創造」者とし、「大日本帝国のマイノリティたちがとった戦術の、ある主の先駆をなすものであった」とする。そして伊波の「沖縄ナショナリズム」の陥穽としてアイヌと「生蕃」（台湾の先住民族の一部への蔑称）への蔑視を指摘し、「多くのマイノリティ・ナショナリズムは、支配者を批判し排除の対象とすることでその条件を満たすが、伊波の場合は日本との差異を強調するわけにはゆかなかった。となれば、あとはアイヌや「生蕃」にしか、排除の対象を求めえなかったのである」とする。たしかに伊波の戦術と帝国日本の他のマイノリティの戦略との類似性の指摘は示唆に富む。しかし沖縄の独自性や主体性を主張する沖縄人の営為を、植民地のナショナリズムの型にあてはめてとらえようとする視点は、ある種の窮屈さと誤読を生み出している。例えば、アイヌや「生蕃」への蔑視は、伊波以前にも以後にも多々見受けられるもので、「沖縄人」意識の鼓舞とは対極的な新田義尊の論にも顕著に表れているものでる。排除すべき他者の存在は、「沖縄ナショナリズム」ではなく、沖縄と大和との文化的同一性を主張する「日琉同祖論」にこそ本質的に組み込まれたものではなかろうか。

また、林泉忠[41]による「琉球抗日復国運動」を「ナショナリズム」の視点から分析した研究もある。林泉忠は、沖縄・台湾・香港を「辺境東アジア」という概念で説明し、そのアイデンティティ・ポリティックスを分析し、その最大の要因として「帰属変更」という歴史的な体験をあげている。すなわち一八七九年の「琉球の併合」、一九四五年以降の米軍統治、一九七二年の「祖国復帰」といった「帰属変更」が「沖縄ナショナリズム」の要因とするのである。そのうえで、「沖縄ナショナリズム」の特徴を「凧型ナショナリズム」とする。なぜなら、沖縄のそれは、「強固な自主性が欠落している」ものであり、「鳥の自主的飛翔ではなく、人の操作に頼りながら時の風向きにしたがって飛ぶ凧の姿に似ているから」であるとする。

台湾・香港のそれと比較し、「沖縄ナショナリズム」を「凧型ナショナリズム」と把握する点に関しては、小熊英二の研究同様に、沖縄の経験を植民地ナショナリズムの枠組みに押し込め理解することによる陥穽に嵌ってはいるものの、その要因としての「帰属変更」の指摘は重要なものであると考える。

近代沖縄教育史研究は、近代日本の一県であった時期を扱うものであるから、その「帰属変更」を直接的には視野の範囲外におくことになる。しかし、時代の節目には明確に「沖縄ナショナリズム」と捉えられる独立論や運動などが確認されているのだから、それとの関連性を欠いた近代沖縄教育史研究は、通史的な展望を欠落させたものといわねばならない。近代初頭の「琉球抗日復国運動」や戦後沖縄の独立論や自立の思想につながる思想的な水脈の追及は、教育という極めて思想性の高い営みの歴史を研究する際に必須のものといわねばならない。本書が対象とする日清戦争から沖縄戦直前までの時期に関しても、「帰属変更」ほどではないにしても大きな政治的な変動が存在しているのであり、そのなかで教育という営みがあるわけである。旧慣の改革、参政権の付与、「ソテツ地獄」、総力戦体制も人々の生活を大きく変容させ、その意識を大きく規定したはずである。「沖縄ナショナリズム」が大きな社会変動により形作られるのであれば、「帰属変更」ほどでないにしろ、それぞれの歴史的な事件に際して、「沖縄人」意識はその様態が変容すると予想される。例えば、総力戦体制下において沖縄人の意識は「日本人」としての意識に極めて接近した様態となるであろう。その「沖縄人」意識の内実や思想性は分析されなくてはならない。

以上、主な先行研究のいくつかを検討した。一九六〇年代以降の「日本の一県」としての歴史叙述は乗り越えられるべきだが、だからといって、植民地研究との枠組みで描くことにも、慎重な考察と具体的な実証作業が必要であり、それらを欠くと、上述した陥穽に嵌ることを意識しなければならない。一九六〇年代以降の独自性豊かな地方史としての視点でもなく、近年の植民地ナショナリズムの一形態としてでもなく、沖縄社会の歴史的展開に即して、近代沖縄の経験を描かなければならない[42]。

近代沖縄教育史研究

先に述べたように近代沖縄教育史は「日本の一県としての教育であるという基本的な立場」（阿波根直誠）に立ち行われてきたといえる。沖縄の日本復帰以降、約四〇年の研究成果の蓄積と、一九九〇年代以降の日本の歴史学の動向をうけて、近年、新たな方向性の模索が行われている。その近代沖縄教育史研究の現在の達成を示す研究成果として次のような研究が挙げられる。

まず、近藤健一郎『近代沖縄における教育と国民統合』[43]である。近藤は、従来の沖縄教育史研究において「同化教育」「皇民化教育」という用語が、曖昧かつ無限定的に使用されることで、沖縄教育史の変化とその要因を把握しえていないと批判する。そして「学校が大和的な言語風俗をどのような対象者に対して、どのような政治的、社会的背景を持った意図によって教育を行おうとしたのか、日本政府、沖縄県庁の教育政策及びそれに伴う教員の活動の変化こそが近代沖縄教育の時期区分の指標である」とし、日清戦争後から二〇世紀初頭にかけ、対象を一部の児童から全ての児童へと拡大し、一九三〇年代後半の国家総動員体制期に、学校から地域へと広がることに着目し、その時期区分を行っている。その上で「教育政策の展開とその実態を沖縄人の統合・大和化という視点から解明しよう」と試みている。「同化」「皇民化」という用語を不用意に使用することへの注意喚起や、近代沖縄教育史独自の通史的展望を提示しようとする試みは、沖縄教育史研究を進展させるものである。

その成果を認めた上で、三つの点を指摘したい。一点目に、『琉球教育』『沖縄教育』誌上には、本書の随所で提示するように、近藤の仮説を根拠づける施策への反論といえる教育論や状況報告があふれており、その時期区分が仮説の域をでていないという点である。近年の『沖縄教育』復刻による研究の進捗で、近藤自身、自らの時期区分に外れる教育論の検討に着手しているが[44]、それが自らの提示した仮説とどのように整合するのかを明示する必要があるであろう。また、日清戦争後から二〇世紀初頭にかけての変化は重要であるが、それと同様に、本書で重視する、法制度的な同一化の完了した一九二〇年代以降の変化も重要ではないだろうか。沖縄人教師の教育界の指導的地位への進出が顕著となり、教育の質的な変化が発生しているのではないかと考える。それらの点は、本論で具体的に提示したい。

二点目だが、教育に限っても、沖縄の「国民統合」「大和化」を論じる際に、言語と風俗という二つの視座のみでは限界があろう。歴史認識は我々意識を形成する重要な柱となるものである。同書では、その歴史認識をめぐる沖縄人と大和人との抗争への着眼が欠落してしまっている。琉球国時代の過去を教育勅語に適合的な歴史観へ改変することは、「沖縄人の統合・大和化」にとって、重要な課題であった。例えば、第一章で検討する、明治期の沖縄教育のイデオローグであった沖縄県師範学校教諭の新田義尊は、「……旧時の地方的感情を除去し、此沖縄をして今一層国民らしくせしめざるを得ず[45]」と述べ、沖縄歴史の解釈に力を尽くしていた。沖縄の過去の記憶が「地方的な感情」となり「沖縄人の統合・大和化」の障害となっていることを認識しているのである。そういった歴史認識の重要性を確認する必要がある。

三点目は、国民統合・大和化という視点に立つ際に、それに抵抗する人々に対する分析が極めて弱い点である。

沖縄などの従属的地域の教育を研究する際に、教育（論）が当該地域の人々にどのような精神的葛藤を生じさせ、抵抗をも惹起させたのかが問われる必要がある。同書では、置県直後の就学率の低さに積極的な就学拒否の意味合いを確認してはいるものの、その後の叙述に反映されていない。新田は沖縄教育を推進する際、明確な敵を沖縄の内部に確認し、批判を展開していた。琉球「抗日復国」運動の担い手としての「脱清人」や日清戦争での清国の勝利を祈った「頑固党」、沖縄県特別自治構想ともいえる公同会運動に参加した人々などが、新田のいう「旧時の地方的感情」、つまり「沖縄人」意識を強く有した人々である。この「沖縄人」意識を有する人々こそが、大和人が主導する沖縄教育の「阻害要因」といえた。日露戦争後、沖縄における就学率が九〇％を超え、大多数の沖縄住民が近代教育を受容することになるが、教育会や社会の中へも、そのような「沖縄人」意識を有する人々が組み込まれてゆくことになる。そのような人々の懐柔・説得が、国民統合・大和化を目指す沖縄教育の課題となるのである。「沖縄人」意識を有する人々の主体的な営為への着目は、教育政策の国民統合・大和化を検討する際にも不可欠といえよう。

次に、藤澤健一『近代沖縄教育史の視角』(46)も沖縄近代教育史に重要な提言をおこなっている。藤澤は学説史を検討し「「近代的民族」概念を所与のものとした上で近代沖縄史を把握しようとする思考の様式そのものが、批判的に問い直される必要がある」としている。その上で「新たな近代沖縄教育制度史は、歴史解釈において植民地教育政策史との連関の位相において再構成される必要がある」とする。このような視角の必要性そのものはその通りである。ただし、「植民地教育政策との連関の位相において」沖縄教育史を再構成するということが具体的にどのような歴史叙述となるのかが明確でない。藤澤は、同書で、沖縄と大和との格差実態をいくつか実証してはいるが、従来の研究でも格差実態は指摘されており、それがなぜ「植民地教育政策との連関の位相において」捉えたことになるのかの説明が必要である。どのような点が台湾・朝鮮といった植民地と類似しているのか、あるいは「関連の位相において」分析されるべきなのか、どの点が近代沖縄に特徴的なことであるのかを明示し、その上での具体的な歴史叙述が求められる。

植民地史研究との関連

藤澤健一の提案のように、近年、植民地研究との関連から沖縄史研究を捉え直そうとする動向が存在するが、前述のように、慎重な検討と具体的な実証をふまえたうえでの研究でなければ、植民地研究の枠組みに近代沖縄史研究をはめこむことになりかねない。沖縄と台湾・朝鮮のおかれた政治・経済的な環境は明らかに異質であり、内地編入の進捗状況に差がありすぎる。著者は、文化の次元における視点の共有という点で植民地との「関連の位相において」近代沖縄史を分析し得るのではないかと考えている。植民地研究における「同化」概念の捉え直しの視点が、沖縄史研究においても一定程度、有効であろう。

前述したように、近藤健一郎は、近代沖縄教育史研究の成果を整理するなかで、「同化教育」「皇民化教育」という用語が概念規定もされないまま「琉球処分」から沖縄戦に至るまで使用されていることを指摘し、そのことが「近代沖縄教育の変化を曖昧にしてしまう」と述べ、例えば標準語教育についても時期や対象によって歴史的な意味に違いがあること示している[47][48]。この指摘は重要であり、従来の研究成果をこの視点から再検討する必要がある。「同化教育」「皇民化教育」を基調として描かれる沖縄教育史像は、抑圧的な日本の国家を照射する視点として重要な意義を有するが、沖縄内部の変化や、抵抗と協力の狭間における沖縄人の主体的営為を捉えにくくするという問題がある。特に、教師は「同化教育」「皇民化教育」を盲目的に支えた非主体的な存在として描かれることになってしまう。

そのような研究状況を克服するためには、従来「同化」「皇民化」と評価されてきた言論や教育実践を再読し、そこに込められた意図を歴史的文脈に即して丹念に読み取ることが必要となる。それは、新たな史料の発掘や、新たな方法論を提示するというものではない。ただ、「同化」「皇民化」の議論を発話者の意図に寄り添う形で、その意味を汲み取ってゆこうとするものである。従来の枠組みで言えば「黙従」と「抵抗」の狭間に生きた人々の声を聞き取ろうとする作業が必要となるのである。

そのような「同化」言説の再読は、ひとり沖縄史研究において必要とされているのではない。沖縄と同じように帝国日本の支配に呻吟していた人々の声を聞き取ろうとする作業とも通じるものである。[49]近代沖縄教育史研究において、「同化」言説を再読するに当たり、植民地支配下の台湾における「文明化」と「日本化」をめぐる議論から学ぶべき点があると思われる。

植民地期台湾の国語教育を分析した陳培豊[50]は、「同化」概念の多義性に注目し、その中に「文明への同化」と「(日本)民族への同化」という両側面が存在したことを指摘する。さらに「同化」をめぐる統治者と被統治者の「同床異夢」を指摘し、そこに統治者の意図には解消し得ない被統治者の主体のあり方を描いている。

また呉叡人[51]は帝国日本の支配に対する沖縄・台湾・朝鮮の人々の抵抗において、親西洋的・近代主義的な思想的／論弁的な戦略(a pro-West and modernist ideological/discursive strategy)がとられたと指摘する。日本という「オリエンタル・コロニアリズム」の担い手がもたらす不十分な近代を批判するために、より真正な西洋的近代を提示するという形式での抵抗が起こり、そこでは近代性をめぐる日本人と植民地人との交渉や葛藤が発生すると述べているのである。

本書が、これらの研究から学びたい点は、「日本化」の範囲内での「文明化」を相対化しうる別の近代化の回路(西洋志向的性格)を発見することの重要性と、それが「抵抗」としての意味を持つことである。この場合の「抵抗」とは独立や自治を求める狭義の政治的抵抗とは異質なものである。だが、そうした政治的抵抗の火種となるような文化的対立や摩擦を含むものでもある。台湾・朝鮮の人々に比べれば、さしたる「抵抗」もなく日本への「同化」が進んだように見える沖縄においても、同様の意味での「抵抗」の契機が存在したのではないか。

「近代」という圧倒的な価値を独占した日本を相対化し、日本が沖縄に示した「近代化」「文明化」に対して、西欧的な「近代化」「文明化」を提示し、それによって「大和化」という不十分な近代にすぎないものとして相対化する思索が紡がれたのではないかということをさしあたって仮説として提示することができる。そのような点において、植民地史研究の「関連の位相において」（藤澤健一）、近代沖縄史研究を進めることができると考える。その点は、特に第二章において検討したい。

しかし、そのような「大和化」と「文明化」を弁別しようとする分析視角にも限界が存在する。第一次世界大戦以降の日本の国際的地位の上昇により、より真正な西洋的近代を提示することで日本のもたらす「大和化」を相対化するという作業が困難さを増してゆくことになる。また、一九二〇年以降に沖縄の大和への統合が深まり、後述する地方自治の特別措置が撤廃されて法制的な次元での同一化が達成されたことも「大和化」を相対化しにくい状況を作り上げたといえよう。一九二〇年代以降の近代沖縄史を捉える視点を提示することが研究上の大きな課題といえるが、それについては後述する。

次に、「沖縄人」意識を分析する視点を定める際に、参照すべき研究を紹介したい。何義麟が提示した「エスニシティの政治化」という視点である。何義麟は台湾政治史研究において、「台湾人」形成のエスノポリティクスを分析するに当たり、台湾総督府や国民政府による「国民統合の過程におけるエスニシティの政治化」の過程に着目している。それは、「台湾人」を文化本質的に捉えるのではなく、大日本帝国および中華民国の国民統合下における葛藤が「台湾人」を形成したと把握するのである。そのうえで、「台湾におけるエスニシティの政治化は反復的に起きたものであり、その境界も固定的なものではなく、政治的・経済的・社会的な状況に応じて変化したものである」と論じている。[52]「台湾人」意識をあらかじめ存在するものとしてではなく、状況に応じて流動的・可変的なものとして捉える視点を提起しているのである。さらに、「政治化がどういう方向で行われるかによってネイションになるか、エスニック・コミュニティになるかが決まる」という平野健一郎[53]の認識にも言及している。

この「流動性」「可変性」への着目は、「沖縄人」意識を分析する際にも有効であると思われる。伊波普猷の「個性論」「日琉同祖論」や島袋全発の「琉球民族」、豊川善曄の「民族魂」は、どれも植民地ナショナリズムという枠組みからすると、政治的な自治や独立を求めないという意味で不十分なものである。しかし、地域的なアイデンティティの枠には収まりきれない「民族的」な意識をも内包することも確かである。そのどちらでもなく、逆に、そのどちらにもなりうるものとして、「流動的」「可変的」なものとして把握する時、それぞれの時代の状況の中で発せられた意図が十全に理解されるのではないかと考えられる。何義麟が提示した「エスニシティの政治化」という視点のうち、特にこの「流動的」「可変的」という側面を本書においては重視したいと考える。

一九二〇年代以降の近代沖縄史研究を捉える視点

植民地史研究との関連で近代沖縄を考える際に考えなくてはならないのは、一九二〇年代以降の沖縄をどのような研究視角から捉えるかという点である。

二〇世紀初頭、沖縄の帝国日本への統合が進み、沖縄人の帝国臣民としての権利の獲得が段階的に実現されてゆく。この点で、沖縄をめぐる状況は、「外地」として位置づけられた台湾・朝鮮とは異なった様相を呈することになる。すなわち、徴兵制の施行（一八九八年）、土地整理事業（一八九九〜一九〇三年）、市町村制度の施行（特別制一九〇八年、一般制一九二一年）、府県制度の施行（特別制一九〇九年、一般制度一九二〇年）、衆議院選挙法施行（一九一二年、宮古八重山へ一九一九年）などを経て、一九二〇年代初頭には帝国憲法に定める権利・義務関係において、沖縄は明確に「内地」と位置づけられることになった。台湾や朝鮮では衆議院議員選挙法もアジア太平洋戦争の末期になって、総動員体制に組み込む代償としてようやく延長施行されたことや、台湾の州・庁制や朝鮮の道制のように、地方制度という点でも「内地」と明確に異なる制度が設けられたことを考えても、「内地」と「外地」の違いは明らかである。そして、沖縄は一九二〇年代には明確に「内地」に組み込まれたといえる。それは、当時の沖縄知識人にとって大きな達成と受け止められたことに留意する必要がある。しかし、法的平等が一応達成された後も、沖縄と大和との間の問題が解消されたわけではない。大和から沖縄に向けられた蔑視があり、法制的な次元の差異としては説明できない差異と、それに基づく沖縄人の不利益が社会に広範に存在していた。

このような植民地との違いを踏まえたうえで、一九二〇年代以降の近代沖縄史の特色をとらえ、沖縄における「抵抗」の在り方を分析することが、近代沖縄史研究においては求められているといえる。それを考える際に重要なことは、大和への沖縄の統合の深化が、沖縄社会の要職への沖縄人の進出につながり、それが沖縄における「抵抗」の質を規定していたことである。この場合の要職とは、教育界でいえば県学務部吏員や主要な学校の校長など、教育理念や人事にかかわって一定の影響力を行使しえる立場を指す。植民地支配下の台湾においては現地出身者で学務官僚はもとより校長になれたものもごくわずかであったのに反して、沖縄では上述の「内地」編入のプロセスで、近代教育を受けた沖縄人は沖縄社会の要職に進出し、政治的な発言権を僅かながらも獲得してゆくことになる。そして、そのプロセスは社会の中核を担う大和人と沖縄人の間の確執が顕現するプロセスでもあった。そのような沖縄の「内地」への統合の深度は、沖縄人知識人の「抵抗」の方向性や質を規定することになるであろう。台湾や朝鮮での武力闘争とは異なる可能性が沖縄人の意識を規定し、期待を抱かせることになるであろう。

このような一九二〇年代以降の沖縄の大和への法制的な次元での同一化完了以降の問題を考えるのに際して、冨山一郎の研究が示唆的である。冨山は、関西沖縄県人会の「生活改善運動」を材料にして、「法的平等が設定されたのちのプロレタリア化における支配の問題」[54]として、「沖縄人」が「日本人」になることの意味を分析している。そこでの「沖縄人」「日本人」とは、文化本質主義的な沖縄人・日本人ではなく、「怠惰」「勤勉」、「不潔」「清潔」という近代的な対の価値を付与された「標識」であり、そのうえで「勤勉」「清潔」といった近代的な価値が目指される過程で、沖縄文化の属性がはぎ取られてゆくとの認識を提示している。「沖縄人」と認定され劣等な労働力と見なされることが「恫喝」となり「沖縄人」という標識が「労働規律」として機能するのである。

また、屋嘉比収[55]は、法制的次元の同一化の達成後の文化的次元における学問のもつ権力性を問題にしている。一九二一年の法制的次元での統合の完了が沖縄の知識人に与えた影響の大きさを指摘し、それ以降の柳田国男の民俗学の影響や日琉同祖論の展開を追求している。実際に、「ソテツ地獄」とよばれる慢性的不況の後の伊波普猷は、柳田民俗学の影響もあり、沖縄の独自性よりも、沖縄と大和との同祖性の探求へと傾斜してゆくことになる。そのような学問的な状況にあって、歴史学や民俗学ではなく、地理学が専門であり、柳田の影響から若干の距離を置く豊川善曄が、先にあげた史料のように強烈な「沖縄人」意識を表明するのである。

冨山や屋嘉比の研究が本書に示唆するところは、法制的な次元の同一化の完了の後も、政治的・文化的ヘゲモニーを巡る争いが存在しており、そこでは文化の領域における問題が以前にもまして政治性を帯びていくということである。一九二〇年以降の分析に際し、沖縄の歴史・言語・文化に対する認識やそれをめぐる葛藤をより慎重に分析する必要があるといえよう。

本書の視点

以上、本書に関連する分野の先行研究を、本書の課題に関連すると判断するものに限り取り上げて検討してきた。それを踏まえた上で、本書の視点を定めたい。まず、本書では、何義麟の提示した「エスニシティの政治化」という概念を踏まえたうえで、教育会を「抗争・葛藤の舞台」として捉える視点と、「沖縄人」意識を流動的・可変的なものとして捉える視点を設定したい。

民族ではなく「エスニシティ」という用語を用いるのは、すべての民族意識が近代の産物であるという意味で、「沖縄人」意識も大和の支配に先立って自然に存在するものではなく、流動的・可変的なものと理解できるからである。また、「政治化」という用語を使用するのは『琉球教育』『沖縄教育』の誌面構成をめぐる抗争・葛藤の中にエスニシティをめぐる問題が政治的な焦点としてせりあがる可能性が含まれているからである。

教育会を「抗争・葛藤の舞台」として捉える視点は、民衆の抵抗を狭義の政治的な闘争のみと捉えるのではなく、抑圧的な体制の末端を担わざるをえなかった者にも抵抗の契機を探ろうとするからである。教育をめぐる議論の応酬や認識の対立にも統治者と被統治者とのせめぎあいを確認することにより、盲目的に国策を推し進めた存在として理解されてきた沖縄人教師たちに、学校教育を通じて近代沖縄社会の創造に参画しようとする主体的な営為を確認するためである。雑誌分析を中心的な作業とする本書においては、その「抗争・葛藤」の具体的な焦点として、雑誌の編集を担う権限に注目することになる。「半官半民」と理解される府県教育会にあっても、雑誌編集に関して、誰の、どのような論考を掲載するかという権限は、一定程度の自律的な判断にもとづく、自治的な言説空間を組織することにつながるといえる。「編集権」ともいうべき、このような権限を握るということは、国民統合の装置としての学校教育、あるいは大和の沖縄統治のための学校教育にあっても、統治される沖縄人の側の自治的な空間を、限定的ではあれ、もたらしうるものといえる。

その「編集権」をめぐる「抗争・葛藤」は一義的に、沖縄人と大和人との「抗争・葛藤」を想定しているが、一九二〇年代以降の法制的次元の沖縄の大和への同一化の完了後に、沖縄人教師の教育会幹部への進出が深まった後は、沖縄人同士の「抗争・葛藤」をも捉える視点となる。

次に、「沖縄人」意識を流動的・可変的なものとして捉える視点を設定するのは、研究者としての著者が、「沖縄人」意識を本質主義的なものとして捉えないという意味だけではなく、分析対象である沖縄人教師たち自身の沖縄認識自体にも、沖縄を固定的・不変的なものとしては理解していない点があり、それらを正確に捉えたいからである。そして、「沖縄人」意識が社会変動により変容してゆくさまを捉えるために必要と考えるからである。例えば、冒頭で紹介した豊川の「民族魂」と、第六章で検討する、総力戦体制下の限りなく「日本人」意識に接近した「沖縄人」意識も、状況に応じ多様な様態を示す「沖縄人」意識のバリエーションだとして統一的に捉え比較分析するには、それらの流動性・可変性を認める必要があるからである。

教育雑誌の『琉球教育』『沖縄教育』に関する議論を分析する本書において、沖縄のエスニシティの表れとして、さしあたり沖縄の言語認識や歴史認識をあげることができるであろう。沖縄人と大和人、および沖縄人同士の「編集権」などをめぐる抗争・葛藤が、沖縄教育論を過熱化させ、その言語認識・歴史認識をどのように展開させ、「沖縄人」意識とをどのような方向に形象化してゆくのかを分析することになる。

四．本書の構成、限界、用語

以上のように、本書では、沖縄県教育会機関誌『琉球教育』『沖縄教育』を分析し、沖縄教育像とそこにあらわれた「沖縄人」意識を描くことにする。その際に、教育会を「抗争・葛藤の舞台」ととらえて、その抗争・葛藤からたちあらわれる「沖縄人」意識を、植民地ナショナリズムでもなく、地域的なアイデンティティでもなく、その双方にもなりえる流動的・可変的なものとして把握する。そのような課題・視点を有する本書は、以下の叙述により、その目的を達成したいと考える。

本書は、大別して、第一章から第三章までと、第四章から第六章までの二つのまとまりからなる。第一章から第三章は、『琉球教育』が刊行された一八九五年から、一九〇六年に誌名が『沖縄教育』に変更されるのを挟み、一九一七年までを対象とする。第三章から第六章は、一九二三年の『沖縄教育』の「復興号」から、現在確認される最終号が刊行された一九四四年二月までを対象とする。前者は、大和との法制的次元での同一化が完了する以前であり、後者はそれ以後である。

『琉球教育』の時期は、法制的な次元の同一化が開始される以前、あるいは始動したばかりの時期であり、大和と沖縄との間に明確な差異が濃厚に存在していた時期である。土地整理が一八九九年に開始され一九〇三年に完了するが、それ以前までは、旧慣を温存する政策がとられていた。日清戦争後には、就学率も急激に上昇し、沖縄教育の方向性がより明確に提示され、あるいは模索されることになる。

第一章では、『琉球教育』の主に「論説」欄を分析し、当時の沖縄教育の原型を形成したと考えられる沖縄県尋常師範学校教諭新田義尊の沖縄教育像を検討し、それに対して沖縄人訓導らがいかに対応したのかを描く。のちに『沖縄教育』編集担当となる小学校長親泊朝擢が、新田の示した沖縄教育の原型に違和感を表明することが注目される。また、そのような対立構図を『琉球教育』の「彙報」「学術」「教授と訓練」欄の書誌的分析を通じて裏付けることにする。そこに映し出されるのは、沖縄人の社会進出の深まりとそれに伴う誌面の変化である。

第二章では、『琉球教育』の外部で、新沖縄の建設を目指していた『琉球新報』主筆の太田朝敷の思想や教育観を分析し、太田と、新田義尊ら大和人教員との教育観や文明観・同化に関する同床異夢を描き、両者の葛藤を指摘する。福沢諭吉から「文明」の意味を学んだ太田には、大和人教師が提示する近代化が「大和化」（日本風の近代化）にすぎないものであり、文化的な次元での同一化にすぎず、法制的な次元での同一化を伴わないものであることをふまえた上で議論を展開していたことを示す。

第三章では、一九一〇年代初頭に『沖縄教育』の編集主任の座に就いた親泊朝擢の編集者としての活動を見てゆく。『琉球教育』の頃には違和感の表明にとどまっていた親泊朝擢が、どのような沖縄教育像を提示するのかを確認する。そこでは、「沖縄民族」といった言葉で我々意識が表明されてゆくことになる。

一九二三年以降の時期には、大和と沖縄の法制的な次元の同一化が進み、沖縄人の教育界への進出が増大し、『沖縄教育』の編集者に沖縄人が恒常的につくことになり、『琉球教育』の頃とは誌面に質的な変化が見られる。『琉球教育』の分析で確認した沖縄教育の原型がどのように変容していったのか、また、教育会内部の対立・葛藤がどのように展開していったのか、などを中心に跡付けてゆくことになる。法制的次元の同一化が完了した後の「沖縄人」意識が分析されることになる。沖縄人と大和人との対立だけではなく、沖縄人の間での沖縄の将来への構想の違いが分析されることになる。

第四章では、一九二三年から三三年までの時期を、編集者の時期ごとの特徴を指摘しつつ、どのように誌面が変化していったのかを確認する。新聞記者である又吉康和、詩人の国吉真哲、教育畑を歩んできた比嘉重徳、民俗学者としても知られる島袋源一郎が編集担当者についていた時期である。法制的次元での同一化が完了した後の時期であり、文化的な次元での議論や対立が焦点化される。「ソテツ地獄」と呼ばれる経済的な危機や、大正自由教育・プロレタリア教育・郷土教育といった新たな思想の流入が、人々の意識にどのような変容をもたらすのかが注目される。

第五章では、特に、島袋源一郎の編集時期を中心に、「郷土」として把握された沖縄認識を、郷土教育の理論と実践に即して検討する。『沖縄教育』第一九九号（一九三三年二月）の「郷土史特集号」の論考を分析し、そこで、どのような沖縄歴史認識をめぐる対立・葛藤があり、序章冒頭で掲げた「沖縄人」意識が強調されるのかを確認したい。特に豊川善曄の思想とその背景に論及したいと思う。

第六章では、一九四〇年の「方言論争」を分析するにあたり、一九三〇年代後半から一九四〇年代初頭の『沖縄教育』誌上の標準語励行教育に関する議論を整理し、そのうえで同論争を位置づけて再検討する。その作業を通じて、沖縄人教師たちが沖縄の言葉をどのように把握し、その将来を構想していたのかを明らかにする。

終章では、本論において実証した内容を要約し、序章で示した視角により再検証し、「エスニシティの政治化」の要因を検討する。「抗争・葛藤の舞台」としての教育会という把握から、「編集権」をめぐる葛藤を中心に本章の内容を要約した上で、その葛藤から立ち現れる「沖縄人」意識を、歴史認識・言語認識に即して再整理することにする。

以上のような構成をもつ本書であるが、その限界をあらかじめ明示しておきたい。まず、使用する史料の重点が『琉球教育』『沖縄教育』に置かれ、同時代の教育関係雑誌・刊行物、新聞記事、個人の著作などに限られていることである。県や郡の行政文書などはほとんど使用されておらず、教育史研究として論及すべき点の多くが欠落している。それは、戦災による史料の消失と同時に、それらを探索しきれない著者の研究者としての非力さによるものでもある。また、『琉球教育』『沖縄教育』という対象を分析することにより解明しえる射程は限られている。教育制度・教育政策に対する検討がなされておらず、具体的な教育実態の把握も不十分であり、個別具体的な学校の模様は浮き彫りにされないであろう。その点は強く自覚している。ただし、それにもかかわらず、本書の提示するテーマが、近代沖縄教育史研究の中心的テーマのひとつであってもしかるべきであろうとも考える。

けれども、やはり本書の課題設定に即しても検討すべき課題の多くが欠落しているといえる。まず、雑誌分析を中心とする本書では、分析の対象が、中等教育の諸学校教員といった層に集中している点である。小学校の教育に密接しながら紡がれた教育思想を十分に拾いえたとは言えない。その結果、『琉球教育』『沖縄教育』誌上で主張された沖縄教育論と教育現場との距離とを十分にとらえたとは言えない。

また、「同化」教育の対象として絶えず扱われてきた女性という存在の検討も本書では欠落している。『琉球教育』『沖縄教育』および新聞各紙では、社会教育に関連した記事として、地域の青年会・処女会を通じて、女性の風俗の改良が絶えず論じられていた。そこで否定の対象としてのみ扱われてきたノロ・ユタという巫女は沖縄の伝統文化の核となる部分を担う存在であり、「沖縄人」意識を扱う本書としては検討しなくてはならない存在でありながら、取り扱っていない。さらに明治期に「大和屋」と呼ばれていた近代学校を拒否した「脱清人」と呼ばれた救国運動に参加した人々や彼らに共感を示した人々の教育に関する認識にも視野が及んでいない[56]。大和からもたらされた近代を受容した人々のみに対象が限定されてしまっているといえるであろう。

以上のような限界点は、主として、本書が教育会雑誌の分析を中心的な作業とすることにより生じるものである。教育史研究という文脈であっても教育会雑誌の研究が有する限界は明らかである。ただし、五〇年にわたり継続的に刊行された雑誌を定点観測の対象とし、沖縄人と大和人の抗争・葛藤やそこから浮かび上がる「沖縄人」意識の様態をクリアに描き出すことにより、教育界および沖縄社会の全体を把握する足場を提供することはできるであろうと考える。それは対象を絞り込むことにより可能となるものでもある。教育会雑誌を分析する視角から、近代沖縄社会をのぞきみて、同時代を生きた教師たちの課題に向かい合ってみたいと考える。

最後に、本書で用いる呼称について付言する。本書では「沖縄人」「大和人」という用語を、カッコを用いずに使用する。「沖縄人」という用語は、史料上では「県人」「本県人」「沖縄人」「沖縄人士」「琉球人」といった言葉で示される対象を指す。現在の沖縄県に地域に住む人々をさし、まれに奄美群島の住民を含むこともある。「沖縄人」の定義の範囲に奄美諸島や大和から移り住み、「沖縄人」意識を持つにいたった人々も含むという選択もありえるが、主観的な意識に即しての定義は困難であるために、本書では戦前「沖縄県」とされた地域に生まれた人、あるいは本籍を「沖縄県」とする人というように操作的に定義したい。そして、「大和人」という用語は、史料上では「日本人」「内地人」「他府県人」「大和人」という言葉で示される対象を指す。現在の沖縄県に生まれた人々以外の日本人を示す言葉であるが、史料上では、そこに北海道民、アイヌ、奄美群島在住者が含まれているかは曖昧である。用語としてはそれらの人々を含まないものとして使用する。

史料上の言葉には、それぞれに論者の思想が反映するものである。時代によっても異なってくる。例えば、太田朝敷は「沖縄人」という言葉を避け「県人」という言葉を多用するが、それは、法制的な差異が色濃い時代に「他府県並み」の自治を獲得しようとする意図を含むものであり、沖縄の大和への「同化」（法制的な次元での同一化）を目指そうとする政治的な意図の表れでもある。また、本書の第一章でも検討するように「琉球」と「沖縄」のどちらを使用するかということには政治的な立場の表明という意味合いがあり、それは現在も異なった文脈で存在する。研究者が現在の社会や政治と無縁の存在ではないことも理解するし、学問に内在する政治性に無自覚というわけでもないが、研究に際し、そのような政治的な磁場から少しばかり距離を置かなくてはならないとも感じる。そのような思いから、沖縄近代史の叙述においては、多くの呼称のなかで、比較的に中立的に用いられているように見受けられる「沖縄人」「大和人」という用語を基本的に使用したいと思う。そのうえで、それぞれの呼称に込められている使用者の意図をくみ取り、適宜、使用したい。

注

（1）豊川善曄「魂のルネッサンス」『沖縄教育』第一九九号、一九三二年二月、三五－三八頁。

（2）浅野誠『沖縄県の教育史』思文閣出版、一九九一年、一七四〜一七九頁、参照。
（3）波平恒男「第一部第一章　教育の普及と同化の論理」『沖縄県史　各論編五　近代』沖縄県教育委員会、二〇一一年。
（4）藤澤健一「近代沖縄教育史研究批判―学説史と展望―」同『近代沖縄教育史の視角　問題史的再構成の試み』社会評論社、二〇〇〇年、九頁、参照。
（5）阿波根直誠「初等教育」琉球政府『沖縄県史』第四巻、一九六六年、二九五頁。
（6）復帰前後の沖縄近代史の動向は、鹿野政直『戦後沖縄の思想像』（朝日出版社、一九八七年、四一二〜四一五頁）、近代沖縄教育史の学説史の整理は、藤澤健一前掲書（二〇〇〇年、注（4））、近藤健一郎「近代沖縄教育史研究の課題」（名古屋歴史科学研究会『歴史の理論と教育』第一一二号、二〇〇二年、のちに、同『近代沖縄における教育と国民統合』北海道大学出版会、二〇〇六年に所収）参照。
（7）沖縄近代史研究の動向は、金城正篤・西里喜行「「沖縄歴史」研究の現状と問題点」（『沖縄文化論叢』第一巻歴史編、平凡社、一九七一年）、屋嘉比収「基礎資料整備と方法的模索―近代沖縄思想史研究の現状と課題―」（『資料編集室紀要』第二五号、沖縄県教育委員会、二〇〇〇年）等参照。
（8）鹿野政直によれば、一九七二年の復帰を目前に控え、近代沖縄史を対象とした労作が幾編か生み出された。大田昌秀『沖縄の民衆意識』（弘文堂新社、一九六七年）、新川明『異族と天皇の国家』（二月社、一九七三年）、大城立裕『恩讐の日本』（講談社、一九七二年）である。前二著が歴史研究書であり、後者が小説の形をとったものである。それまで比較的手薄だった近代沖縄史研究に一定の歴史像を与えるものであった。一八七九年の「琉球処分」前後から概ね一九一〇年代までの明治政府の沖縄統治とそれへの民衆の対応を、民衆意識の面に重点を置いて描き出したものである。大田昌秀『沖縄の民衆意識』は、明治政府から沖縄民衆への同化政策やそれによる民衆意識の形成といえる側面を描き「受難の近代史像」といえるものになっている。また、新川明『異族と天皇の国家』は、明治政府からの統治への民衆の抵抗の側面を描きあげ、「抵抗の近代史像」といえるものになっている。それに対して、大城立裕『恩讐の日本』は日本化が沖縄社会にもたらした歪みと覚醒の双方に目配りし、受難と解放、抵抗と覚醒の全位相を描こうとする作品であり、「恩讐の日本像」を提起したものであった。（鹿野政直前掲書、四一二〜四一五頁、注（6）参照）
（9）例えば、藤澤健一「国家に抗した沖縄の教員運動「日本教育労働者組合八重山支部事件」の歴史的評価」藤澤健一編『反復帰と反国家「お国は?」』社会評論社、二〇〇八年、屋嘉比収「教員の社会運動」うるま市具志川市史編さん委員会編『具志川市史　第六巻　教育編』うるま市教育委員会、二〇〇六年、第一章第三節、参照。

(10) 尹海東/藤井たけし訳「植民地認識の「グレーゾーン」―日帝下の「公共性」と規律権力―」『現代思想』二〇〇二年五月号。

(11) 並木真人「朝鮮における「植民地近代性」・「植民地公共性」・対日協力―植民地政治史・社会史研究のための予備的考察―」『フェリス女学院大学国際交流学部紀要　国際交流研究』第五号、二〇〇三年。

(12) 愼蒼宇「「民族」と「暴力」に対する想像力の衰退」『前夜』第二号、二〇〇五年冬。同「無頼と倡義のあいだ―植民地化過程の暴力と朝鮮人「傭兵」―」須田努他編『暴力の地平を越えて』青木書店、二〇〇四年。

(13) 趙景達も、「もっぱら植民地権力のヘゲモニーの成立に着目する植民地近代性論にあっては、植民地権力に回収しきれない人々の心性や底辺社会の諸相に対する関心が希薄なように見える」(同『植民地期朝鮮の知識人と民衆　植民地近代性論批判』有志舎、二〇〇八年、二頁)と述べている。

(14) 鹿野政直『日本近代化の思想』研究社出版、一九七二年。引用は講談社学術文庫版、一九八六年、七頁。

(15) 同会の名称は数度若干の変更がなされる。一八八六年に沖縄私立教育会として発足し、以後、沖縄県私立教育会(一八九一年)、社団法人沖縄教育会(一八九八年)、沖縄教育会(一九〇四年)、沖縄県教育会(一九一五年)として、名称や組織の変更を重ねている。本書では、以後、最も長期にわたり使用された沖縄県教育会という名称を使用することを基本とし、教育会などと表記する。同会の先行研究として、新城安善「沖縄研究の書誌とその背景」(『沖縄県史』第六巻、一九七五年、七四三~七七五頁)がある。『琉球教育』については、復刻(編者州立ハワイ大学・西塚邦雄、本邦書籍、一九八〇年、全一四巻)がある。以下引用は同書より。引用に際し旧漢字は常用漢字に適宜改めた。解説としては、新城安善前掲論文等がある。

(16) 『琉球教育』刊行以前にも、同会発足と同時に『沖縄私立教育会雑誌』が刊行され、その後、『沖縄市立教育会記事』『沖縄私立教育会雑報』『沖縄県私立教育会雑誌』と雑誌名称を変更している。しかし、これらは現存していない。「沖縄教育会沿革大要」『沖縄教育』第三二号、一九〇八年九月、参照。

(17) 『沖縄教育』復刻刊行委員会『沖縄教育』不二出版、二〇〇九~二〇一三年。本書では藤澤健一氏・近藤健一郎氏・梶村光郎氏・三島わかな氏の同委員会より、今回見つかった『沖縄教育』の十数号分を、復刻完了前にご提供いただだいた。深く謝意を表する。なお、当初予定の復刻完了後に、第一七〇号（一九二八年一〇月刊行）、第二九三号（一九四一年一月刊行）の二号が新たに発見されたが、復刻刊行予定とのかねあいから、本書では、その二号分を分析の対象外としている。

(18) 地方教育会は教育令期に全国的に登場するが、それは文部省による自由民権運動の抑止の意図と関わる（岐阜県教育委員会編『岐阜県教育史 通史編 近代一』岐阜県教育委員会、二〇〇三年、一一、一八九、一九八～一九九頁参照）。その点、一八八六年に創立された沖縄の教育会も、同じ文脈にあるといえよう。しかし、同会の主な敵対者は、自由民権運動というよりも「脱清人」・公同会運動であったと考えられる。府県教育会と同じ文脈にありながら、扱う内容の特殊沖縄的な側面は、同会を一地方の枠に収まらないものにしている。しかし同会の位置づけには、他府県教育会や植民地の教育会の研究の進展をまたなくてはならない。渡部宗助『府県教育会に関する歴史的研究―資料と解説―』（平成二年度文部省科学研究費研究成果報告書、一九九一年）など参照。

(19) 上沼八郎「「琉球教育」復刻版」日本教育学会『教育学研究』四七（四）、一九八〇年。

(20) 新城安善「沖縄研究の書誌とその背景」沖縄県教育委員会『沖縄県史』第六巻、一九七五年。

(21) 儀間園子「明治中期の沖縄教育会―本土出身教師と沖縄出身教師―」『史海』創刊号、一九八四年。

(22) 『沖縄大百科事典』上巻、沖縄タイムス社、一九八三年、阿波根直誠執筆。他にも、同「沖縄教育」沖縄県教育委員会『沖縄県史』別巻、一九七七年、など。他の研究として、梶村光郎「『沖縄教育』の性格に関する研究―創刊の事情と発行状況を手がかりに―」『沖縄近代と近代学校に関する研究』平成九～一一年度科学研究補助金研究成果報告書、二〇〇〇年、などがある。

(23) 藤澤健一・近藤健一郎「解説」『『沖縄教育』解説・総目次・索引』、不二出版、二〇〇九年。

(24) 梶村光郎研究代表『沖縄教育と近代学校に関する研究』平成九年度～平成一一年度科学研究費補助金（基盤研究C（二））研究成果報告書、二〇〇〇年。

(25) 藤澤健一研究代表『近代沖縄における自由教育運動の思想と実践に関する基礎的調査研究　付『沖縄教育』（一九〇六～一九四四年）目次集成』科学研究費補助金（若手研究B）研究成果報告書、二〇〇七年。

(26) 近藤健一郎研究代表『近代沖縄における教育実践史に関する実証的研究』二〇〇六～二〇〇八年度科学研究費補助金（基盤研究C）研究成果報告書、二〇〇九年。

(27)三島わかな「近代沖縄における音楽教員の系譜―沖縄県師範学校を中心に―」前掲近藤書所収（注(26)）。
(28)梶村光郎「『沖縄教育』の性格に関する研究―創刊の事情と発行状況を手がかりに―」前掲梶村書所収、二八頁、注(24)。
(29)梶山雅史編著『近代日本教育会史研究』学術出版会、二〇〇七年、二八～三二頁。
(30)渡部宗助『府県教育会に関する歴史的研究―資料と解説―』一九九一年、平成二年度文部科学研究費（一般研究C）研究成果報告書、一～五頁。
(31)山田恵吾『近代日本教員統制の展開―地方学務当局と小学校教員社会の関係史―』学術出版、二〇一〇年。
(32)比屋根照夫「伊波普猷の自治思想」『近代沖縄の精神史』社会評論社、一九九六年、参照。
(33)比屋根照夫『近代日本と伊波普猷』三一書房、一九八一年。
(34)鹿野政直『沖縄の淵―伊波普猷とその時代―』岩波書店、一九九三年。
(35)冨山一郎『暴力の予感―伊波普猷における危機の問題―』岩波書店、二〇〇二年。
(36)伊佐眞一『伊波普猷批判序説』影書房、二〇〇七年。
(37)屋嘉比収「「琉球民族」への視点―伊波普猷と島袋全発との差異―」『浦添市立図書館紀要』第八号、一九九七年三月。
(38)屋嘉比収『〈近代沖縄〉の知識人 島袋全発の軌跡』吉川弘文館、二〇一〇年、五九頁。
(39)城間有編『豊川善曄選集』沖縄研究資料 一八、法政大学沖縄文化研究所、二〇〇一年。
(40)小熊英二『〈日本人〉の境界―沖縄・アイヌ・台湾・朝鮮 植民地支配から復帰運動まで―』新曜社、一九九八年、引用は三、三一九、三〇四頁。
(41)林泉忠『「辺境東アジア」のアイデンティティ・ポリティックス』明石書店、二〇〇五年、九、九二頁。
(42)「沖縄人」意識の様態を考察する際に、奄美大島と沖縄島の中間に浮かぶ沖永良部島民の重層するアイデンティティを分析した高橋孝代の認識が示唆的である。高橋は、「沖永良部島民は、エラブンチュとして、日本人として、ヤマトンチュとして、あるいは鹿児島県民として、時にはアマミンチュとして複合多民族的なアイデンティティをもち、状況によってそれらは意識される」とする。琉球国による支配、幕藩体制の下での薩摩藩による直轄領地としての圧政、戦後の八年間の米軍占領といった歴史的な経緯を説明し、「日本／沖縄」「鹿児島／沖縄」「奄美／沖縄」の境界とアイデンティティとの関係を示し、「ボーダー・アイデンティティ」の特徴を見出す。しかし、それを「引き裂かれたアイデンティティ＝悲劇」とみなすのではなく、そこには「寛容性、開放性があり、そのことは今後向かうであろう多元社会を考える上で貴重な示唆を与えうるであろう」とする（高橋孝代『境界性の人類学―重層する沖永良部島民のアイデンティティ―』弘文堂、二〇〇六年、三一八、三四一頁。同「奄美・沖永良部島民のエスニシティとアイデンティティ―「われわれ」と「かれら」の境界―」西川潤・松島泰勝・本浜秀彦編『島嶼沖縄の内発的発展―経済・社会・文化―』藤原書店、二〇一〇年、二九七〜三二六頁）。植民地ナショナリズムもまた、外部に敵を想定し、内部の多様性を押しつぶす暴力性を有していることをふまえれば、アイデンティティの多元性に可能性を見出しえるといえよう。

（43）近藤健一郎前掲書、引用は、二一一頁、注（6）。

（44）近藤健一郎「一九三〇年代中葉の沖縄における標準語教育・励行政策とその実態」『ことばと社会』第一三号、三元社、二〇一一年。

（45）新田義尊「沖縄教育に就きての所感」『琉球教育』第五六号、一九〇〇年八月、復刻版（本邦書籍、一九八〇年）第六巻、一八六頁。

（46）藤澤健一『近代沖縄教育史の視角』社会評論社、二〇〇〇年。引用は、八九、三二一頁。

（47）近藤健一郎前掲書、注（6）参照。

（48）屋嘉比前掲論文（注（7））でも、「皇民化」の概念が無批判的に沖縄近代史研究に使用されることで実態把握が難しくなっていると指摘している。

（49）教育史研究の分野では「同化」概念の捉えなおしが重要な課題として共有されているように思われる。駒込武『植民地日本の文化統合』岩波書店、一九九六年、小川正人『近代アイヌ教育制度史研究』北海道大学出版会、一九九七年、といった研究をはじめ、近年では、北村嘉恵『日本植民地下の台湾先住民教育史』北海道大学出版会、二〇〇八年、などにその成果が示されている。前掲近藤健一郎著作（注（6））における「同化」「皇民化」の検討もそのような研究潮流を受けてものだと思われ、また本書もそれらの研究に学んでいる。

（50）陳培豊『「同化」の同床異夢』三元社、二〇〇一年。

（51）Rwei-ren Wu, Formosan Ideology: Oriental Colonialism and the Rise of Taiwanese Nationalism, 1895-1945,（PhD Dissertation submitted to the Faculty of the Division of the Social Sciences, Chicago University, 2003）, p389.

（52）何義麟『二・二八事件―「台湾人」形成のエスノポリティックス―』東京大学出版会、二〇〇三年、三〇七、七～一〇頁。

（53）平野健一郎「国際関係論の新しい概念としてのエスニシティ」『東京大学教養学部教養学科紀要』第一七号、一九八四年。

（54）冨山一郎『近代日本社会と「沖縄人―日本人になるということ―」』日本経済評論社、一九九〇年、一〇頁。

（55）屋嘉比収「古日本の鏡としての琉球―柳田国男と沖縄研究の枠組み―」『南島文化』第二一号、一九九九年。

（56）後田多敦『琉球救国運動　抗日の思想と行動』（出版舎Mugen、二〇一〇年）では、「脱清人」と呼ばれた救国運動の担い手への共感が一九三〇年代まで続き、徴兵忌避・移民との関連性まで指摘している。徴兵忌避・移民は教育史研究においても重要な研究対象であり、改めて検討し直す必要がある。

第一章　日清戦争後における沖縄教育論の形成

―『琉球教育』における新田義尊の編集とそれへの対応―

はじめに

「沖縄は沖縄なり琉球にあらず[1]」という長大な論文が、日清戦争直後に創刊したばかりの『琉球教育』に連載される。沖縄県尋常師範学校教諭である新田義尊の論文である。政治的なメッセージを多分に含むその教育論の内容は、沖縄の歴史を検討し、帝国日本の一県としての沖縄にふさわしい歴史認識を提示するものであった。その激しい口調と明確な政治的なメッセージから、この時期の沖縄教育像を象徴するものとして批判的に論及されてきた。「沖縄を「沖縄」と呼称すべきか、「琉球」と呼称すべきかを延々と述べたてた荒唐無稽な論文」（比屋根照夫[2]）、「皇国・国粋を盲信する立場から沖縄の独自性を問題にし」（高良倉吉[3]）たと評価されてきたが、新田の論は沖縄教育の原型となり、教育の場で受容され、また、伊波普猷や太田朝敷と共通する部分を含むものであり、「荒唐無稽」「盲信」という評価だけで済まされるものではない[4]。

本書の冒頭にあたる本章では、この新田の論を再検討するとともに、その新田の論に、沖縄人教師たちがどのような対応を示したかを、『琉球教育』の誌面を分析することにより明らかにする。

沖縄の近代教育熱が高まり、それまで低迷していた就学率が急速に上昇したのは日清戦争後のことである（一八九五年二四・一％、一九〇五年八八・二％）。日清戦争での日本の勝利は、「琉球処分」以来の日本・清国間の琉球帰属問題を収束させる。琉球士族間の対立も、それにより終結に向かう。[5] 日本の中で沖縄の将来を構想する方向性が現実的となり、それに伴い就学率が上昇したのである。日露戦争後には就学率九〇％を超え、小学校教育が一応の定着を見せる。その時期に、沖縄と日本との関係はどうあったのか、沖縄をどう改革するのか、という基本的な認識の枠組みができあがる。そのような状況のなか、一八九五年一〇月に創刊されたのが『琉球教育』である。一九〇六年二月（第一一六号）まで刊行された教育会の機関誌である。沖縄教育の意義を確認する議論が誌上に現れることになる。

『琉球教育』は沖縄近代史研究の基礎史料であり、同時代の教育や社会を説明するための史料として利用されてきた。しかし、その『琉球教育』の論調をトータルに精査した研究はないといえよう。

同誌は、当初隔月刊、翌年五月より月刊となる。四〇頁程が通常であり「論説」「学術」「雑録」「文林」「彙報」「本会記事」「広告」等の各欄がある。第九六号（一九〇四年六月）以降に「教授と訓練」が加わる。同教育会は知事を総裁に戴く半官半民的な団体であり、それが『琉球教育』の内容を規定する。よって政府と敵対する運動や思想などは排除され、誌上で扱われることはない。[6] 沖縄の「自由民権運動」として知られている謝花昇の沖縄倶楽部などについては、ほとんど触れられない。端的に言えば、教師は体制の末端であり、国民統合に勤しむべき存在であった。そのなかでも沖縄県尋常師範学校の教師たちが果たした役割は大きなものであった。彼等の示した沖縄教育の方向性を『琉球教育』誌上に確認することになる。そして、それに対する沖縄人教員の対応を誌面分析から明らかにしてゆく。

第一節　新田義尊の沖縄教育論とその役割

（一）新田義尊の沖縄教育論

『琉球教育』において最も精力的に沖縄教育について論じたのが新田義尊であったといえる。新田（一八五八年生れ、没年不明）は、一八九三年一一月二一日から一九〇二年五月一日の約一〇年間、沖縄県尋常師範学校教諭を務めた人物だが、在任前後の経歴は不明な点が多い(7)。広島士族出身であり漢文・歴史の教師であった(8)。一九〇二年六月以後に新田が務めた東京神田順天中学に残されている彼の履歴書(9)によれば、一八五八年一月生まれであり、本籍には広島県の住所が記されているが、後に何らかの理由で、群馬県に書き換えられている。そして、沖縄に赴任する半年ほど前の一八九三年四月に文部大臣より「尋常師範学校尋常中学校漢文科教員タルコトヲ免許」されており、同年、三五歳での沖縄への赴任ということになる。それ以前の職歴は記されていないので不明であるが、沖縄県尋常師範学校教諭在任中の経歴は、昇給・賞罰・任命・委嘱・出張命令など、比較的詳しく記されている。一八九四年一月には小学校教員検定委員に命じられ、同年七月には『琉球教育』の雑誌編集委員に嘱任されている。その他に、学事視察のための東京出張、小学校教科用図書審査委員の任命、小学校教員乙種検定委員の任命、師範学校生徒の内地修学旅行の引率出張命令、沖縄高等女学校教諭の嘱託、小学校教員検定臨時委員の任命などが記されている。なかでも重要な情報としては、一八九九年三月二七日に文部省より「沖縄県用読本調査ノ手当トシテ金拾圓支給ス」と記されていることである。後述する文部省編『沖縄県用尋常小学読本』（一八九七～九九年）の編纂に、新田が何らかの形で協力し、手当を給付されていたことが分かる。これまで同書の編纂の経緯はよく知られてなかった。この履歴書から沖縄の教員への調査の依頼があったことが確認できた。また、同書の沖縄歴史認識が新田のそれと整合的であることの理由が判然とした。

このような経歴からうかがえるのは、彼が、沖縄の教育界の指導的地位にあったということである。『琉球教育』の編集委員に関しては、その任命記事が断片的に掲載されているが、編集態勢の全容は明らかでない。しかし新田に関しては第一号（一八九五年一〇月）に『琉球教育』創刊三ヶ月前に彙報担当の編集委員に任命されたという記事があり、離職間際まで彙報欄に新田の著名入り記事が確認される。

また『琉球教育』（全一一六号）には、一三三本の論説が掲載されるが、掲載回数一位は岡村紫峰（一五本）、二位は新田義尊（一四本）、三位は安藤喜一郎（一二本）である。日本と沖縄との関係を論じた論説は、全体で三五本程あるが、そのうち一三本は新田のものである。そこからも新田が沖縄教育の支配的論調を形成したことが窺える。ちなみに掲載回数一位の岡村は郡役所関係者とおぼしき人物だが、彼の論説には、特殊沖縄的な事柄を扱ったものはなく、他府県どこでも通用する一般的教育論ばかりである。また三位の安藤は師範学校長になる人物であり、彼の論説中五本は演説筆記であり、二本は演説筆記の可能性が高く、一本は地方巡察記である。二本以外はやはり一般教育論・国体論といったものであり、岡村同様に、安藤もまた『琉球教育』誌上においては沖縄教育の支配的論調をつくりだしたとはいえない。ただし、安藤の論考も、新田の議論と通じるものがあり、無視しえない内容を含むものであるので、第二章において論及したいと思う。

このように新田の編集委員としての活動や論説の本数・内容、また彼の論が他の論者によって同誌に引用される頻度から考えて、彼の論を分析することで沖縄教育の支配的認識を確認しえると考える。そのように考える根拠については、後述する誌面全体の変化の分析によっても示すが、まずは、新田の論の特徴を確認したい。

「沖縄は沖縄なり琉球にあらず」[10]という論考が彼の沖縄論をよく示している。国体論を前提に沖縄を日本社会に組み込もうとする彼の思考は、後述するように、近世琉球の否定となり、琉球士族の末裔への批判となった。

後に彼が休職に追い込まれたのは、新田が批判した人々の社会的圧力によってであろうと推測できる。[11] 当時、新田を取り巻く状況は、政治的緊張感をはらむものであった。日清戦争後も、首里士族による公同会運動（特別県政構想）があり、日本の社会内での参政権獲得を目指す謝花昇の運動もあった。また内地からは沖縄と台湾を同一視する施策の噂も聞こえてきた。[12] そのような状況の中で、新田は、内地からの恫喝的な視線に対し、いかに沖縄人が「日本人」であるかを証明し、同時に首里士族の公同会運動に対しては「復藩主義」「事大主義」であり「其結果は台湾土蕃［ママ］と同一視さる、が如き患を来たさむかと心配致します」[13] と批判し、彼なりの沖縄像を描いてゆくのである。彼の沖縄教育論は単なる教育論ではなく政治性を帯びたものであった。

新田の言論については当時の教育論の事例としてしばしば言及される。新城安善は、教育会内部の「リベラル派」と「国粋派」の派閥抗争を指摘しつつ、新田の活動を評して「〈琉球〉から〈沖縄〉へと厳然とした変革の主体性が確立され、皇民化教育の真価をいかにして発揮するかという沖縄教育会に課せられた至上命題」に応えたものとしている。[14] また小熊英二は、新田の論について、排除すべき他者としての「台湾」の強調と、『隋書』の「琉球」は台湾だとの主張に着目し、「彼の特長は、否定すべき沖縄像を「琉球」という言葉で集約して描き出したことだった」とする。[15]

また、儀間園子[16]は、特に新田の歴史観を詳細に分析し、その特徴として、日琉同祖論、国家主義的立場、アジアへの蔑視、沖縄＝台湾説をあげ、アジアへの蔑視の中で「文明⇔野蛮」「道義⇔不義」という尺度が用いられているとする。そして、新田の歴史論に対する反応を検討し、新田の説が『琉球教育』の内部で定説化しているが、反発を示す者（伊波普猷の師である田島利三郎）がいたことを指摘している。

新城による教育会内の対立の指摘も、小熊による否定すべき他者の存在の指摘も重要であるが、両氏ともに、新田のテキスト分析のみに終始しているため、新田の論が教育の現場でどのような役割を果たしたのか、また他の教師にどのように受容されたのかが不明であり、当時の沖縄教育界における新田の位置を正確に捉えていない。また、儀間による新田の歴史観の分析やその定説化及びそれへの反発に関しては基本的な認識として同意するのだが、より詳細に『琉球教育』を分析すれば、新田の論の位置づけや、それへの反発の根深さが明らかになるであろう。

それらの点に留意しつつ、本書では、否定すべき「琉球」と肯定されるべき「沖縄」という、新田が提起した沖縄教育論が、文化的同一化を促す思考の枠組みを用意するものであったこと、また、教育現場の実態と乖離があったことを指摘したい。

まず新田の論の大枠を確認しよう。新田は「沖縄は本来琉球で無い、琉球と沖縄とは別物である[17]」という認識のもとに、沖縄教育とは、沖縄の人々に「我邦国民として他府県と毫も相譲らざる日本人たることを知らしむる教育[18]」であるという。それを支える歴史認識及び主張は概ね次の通りである。

沖縄は元来日本であり、琉球藩が廃され沖縄と称するのは実は古に戻ったまでのことである。沖縄開闢の祖アマミキヨは古事記・日本書紀に由来するものである。古代から琉球ではなく沖縄という名を自称としてきた。隋唐時代の古文書に記された琉球は現在の沖縄ではなく台湾のことである。地理・風俗などから当時の琉球が台湾であることは明白。特に食人の風俗などは沖縄にはなく台湾の「生蕃」の風俗である。また、為朝が沖縄に流れてきてその子・舜天が沖縄の王となりかな文字など日本の風俗を伝えた。為朝は「中古の開基」といえる。現在の沖縄の風俗はその当時の保元・平治の風俗をよく残しており優美である。しかし、明の朱元璋が琉球（台湾）に入貢を促したときに、使節が誤って沖縄に来航し、冊封されることになった。それ以来、琉球という汚名を着せられてしまった。また薩摩入りにより両属というさらに不忠な状況となってしまった。廃藩により皇化に浴したのであるから、綺麗さっぱりと「琉球」（琉球的なもの）を取り除かなければならない。「琉球粋」のため他府県人から「外蛮人」のような扱いをうけるのである。琉球にこだわる人々は蒙を啓かれなくてはならない。『琉球教育』も雑誌名を『沖縄教育』に改称すべきである。

概ね以上のような歴史・文化認識と主張とを含む論文ではあるが、新田自身の言葉を引用しながら、もう少し細かくみてゆこう。教育のレベルではどのような論が展開され、指導がなされただろうか。国体観念の注入を意図したであろうことは当然として、ここで問題としたいのは、沖縄文化をどのように認識していたのかという点である。言語や衣服についての評価に注目してみよう。

まず、基本的な認識として、新田は次のように述べる。

> 私は本県に参ゐりて間もなく、沖縄の名称を穿鑿致すに就きまして、先づ一番に感喜致したる者は言語の種性が正しくて、優美高尚の要素を現存し、我が国粋たるを徴するに足ると、其衣服が同しく我が国粋を現存せる等を始め、物名、地名は皆我が国粋たるに相違なきことを確認して、永く保存致し置きたいと申した事も御座ります、其当時に於きましては、何でも我が国粋と認むべき者のみなる故、せめて我が帝国の版図内に一箇所位は、少し古風にして不便利の事はあらむも、全然保存という主義を取りたいと論じました。(―傍線引用者)[19]

ここで新田は、先の沖縄論を背景に、沖縄はもともと日本であるから、日本の国粋を保存している部分が多くあると指摘し、その保護すら口にしている。ここから、「同化」「皇民化」とは別の方向性が見えてきそうである。しかしながら、新田は、沖縄と琉球とを弁別し、前者が肯定されるべきものであり、後者が否定されるべきものとする。そうして、新田の「沖縄」文化礼賛の論調は次のような「琉球」文化への否定へと繋がる。

只今となれば、琉球国といふ一分子が混入致して居ると申す事が緻密に分かりまして、其一分子だけは改良致さねばならぬ、然らされば、大に我が国粋の妨害となるのみならず、国体上、教育上、此分子が妨害を為すの細少ならざることを認めましたに就きて、其点は必ず改良致さねばならぬと心づきました。併しそれは、我が同胞を肉親であると確信し、いつまでといふ際限なく、唐名の如き一種の別名を被ふらせ置きたくないといふ微衷に由りての事で御座ります。（─傍線引用者）[20]

沖縄文化のうち日本的なものを残す部分は礼賛するが、中国との関係から発生した「琉球」的なものは否定するということである。それだけでなく、「琉球」的なものは危険な思想として受け止めていたようである。日清戦争当時の「脱清人」（清朝に救援を求めるため渡航した人々）、琉球人と自認する首里士族の勢力、その後の公同会運動（尚家を世襲の知事とする特別県構想実現運動）など、日本に違和感を抱く勢力が、当時の沖縄には存在していた。彼らの風俗・意識及び存在自体、琉球的と認識されるものだった。新田の言論は、彼らに対する攻撃でもあったと言えよう。彼らのような存在が、他府県人から沖縄人士が台湾などと同じく植民地視される元凶であると批判する。次の史料が、そういった事情を伝えてくれる。

私は常に考へますに、我が国粋の此沖縄に現存して居ります者は飽くまでも維持保存致して置きたい、何となれば、我が国体と相関連して、将来子弟の教育上に其裨益あるを認むるに足るのみならず、現に裨益あるに由りての事で御座ります、琉球の粋と申すもの抔に至りましては、其の滅亡も既に近きにあれば憂ふるには足りませぬが、其粋といふ奴が、彼の冊封を栄誉と致して、朱明に屈し、朱氏の末路に至りては、之を振り捨て、愛親覚羅に冊封を請ふ抔、中古より近古に掛けて種々の入組を生じまして、其余弊が未た抜け切らずして、事大主義と申して支那に密航し、くり船に其首級を乗せて、旧主の為に社稷を云々するなど、洒落て見た者でありませう、又復藩主義と為りまして、金銀階級の昔に引戻さむとして、鈍ましくも其奔走を為して、折角是まで恭順に、我が国体を重むし、普天率土王臣の義を辨へて、只駸々乎と開明の域に進みつゝある沖縄をして、是等一分子の為に面目を汚さるゝに至るといふは、是非もない事ながら、我が国粋以外に此の琉球粋が立ち騒ぐので御座ります、何にしろ是等の粋は、随分微陋千万では御座りませぬか、換言すれば全県下の面汚しといふに過ぎませぬ、其結果は台湾土蕃と同一視さるゝが如き患を来たさむかと心配致します。（――傍線引用者[21]）

ここで、新田は、琉球の士族や、それらの人々が展開した「公同会」運動、復国運動である「脱清」行為を批判しているのだが、彼らの行動により、沖縄が「台湾土蕃と同一視」されると批判するのである。この「台湾」の存在を強調することが、後述するように同化を促す思考の枠組みにおいては重要になってくる。新田の論にはしばしば「台湾」が登場し、ときおり、アイヌ・被差別部落民が登場する。

とりわけ、新田の論で欠かすことのできないのは台湾の存在である。明の冊封を受けるべき存在は実は台湾であったという歴史解釈を彼は行っている。彼の論文「沖縄は隋唐の所謂琉求蕃にあらず[22]」に端的に表れるように、否定されるべき部分を「琉球」という言葉に集約し、さらに「隋唐の所謂琉球蕃」は、沖縄ではなく台湾であると主張する。沖縄よりさらに貶められる存在である台湾があってこそ、沖縄の同化は促進されるわけである。新田は、その当時の雑誌に載っていたという台湾関連記事での台湾の食人の風俗をことさらに強調している。台湾で没した能久親王をうたった和歌では「人くらふ鬼住むしまの草も木も／みこの御威稜にふし靡きけるり」[23]となっている。帝国日本の新参者の「野蛮性」を強調（捏造）することで、沖縄の同化が促進されるのである。その「野蛮」な存在として、一九一〇年以降は、「朝鮮人」が加わる。台湾人・朝鮮人ほどではないが、アイヌも引きあいに出される。まれに被差別部落の人々もそういった役割を担わされる。そういった部分を新田の論考の中から一つだけ紹介しよう。

北海道アイヌ及び台湾列島と同一視すべからざるなり、台湾列島の如きは、隋唐等の所謂流虬蛮にして、人の轆轤（どくろ―引用者）を獲るを好み、及び人を喰ふの地なる者なり、今日新たに我が版籍を上ると雖へとも其以前は化外に属せり、沖縄と同日に論するべきにあらず、故に今日に在て或は国家の何物たるを知らざる者あるも亦深く咎むるに足らず、北海道アイヌの如きも、古代は人を以て遇せず、今日に在て果して国家の何物たるを知るや否や[24]

こういった議論が成り立つためには、実際に沖縄と台湾を同じに見なす視線が、沖縄人に向けられていなくてはならない。実際に向けられていたのである。沖縄を台湾に併合し「南洋道」を設置するという案である。何度か取りざたされ案だが、新田の論もそれに触れ、次のように述べている。「目下の風評として、各種の新聞紙雑誌等に於て、チラホラと見当る所では、今後都合に依りては、拓殖務省の手に渡り、或は台湾、澎湖の如き島蛮［ママ］と、同一の制度を布かる丶やの噂ありと伝ふる者さへも御座りました、斯る不詳の言は、何とぞ虚説であれば、宜しいと杞憂致して居りました[25]」

以上のように南洋道問題への憂いを述べつつも、沖縄人に対して、次のように付言することも忘れなかった。「而るに猶ほ琉球の名称に戀々として、朱明の臭気が抜けず、故清の名残が失せざる内は、假令ひ万歳と謳歌しても、其万歳は、果して、腔子より出でたる者か、歯間より発したる口笛にはあらざるか抔、感じられませう、さればこそ拓殖務省の御支配内に合併さるゝ抔の噂も立ちませう[26]」

台湾の存在を、沖縄への国体意識注入、及び「大和化」(日本風の近代化)へと存分に活用しているのである。そういった思考は、後に沖縄人が自らを日本人であることを証明するための論理ともなる。のちに「沖縄は長男、台湾は次男、朝鮮は三男」などと沖縄人自身によって自嘲されることにもなる。南洋道問題についても沖縄のマスコミは政府を批判し、自らがいかに日本人らしく、台湾と同列に論じることの非を指摘していた。台湾への差別意識を露わにしつつ、大和からの沖縄差別を糾弾する。そして更なる大和化が目指されるのである。

以上の新田の論の特徴を指摘すると、まず為朝伝説を前提とした「日琉同祖論」といえよう。次に為朝には言語風俗を伝えたという文明イメージが付与されている。さらに「沖縄」と「琉球」という二項対立的な沖縄像を提示し、「琉球」は台湾であり否定すべき存在として描きあげる。それにともなって古琉球・近世琉球を貶める。こういった骨格を持つ沖縄論である。

もちろん「為朝伝説」「日琉同祖論」といった沖縄を日本へ統合しようとする認識は、新田独自のものではない。古くは摂政羽地朝秀(唐名は向象賢、一六一七〜一六七五年)の頃より語られ、「琉球処分」においても処分を正当化する論として用いられた。そして新田の論考の発表後には、彼も関与した文部省編纂『沖縄県用尋常小学読本[27]』により教育現場のレベルまでおろされてくる。ただ、その伝説を、説得力ある歴史の解釈として語り、教育論として敷衍する必要があった。そうしなければ沖縄人訓導や生徒たちを納得させ、大和への文化的同一化を目指す教育への支持を取り付けることはできない。それを行ったのが新田であった。

（二）新田義尊の論と現実との乖離、およびその役割

では、そのような新田の論は、教育の場でどのように具体化されたであろうか。新田が日本の「国粋たるを徴するに足る」と評価した衣服や言語について見てみよう。

まず、衣服については、琉装を保元・平治の遺風を伝えると言いつつも、首里士族出身の女子教員・久場ツルの琉装から和装（普通服）への転換を美挙として喧伝している。[28] 久場ツルは、そのことで教育会から表彰されているが、それには新田の推薦もあったのであろう。新田の論に彼女のことが久場「鶴子」と表記され何度か登場する。ちなみに彼女は、手の甲の入れ墨（ハジチ〈針突〉という沖縄女性の風俗）まで除去したという。その後の風俗改良・姓名改良といった運動を象徴的に想起させる。さらに新田は、一六〇九年の薩摩入りで割譲された奄美（沖縄・宮古・八重山よりも大和化されているという）を沖縄の風俗改良の見本のごとく示している。[29] 衣服に関して、新田は、現在の沖縄の風俗は保元・平治の風俗をよく残しており優美であるという自らの発言内容を裏切る行動をしていることになる。

では言語についてはどうであろうか。新田は、言語については、具体的扱いを確認できる記事を残していない。しかし、同時代の教師達の指導記録や方針などは残っている。当時の『琉球教育』の論調からして、新田以外の教師にも、沖縄の言語・衣服が日本の国粋を表すものだという認識は共有されていたので、他の教師達の実践に新田の理念の現実にさらされた姿を読みとることができよう。

一八九六年八月の常集会の場で、酒井という教師は、「授業上に本県語を用ふることを止めて始より内地語を用ひられたきこと」[30] を提案している。教室での沖縄の言葉を禁止する提案であるが、「始より」とは就学の始めよりという意味だと思われる。衛藤助治という教師より若干の「弁解」がなされたことが記されているが、同じく同席していた新田からは何らの反応があったとも記されていない。

また一九〇四年の郡視学会で郡視学会会長の日比重明は「沖縄なまりは断然と廃止せしめたく思ふのである。此沖縄語も沖縄の特色で保存の必要があると云ふ僻論家があるかも知れぬが我が輩の考では普通語の転訛したるものが多いのであるから普通語に改むると云ふことは当然の事であつて苟も教育を受けたるものが「ニヘーデビル」「メンソーレ」の語を用ふることを恥ると云ふ習慣を作りたく思ふのである」[31]と述べている。また宮古島で教育に従事した篠原一二は一九〇四年の「普通語の普及につきて」[32]で、普通語励行のために「児童間に制裁を設けてかんとくするより外ありませぬ」「上級の児童にしてもしあやまつて土語をつかへば非常にはずるよーになりました」「一がく年の児童が母に向って普通語をつかふのをかたはらよりその姉が通弁するといふ奇談もあります」と報告している。

このような言語矯正が行われる背景には、現実問題として普通語と沖縄の言葉とでは会話不能な状況があったと思われる。伊藤燕は「本県教育者に望む時処教育」[33]で、いくら日本の国粋を表すといっても他府県の人間が聞いて理解不能なら仕方ないと述べている。また沖縄の言葉は他府県の人には「鴃舌」(野蛮人の言葉の意味)の感があるとし、普通語励行を望んでいる。

このように新田の論は教育現場での沖縄文化否定のながれを押しとどめることにはならなかった。沖縄文化のある部分は「国粋を徴する」ものであり、その保存の可能性も示唆していたわけだが、その点に関しては現実の教育の現場では効力を持たなかったように見受けられる。「国粋を徴する」衣服も言語も、現実の教育の場では丸ごと矯正されるべきものとして扱われたのである。では否定されるべき「琉球」と肯定されるべき「沖縄」という新田の示した沖縄論には、どのような役割があったのであろうか。

弁別不可能なものを弁別する、「沖縄」と「琉球」という沖縄認識は、文化的同一化が不可能と思われる他者(台湾人)の存在を前提にし、日本人への同一化を促す思考の枠組みを用意するものであった。二項対立的な図式は、近代化の過程で発生する、清潔と不潔、勤勉と怠惰、文明と未開といった対のイメージをかぶせやすい。劣等なイメージを付与された者は排除されることになるが、それを排除せず包摂するために弁別不可能なものを弁別した、といえる。

つまり、日本においては、内地は「勤勉・清潔・文明」といったイメージを、沖縄台湾朝鮮は「怠惰・不潔・未開」といったイメージを付与される。「怠惰・不潔・未開」といったマイナスのイメージを付与された者は「勤勉・清潔・文明」を目指すことになり、その過程で文化的にも同一化を強いられる。しかし植民地のすべてに「怠惰・不潔・未開」を負わせて排除するばかりでは、帝国臣民として包摂することが難しい。そのために台湾においては漢族に「勤勉・清潔・文明」イメージを付与し日本人との共通性を示し帝国臣民として取り込むことになる。その過程で「生蕃」（台湾の先住民族）の「怠惰・不潔・未開」のイメージが強調されることになる。この点は駒込武[34]の論証の通りである。

沖縄においてもそれと同様な思考がなされた。つまり新田の沖縄論のような二項対立的な沖縄論である。「勤勉・清潔・文明」イメージを国粋を徴する「沖縄」像に付与し、「怠惰・不潔・未開」イメージを「琉球」とし「台湾」に転嫁したのである。このような理念的な操作が沖縄人の大和への文化的同一化を促す思考の枠組みを作りあげた。

しかし、当然ながら「琉球」「沖縄」という弁別は抽象的な論としては可能でも、現実の教育実践では困難である。生徒の話す沖縄の言葉のどれが「国粋を徴する」ものか否かを指摘し、保存・改良するということは不可能である。実際は丸ごと否定するしかなかった。新田の論は抽象的な論や歴史論を理解しえる沖縄人教師層に対して、沖縄文化を擁護するような姿勢を示しつつ、現実に行われている大和への文化的同一化を目指す教育への了解を取り付けるためのものであり、思考の枠組みを提供するものであった。

沖縄と大和との文化的な類似性と同祖の可能性を主張する日琉同祖論は、沖縄文化を保護する言説として機能することもあるが、力点の置きどころによっては、沖縄文化をはく奪する論理として機能することもあった。そのどちらを強調するのかが、沖縄教育の方向性を左右し、対立・葛藤の焦点となるものであった。

第二節　新田義尊への対応

(一)「読み替え」

新田が示した沖縄教育の原型とは「日琉同祖論」を根拠とした日本人への文化的同一化を目指す教育であり、それを円滑に進めるための知的な地ならしといえた。沖縄と台湾との間に線を引き、沖縄を日本人の側に位置づけるというものであった。それは、当然、沖縄文化の剥奪と大和への劣等感の助長とを伴う。このような沖縄教育の原型に対して、沖縄人訓導たちはどのように反応したであろうか。

多くの者は、新田が示した沖縄教育の原型、思考の枠組みを受け入れていたようである。少なくとも表立った反論を公にする者はいなかった。ただ『琉球教育』の全論考・全記事に目を通したなかでは、新田に対して違和感を表明したといういほどの者が少数ながら存在した。そこに沖縄人のささやかな抵抗と主体的営為を確認しえる。ふたつの方向性を指摘したい。ひとつは新田の論を沖縄社会の近代化のための論へと「読み替え」るという態度である。もうひとつは新田の論を正面から受け止めない「ズラシ」といえる態度であり、新たな沖縄像の待望感の表れといえるものである。

まず一点目の、新田の論を沖縄社会の近代化のための論へと「読み替え」る態度から指摘する。新田は、否定すべき「琉球」と肯定されるべき「沖縄」とに弁別して論じたが、前者の象徴を首里士族として、後者の象徴を平民出身者として捉えることも不可能ではない。そうすることで、前近代的な沖縄社会の差別構造を打破するための議論として、新田の論を機能させようとする論調が生まれてくる。

新田の論で、士族への批判と平民への称揚と取れる部分は以下の箇所である。

> 本県の田舎邊へ参りますと、太郎（タルゥ）とか、太郎小（タルガァ）とか、次郎（ジラァ）とか、三郎（サンラァ）とか、松（マチャァ）とか、亀（カミィ）とか、鍋（ナビィ）とか、鶴（ツルゥ）とか、国粋を其儘保存といふ人々のみで御座ります、…是等純潔の人は、支那名も持たず、…純白なる日本人種にして、…斯る人々に教ふるには、矢張り沖縄と教へて、其脳髄を汚さぬこそ宜しけれ、折角の事に、故障つきの琉球、又は琉球群島であると教ふるは、日本魂を支那根性と名づくるが如し、其失礼たること、申すまでもない事で御座ります、…斯く申せば、冊封中に網羅されたる人々を、あしさまに申するの様に思ひゝがめる人もありませうかなれども、私に於ては既往は咎めず、只将来に注意を致したいといふに過ぎませぬ。（—傍線引用者、ルビ原文）(35)

士族（＝琉球、支那名、支那根性）と、「田舎」の平民（＝沖縄、国粋を表す名、大和魂）という構図を、新田の論に読み込むことができよう。首里士族の存在は、大和人教師にとっても敵対すべき存在であったが、沖縄の平民の多くにとっても、同様であった。そういう平民層が、新田の沖縄論を首里士族への批判として読みとり、あるいは「読み替え」、大和への文化的同一化に同調してゆくことは自然なことであろう。新田の論を、新田の意図とは別の、沖縄社会の前近代的秩序打破の論理として機能させることになる。

例えば、次の史料では、新田の論が曖昧な形で「読み替え」られている様子が窺える。「雑録氏」が「東雲生」という人物の論にコメントしつつ、女教師の琉装から和装（普通服）への「改良」を、大和への文化的同一化というよりも、身分秩序の否定としてとらえているものである。あたかも新田がそれに賛成であるかのように述べているが、新田の沖縄教育論にそのような点からの風俗改良の主張はない。

> 雑録氏曰く、東雲生云く、…女教員、並に女生徒の服装に、猶ほ士族と平民との区画を為せり、女生徒は姑く置き、女教員は公職なり、公職に士族平民を問はず、女教員たるを認む、而るを世の人猶ほ士族平民を見て、公職を顧みず、…是を以て平民なれば威厳行はれず、されば服装は、本県と他府県と、各自任意にすとも、士族平民を公職の上に及さずして、自ら一定の服装を製し、女教員たるの威厳を保持せむことを要す、女生徒の如きも亦然り、士族平民を区別するが如きは、一は驕慢に、一は卑屈に、感情上自ら親密を欠き教場何となく不整頓の観あり、こは是れ外観、以て言ふに足らず、…是れ会員新田氏の説なり(36)

引用を重ねることでニュアンスを変え「風俗改良」の論理を身分制打破の論理に「読み替え」ているのが確認できよう。これは普通服だけでなく普通語励行にも内在する論理である。沖縄人教師の積極的な普通語励行にはこのような願望が読み取れる。沖縄近代史の中に沖縄民衆の主体的営為を見いだそうとするとき、このような体制への加担と論理の「読み替え」を発見することができる。

沖縄人というレベルだけではなく田舎の人々（平民出身者）の多くが、大和への文化的同一化を身分制打破の論理として「読み替え」ていた。前述した篠原一二の論考だが、篠原の報告は、宮古島での教育実践であったことを思い返してほしい。「上級の児童にしてもしあやまつて土語をつかへば非常にはずるよーになりました」と自らの「教育」の成果を誇っていたが、そこまで自らの土着文化を否定するように仕向けたのは、沖縄（本島）から宮古島への差別の視線であろう。沖縄の士族は基本的に首里・那覇・久米村に集住しており、それ以外の地域（田舎）に平民と帰農した士族が住む、と概ね理解してよい[37]。よって地域性が露わとなる言葉は沖縄内部での階層的な秩序を示すものとして機能していた[38]。近代的な平等な関係を保証してくれるものとして近代的な言葉（普通語）を求めたと解釈できる。

さらに篠原は宮古郡の普通語普及の状況を誇って次のように述べる。「近く例をあげて申しますれば本郡の池間校は一学年より学校と家庭とをとはず普通語を使用してをります又多良間校も三学年以上は普通語を以て遊場には使用してをるといふことでありますす」。篠原が自慢げに誇った宮古郡の状況だが、そこで指摘されてるのは池間と多良間のみである。池間と多良間は宮古島の更に周辺離島である。宮古郡でもっとも普通語が励行され受け入れられていたのは、宮古からの差別の視線に苛まれる周辺離島の人々であったことが分かる。このように屈折した事態に着目するならば、大和への文化的同一化を受け入れた人々の中に前近代的秩序打破の情念を確認することができる[39]。

（二）「ズラシ」（親泊朝擢）

もう一つの対応とは「ズラシ」といえる態度である。新田は、沖縄人が「日本人」であることを自覚せしめることが沖縄教育の最大の目的だと何度も繰り返し、会員に檄を飛ばしていた。その声を聞かぬかのように、算術や修身教授上の注意、教科書の善し悪し等を論じ、時折、新田の示した支配的な言説に対する違和感を吐露するのである。

そういう態度を示したのは、各地の小学校を歴任した親泊朝擢（一八七五～一九六六年[40]）である。沖縄県尋常師範学校の卒業生であり、新田の教えも受けたであろう人物である。師範附属小学校訓導も勤め新田と職場を同じくしたこともある[41]。第三章で述べるとおり、後に沖縄人初の小学校長となり『琉球教育』の後身『沖縄教育』の編集担当者にもなった。教育界で一定程度の評価と支持を得た人物といえる。[42] 親泊家は尚家とも姻戚関係のある家系で、父・朝啓は県庁に勤務していたが、旧慣に詳しく、一八九七年の公同会運動（尚家を世襲の知事に据える特別県制構想）においては司法大臣と目された人物である。[43] 親泊は、公同会運動への批判を繰り広げる新田の論考を快く思っていなかったであろうと推測できる。

親泊朝擢（『沖縄大百科事典』上巻、626頁、1983年、沖縄タイムス社）

親泊は、一八九七年、教師歴二年目に「北谷くだり[44]」という短文を投稿する。首里から北谷尋常高等小学校への道中で見かける自然や史跡についての説明と若干のコメントといった内容である。「金剛山」「浦添城址」「浦添松並」「伊祖城址」「牧港の風景」「真志喜大山の富饒」「北谷浦」という項目に一〇〇〜一五〇字程の説明がついている。「金剛山」では、地震を鎮めるために経塚という地名についての説明がなされている。「浦添城址」では、源尊敦（舜天王）のことが記されている。「浦添松並」は松林の景勝について語られている。「伊祖城址」は英祖王の居城跡である。「牧港の風景」では、地名の由来の説明がなされており、舜天王の父・源為朝の帰りを妻子が待ち侘びた港の転化であることが説明されている。「真志喜大山の富饒」では、大山の女性の勤勉さが説明されており、「本県教育家として、修身口授の際、之を勤勉の例話に引かれなば、感動を子弟に与ふること、蓋し鮮少ならざるべし」というコメントがついている。「北谷浦」では、北谷の浜辺の美しさを述べて、「優美の情を発せざらむ」「自然は一の教育者なり」とコメントされている。

この何のことはない内容の短文が読者の目を引くのは、それに付されたおびただしい注釈のせいである。史跡についての部分に、活字ポイントを小さくした割注が多く付されているのである。彙報担当者が読者の便宜を図るために書き入れたものであり、特に、源為朝、その妻子、尊敦といった、為朝渡来伝説についての用語に多く

琉球教育

彙報

伊祖城址　浦添坂下、樹木鬱蒼たるところを伊祖城といふ。英祖（本名江曾比古、英祖と漢譯す、舜明の曾孫義本を逐ひ王位に立せり）の起りし處（古名伊曾）にて城中に祭壇あり、英祖の功（何の功ならむ）を追慕して、參詣するものいと多し、然れども愚昧の人民は、巫女（のろくもおさいと云ふ蠱惑す女巫）といふ者に蠱惑せられ、理非もなく徘徊して、已が幸福を祈り居る者あり、斯の如き類は、擧けて數ふべからす

牧港の風景　牧港は、昔鎮西八郎爲朝公（舜天王家の父、眞觀帝の後胤）の歸帆を揚げられし處にて、妻子（公の夫人大里氏、隣接蕃志に浦添氏と記せり）追慕の餘り、近傍の洞穴に棲みて、公の再至を待ち詫びたりしに由り、御待港の義より轉訛せりとぞ、（此事既に前號に出せり復習の爲め再記せり）此地は本島南岸の絶景にて、南崖の屏風の如く屹立したる、石橋の臥龍の如く蛇蜒したる、皆壯觀と謂ふべし。殊に滿潮の際には、牛牽く翁、笹負ふ嫗の姿まで水に映じ風光掬すべきなり。港北の岡には、青松の下、芝草生ひ茂りて、青氈を鋪くが如し。茲に危坐して往時を追想せば

ますらをの行方（ゆくへ）をとへばまち港（みなと）の
浦（うら）しら波（なみ）の音（おと）のみぞする

具志喜大山の富饒　まがき生ひ茂りて、棧かたく、穀物倉に充ちて凶年の憂なし、誠に富裕の村里といふべし。この兩村、婦女子の勞動は、糸滿の婦女子も、遠く及ばざる所にして、大概商賈を營み、今日美里具志川邊に出て、雜穀菜物を買ひ、明日之を首里那覇の市場に鬻ぐ。かく勞動すること多年一日のごとく、秋毫も倦むことなし。本縣教育家にして、修身口授の際、之を勤勉の例話に引かれなば、感動を子弟に與ふること、蓋し鮮少ならざるべし、況して近きより遠きに及ぼすは、教授法の精神なるをや

北谷涌　宜野湾の山は、松翠滴るが如く、北谷の濱は、白布を曳くが如し。薪こるをのこ、潮汲む蜑児も、この自然の光景に接しては、いづれか優美の情を發せざらむ。あしたに松風のすさぶを聞き、夕に漣波のあるゝをきく、杜に上れば吟すべく、濱に下れば歌ふべし。何かし教師云はれし如く、自然は一の教育者なりとせば、此あたりや、最も心志の好鍛錬場ならむ

彙報氏云く、此篇中に浦添城あり、又御待港あり、鎮西八郎あり、夫人大里氏あり、舜天の事あり、皆沖縄島開闢の功德を遺せり、官に請ふて先つ爲朝の罪名を除き、祠宇を經營して北英魂を招き、其夫人大里氏と、其子舜天とを以て之に配し、以て百世に廟祀せしめて可なり、官或は爵位の典ありて、之を縣社に列し、之を官國幣社に列し、各郡に一縣社を建て、今歸仁に今鬼神（みきじん）々社、牧

親泊朝擢「北谷くだり」に付された割注

（『琉球教育』復刻版第２巻、261 頁、本邦書籍、1980 年）

付されている。さらに親泊の文章の後に「彙報氏云く、…」と補足の解説文までついている。この注釈は、読者の便を図るためという名目ではあろうが、親泊の文章の流れを分断しており、また、親泊の歴史認識の未熟さをたしなめるような箇所まである。例えば「英祖の起りし処にて城中に祭壇あり、英祖の功を追慕して、参詣するものいと多し」という箇所についた注釈は「英祖（本名江曾比古、英祖と漢訳す、為朝の曾孫義本を逐ひ簒立せり）の起りし処（古名・伊曾）にて城中に祭壇あり、英祖の功（何の功ならぬ）を追慕して、……」となっている。文章の書き手である親泊に対し、注釈が、為朝の子・舜天の王統を簒奪した英祖王にどのような功績があるのか、と反論しているようなものである。この注釈や解説を書いた「彙報氏」は、新田であると推定できる。この時期、新田は彙報担当者に任命されており、また、彙報欄の記事の独自な歴史認識からして、そのように考えられる。二年前に師範学校を送り出した卒業生の歴史認識の未熟さを嘆いているかのようである。源為朝の子とされる舜天と、その王統を簒奪した英祖を並列にするなどもってのほかなのであろう。末尾の解説には「中世日支両属の失礼ありしにも拘らず、今日に至りて、藩屛の任を全うせしは、実に為朝父子の功徳なり」とある。投稿した文章をこのような形で掲載された親泊の心境は、けして穏やかではなかろう。ここに、親泊と新田との間で、沖縄の歴史認識をめぐり、対立点が確認できる。

その後、親泊は小学校長に昇進した一九〇一年に「初学年の修身教授」[45]という授業実践の心得的な論考を寄稿している。新田が休職となる前年である。この論考は特に注目に値する。後に親泊が語ったように「忠孝仁義を説くべき講義録のようなもの」[46]であった新田在職中の『琉球教育』の中で「忠孝仁義」の行き過ぎに対する違和感を吐露しているからである。教育会の大きな論調に逆らうような発言は全寄稿者中で親泊が唯一である。その内容は、まず改訂されたばかりの修身教科書を旧版と比べ批判する。扱う話が無味乾燥であり挿画・掛図などの体裁が悪い。授業者の皆がそう言っているという。さらに続けて「著者の旨趣は初学年より忠君愛国の道義を注入的に教授して不知不識に其精神を発揮せしむるにあるが如しと雖ども吾人は児童の心意に適當せざる教材は却りて道徳的趣味を喚起すること能はずと信づるものなり」と述べる。大上段に忠君愛国を説く教育論に対して、授業実践者として違和感を表白したかったのであろう。教科書執筆者や師範学校の教諭レベルの教育論に対する現場からの異議申し立てという雰囲気を醸し出していた。ただし、その対立構図は、「日本人」対「沖縄人」という図式とも重なり、そう理解する者もいたであろう。この時期、師範学校教員はほぼ大和人であり、各地の小学校訓導の大半は沖縄人であったからだ。一八九七年段階では小学校教員の八一％が沖縄人であり師範学校教員の一〇〇％が大和人であった[47]。

その後、親泊は、教科書のどの課のどの点が不十分かを指摘している。複数を箇条書き的に指摘しているが、その中には、教科書で扱っている事例が本県では想像しづらいという批判もある。そして「初学年の教師は断然教材を取捨して其不適当のものは省き或は童話を加へ或は本県在来の昔話を以て補へば興味を喚起すること多く修身科の効果を全ふするに近からんか」（―傍線引用者）と述べている。

親泊の論は、具体的になじみやすい「本県在来の昔話」を持ち出す方が「修身科の効果を全ふする」とし、新田等、大多数の論者が否定するべきとした「過去の沖縄」の擁護を計るのである。具体的な史跡について語った前述の「北谷くだり」よりはオブラートに包まれているが、より教育実践に即した形で、児童にとってそのほうが教育的に効果があるという形をとった反駁である。政治的要請から教育を論じる者（新田等）に対して、生徒の発達から教育を論じることで間接的に反論しているのである。歴史論の次元で新田への反論は、政治的にも学問的にも難しい。それで議論を生徒の認識・発達という次元に「ズラシ」て反論するのである。親泊の批判の矛先は新版の修身教科書内容へ向けられているが、実質的には『琉球教育』が「忠孝仁義を説くべき講義録」のようなものになってしまっている事態への批判であるのは明白である。

親泊の『琉球教育』への批判は、授業研究という形をとりつつ、さらに続く。授業実践における注意点を指摘し、まず、掛図での説明の際、生徒は掛図を実物と見なすので、順序よく詳しく説明すべきとする。さらに生徒と談話しながら認識を深めるべきだという。その際の留意点として県師範学校附属小学校での授業を批判し「然るに師範学校附属に於て事実の詳述を専ら普通語になし早く普通語を上達せしめんとするは角を撓めて牛を殺すの類か」と述べる。普通語奨励の行き過ぎを批判しているのである。その批判も『琉球教育』の全論説のなかで唯一のものである。普通語について論ずる論者の多くが、初学年度から、また家庭でも日常でも普通語を用いるべきだとしていた。そのような論調に正面を切った反論はしようもない。親泊はここでも生徒の事実認識の深化を計ることを大前提とすることで、普通語励行による文化的同一化という「教育目標」をかわしつつ、その行き過ぎに異議を唱えているのである[48]。

これが親泊の示した「ズラシ」という対応である。では、いったい何故このような論説が『琉球教育』誌上に掲載されたのか。また、編集に携わっていた新田は、自分の意に添わないであろう親泊の論説をなぜ掲載したのであろうか。編集方針として「記事は総べて忠愛の精神に出で国家的観念を含蓄するを要す[49]」とある。国家主義的教育観に対する違和感が読みとれる親泊朝擢の論説は、編集方針にそぐわないであろう。沖縄の言葉・昔話についても、新田義尊が形成した論調に逆行するものである。そのような論説がなぜ掲載されたのであろうか。その理由として推定できることを三点指摘する。

一点目は前述したように親泊が教育実践の現場から発言するというスタンスをとっていたことである。教育会や『琉球教育』の論調への批判的な雰囲気はたたえていても教育研究の立場をとった寄稿をむげに扱うわけにはいかなかったのであろう。親泊は、師範学校附属小学校の訓導にもなった教育実践力をもち、堅実な実践の積み重ねを続けていた。論説に掲載されたもう一つの論考「算術教授に就いて[50]」では、ひたすら算数の有効な教え方を記している。堅実な実践の積み重ねと、それへの周囲からの評価に裏打ちされた論考であればむげに不採用にするわけにもいかなかったのだろう。

二点目は『琉球教育』への批判的勢力として物言わぬ会員が多数存在したことである。『琉球教育』への寄稿が少なく他誌からの転載などが目立ち、寄稿呼びかけが続いた後に「初学年の修身教授」は掲載されている。寄稿呼び掛けの特別広告は第四六号（九九年一〇月）を皮切りに、第五一（一九〇〇年三月）、五二（一九〇〇年四月）、五三（一九〇〇年五月）、五九（一九〇〇年一一月）、六〇（一九〇〇年一二月）、六一（一九〇一年四月）、六二号（一九〇一年五月）と続く。それを受けて、第六七号（一九一〇年一〇月）に親泊朝擢の「初学年の修身教授」は掲載されたのである。多少の難点はあるが、貴重な寄稿なので掲載せざるを得なかったのであろう。『琉球新報』の一八九九年一〇月一三日の記事には「琉球教育は実に衰頽極まって居る」とあり、その理由として会員の投稿が少ない点、他誌からの転載が多い点、編集委員の意見ばかりが目立つ点などが指摘されていた。[51] また、親泊が述べた沖縄の過去や言葉の擁護も他の会員からの無言の支持があったようである。[52] そういう状況、つまり多くの会員の沈黙が背景にあったと思われる。

三点目は、親泊や、物言わぬ会員よりも、さらに『琉球教育』に対して批判的な存在があったことである。教育会への未加入の教師達である。その人数は「県下の教育者少くとも千以上、会員亦四百を下らず[53]」ということであるから、約四〇〇人の会員に対して約六〇〇人の非会員がいることになる。『琉球教育』に集う沖縄教育の先導者たちにとって、苦々しい相手であったろう。新田は非会員に対して「或は有力の教育者にして、力を本会に竭すことを好まざる者あり、或は会員名簿に登録せざる者あり。（中略）未だ会員たらずして、猥りに喙を本会に容るゝ者あるが如きは、此団体の勢力を以て、相當の制裁を加へ、此輩（このひゃあ）をして翼を此沖縄に伸ばし以て教育の障碍を為さしむべからず、是れ蓋し本会々員たる者の平素執る所の持論ならむ[54]」とまで述べている。このような非会員に比べれば、親泊は批判的協力者といえ、教育会内部に取り込むべき存在と判断されたとも考えられる。親泊の『琉球教育』への違和感の吐露の背景に、そのような物言わぬ会員、非会員の存在があった。彼らの態度は、親泊の「ズラシ」以上に批判的であり、「無視」とでもいうべき態度であった、といえる。

以上のように、親泊は、新田の沖縄教育論からの圧力に対して、真っ向からの反論ではなく、別の次元へ「ズラシ」た上での異議申し立てを行っている。これが「読み替え」以外のもうひとつの態度である。換言すれば、別の沖縄教育像への待望感の表れだといえる。

しかし、支配的言説への違和感を吐露するだけでは、沖縄教育の課題に答えることにはならない。帝国日本における沖縄のあり方をどう考えるかという問いは、沖縄教育にたずさわる者として避けられないものである。新田の論は恫喝的ではあるが、その課題に答えようとしたものだった。親泊にもその他の教師たちにも問われているものである。その課題を意識しつつ、多くの教師たちは、好むと好まざるとに関わらず、沖縄教育の原型となった新田の沖縄像を受け入れることになる。親泊はどうしたであろうか。

伊波普猷への接近という形で、沖縄教育の像を模索したようである。伊波の沖縄での啓蒙活動が開始されたのは一九〇六年であった。親泊は一九一三年には伊波らとともに〈子供の会〉を結成することになる。[55] また一九一四年に親泊は『沖縄県案内』(三秀社)を編集・執筆するが、同著の沖縄の歴史文化の認識の中に伊波の影響を読みとるのは容易なことである。これらの点に関しては、第三章で改めて論じることにする。

第三節　『琉球教育』の構成とその変化

以上のように、『琉球教育』誌上で、大和人によって形づくられた沖縄教育の原型とそれへの沖縄人教師の対応を明らかにした。これは大和人と沖縄人の対立のひとつの露頭にすぎないともいえる。以下においては、「論説」欄に確認された上述の対立構図を、他の欄を含めた書誌的分析によって補強したい。

『琉球教育』（一八九五〜一九〇六年、全一一六号）は、刊行当初隔月刊、一八九六年五月より月刊となった。四〇頁程が通常であり、「論説」「学術」「雑録」「彙報」「文林」「本会記事」「広告」などの各欄がある。第九六号（一九〇四年六月）以降に、「教授と訓練」の欄が加わる。『琉球教育』には「編集後記」のたぐいがなく、また編集委員に関してもその任命記事が断片的に記されているだけなので、どの時期のどの箇所を誰が担当したのか、全体像を示すことはできない。しかし創刊号から第一一六号まで順次に読み進めてゆけば、扱われるテーマ、問題意識、執筆者、頁数、欄の改廃などから、全体の傾向を指摘することができる。

〈表1-1〉の「『琉球教育』の各欄の一覧」で欄の改廃の状況を示したものである。便宜的な時期区分として〈第Ⅰ期〉〈第Ⅱ期〉〈第Ⅲ期〉を設けているが、〈第Ⅰ期〉は新田義尊の在職期であり、〈第Ⅱ期〉〈第Ⅲ期〉は新田休職意向である。〈第Ⅲ期〉は新たな「教授と訓練」欄が設置されて以降である。まず確認できることは、全一一六号を通じて設置されているのは「彙報」欄であり、「本会記事」欄は三号分、「論説」欄は四号分だけ欠けている。「雑録」欄は一八号分、「学術」欄は三八号分の欠けがあるが、継続的に存在しているといえよう。「教授と訓練」欄は第九六号（〇四年六月）に創設されるが、それ以降、一号分だけ欠けるだけで、雑誌の重要な部分を構成する。

その中で、雑誌の中心となるのは巻頭に置かれた「論説」欄であり、そこでは、教育議論が展開されている。第一章で論じた沖縄教育像の支配的な認識もこの欄で形成されたといえよう。「学術」欄は、教育を中心とした学術的な論考で成り立っており、雑誌の重要な部分をしめている。「教授と訓練」欄には、教育実践に関わる論考が並び、当時の具体的な授業の様子をうかがうことができる。これら「論説」「学術」「教授と訓練」欄が教育

〈表 1-1〉『琉球教育』の各欄一覧

期	号	刊行	設置された欄															欄外						
			論説	学術	教授	聖徳	雑録	彙報	本会	官令	法令	文林	文芸	文苑	月旦	広告	付録	特広	祝辞	奉祝	御製	詔勅	正誤	告示
I期	1	95.10		○			○	○	○	○						○								
	2	95.12	○	○			○	○	○							○								
	3	96.2	○	○			○	○	○	○														
	4	96.4	○	○			○	○	○															
	5	96.5	○	○			○	○	○	○														
	6	96.6	○	○			○	○	○															
	7	96.7	○	○			○	○	○															
	8	96.8	○	○			○	○	○															
	9	96.9	○				○	○	○															
	10	96.10	○					○	○															
	11	96.11	○	○				○	○															
	12	96.12	○	○			○	○	○															
	13	97.1	○	○			○	○	○	○														
	14	97.2	○	○			○	○	○	○														
	15	97.3	○					○	○	○														
	16	97.4	○					○	○															
	17	97.5	○	○				○	○	○														
	18	97.6	○	○			○	○	○															
	19	97.7	○					○	○															
	20	97.8	○	○			○	○	○															
	21	97.9	○					○	○	○														
	22	97.10	○	○			○	○	○															
	23	97.11		○			○	○	○	○														
	24	97.12	○				○	○	○															
	25	98.1	○				○	○	○	○														
	26	98.2	○	○			○	○	○	○														
	27	98.3	○				○	○	○	○														
	28	98.4	○				○	○	○	○														
	29	98.5	○				○	○	○															
	30	98.6	○	○			○	○	○															
	31	98.7	○	○			○	○	○															
	32	98.8	○	○			○	○	○															
	33	98.9	○	○			○	○	○															
	34	98.10	○	○			○	○	○															
	35	98.11	○	○			○	○	○															
	36	98.12	○	○			○	○	○															
	37	99.1	○	○			○	○	○															
	38	99.2	○	○			○	○	○															
	39	99.3	○	○			○	○	○															
	40	99.4	○				○	○	○															
	41	99.5	○			○	○	○	○															
	42	99.6	○			○	○	○				○				○								
	43	99.7	○			○	○	○	○															
	44	99.8	○			○	○	○	○															
	45	99.9	○	○		○	○	○	○															
	46	99.10	○			○	○	○	○									○						
	47	99.11	○			○	○	○	○			○												
	48	99.12	○	○		○	○	○	○															
	49	00.1	○	○		○	○	○	○			○												
	50	00.2	○	○		○	○	○	○															
	51	00.3	○			○	○	○	○			○						○						
	52	00.4	○	○		○	○	○	○			○						○						
	53	00.5	○	○		○	○	○	○			○						○						
	54	00.6	○			○	○	○	○			○												
	55	00.7	○	○		○		○	○			○												
	56	00.8	○	○		○	○	○	○			○												
	57	00.9	○	○		○	○	○	○															
	58	00.10	○	○		○		○	○							○								

61	01.4		○	○			○	○	○			○						○			○			
62	01.5		○	○			○	○	○			○						○		○				
63	01.6		○	○			○	○				○							○					
64	01.7		○	○			○	○	○			○				○								
65	01.8		○	○			○	○	○			○												
66	01.9		○	○			○	○	○			○				○								○
67	01.10		○	○			○	○	○							○								
68	01.11		○	○			○	○	○			○				○								
69	01.12		○	○			○	○	○			○				○								
70	02.1		○	○			○	○	○			○							○					
71	02.2		○	○			○	○	○			○				○								
72	02.3		○	○			○	○	○			○				○								
73	02.4		○	○			○	○	○							○								
74	02.5	Ⅱ期	○				○	○	○							○	○							
75	02.6		○					○	○			○				○	○							
76	02.7						○	○	○							○	○							
77	02.8		○					○	○							○	○							
78	02.9		○					○	○							○	○							
79	02.12		○				○	○	○			○				○	○							
80	03.1		○				○	○	○							○	○						○	
81	03.2		○					○	○			○				○								
82	03.3		○				○	○	○			○												
83	03.4		○	○			○	○	○			○												
84	03.5		○					○	○			○				○								
85	03.7		○	○			○	○	○			○				○								
86	03.8		○	○				○	○			○				○								
87	03.9		○	○			○	○	○							○								
88	03.10		○	○			○	○	○															
89	03.11		○					○	○			○												
90	03.12		○	○			○	○	○			○				○								
91	04.1		○	○			○	○				○				○			○					
92	04.2			○			○	○	○													○		
93	04.3		○	○			○	○	○							○								
94	04.4		○	○			○	○	○			○				○								
95	04.5		○	○			○	○	○							○	○							
96	04.6	Ⅲ期	○	○	○		○	○	○			○				○								
97	04.7		○	○	○		○	○	○							○								
98	04.8		○	○	○		○	○	○		○													
99	04.9		○	○	○		○	○	○			○					○							
100	04.10		○	○	○		○	○	○		○	○				○								
101	04.11		○	○	○		○	○	○		○					○								
102	04.12		○	○	○		○	○	○		○				○	○								
103	05.1		○	○	○		○	○	○		○	○			○	○			○					
104	05.2		○				○	○	○		○	○												
105	05.3		○	○	○		○	○	○		○	○			○	○								
106	05.4		○		○		○	○	○		○	○			○	○								
107	05.5		○	○	○		○	○	○		○	○				○	○							
108	05.6		○	○	○		○	○	○		○	○			○	○	○							
109	05.7		○	○	○		○	○	○		○		○											
110	05.8		○		○		○	○	○		○		○											
111	05.9		○		○		○	○	○						○									
112	05.10		○	○	○		○	○	○		○		○			○								
113	05.11		○	○	○		○	○	○		○					○						○		
114	06.1		○		○		○	○	○		○			○		○								
115	06.1		○		○		○	○	○		○		○			○			○					
116	06.2		○		○		○	○	○		○													

【表 1-2】 時期別の各欄の平均論考・記事数と平均頁数

時期区分	号数	論説		学術		聖徳	細目	教授と訓練	頁数	
Ⅰ期	1 － 40	1.6 本	1.6 本	1.3 本	1.2 本				35.6 頁	35.7 頁
	41 － 60	1.1 本		0.7 本		6.1 本			32.2 頁	
	61 － 73	2.4 本		1.6 本					41.5 頁	
Ⅱ期	74 － 80	1.7 本	2.3 本	0	0.8 本		1 本		46.1 頁	41.3 頁
	81 － 95	2.6 本		1.1 本					39.1 頁	
Ⅲ期	96 － 116	3.1 本	3.1 本	1.6 本	1.6 本			3.7 本	67.2 頁	67.2 頁
	全号	2.0 本		1.6 本		6.1 本	1 本	3.7 本	42.5 頁	

＊「細目」は付録「沖縄県師範学校附属小学校編纂教授細目」を指す、細目を除いたⅡ期の平均頁数は 34.4 頁、74-80 号は 24.3 頁。

雑誌としての最重要な部分だといってよいであろう。

それ以外に、「本会記事」では、教育会の動向を伝える記事が並ぶ。「彙報」欄では、沖縄内外の社会や教育に関する様々な記事が並んでいる。「雑録」欄の論考は、「論説」「彙報」にあてはめづらい内容・分量の論考、あるいは、それらの欄から外れた論考や記事がならんでいる。また、第四一号（九九年五月）から第六〇号（一九〇〇年一二月）の間に設置された「聖徳」欄では皇室関連記事が並び、この時期の『琉球教育』の雰囲気を伝えている。これらの欄では、当時の教育界の様子や、教育会の人々が沖縄社会をどのようにとらえていたかが分かる。

〈表1-2〉では、時期別の各欄の平均論考・記事数と平均頁数、雑誌の論調に影響を与えた重要な欄の改廃を示した。「論説」「学術」欄は第一号（一八九五年一〇月）から最終号（一九〇六年一二月）まで継続するが、「聖徳」「細目」などその他の欄については短期間に改廃が相次いでいる。全体の平均頁数は四二・五頁だが、「教授と訓練」欄が設けられて以降は頁数が増加する。本論文では、新田義尊が在職して多数の論説を寄せていた時期を〈第Ⅰ期〉とする（新田が休職を命じられたのは一九〇二年五月）。また、新田休職以降、「教授と訓練」欄が設けられて以降を〈第Ⅲ期〉とし、その間の時期を

〈第Ⅱ期〉する。以下、それぞれの時期の特徴を確認していく。

「論説」欄全論考二三三本で、沖縄と大和との関係を主に論じたものが約三五本ある。そのうち二九本は〈第Ⅰ期〉に集中しており、この二九本の中の一三本は新田によるものである。また第四一号（一八九九年五月）から第六〇号（一九〇〇年一二月）までは、巻頭に「聖徳」欄が設けられ皇室関連記事が並ぶ。小学校校長の親泊朝擢は、〈第Ⅲ期〉にあたる第九九号（一九〇四年九月）において、この頃の『琉球教育』について「忠孝仁義を説くべき講義録のようなもので地方教育会雑誌の形は備えて居ない」[56]と酷評している。第四一号（一八九九年五月）から第六〇号（一九〇〇年一二月）までの期間の平均頁数が三一・二頁と最も少ないのだが、その内で「聖徳」欄が誌面の一二％を占めていた。さらに新田義尊の担当した「彙報」は三九・一％を占めている。雑誌の半数頁以上が皇室関連記事や、後に見る、新田の影響の大きな「彙報」欄でしめられているのであるから、親泊の批判は的確である。

上沼八郎[57]は『琉球教育』の皇室関連記事の多さや国家主義的な傾向を指摘しているが、〈第Ⅰ期〉に限定すれば妥当といえよう。しかし上沼はそれ以降の展開を看過している。新田の休職を前後して誌面に若干の変化が確認できる。まず第七四号（一九〇二年五月）から第八〇号（一九〇三年一月）まで平均二一・九頁の膨大な付録「沖縄県師範学校附属小学校編纂教授細目」がつく。その間の平均頁数が四六・一頁であるから、雑誌のほぼ半数をこの付録が占めることになる。その間、「学術」欄の論考数はゼロが続き、また第七八号（一九〇二年九月）から第七九号（一九〇二年一二月）までの編集作業に三ヶ月を要している。[58]第七九号には、編集に携わった新田の休職に触れ「本会は一の柱石を失なへるを悲しむ」[59]とある。これらのことは新田休職に伴う雑誌編纂事務の遅滞を意味するものではないかと推測できる。

第八九号（一九〇三年一一月）では、雑誌編集委員会が開かれ「編纂上の事に付種々協議する所あり」と記されており、第九〇号（一九〇三年一二月）には教育会評議委員会の決定として「本会雑誌編輯委員を任免し其責任明かにする[60]」とあり、「編輯事務の便宜上」、編集事務が師範学校職員中心から県官吏に移行している。その意味は判断しかねるが〈第Ⅱ期〉に雑誌の立直しが模索されたとはいえよう。

その後、大きな変化が確認できるのは第九六号（一九〇四年六月）からである。前述のように「教授と訓練」欄が設置され、誌面の充実振りをたたえる声や「授業批評会記録は、吾等尤も之を渇望す[61]」という声が聞かれるようになる。何よりも頁数の増加によってその変化を確認できる。全期間の平均頁数は四二・五頁だが、〈第Ⅲ期〉は平均六七・二頁になり、時には一〇〇頁を超えることもあった。「教授と訓練」欄の平均頁数は一八・七頁であり、誌面の二七・八％を占めている。また、新田に代わる有力な書き手として岡村紫峰が登場するが、それも誌面の有り様に変化をもたらしている。岡村紫峰は筆名であり個人を特定できないが、中頭郡役所内に勤める人物とのことである。彼は第九五号（一九〇四年五月）に投稿以来、第一一六号（一九〇六年二月）までの二年足らずに、「論説」欄に、新田を上回る一五本の論考を寄せ、さらに「学術」「教授と訓練」欄にも多くの論考を寄せた。しかし岡村の論考はほぼ全て一般的な教育論であり、沖縄と大和との関係を論じたものではなかった。〈第Ⅰ期〉と〈第Ⅲ期〉の傾向の違いは、有力な書き手の問題意識の違いに象徴されているといえよう。親泊朝擢の言葉を借りれば〈第Ⅲ期〉は「地方教育会雑誌の形は備え」るようになったといえよう。

上述の傾向をまとめれば、『琉球教育』は「論説」欄（教育理念）から「教授と訓練」欄（教育技術）へと重心が移行したといえる。注目に値するのは、そのことが沖縄人の誌面への参入状況の変化と時期的に重なることである。創刊号から最終号まで順次読み進めていけば、沖縄人らしき氏名の執筆者が増えてゆくことに気づく。それで、執筆者の出身及び職を確認する作業を行った。確認のために用いた資料は、①『沖縄県師範学校一覧』（一九一四年三月）、②『沖縄県師範学校一覧』（一九〇一年五月）、③『沖縄大百科事典』（沖縄タイムス社、

【表1-3】『琉球教育』の各欄の全論考に占める沖縄人執筆論考数

	第Ⅰ期（計73号）	第Ⅱ期（計22号）	第Ⅲ期（計21号）	全　体（計116号）
論説	17／117（15%）	12／51（24%）	11／65（17%）	40／233（17%）
学術	10／ 82（12%）	11／17（65%）	9／33（27%）	30／132（23%）
教授と訓練	／	／	28／73（38%）	28／ 73（38%）

＊沖縄人論考数／全論考数（沖縄人論考割合）

一九八三年）、④『琉球教育』の記事、⑤「本年度本誌寄稿諸君」（『琉球教育』第一一四号、一九〇六年）、⑥「会員名簿」（『琉球教育』第九五号、一九〇四年）、⑦「沖縄教育会会員名簿」（『琉球教育』第一一五号、一九〇六年一月）、⑧『職員録』（各年度、内閣印刷局）、である（以下、本文中で①から⑧の数字は、上記の出典を示す）。なお、出身が不明な者もおり、沖縄人執筆の論考数について、以下に示す数字は確認し得たという数字であり、さらに増加する可能性がある。

【表1-3】は、全論考に対する沖縄人執筆論考の割合を示したものである。

沖縄人執筆論考数は、「論説」欄で約一七％、「学術」欄で約二三％、「教授と訓練」欄で約三八％（教生〈教育実習生〉の授業記録を含むと約五六％）[62]である。[63]「論説」欄の主な担い手は大和人であり、「教授と訓練」欄では沖縄人だといえよう。「学術」欄では〈第Ⅰ期〉より〈第Ⅱ・Ⅲ期〉に沖縄人の執筆割合が増加している。『琉球教育』刊行中（一八九五〜一九〇六年）に師範学校で教諭・助教諭職を経験した沖縄人は富永実達・崎濱秀主・平田吉作のみであったことにも象徴されるように、沖縄の教育界に方向付けを与える地位はほとんど大和人が占めていた。しかし、初等教育の担い手たる小学校教員の多くは沖縄人であった。[64]一八九七年で師範学校教員の一〇〇％が大和人であり、小学校教員の八十一％が沖縄人である。『琉球教育』が「地方教育会雑誌の形」を整えようとすれば初等教育の具体的諸問題を取り上げざるをえず、教育実践の担い手の発言機会が増えてゆく。それは沖縄人の発言の機会が増加せざるをえない事態が生じたことでもあった。

そこから推測できるのは、教育理念を論ずる「論説」欄への沖縄人の参入が難しかったと同時に、新田の議論に代表されるような、国家主義的イデオロギーよりも、「教授と訓練」欄で展開された、近代的な技芸の習得に関わる教育技術にこそ、沖縄人訓導達は期待を寄せていたということではないだろうか。

第四節　「彙報」欄に映し出された沖縄社会

それでは、具体的に各欄の内容を検討していきたい。「論説」欄に関しては、第一・二節において、新田義尊の論を中心に検討してきたので、ここでは、教育雑誌として重要な「学術」「教授と訓練」欄と、新田が担当してその影響力を濃厚に確認できる「彙報」欄を検討する。時期ごとの変化、つまり新田義尊の在職期間と、彼が休職となった以降の違いを確認してゆくことになる。

まずは、「彙報」欄から見てゆきたい。「彙報」欄の担当者の一人が新田義尊であることは間違いない。第一節でも言及したように、『琉球教育』の創刊前に新田は「彙報」欄の担当に任命されている。しかし、その後、担当箇所を明記されずに、複数の人々が雑誌編集委員に任免されており、それらの人が「彙報」の担当として、新田とともに作業にあたったとも考えられる。少なくとも、第六一号（一九〇一年四月）には、編集体制が刷新され、「彙報及び雑録」に関しては、新田を含む四人での輪番ということになっている。[65] よって、すべてが新田のみの執筆であるとはいえないことに留意する必要がある。

「彙報」欄の記事は、編集委員によるもの、会員からの寄稿、他誌からの転載などからなっている。内容的には、沖縄内外の教育を中心とした様々な記事である。皇室関連、教育行政、学校行事、軍事関係、台湾関係、教員人事、教育会関連の記事等である。「本会記事」「雑録」欄との境界は明確ではないが、「雑録」欄と比べて、より

【表 1-4】　彙報欄頁数・割合

時期区分	号数	彙報欄頁数彙		報欄頁割合		聖徳	細目	教授と訓練	総頁数	
I 期	1 － 40	14.1 頁		40.10%					35.6 頁	
	41 － 60	12.5 頁		39.10%		○			32.2 頁	
	61 － 73	11.5 頁	13.2 頁	27.90%	37.70%				41.5 頁	35.7 頁
II 期	74 － 80	7.7 頁		16.70%			○		46.1 頁	
	81 － 95	10.9 頁	9.9 頁	27.80%	24.30%				39.1 頁	41.3 頁
III 期	96 － 116	9.3 頁	9.3 頁	14.50%	14.50%			○	67.2 頁	67.2 頁
	全号	11.9 頁		31%					42.5 頁	

＊「細目」は付録「沖縄県師範学校附属小学校編纂教授細目」をさす。
＊総頁数は、目次から最終印刷ページまでの頁数。
＊各欄は頁の途中から始まり途中で終わることが多い。よって、彙報欄頁数は、何頁にまたがっているかではなく、何頁分を占めているかを示す。例えば、11 頁という表記の場合、10 頁分を占め 11 頁分目に入っているという意味である。

匿名性が高いといえよう。

「彙報」欄には、全一一六号で合計一六六八本の記事が掲載されている。記事は短いもので数行、長いもので数頁であり、雑誌全体に占める「彙報欄」の存在をうかがうためには、総頁数に占める「彙報」欄の頁数割合を示したほうがわかりやすい。〈表1-4〉の「彙報欄頁数・割合」を参照いただきたい。頁数割合は、〈第Ⅰ期〉が三七・七％、〈第Ⅱ期〉が二四・三％、〈第Ⅲ期〉が一四・五％である（頁数平均は一一・九頁であり、〈第Ⅰ期〉が一三・二頁、〈第Ⅱ期〉が九・九頁、〈第Ⅲ期〉が九・三頁）。新田在職期である〈第Ⅰ期〉において「彙報欄」の占める割合が大きいことが分かる。

また、〈第Ⅰ期〉の特徴として、「彙報氏曰～」「因に曰く～」というような、記事に対する編集委員のコメント・解釈・補足説明が目立つ。先に確認した親泊の論考への割注、補足説明が典型的である。そのようなコメントは全一六六八本中一二三本の記事に付されているが、そのうち一一六本は〈第Ⅰ期〉に集中している。具体的には、皇室関連記事、沖縄の歴史関係の記事、台湾関係記事に、そのようなコメントは多く付されている。つまり、あるべき沖縄認識を噛み砕いて提供しているといえるのである。また、「彙報氏曰く」の後に、新田義尊の説の引用が多々見受けられることから（一二本）、匿名性のもとに沖縄教育についての世論を形成しようとする意図がうかがえる。新田自身が自分の論を引用している可能性もある。

〈第Ⅰ期〉と比べて、〈第Ⅱ・Ⅲ期〉で特徴的なのは、皇室関連記事、沖縄の歴史関係の記事の激減である。また、日露戦争における県出身者に関する記事や、各種学校入学試験問題、小学校教員検定試験問題などの増加が目に付く。日露戦争関係記事を別にすれば、これらの変化からも、雑誌の傾向として、イデオロギー的な事柄から、教育の実用的な事柄へと、興味が移動しているといえよう。〈第Ⅰ期〉が思想中心、〈第Ⅱ・Ⅲ期〉が技術中心だともいえよう。

次に、同時代の沖縄社会の大きな事件をどのように見ているかを確認する。①日清戦争終結までの「琉球復国運動」を推進した「脱清人」や、「特別県政構想」といえる公同会運動（一八九五、九七年）については、激しく批判している。②徴兵制の施行（一八九七年）に関しては風俗改良とからめて大きく取り扱われている。しかし③参政権獲得運動（一八九八～一九〇〇年）などについては沈黙している。謝花昇の名が四度、見受けられるが県技官としてのものが主である。[66] 謝花昇の権力闘争の相手は教育会総裁奈良原繁知事であったが、誌上に謝花昇を攻撃する記事はない。同時期の『琉球新報』が謝花昇を攻撃しているのとは対照的である。[67] ④土地整理（一八九九～一九〇三年）などの法制的な近代化については、ごく僅かな報道に止まっている。奈良原繁県知事・県庁官吏の俵孫一・尚順男爵・師範校長が触れたのみである。県庁官吏の演説には、土地制度は改正されるが、従来の沖縄の村落の良慣習は維持すべきとの認識が示されているが、[68] それに対する教師からの応答などは皆無である。

同時期の『琉球新報』などと比べて、全体的な傾向としていえることは、文化的な次元の同一化に関する事柄が強調され、徴兵制度以外の法制的な次元の同一化に関する事柄が等閑に付されているということである。

次に、「彙報」欄における沖縄教育像と直接的に関わる事項について検討してゆきたい。編集委員が同時期の沖縄社会の何を強調しているかを確認してゆくことで、沖縄教育の指導者たちが何と敵対し、沖縄教育のあり方を形成していったのかが分かる。中学校ストライキ事件（一八九五～六年）、公同会運動（一八九五、九七年）、原国訓導事件（一八九五年）、旧王家・久米村人の風俗改良、台湾関連事項に着目する。

中学校ストライキ事件（一八九五～六年）は、中学の英語科廃止・中学校教員人事に端を発した中学生のストライキ事件であり、沖縄に対する差別的な対応をとる中学校長児玉喜八の排斥運動である。次章でとりあげる『琉球新報』主筆の太田朝敷によれば、この事件の原因は、児玉喜八が「沖縄県人には中等以上の教育を授ける必要はないと揚言し、特に英語を随意科として教科の埒外に置き、本県人を劣等種族視する態度が余りにも露骨に現はれた」[69]からである。しかし、『琉球教育』では、「抑も同校の紛擾たる強ちに子弟の所為にあらず之を煽動教唆し之を幇助せる者ある」[70]とし、沖縄内部における琉球人の救国運動の政治勢力である「白党」「黒党」による教育の妨害だと捉えている。『琉球教育』は絶えず沖縄内部に教育を妨害する敵を想定していることがうかがえる。

公同会運動（一八九五、九七年）は、太田朝敷ら日本への帰属に肯定的な琉球人ら（「白党」）らを中心とした、尚家を世襲の知事とする「特別県政構想」である。太田朝敷は、『琉球新報』は、「浅薄にして猜疑深き他府県人等或一部の急激なる青年等は此派を目して一種の謀反人視し」[71]と述べ、同運動に批判的な「他府県人」への苦言を呈している。他方、『琉球教育』では、「国民教育の妨害たるのみならずあたら子弟少年の面目を汚すや亦大なり延いて沖縄土着の教育家に及び沖縄人士を以て県下子弟の教育に當らしむべからずとて世間の風評に迄上るに至れり（中略）之を要するに一部の所行此の如し斯る風評を蒙るは一理なきにあらざるなり」[72]とする。公同会運動も、大和人の沖縄人への不信感の要因の一つだと批判しているのである。『琉球教育』では、「頑固党」（「黒党」）

のみでなく「公同会」「開化党」（「白党」）なども、「国民教育の妨害」と見なしていることが分かる。

このような『琉球教育』の沖縄社会への不信感をよりよく確認できるのが、原国訓導事件（一八九五年）である。日清戦争中に清国の勝利を祈願する「頑固党」から沖縄人小学校訓導が暴行を受けた事件である。原国訓導と一緒にいた小学生達が「頑固党」を揶揄したことが事の発端である。この事件に関し『琉球教育』は強く批判し、次のようにコメントする。

抑も本県の拳骨を弄するは他府県に於ける撃剣槍術なり一名唐手と称す其技術の目に於ては「パッサイ」「クウサンクン」「ナイハンチン」等の名ありて或琉球人士は古くより皆之を鍛錬し以て有事に備ふる者即ち台湾土匪が学務部員を殺害せる槍棍及び刀剣と其用は毫も異なる所なし県下に此輩の頑奴が今尚ほ跋扈跳梁して斯加〔ママ〕き狼藉を為せり真に危険と謂はざるべからず(73)

この記事から、『琉球教育』が、「頑奴」（「頑固党」）と「復藩運動者」（公同会）は同根であると認識し、被害にあった教師は、台湾教育に従事し台湾人により殺害された日本人教師ら「台湾の殉教者」と同じだと認識していることが分かる。琉球人の使う「唐手」という認識は、義和団事件の報道における清に対する侮蔑的記事の折に、同時に「琉球人」批判として想起されている。(74)「琉球」＝「中国」「台湾」という排除すべき負のイメージが形成されている（逆は「沖縄」＝「国粋」）ことが分かる。

中国との関係など琉球王国時代の記憶を抑圧しようとする志向は、〈第Ⅰ期〉の『琉球教育』に多々確認される。風俗改良に関しても、そのような側面が確認できる。公同会・「脱清人」らの精神的支柱である琉球王家の人々や首里人たち、琉球人意識を持つと目される人々の断髪の様子が報道されてゆく。(75)その最たるものは、明・清からの渡来者の末裔の久米村人の教育である。久米村人の由来や現状・就学状況が詳しく報告され、「大田前准訓導は台湾生徒を教授するも、亦かくやあらむとまで評笑せり」などという記述もみうけられる。[76] 風俗改良においても沖縄の旧慣に中国イメージが付与され貶められる事例も見受けられる。[77] このように、風俗改良は、『琉球教育』にとって、沖縄内部の敵を征服して行く過程としても意識されていたであろう。

このように沖縄内部に敵を想定してゆくなかで、台湾が強烈に意識されてゆく。『琉球教育』には、台湾に関する記事や言及は膨大にあり、全期間を通じて台湾への関心が確認できる。台湾の視察、台湾の学事に関する伝聞、沖縄県在職経験のある在台湾教師からの連絡、台湾と沖縄との歴史的な関係などの記事である。全体としては、沖縄人は日本人であり、「未開」の台湾を教化する役割を担っているという認識が示されている。[78] しかし、台湾に対する興味はそれだけにとどまるものではなかった。台湾と沖縄と重ねられて認識されることもある。例えば、司法省顧問カークードが来県し常集会に臨んだ折に入手した台湾での演説原稿が掲載されている。同氏は、日本の台湾統治において内地延長主義とは異なる特別統治を構想した人物である。その演説の内容は、英国植民地文官についての説明が主なものであるが、それに関するコメントが編集委員により付されている。沖縄は植民地ではないことが強調されながらも、台湾と「危険も亦相半すると見て可なり」とされ、沖縄在住大和人教師も、英国植民地文官のように長く在職すべき、といったことが述べられている。[79]「彙報」欄で扱われた原国訓導事件の例などと考え合わせれば、沖縄と台湾の認識に混乱が確認できるといえよう。支配的な言説としては、沖縄人は日本人と同祖であるが、しかし、公式的でないところでは、大和人教師にとって、沖縄と台湾は重ね合わされて理解されていたのであろう。そのような認識の混乱は沖縄人への恫喝として作用したと思われる。

「彙報」欄における沖縄教育像と直接的に関わる事項に関して、概して言えば、日本の統治を認めない「脱清人」、沖縄の特別県政構想を模索した公同会などを強烈に意識し、それらの行為の元凶を同一のものとみなし、その精神的なよりどころである琉球国の痕跡を消し去ろうとするものであったといえる。その過程で、排除すべき内部の敵と中国・台湾とのつながりが強烈に意識されているのである。新田義尊の認識と齟齬をきたす内容を含みつつも、支配的な言説を補強するものとして沖縄社会を描き出していたといえよう。

第五節 「学術」「教授と訓練」欄における沖縄の歴史・文化・言語

(一) その概要

次に、「論説」欄に比し、沖縄人執筆者の増大の顕著な「学術」「教授と訓練」欄を検討したい。沖縄人が参入した誌面において、何が論じられたかを確認する前に、「学術」「教授と訓練」の概要を記したい。

まずは「論説」欄に比し沖縄人の執筆率が高く、また〈第Ⅰ期〉より〈第Ⅱ・Ⅲ〉期に沖縄人の執筆が目立つ「学術」欄からみてゆく。〈表1-5〉は「学術」欄の論文執筆者を執筆頻度順に並べ、投稿論文数、出身、職業、出身を確認した資料、論じている主なテーマを示したものである。

「学術」欄には、毎号一〜二本程の論考が掲載され、計三八人の執筆者により、全一三三本の論考がある。主な執筆者は沖縄県尋常師範学校(一八九八年より沖縄県師範学校、以下、師範学校と略す)や沖縄県尋常中学校(一八九九年より沖縄県中学校、以下、中学校と略す)の職員であり、県官吏、小学校訓導も加わっている。まず、執筆者の上位は、黒岩恒、斎藤留吉、高橋清次郎、門倉秀幸、新納時哉、島岡亮太郎、山岸進ら師範学校関係者が占めていることが確認できる。彼らはいずれも大和人である。

論じられている内容は、教育実践に関わるもの、その背景としての教養、学術研究といったものが多い。その中で沖縄関連事項をテーマとしたものとしては、黒岩恒「沖縄の博物界」がある。博物学研究者である著者の研

【表1-5】「学術」論文（全133本）の執筆頻度（照屋信治作成）

氏名	論文数	出身	職	典拠	主なテーマ
黒岩恒	13本	大和	師範学校教諭	①	沖縄の博物界
斉藤留吉	13本	大和	師範学校教諭	①	高等読本講義
高橋清次郎	10本	大和	師範学校教諭兼舎監	①	平将門
門倉秀幸	8本	大和	師範学校教諭心得	①	算術における生業上の知識
新納時哉	8本	大和	附属訓導兼助教諭	①	教授法、簿記学
加藤三吾	7本	大和	中学教諭	③⑧	沖縄の今昔
山岸進	5本	大和	師範教諭心得	①	糖類、算術
大城彦五郎	5本	沖縄	附属訓導、中学教員	①	読書科・地理科教授、倫理学
仲村渠喜俊	5本	沖縄	工業徒弟学校	①	図画教授のしおり
島岡亮太郎	4本	大和	師範教諭	①	高等小学校文法教授
高良隣徳	4本	沖縄	中学教諭	①⑧	エネルギーに関する学説
仲本政世	4本	沖縄	県内務部	①⑧	国家の構成、租税論、自治論

※出身・職の典拠：①『沖縄県師範学校一覧』（大正3年3月）、②『沖縄県師範学校一覧』（明治34年5月）、③『沖縄大百科事典』等、④『琉球教育』の記事、⑤「本年度本誌寄稿諸君」（『琉球教育』第114号、1901、第11巻B 114頁）、⑥「会員名簿」（『琉球教育』第95号、1904）、⑦「沖縄教育会会員名簿」（『琉球教育』第115号、1906）、⑧『職員録（乙）』（各年度、印刷局）

究の一端が示され、沖縄に植生する草花の解説が行われている。また、次章で論ずる加藤三吾は「沖縄の今昔」として沖縄の歴史・民俗を扱っている。

「学術」欄の執筆者の上位は大和人が占めるが、高良隣徳・仲本政世・大城彦五郎ら、当時の教育界で地位を築いた沖縄人も執筆している。しかし、彼らは『琉球教育』誌上で沖縄の歴史や言葉について語ることはなかった。高良は主に理科系の議論を、仲本は政治・経済の解説を、大城は教授法を論じていた。『琉球教育』が刊行されていた時期に、高良は『大日本教育会雑誌』（第一八〇～一八二号、一八九六年）では実際的な見地から「日常使用する処の方語（方言—引用者）」の必要性に言及していた。仲本も『沖縄語典』（永昌堂、一八九六年）、『沖縄女観』（琉球新報社、一九〇二年）という著作のある人物である。時期は下るが、大城も大正期に沖縄文化・民俗関連書籍の出版にもたずさわっている。このことは、沖縄文化を語りえる素養を持った人物達が、『琉球教育』誌上で自らの沖縄文化観を語ることが困難な風潮が存在していたことを示唆している。

【表 1-6】「教授と訓練」論文（全 72 本）の執筆頻度（照屋信治作成）

氏名	本数	出身	職	典拠
教生	13 本			
師範付属小	4 本			
喜屋武亀三	4 本	沖縄	師範附属小訓導	①②
新垣盛善	3 本	沖縄	師範附属小訓導	①
稲垣隆太郎	3 本	大和	師範学校教諭	①
岡村紫峰	3 本			
翁長盛周	3 本	沖縄	師範附属小訓導	①
久手賢憲喜	3 本	沖縄	師範附属小訓導	①
前田百太郎	3 本	大和	師範学校教諭	①
上江洲栄徳	2 本	沖縄	小禄小学校	①
仲吉朝睦	2 本	沖縄	師範附属小訓導	①
比嘉義源	2 本	沖縄	師範附属小訓導	①
与勝尋高小	2 本			①

※典拠は【表 1-5】と同じ

次に、「教授と訓練」欄の概要を確認したい。〈表1-6〉は、「教授と訓練」欄の論文執筆者を執筆頻度順に並べ、投稿論文数、出身、身分を示したものである

「教授と訓練」欄は、第九六号（一九〇四年六月）から設けられ最終号（一九〇六年二月）まで続く。従来「学術」欄等で時折、取り上げられていた教育実践・方法に関する論考が独立したものである。全二一号で七三本の論考が掲載される。主な投稿者は、師範学校教諭、師範学校附属小学校訓導（以下、附属小訓導と略す）、小学校訓導である。附属小学校や与勝尋常高等小学校からの寄稿や教生の実地授業記録もある。執筆者は沖縄人が多数を占めている。

全七三本の論考は全て授業・教科書・教授法に関わるものであり、そのうち附属小学校の授業記録が二三本、与勝尋常高等小学校の教案が二本ある。七三本のほとんど全ては直接的に沖縄をテーマにしたものではない。しかし沖縄における授業実践に即したものであるから、当然、沖縄の地名、史跡、言葉、文化への言

及が、特に授業記録に多く見受けられる。七三本中で二三本ほどの論考が沖縄関連事項について言及している。
次項以降において、沖縄の歴史・風俗・文化などの取り上げ方と、沖縄の言葉の位置づけ方に即して、「学術」欄と「教授と訓練」欄の論調を詳細に検討する。〈第Ⅰ期〉の「彙報」欄での認識とどのような関係にあるかに留意したい。

(二)「学術」「教授と訓練」欄での沖縄の歴史・文化の扱い

まず、『琉球教育』における沖縄史認識は、これまで論じてきたように、新田義尊により「論説」欄を中心にして形成された。「彙報」欄がそれを補強する役割を果たしていたといえよう。新田の論の中核となるのは日琉同祖論であり、歴史上の人物で日琉同祖論の文脈に位置づけられる者は高く評価され、それから外れる者は貶められるという構造を持つ。前者としては、為朝伝説に関連する源為朝（一一三九～一一七七年）、その遺児とされた舜天（一一六六～一二三七年）、日琉同祖論を唱えた摂政羽地朝秀（一六一七～一六七五年）、「琉球処分」に賛同した宜湾朝保（一八二三～一八七六年）などである。後者としては、神話上の統治者天孫氏、舜天の王統を簒奪したとされる英祖（一二二九～一二九九年）、明に初めて朝貢した察度（一三二一～一三九六年）、沖縄を初めて冊封した朱元璋（一三二八～一三九八年）、近世琉球における文化的黄金期を形成した時期の三司官蔡温（一六八二～一七六一年）などである。日琉同祖論の文脈に位置づく人々を高く評価する点では、後に『沖縄教育』に登場する伊波普猷ら沖縄学の人々も同様である。新田と伊波らの違いは、そこから外れる人物の位置づけに端的に表れる。

もっとも分かりやすい指標は、蔡温の評価である。伊波は蔡温を「沖縄の三偉人」に数えるが、新田は真逆に蔡温を「…文若（蔡温―引用者）は閩人の裔にして、…清国を崇奉せる者、其藩政に與かるに至りて、将に自ら一国を建設し以て大宰相を気取らむとせり、是を以て其言を立て業を起すや、必ず一国の体面を扮装するに汲々たり」と評し、その結果、「日本にあらず清国にあらず、自ら琉球国なり、即ち両間に中立せる一海邦なりと心得る者あるに至る」としている[80]。「琉球人意識」を持つ人々が存在するのは蔡温の責任だと批判するのである。

他方、日琉同祖論を象徴するのは源為朝である。それに関して「学術」欄では、大和出身の中学校教諭・加藤三吾[81]が、「沖縄の今昔」として沖縄の歴史や民俗に関する論考を発表している。のちの著書『琉球乃研究』（魁成舎、上中下巻、一九〇六〜〇七年）で為朝伝説のイデオロギー性を暴き批判しており、そのために、その後、研究史から「姿を消された[82]」研究者だとされている人物である。その加藤によれば、為朝伝説とは「伝説の根拠は甚た疑はしいもので、［ママ―で］向象賢（羽地朝秀―引用者）が琉球の政略上為にする所あつて捏造したものとしか思はれない[83]」とのことである。加藤の歴史認識は、新田の示した支配的な言説を脅かすものといえる。

しかし、加藤は『琉球教育』誌上では、そのような認識を示すことはなかった。羽地朝秀の『中山世観』のイデオロギー性は指摘しつつも、為朝伝説の虚構性に言及することはなかった。逆に、新田義尊在職期の〈第Ⅰ期〉の第六五号（一九〇一年三月）において、「今日の沖縄は目出度沖縄旧時の状態に回復したものであると断言しても、十分であると予は信じて居るのである[84]」と述べている。

加藤三吾（『沖縄大百科事典』上巻、733頁、1983年、沖縄タイムス社）

加藤が為朝伝説を批判したのは、沖縄を離れ長崎に赴任した後、一九〇三年のことであり、一般の沖縄在住教師の目に触れることの少ない学術雑誌『東京人類学雑誌』においてであった。また『琉球乃研究』も長崎で自費出版されたものである。加藤は、沖縄に赴任以前から為朝伝説には疑念を抱いていたというが、それを『琉球教育』誌上で公言するのは憚られる風潮が存在したと考えられる。加藤は、今日の沖縄は「旧時の状態」

を「回復」したという先の引用に続き、次のように記している。「頃日客あり来て予に謂て曰く、君の唱ふる沖縄の復古説は甚だ好し。然れども今日に於て中山王、又は琉球王国をなすは、時勢尚ほ少しく早きにあらざる乎と。予笑つて首肯す。客も亦笑て已めり」[85]。「客」は加藤の復古説提唱には賛同するが、同化の進まない現状において「琉球人意識」を刺激するような中山王、琉球王国という用語の使用に慎重になるべきだことを示唆したものと解釈できる。その「客」が新田義尊であるとは確定できないが、当時の歴史認識をめぐる雰囲気を伝えるものである。「笑って首肯」した加藤は、『琉球教育』という舞台で新田義尊の形成した支配的な論調に疑問を提示しようとはしなかったと言える[86]。すでに指摘したように、「学術」欄における沖縄関係の言及は、他に草花について記したものがある程度であり、そのことからも議論の展開に制約があったことがうかがえる。

では、〈第Ⅲ期〉に入り、沖縄人執筆者が多数を占めた「教授と訓練」欄ではどうであったであろうか。同欄における沖縄の歴史認識に関わる事柄を確認しよう。全七三本の論考のうち、二三本の授業記録の教師と生徒のやりとりの中に、沖縄的な事柄に関する事項が登場する。読方、綴方、算術、地理などで、「ナハ」「クメ」「トマリ」「波の上」「識名」「虎頭山」「弁嶽」「奥武山」等の地名が見受けられる。また、「ハリューセン（爬竜船による競争を行う伝統行事―引用者）」「奉神門」「波ノ上宮」「円覚寺」「龍潭」等の沖縄の民俗、史跡、歴史に関わる事項などもみうけられる。

当時、沖縄の地名、草花、歴史、偉人が掲載された『沖縄県用尋常小学読本』（文部省編纂発行、一八九六〜九八年）[87]も使用されていた。同書は、よく知られるように、沖縄と北海道という内地とは気候、風土、言語を異にした地域の生徒に対する配慮から、教科書の国定化に先立って文部省が編纂・刊行したものである。沖縄では一八九七から一九〇四年度まで使用された。使用停止の経緯は、他府県並みの状況を求める沖縄教育界の意向を受けてのことだという。同書の使用停止を惜しむ声も『琉球教育』誌上に掲載されており[88]、沖縄教育界の中でも

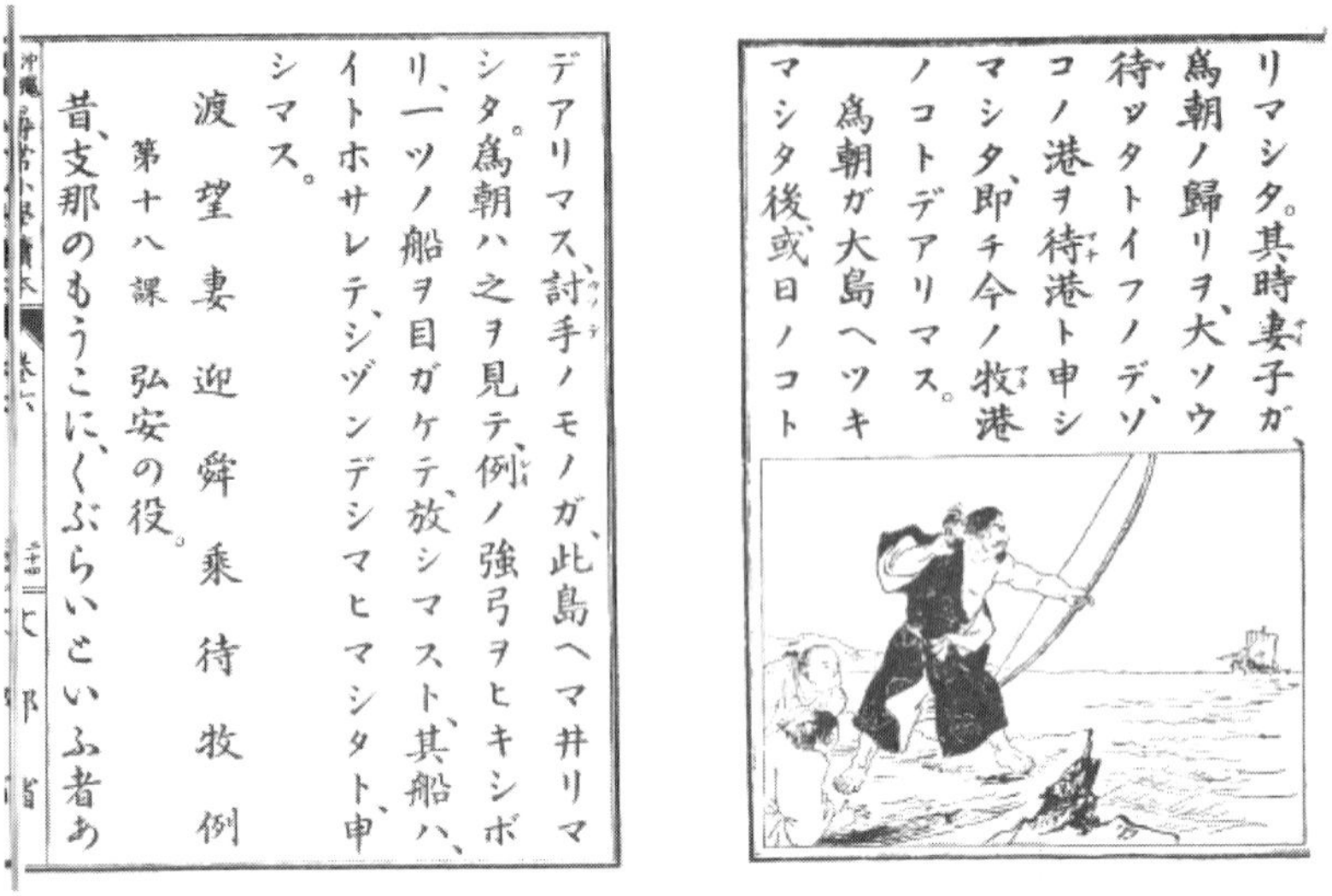
リマシタ。其時妻子ガ、
爲朝ノ歸リヲ、大ソウ
待ツタトイフノデ、ソ
コノ港ヲ待港ト申シ
マシタ。即チ今ノ牧港
ノコトデアリマス。
爲朝ガ大島ヘツキ
マシタ後、或日ノコト

デアリマス。討手ノモノガ、此島ヘマヰリマ
シタ。爲朝ハ之ヲ見テ、例ノ強弓ヲヒキシボ
リ、一ツノ船ヲ目ガケテ放シマスト、其船ハ、
イトホサレテ、シヅンデシマヒマシタト申
シマス。

渡　望　妻　迎　舜　乗　待　牧　例

第十八課　弘安の役。

昔、支那のもうこに、くぶらいといふ者あ

『沖縄県用尋常小学読本』巻6の「源為朝二」の図と文章（『地域教育史資料3　沖縄県用尋常小学読本』文化評論社、1982年）

他府県並みを目指す想いと沖縄の特殊性へ対応しようとする想いとが並存していたものと考えられる。

この教科書の沖縄関連事項は、おうこてふ・レイシのような自然、沖縄県・那覇のような地理、波之上宮のような名所、野国総官・程順則・源為朝・儀間真常・舜天のような歴史的人物などである。波之上宮は琉球八社のひとつで沖縄唯一の官弊小社である。程順則は『六諭衍義』を清より持ち帰り大和へも伝えた人物であり、野国総官は明よりイモを伝えた人物であり、儀間真常はイモ普及・木綿織普及・製糖法普及につくした人物である。人物としては、沖縄と大和間の文化・産業の伝播につとめた者が取り上げられている。すなわち、この教科書は「沖縄県民の本土への一体感を涵養すること」[89]を目的として、沖縄関連教材を取り上げているのである。第一章で触れたように、同書の編纂に新田が協力していたことからして、新田の思想との整合性は明らかである。

「教授と訓練」欄の授業実践における沖縄の地名・

風俗・文化の扱いは、『沖縄県用尋常小学読本』の示す枠を決して出るものではない。とはいうものの、沖縄人訓導・教生が授業において沖縄の地名、風俗、文化を取り上げたことに積極的な意味も見いだせる。例えば、ある教生は綴方の授業で沖縄の伝統行事の爬竜船競争を取り上げており、授業後の批評会では参観者から「今日ノ題目ハ大イニ可」という評がなされた[90]。また、算術の授業においても、計算問題として、沖縄の地理、史跡をおりまぜた文章題が出題されていることなどは注目すべきだろう。具体的には、授業の目標は「五十六ノ精密ナル数へ方」だというのに、ある教生が問うた問題の一つは、首里から那覇への車代を求めるものであり、「那覇ノ芝居」を観るために「中山門」「崇元寺橋」を通った設定となっていた。授業後の批評会では参観者から「芝居云々ノ問題は…不適当」という声が聞かれたほどである[91]。

「学術」欄の傾向にも示されていたように、日琉同祖論を中核とした支配的な論調にそぐわない認識はオブラートにつつまれた表現となる傾向があった。しかし沖縄人訓導や教生たちには、『沖縄県用尋常小学読本』で示された沖縄関連の事柄や、新田が示した沖縄史像には収まりきれない、あるいは反発するような沖縄史像への志向があったと思われる。実際、もっと公的な色彩の薄い媒体であれば、より直接的な表現がなされている。例えば、沖縄県師範学校生徒によって組織された学友会の機関誌『龍潭』である。この雑誌は、生徒の普通語練習の場である談話会が生徒会・学友会へと発展したものである。その内容を比較対照してみることとしよう。

新田休職の年に発刊された『龍潭』[92]第一号（一九〇二年一一月）には、新田の休職を惜しむ生徒たちの言葉や和歌が並ぶ。また生徒たちの論考には、新田の沖縄史像の影響を受けたと思われるものが多々確認される。「沖縄縣偉人宜湾朝保翁の略伝」（富川盛重著）、「沖縄人」（睡虎著）などがそうである。富川盛重（沖縄人：②）は恩師新田の教えのとおり「羽地氏、名護氏（程順則―引用者）の如きは、言語風俗の実況を稽へ、自ら能く解悟する處あり。具志頭氏（蔡温―引用者）の如きは既に中山世譜を著し、独立を扮装し、或は国師と稱し、傲然以て島内に臨み、一国体を容つくらむと欲す…」と述べている。この論考には新田の「評」も付き、高い評価を受けている。

他方、『龍潭』第一号には新田の意に添わぬであろう歴史認識の論考も掲載されている。「蔡温」（信天翁著）は、蔡温の歴史的な評価を考察し、「巨人」「癖物」「突飛漢」「怪物」などという言葉を並べ、「一国の治安を一人の双肩に担ひ、以て天職とし、能く其任を全うしたる強漢」とも評している。孔子・韓愈などにもなぞらえており、「信天翁」（筆名と推測、実名は不祥）の蔡温評価の高さがうかがえる。さらに『龍潭』第二号（一九〇三年一一月）には「中山王代略記」が掲載されている。編者によれば「こは明治廿八年一月琉球新報社にて編輯せるものなるが今同社の承諾を得てこゝに載」せたものである。次章で検討するように、琉球新報社は新田が攻撃する公同会運動を推進した人々の集う新聞社であった。その内容は「琉球処分」を正当化する為朝伝説に依拠しているが、天孫氏より尚育（最後の王尚泰の先王）までの治世が略記されている。そこでは新田が荒唐無稽とした天孫氏や、日清両属の「不忠」であったとした近世琉球期の王たちも、新田らの表現するような「国司」としてではなく、「王」として取り上げられていた。

このような論考や記事が学生の組織の機関誌に掲載されたのは、『沖縄県用尋常小学読本』や新田が示した沖縄像には満足いかない学生たちの想いの表明ともいえる[93]。同様の認識が『琉球教育』で語られることはなかった。しかし『龍潭』の内容を踏まえた上で改めて『琉球教育』誌上の授業記録を読むならば、沖縄人の教生、訓導が授業実践において沖縄の風俗、文化を取り上げようとする試みも、こうした想いと無関係ではないと考えられる。

（三）「教授と訓練」欄における沖縄の言葉の扱い

では、沖縄の言葉に関してはどうであったでだろうか。他の沖縄関連事項に比べて厳しい制限をうけていたといえる。先に挙げた、綴方の題目として爬竜船競争を取り上げた教生も、地名の沖縄読みを矯正していた。算術の授業に「那覇ノ芝居」「中山門」などを持ち出した教生も、沖縄の言葉を矯正することを忘れていなかった。たとえ沖縄の風俗、文化を取り上げる場合であっても、沖縄の言葉は教室内で抑圧されたのである。各地の学校からは、普通語励行は教室のみではなく、運動場でも行われるべきだという意見が複数寄せられている(94)。授業では、教生の授業に対する批評として「本県語ガ出タラ直ニ訂正シテ之ヲ後演セシメナクテハナラン」というように生徒の言葉の矯正が求められ、さらに「然ルニ教師ガソレヲワザワザ使用スルハ甚ダ悪イコトデアル」という指摘もなされている(95)。言葉の矯正が求められているのは生徒だけではなく、教師もその対象であった。師範学校教諭（教育担当）・附属小学校主事の常葉作太郎は「教授用語ニ慣レヨ／方言ヲ普通語ト間違フルナド、ハ中二「ママーデ」モ不可ナリ(96)」と述べている。実際に、授業記録では、沖縄人訓導の授業に対して「目をおそーて。道から歩く。面白くする等ノ誤言アリ(97)」と沖縄の言葉に引きずられた普通語の誤りが指摘されたり、「教師ノ発音悪シ。……冷水ヲヒヤッタイ水ト云ヒシハ誤リ(98)」「第一課ノクヮハカニシタシ(99)」と教師の発音の悪さが指摘されている。

このように沖縄の言葉に対しては厳しい取り締りが主張されていた。しかし、それは表立った議論のレベルでのことであり、実態のレベルでは、沖縄の言葉の全てを学校から放逐することはおよそ非現実的であった。首里小学校において「一学年ノ幼年児童デ而カモ遊歩場ニ於テサヘ普通語ヲ話スヨーナ習慣ヲ構成スルニ至リマシタ(100)」と自らの教育の成果を誇ったある沖縄人訓導も、生徒の作文中の「方言」を指摘はしたが訂正はしていなかった。各地の小学校に模範を示すべき附属小学校においても、ある程度の沖縄の言葉の使用を認めざるをえない状況にあった。同校からだされた「入学当初ニ於ケル児童訓練ノ価値(101)」では「本県ノ言語ハ普通語ト異ナル所多ケレバ、此期ニ於ケル児童ハ普通語ヲ解スルコト能ハザルナリ。サレバ教師ノ言語モ最初ハ本県語ヲ使ヒ、漸次ニ普通語ニ慣レシメ、二小期頃ヨリハ全ク普通語ヲ使ウコト、ス。若シ然ラズシテ、最初ヨリ普通語ノミヲ使用スルトキハ、唯ニ児童ノ了解シ得ザルノミナラズ、為メニ教師ヲ恐怖シ、到底教育ノ目的ヲ達スルコト能ハザルベシ」としている。初学年度の途中からは「全ク普通語ヲ使ウコト、ス」とはしているものの、入学当初より普通語を用いると「教師ヲ恐怖シ到底教育ノ目的ヲ達スルコト」ができないとしている。この時期には、国民的統合という観点や、日本社会で劣位におかれた沖縄の状況からの脱却という観点から、普通語普及が必要だという認識が沖縄人教師にも広く共有されていたのだが、ここでは生徒の認識の発達や学びという観点から、その性急さに危惧の念が表明されているのである。

また附属小学校が示した目安（初学年度の途中）とても、けして厳密に守られてはいなかった。附属小学校訓導久手堅憲喜も、実地研究会での高等科一年の読み方の授業において「本県語」を用い生徒の理解を助けようとしている。[102]その後の批評会でも、このやり方が問題だとは指摘されていない。これらの授業実践の少し前には「談話体ノ教材ヲ沖縄方言ニ直訳セシメテ、沖縄語ノ話シ方ヲナサシムルコトガ大ニ流行シタ[103]」こともあったという。附属小学校主事の常葉作太郎にしても沖縄の言葉に対する学校での取扱に逡巡していたようである。教師たちへの講演のなかで「常往ノ問題」として「本県語ノ取扱」をあげ「幼年級ニ対シ本県語ノ使用ヲ禁ズベキカ、教授上、訓練上、各如何、モシ禁ズトセバ厳密ニカ寛大ニカ[104]」と述べている。幼年級での沖縄の言葉の取扱をめぐり認識の対立があったことがわかる。例えば、次に示す教生の授業をめぐる批評会の、教生、主事（常葉）、参観者たちのやり取りに、沖縄の言葉をめぐるせめぎあいの状況を確認することができる。附属小学校の尋常二年の読み方の授業で「桃太郎ハダンダン大キクナッテタイソーツヨクナリマシタ／桃太郎ハアルヒヂ丶バ丶ニ向ヒ「私ハオニタイジニ行キタウゴザイマス」ト申シマシタ」という文章の教授である。この授業では、「チュークナテ」「ンカシ」「ンカテ」「マーサビタン」「ウンニキヤビタン」「イチブサイビーン」等の沖縄の言葉が多く聞かれていた。

一　主事／　申シマシタ、向ヒ、等ヲ、本県語デ話サレタノハ何故カ
一　教授者／　十分了解スルコトガ出来マイト思ヒマシタカラデス
一　主事／　ヨロシ、教生ノ方カラ順次ニ批評ヲシテ貰フ
（中略）
一　本県語ニ訳シタノハ大欠点デアル。ナルベク本県語ヲ用井ズシテ了解セシメル様ニシタイたいじノ説明ノ如キハ、皆殺シトイヘバ、本県語ヲ用ヒル必要ハナイ或日ト云フガ如キハ、イツカト言ヒ換ヘテモワカラヌ故、イツカ波ノ上ニイツタトカ、イツカ虎頭山ニイツタトカ、例ヲ挙ゲテ話スガヨイ
（中略）
一　おにがしまノしまノ説明不足デアッタ。本県ノ児童ニハ郷里ノ意味ニ混同スル憂ガアル
（中略）
一　反対ヲアゲテ其ノ事物ヲ確カメル方法ヲトレ。例ヘバ、向ヒハ反対ノソムクト対照シテ教ヘ、沖縄語ヲ思ヒ出サシメルヨリ動作ヲ思ヒ起コサシメヨ(105)

主事である常葉は、「本県語」を使用した理由を教生に問いただす。それに対して教生は「十分了解スルコトガ出来マイト思ヒマシタカラデス」ときっぱりと答える。普通語励行よりも生徒の理解を優先しているのである。常葉は、それに対して「ヨロシ」と答えている。初学年度の途中からは「全ク普通語ヲ使ウコト、ス」という、自らも中心的に関与して打ち出したであろう基準から「逸脱」した教生に対して、それ以上の詰問を行って

いない。常葉は、児童の「管理訓練が厳格」だったが、山形県出身で「奥州弁で初めの程は二三度聞き直さないと分からない位」「弁舌の能くな」い人物だったという。[106] それが常葉の判断に影響を与えたのだろうか。その後、参観者の批評が続く。「本県語ニ訳シタノハ大欠点デアル」という者や「沖縄語ヲ思ヒ出サシメルヨリ動作ヲ思ヒ起コサシメヨ」という批判的な者もいるが、逆に、「おにがしまノしまノ説明不足デアッタ。本県ノ児童ニハ郷里ノ意味ニ混同スル憂ガアル」と沖縄の言葉（「しま」＝集落）への配慮の必要性を述べる者もいた。また、そもそも教生の実地授業は事前に担当訓導に教案の点検を受けるので[107]、附属小学校の訓導がこの基準から「逸脱」した教生の授業を事前に知っており了解を与えていたといえる。教案には部分的に「本県語」を用いるとある。この年度の附属小学校訓導は常葉以外全て沖縄人であった。これらを考え合わせれば、「本県語ガ出タラ直ニ訂正」という方針は一応共有されていたにしても、より実態的なレベルではこの方針通りにはいかないという認識も共有されていたと思われる。

ただし、上述の議論は、児童の理解を優先させるという教育的観点から、補助的に沖縄の言葉を用いる必要性を示唆するに止まるものともいえよう。『琉球教育』誌上で、普通語励行の行き過ぎを明確に批判したのは、親泊朝擢が唯一であった。第二節で論じたように、親泊は、新田在職期の〈第Ⅰ期〉においても、「師範学校附属に於て事実の詳述を専ら普通語になし早く普通語を上達せしめんとするは角を撓めて牛を殺すの類か」と明言している。議論の文脈を生徒の認識の発達の次元に置くのは他の沖縄人訓導の議論と同様だが、「角を撓めて牛を殺すの類か[108]」という表現は、現状への抵抗感を明確に示すものである。このような「抵抗」が可能であったのは、親泊の背後に、上述したような沖縄の歴史や言葉に対する認識のせめぎあいがあり、親泊の言動を支えたであろう層が存在していたからだと推測できる。

沖縄の歴史と言葉をめぐるせめぎあいは、その後も継続されることになる。『琉球教育』が誌名を『沖縄教育』

に変更したすぐの頃、ある会員は普通語の不徹底を嘆き、その要因を幾つか列挙している。[109] その要因の一つに「普通語使用者を生意気と冷評する」児童がいることが挙げられ「不良児童の悪評禁止の方法」を検討されている。容易には支配的な言説に組しない層が、教師にも、生徒、児童の中にも存在していたことを見落としてはならない。

小括

以上のような分析を概略すれば次のようになろう。

日清戦争後の就学率向上のなかで沖縄教育の基本的な枠組みが形成された。中心的役割を果たしたのは大和出身の新田義尊であった。新田の論は「日琉同祖論」を前提として、排除すべき他者を強調した、沖縄人の大和への文化的同一化を目指す教育論であった。否定すべき「琉球」と肯定すべき「沖縄」という二元論は、近代において生じる勤勉と怠惰、清潔と不潔、未開と文明といった対概念と重なり合う。勤勉・清潔・文明を追求する過程で文化的同一化も図られるのである。だが教育の場では、肯定されるべき「沖縄」も否定されるべき「琉球」も、弁別不可能であり、ともに否定されるしかなかった。要するに、新田の論は、沖縄人教師に対し、沖縄文化否定を伴う現実への了承を取り付けるために、思考の枠組みを提供するものであった。

新田の論に対する明確な反論は『琉球教育』誌上では見いだせないが、容易に与することのない二つの型を確認できた。一点目は、新田の論を「読み替え」て、沖縄社会の近代化の論へと機能させようとする動きである。「雑録氏」が示した方向であり、大和への文化的同一化それ自体よりも、沖縄内部の階層的な秩序を打破しようとする思いを表明していた。二点目は、新田の論を「ズラシ」て違和感を吐露するという態度である。親泊朝擢は、新田のように政治的要請から教育を論じるのではなく、生徒の発達から教育を論じることで、「本県在来の昔話」や沖縄の言葉を活用することの意義を説く。それは新田の教育論を正面から批判するものではないが、教育実践のレベルに議論を「ズラシ」て支配的な言説に対する違和感を表白するものであった。そのような親泊の論考が『琉球教育』に掲載される背景には、支配的な論調に距離をおき、あるいは「無視」するといった物言わぬ会員・非会員の存在があった。

以上のように、本章では、大和出身者による支配的言説への違和感を抱えながら、日常的な「読み替え」を行い「ズラシ」ていくという主体的営為を『琉球教育』誌上に確認したが、それは、より書誌的な分析によっても裏打ちされるものである。一〇年余の『琉球教育』の傾向を書誌的に考察すれば、「論説」欄から「教授と訓練」欄への重点の移行、「教育理念」中心から「教育技術」中心への変化を指摘しえるのだが、その変化は、大和人中心の誌面への沖縄人の参入状況の変化と時期的に重なるものであった。

具体的には、新田義尊の影響が色濃く確認できる「彙報」欄における沖縄社会への眼差しを確認すれば、謝花昇の沖縄倶楽部や土地整理など、政治的・経済的な事柄に対する言及が著しく少なく、公同会運動や「頑固党」への批判を執拗に展開していたことが分かる。さらに、沖縄認識・沖縄教育像に関連の深い事件への言及を分析すれば、若干の齟齬は含むものの、「彙報」欄が、「論説」欄で形成された沖縄教育の支配的な論調を補強する認識を提示していたことが確認できた。また、「学術」欄では、沖縄の歴史や文化を自由に語ることが憚られる状況があった。加藤三吾の論考のように、「論説」欄で形成された支配的論調を学的に補強する役割を果たしたといえよう。

それに対して、沖縄人の参入がより顕著であった「教授と訓練」欄（第Ⅲ期）では、授業記録の中に沖縄の歴史や文化についての言及が見受けられ、その背後に支配的な論調にはそぐわない沖縄史認識への志向があったことを確認できる。そして、沖縄の言葉に関しては、厳しい制限はあるものの、低学年における沖縄の言葉の扱いをめぐる認識のせめぎあいがあったことを確認できた。

このように、「学術」「教授と訓練」欄の検討から明らかになったのは、支配的な論調に「同調」する者、教師の教えから「逸脱」する者、「同調」する者を「冷評」する者が存在したことであり、その背景があったからこそ親泊朝擢は、沖縄の言葉の抑圧に対して、支配的な論調に抵抗しえたのである。支配的な論調に容易に組さない厚い層が教師や生徒、児童のなかに存在していたことを確認する必要がある。

以上の内容を、序章で提示した編集権にそくして述べれば次のようになろう。『琉球教育』が刊行されていた一八九五年から一九〇六年にかけて、編集権は、新田義尊をはじめとした大和人により握られていた。編集委員のほとんどが大和人であり、教育会の幹部である評議員も大和人が占めていた。『琉球教育』の巻頭に位置づけられる「論説」「学術」欄における執筆者の多くも大和人教師が占めていた。新田義尊が休職後に設けられた「教授と訓練」欄を中心に、徐々に沖縄人が誌面に登場してゆくことになる。しかし、『琉球教育』という言論の空間は大和人により統御されていたといえる。新田は、編集権を握るだけでなく、親泊朝擢らの論考に割注・解説を付けることにより、読者を誘導するようなことも行っていた。そのような操作こそが、当時の沖縄における大和人の主導性の象徴といえる。そのような側面は、次章においてみてゆくように、『琉球教育』の外部の言論機関との対比において鮮明に確認できるであろう。

注

（1）新田義尊「沖縄は沖縄なり琉球にあらず」『琉球教育』第一、四、八、九、一〇、一一、一四、一七号（一八九五年一〇月、一八九六年四、八、九、一〇、一一月、一九九七年二、五月）に連載。

（2）比屋根照夫「明治沖縄思想史の一断面―太田朝敷の『同化』論をめぐって―」法政大学沖縄文化研究所紀要『沖縄文化研究』第一四号、一九八八年三月、のちに同『近代沖縄の精神史』社会評論社、一九九六年、所載、一三七頁。

（3）高良倉吉「新田義尊」『沖縄大百科事典』下巻、沖縄タイムス社、一九八三年。

（4）與那覇潤『翻訳の政治学―近代東アジア世界の形成と日琉関係の変容―』（岩波書店、二〇〇九年）では、「「日琉同祖論」が近代以前に起源を持つものではなく、かといって明治政府が併合正当化の論理として発明したものでもなく、むしろ被抑圧者であったところの琉球知識人たちが「琉球処分」や「本土復帰」を「民族統一」として抱き留めるために見出し、語り継いできたものだ」（一七九頁）という理解を示されている。その中で、新田義尊の論は、「例外的」なものとされている。ただし、その新田にしても、次の三点の理由から、近代的な民族論と完全には一致していないとする。すなわち、古代史を保留つきで議論している点、向象賢建議の「日琉同祖論」に琉球の日本帰属正当化の論理以外の論理が存在することを完全に否定し切れていない点、沖縄（史）論の基軸を「国家」から「民族」に移行させていない点、である。與那覇潤の議論の中で、アンダーソンの「公定ナショナリズム」論では見落とされがちな被統治者側の体制への「抵抗」を肯定的に評価しようとする点は理解できる。しかし、與那覇潤も引用しているように、新田には「沖縄教育と沖縄人種との関係に就きて」という論考もあり、新田の議論の中心は、「沖縄人種」論であり、沖縄における日本の教育の正当性を歴史研究により示そうとするものであった。「琉球処分」の時期に国際関係法上で日琉同祖論が琉球を併合する論理としては活用されていなかったとはいえるかもしれないが、少なくともこの時期、沖縄の教育の場においては、日琉同祖論は、沖縄の日本への併合を肯定する論理として、沖縄知識人に先行して大和人教師により活用されていたといえる。日清戦争直後の沖縄の教育界は、琉球国の日本への併呑を認めず「復国」運動を展開する「脱清人」に対抗しつつ、また、沖縄の独自な制度を模索する公同会運動と敵対しつつ、沖縄の日本併合とその上での教育の正当性を主張することに躍起になっていたのである。新田のテクスト分析により與那覇の示す解釈がもし成り立つとしても、そのテキストが具体的に教育の場で紡がれ、現実に「同化教育」を推し進める論拠となった点を度外視して、その意味を論じ、日琉同祖論を「被抑圧者であったところの琉球知識人たち」が見出したものと論じようとすることには違和感を禁じえない。

（5）森宣雄「琉球は「処分」されたか―近代琉球対外関係史の再考―」『歴史評論』第六〇三号、二〇〇〇年七月、参照。

（6）地方教育会は教育令期に全国的に登場するが、それは文部省による自由民権運動の抑止の意図と関わる（岐阜県教育委員会編『岐阜県教育史 通史編 近代1』岐阜県教育委員会、二〇〇三年一一、一八九、一九八～一九九頁、参照)。その点、一八八六年に創立された沖縄の教育会も、同じ文脈にあるといえよう。

(7) 在任前に漢詩文集『桃源吟藻　第貳集』(編集発行新田義尊、一八八九年)があり、在任後に東京神田順天中学校に赴任している(沖縄県師範学校学友会『龍潭』一九〇四年、一二三頁)。

(8)『沖縄県師範学校一覧』一九〇一年五月、八頁。

(9) 学校法人順天学園順天中学校・順天高等学校所蔵。同学園理事長の渡辺孝蔵氏には、履歴書の閲覧・コピー、引用の許可をいただいた。心より感謝申しあげる。

(10) 新田義尊前掲論文、注(1)。

(11) 新田の離任記事に「…侃諤の論は偶々社会の反動を来し断然職を辞するの已むを得ざるに至れり本会は一の柱石を失へるを悲むと同時に氏の不遇を悲しまざるを得ず」(『琉球教育』第七九号、一九〇二年一二月、復刻版第八巻、三六五頁)とある。以下、『琉球教育』からの引用は復刻版による。

(12) 新田義尊「沖縄は沖縄なり琉球にあらず」『琉球教育』第一七号、一八九七年五月、第二巻、二〇〇頁。

(13) 新田義尊「沖縄は沖縄なり琉球にあらず」『琉球教育』第四号、一八九六年四月、復刻版第一巻、一三二頁。

(14) 新城安善「沖縄研究の書誌とその背景」沖縄県教育委員会『沖縄県史』第六巻、一八七五年、八四七～八四八頁。

(15) 小熊英二『〈日本人〉の境界―沖縄・アイヌ・台湾・朝鮮　植民地支配から復帰運動まで―』新曜社、一九九八年、四四～九頁。

(16) 儀間園子「明治中期の沖縄歴史観についての一考察―『琉球教育』を中心に―」(上)(下)「地域と文化」編集委員会編『地域と文化』第二四号、第二五号、一九八四年四月、六月。

(17) 新田義尊「沖縄は沖縄なり琉球にあらず」『琉球教育』第八号、一八九六年八月、第一巻、三～四頁、原文カナ書き。

(18) 新田義尊「沖縄教育と沖縄人種との関係に就きて」『琉球教育』第五一号、一九〇〇年三月、第六巻、一二頁、傍点削除。

(19) 新田義尊「沖縄は沖縄なり琉球にあらず」『琉球教育』第二巻、復刻版第一巻四九頁、傍線引用者。

(20) 新田義尊「沖縄は沖縄なり琉球にあらず」『琉球教育』第二巻、復刻版第一巻、四九～五〇頁、傍線引用者。

(21) 新田義尊「沖縄は沖縄なり琉球にあらず」『琉球教育』第四号、一八九六年四月、復刻版第一巻、一三〇頁、傍線引用者。
(22) 新田義尊「沖縄は隋唐の所謂琉求蕃にあらず」『琉球教育』第六〇号、一九〇一年五月。
(23)『琉球教育』第七〇号、一九〇二年一月、復刻版第七巻、四二四頁。
(24) 新田義尊「沖縄県新年賀正会は名刺交換会にあらず」『琉球教育』第五九号、一九〇〇年一一月、復刻版第六号、三〇三頁。
(25) 新田義尊「沖縄は沖縄なり琉球にあらず」『琉球教育』第一七号、一八九七年五月、復刻版第二巻、二〇〇頁。
(26) 新田義尊「沖縄は沖縄なり琉球にあらず」『琉球教育』第一七号、一八九七年五月、復刻版第二巻、二〇〇頁、ルビ削除。
(27) 復刻として『沖縄県用尋常小学読本』(文化評論社、一九八二年、解題 浅野誠)がある。一八九七年三月～一八九九年五月に刊行されたが、為朝伝説は、第六、七巻にある。同巻はともに一八九九年刊行。新田在職期間中である。
(28) 新田義尊「沖縄県新年賀正会は名刺交換会にあらず」『琉球教育』第五九号、一九〇〇年一一月、復刻版第六巻、三〇六頁。
(29) 新田義尊「首里小学校女生徒の普通服」『琉球教育』第四七号一八九九年一一月、復刻版第五巻、二一三頁。
(30)「常集会景況」『琉球教育』第八号、一八九六年八月、復刻版第一巻、三四八頁。
(31)「郡視学会」〈会長の訓示の部分〉、『琉球教育』第九五号、一九〇四年五月、第一〇巻、二一九頁。
(32) 篠原一二「普通語の普及につきて」『琉球教育』第一〇〇号、一九〇四年一〇月、復刻版第一〇巻、五三三頁。
(33) 伊藤燕「本県教育者に望む時処教育」『琉球教育』第七七号、一九〇二年八月、復刻版第八巻、二七三頁。
(34) 駒込武「異民族支配の〈教義〉—台湾漢族の民間信仰と近代天皇制のあいだ—」『岩波講座 近代日本と植民地 四』岩波書店、一九九三年、一六六～一八五頁。
(35) 新田義尊「沖縄は沖縄なり琉球にあらず」『琉球教育』第一巻、一三一頁、ルビ原文、原文傍点等削除、傍線引用者。
(36)「本県首里小学校女子部運動会」『琉球教育』第三〇号、一八九八年六月、復刻版第三巻、三三九頁、傍線引用者。著者である「雑録氏」が新田自身である可能性もある。
(37) 地域と身分との関係は、比嘉春潮『沖縄の歴史』(『比嘉春潮全集』沖縄タイムス社、一九七一年、第一巻、一四三頁)

参照。
(38) 八重山出身の訓導・浦添為宗にもその点は窺える（『琉球教育』第八九号、一九〇三年一一月、復刻版第九巻、三三七頁）。
(39) 師範学校長安藤は「首里那覇より田舎の方が普通語はよく発達して居ると聞いたことがあ」ると述べている（『琉球教育』第七五号、一九〇二年六月、復刻版第八巻、一七五頁）。
(40) 親泊朝擢の経歴は『沖縄大百科事典』（沖縄タイムス社、一九八三年、上巻、六二六頁）等による。沖縄県立公文書館所蔵「親泊朝擢について」（岸秋正文書宮城新昌関係資料、史料コードT00015405B）によれば号として「素位」「素位学人」、筆名として「沖の島人」「しののめ生」などがある。また親泊朝擢の長子・朝省に関する澤地久枝『自決こころの法廷』（NHK出版、二〇〇一年）に、親泊朝擢の情報が散見される。それによると親泊家は尚氏と姻戚関係のある家柄であること、一九二〇年に上京し東京高等師範学校附属小学校の書記となること、一九三四年には次男朝晋が台湾の嘉義高等女学校の教諭として赴任するときに同行したこと、等が分かる。しかし親泊朝擢に関する詳細な研究はない。
(41) 『沖縄県師範学校一覧』一九一四年三月、一五四～五頁。『職員録（乙）』印刷局、一八九九年、三九三頁。
(42) 楢原翠邦編『沖縄縣人事録』（沖縄縣人事録編纂所、一九一六年）では、親泊の、『沖縄教育』の編集、『沖縄県案内』の刊行などが紹介され、他府県への沖縄紹介の活動が讃えられ、「君の如きは眞に縣の恩人」と評されている。
(43) 新城栄徳「うちなー・書の森人の網（十）」『沖縄タイムス』二〇〇三年一一月八日朝刊。「かきよせ（一一）」『教育時論』第四四三号、一八九七年八月五日。
(44) 親泊朝擢「北谷くだり」『琉球教育』第一八号、一八九七年六月、第二巻、二六〇頁。
(45) 親泊朝擢「初学年の修身教授」『琉球教育』第六七号、一九〇一年一〇月、復刻版第七巻、二六七頁。
(46) 親泊朝擢「本県教育の趨勢」『琉球教育』第九九号、一九〇四年九月、第一〇巻、四五七頁。
(47) 藤澤健一『近代沖縄教育史の視角』社会評論社、二〇〇〇年、二三四～四七頁、参照。
(48) 教育実践においてはためらいなく沖縄の言葉を使用していたようである。親泊は北谷尋常小学校での天長節の拝賀式において、「本県地方語を以て　天長節の敷衍義を為し　聖世の恩波に浴する所以を演述せり」（「天長節」『琉球教育』第一二号、一八九六年一二月、復刻版第二巻、四二頁）と伝えられている。

(49)「特別広告」『琉球教育』第四六号、一八九九年一〇月、復刻版第五巻、一五二頁。
(50)親泊朝擢「算術教授に就いて」『琉球教育』第八〇号、一九〇三年一月、復刻版第八巻、四一七頁。
(51)『琉球新報』一八九九年一〇月一三日(「『琉球教育』に就きて」、『沖縄県史』第一八巻、七四〜五頁)。
(52)例えば、宮古島出身の立津春方は国語教育の不徹底を嘆いて「多くの教育者は、口には其必要を唱へつゝも、実際には左程留心せず」(「国語につきて」『琉球教育』第六一号、一九〇一年四月、復刻版第七巻、七頁)と述べている。
(53)赤木愛太郎「府県教育雑誌の特色」『琉球教育』第九六号、一九〇四年六月、復刻版第一〇巻、二四〇頁、原文カナ書き。
(54)新田義尊「沖縄教育に就いての所感」『琉球教育』第五六号、一九〇〇年八月、復刻版第六巻、一八九〜一八八頁、ルビ原文。
(55)『沖縄大百科事典』上巻、六二七頁、沖縄タイムス社、一九八三年。
(56)親泊朝擢「琉球教育の趨勢」『琉球教育』第九九号、一九〇四年九月、第一〇巻、四五七頁。
(57)上沼八郎「『琉球教育』復刻版」日本教育学会『教育学研究』四七(四)、一九八〇年。
(58)発行年月は出版事情に左右されるので編集事務の進捗を見るため括弧内は表紙記載年月。
(59)「終刊の辞」『琉球教育』第七九号、一九〇二年一二月、復刻版第八巻、三六五頁。
(60)『琉球教育』第九〇号、一九〇三年一二月、第九巻、三九一〜三九二頁。
(61)青水生「近時の琉球教育を読みて」『琉球教育』第九九号、一九〇四年九月、復刻版第一〇巻、五〇七頁。
(62)当該時期の〇五年卒業生二九人中全員、〇六年卒業生三九人中三七人が沖縄人である。
(63)執筆者数は「論説」欄で一二八人中二八人(約二二%)、「学術」欄で三八人中一四人(約三七%)、「教授と訓練」欄で三四人中一六人(約四七%、教生一三人を含むと八五%)である。
(64)藤澤健一『近代沖縄教育史の視角 問題史的再構成の試み』社会評論社、二〇〇〇年、二三四〜二四七頁。
(65)『琉球教育』第六一号、一九〇一年四月、復刻版第七巻、三六頁。
(66)謝花昇に関する記述の全ては以下の四点のみ。①「糖業実習学校」第八号、一八九六年八月、復刻版第一巻、三三九頁、「彙報」欄。②第二九号、一八九八年五月、復刻版第三巻、三一二頁、「本会記事」欄。③第一三号、一八九七年一月、復刻版第二巻、九七頁、「本会記事」欄。④「俵本県参事官」第四一号、一八九九年五月、復刻版第五巻、一八頁、「彙報」欄。

(67)『琉球新報』誌上で太田朝敷が謝花昇の参政権獲得運動に批判的であることはよく知られている(「沖縄倶楽部と沖縄時論」『琉球新報』一八九九年二月一六日、『太田朝敷選集』上巻、二四七頁、など)。

(68)俵孫一「土地整理ト教育者ノ覚悟」(『琉球教育』第三三号、一八九八年一〇月、復刻版第四巻、一〇六頁、本会記事)、「俵本県参事官」(『琉球教育』第四一号、一八九九年五月、復刻版第五巻、二〇頁、「彙報」欄)。また、第二章で分析する太田朝敷も、間切の自治を高く評価している(「原勝負」『琉球新報』一九〇一年一〇月二七日、二九日、『太田朝敷選集』中巻、一五四頁、「田舎小観」『琉球新報』一九〇一年一二月五、七、一三日、『太田朝敷選集』中巻、一五九頁)。

(69)太田朝敷『沖縄県政五十年』国民教育社、一九三二年、『太田朝敷選集』上巻九三頁、一九九三年より引用。

(70)「本県尋常中学校の紛擾」『琉球教育』第四号、一八九六年四月、第一巻、一四八～一五二頁、「雑録」欄。

(71)「勢力の系統」『琉球新報』一九〇一年三月五日、『太田朝敷選集』上巻、二五〇頁、一九九三年、より引用。

(72)「乃木台湾総督」『琉球教育』第二二号、一八九七年一〇月、復刻版第三巻、五八頁、傍点・ルビ削除。

(73)「本会々員原国政勝氏の奇難」『琉球教育』第四号、一八九六年四月、復刻版第一巻、一五四～五頁、傍点ルビ削除。

(74)「義和拳と沖縄の鉄拳」『琉球教育』第五五号、一九〇〇年七月。

(75)「尚泰侯父子の断髪」『琉球教育』第八号、一八九六年八月、復刻版第一巻、三三八頁、他にも、「本県華族の斬髪」(第六号)「首里人士の散髪進む」(第九号)など。

(76)照屋林顕「那覇区久米小学分教室につきて」『琉球教育』第三〇号、一八九八年六月、復刻版第三巻、三三一～八頁、「雑録」欄。

(77)「本県における綱曳の弊習」『琉球教育』第六六号、一九〇一年九月。

(78)児玉喜八は教育会総集会で台湾を「我が文明の同胞たるに愧ちざるの良民たるに至らしむるものは其大半の責任は実に本県にあり」(『琉球教育』第一巻、一八九五年一〇月、復刻版第一巻、一二頁、「本会記事」欄)。

(79)「カークード司法省顧問の演説」『琉球教育』第二九号、一八九八年五月。

(80)新田義尊「沖縄教育と沖縄人種との関係に就きて」『琉球教育』第五一号、一九〇〇年三月、復刻版第六巻、一〇～一一頁。

(81) 生没年は一八六五～一九三九年。津軽藩弘前生まれ。一八九九年七月から約三年、沖縄尋常中学の博物学の教諭として勤務。一九〇〇年ごろから『東京人類学雑誌』に沖縄調査の報告を行う。加藤研究として、外崎克久『北の旅人―加藤三吾伝』(御茶の水書房、一九八二年)、早川孝太郎「本書の上梓について」(『琉球の研究』加藤三吾著、早川孝太郎編、文一路社、一九四一年)、野口武徳「『琉球の研究』の学史的位置」(加藤三吾『琉球の研究』未来者、一九七五年)がある。

(82) 野口武徳前掲論文、前掲書、注(81)、一九五頁。

(83) 加藤三吾『琉球乃研究』魁成舎、一九〇六～〇七年、上巻、一五頁、原文圏点は削除。

(84) 加藤三吾「漫言三則」『琉球教育』第六五号、一九〇一年八月、第七巻、一九五頁。

(85) 加藤三吾前掲論文、一九五頁。

(86) 高良倉吉は、加藤三吾の研究は「琉球処分」を「学問的に合理化する役割を一面において担っていた」(『沖縄県史』第五巻、一九七五年、八四九頁、傍点削除)と指摘している。

(87) 浅野誠「解題」(『地域教育史資料3沖縄県用尋常小学読本』文化評論社、一九八四年)、佐竹道盛「沖縄近代教育の特質」(『北海道教育大学紀要』第一部C第二九巻、第一号、一九七八年)等参照。

(88) 藤蔭生「授業のちり」『琉球教育』第一一〇号、一九〇五年八月、雑録欄、第一一B巻、三三一頁。

(89) 佐竹道盛前掲論文、注(87)、三三頁。

(90) 「第三回第二授業批評会記録」『琉球教育』第九八号、一九〇四年八月。復刻版第一〇巻、四二五頁。

(91) 「師範附属小学校批評会記録」『琉球教育』第一〇〇号、一九〇四年一〇月、復刻版第一〇巻、五五六、五六二、五六四頁。

(92) 第一号(一九〇二年)、第二号(一九〇三年)、第三号(一九〇四)が沖縄県立図書館に所蔵。

(93) この様な師範学生達が将来の沖縄社会の指導的立場に就く。一九〇九年の沖縄初の県会議員選挙当選者は定員三〇人中一二人が師範卒である(『龍潭同窓会会報』第二号、一九〇九年、一〇四頁)。

(94) 清月「学校休憩時間に於ける児童訓練の価値」『琉球教育』第一〇二号、一九〇四年一二月、喜瀬貫房「訓練の欠陥」『琉球教育』第一〇八号、一九〇五年六月。

(95) 「沖縄県師範学校附属小学校授業批評会記録」『琉球教育』第一〇一号、一九〇四年一一月、復刻版第一〇B巻、七一頁。
(96) 常葉作太郎「沖縄県師範学校附属小学校ニ於ケル実地授業批評会ノ批評ノ披露外」『琉球教育』第一〇〇号、一九〇四年一〇月、復刻版第一〇巻、五五三頁。
(97) 當間恵徳「沖縄県師範学校附属小学校職員実地研究会記録」『琉球教育』第一一三号、一九〇五年一一月、復刻版第一一B巻、一八三頁。
(98) 「沖縄県師範学校附属小学校実地授業批評会記録」『琉球教育』第一一一号、一九〇五年九月、復刻版第一一B巻、一六二頁、傍線は原文では傍点。
(99) 翁長盛周「沖縄県師範学校附属小学校職員研究会実地授業記録」『琉球教育』第一〇二号、一九〇四年一二月、復刻版第一〇B巻、一六一頁、傍線は原文傍点。
(100) 比嘉盛昇「普通語励行ト尋常一学年児童ノ綴方」『琉球教育』第一〇二号、一九〇四年一二月、復刻版第一〇B巻、一七一頁。
(101) 『琉球教育』第一〇三号、一九〇五年一月、復刻版第一〇巻、二二六頁、句読点引用者。この方針は「教授と訓練」欄の教育実践が行われる以前に、中頭郡教育部会での常葉の講演で公になっている。講演記録に「附　児童入学の当初一二週間の取扱法」とある（常葉作太郎「訓練ニツイテ」『琉球教育』第九五号、一九〇四年五月、「論説」欄、復刻版第一〇巻、一八〇頁）。
(102) 「師範学校附属小学校職員実地研究会記録」『琉球教育』第一〇八号、一九〇五年六月、復刻版第一一巻、一八九頁。
(103) 仲吉朝睦「読ミ方教授ニ就イテ」『琉球教育』第九九号、一九〇四年九月、復刻版第一〇巻、四八〇頁、句読点引用者。
(104) 常葉作太郎「訓練ニツイテ」『琉球教育』第九五号、一九〇四年五月、復刻版第一〇巻、一八〇頁、句読点引用者。
(105) 「授業批評会記録」『琉球教育』第九六号、一九〇四年六月、復刻版第一〇巻、二六二〜二六四頁、句読点引用者。近藤健一郎もこの授業批評会記録に着目している（同「『沖縄県尋常小学読本』使用期（一八九七〜一九〇四年度）の沖縄における標準語教育実践とその論理」『国語科教育』、二〇〇四年）。
(106) 沖の島人（親泊朝擢）「附属小学校主事常葉作太郎君」『沖縄教育』第七二号、一九一二年四月、三二頁。
(107) 「本県師範学校附属小学校職員研究会及批評会規定」『琉球教育』第九七号、一九〇四年七月、復刻版第一〇巻、三七四頁。

(108) 親泊朝擢「初学年の修身教授」『琉球教育』第六七号、一九〇一年一〇月、「論説」欄、復刻版第七巻、二六八頁。

(109) 無名氏「所感」『沖縄教育』第六号、四頁、一九〇六年八月。

第二章　一九〇〇年前後の沖縄県教育会の内と外
―太田朝敷の「新沖縄」構想―

はじめに

世紀末転換期、大和よりもたらされた近代学校を拒否する人々と同時に、近代教育を受容しつつ、大和人が示したそれとは別の方向性を模索する人々もいた。大和への留学で高等教育を受けた沖縄人が帰郷し、新たな沖縄の建設と、その礎となる沖縄教育に関する議論を展開していたのである。それらの存在が、親泊朝擢の違和感の表明の背後にあったのである。

本章では、その代表的な人物である『琉球新報』主筆・太田朝敷[1]（一八六五～一九三八年）と、新田義尊ら大和人教師たちとのせめぎ合いを分析し、そのなかで表明された「新沖縄の建設」という新たな沖縄のありようの模索を確認することにする。

太田朝敷（1928年頃、秦蔵吉編『大典記念沖縄県人事興信録』1929年）

まずは、太田の「クシャミ（嚔）発言」として広く知られる演説から確認したい。一九〇〇年七月一日、私立沖縄高等女学校の開校式で、女子教育の振興を強調する演説であった。それが『琉球教育』誌に掲載され、後に「クシャミ（嚔）発言」として広く知られるようになる。

「沖縄今日の急務は何であるかと一から十まで他府県に似せる事であります。極端にいへば嚔（くしゃみ）する事まで他府県の通りにすると云う事であります」（圏点・ルビは原文）[2]

太田は近代沖縄の代表的な新聞人である。首里士族出身で、「琉球処分」翌年の一八八〇年に会話伝習所に入学、八二年に沖縄師範学校入学した。同年、謝花昇（一八六五～一九〇八年）、岸本賀昌（一八六八～一九二八年）らとともに第一回県費留学生に選ばれ上京、学習院・東京高等師範学校・慶応義塾で学んだ。九三年、王族の尚順（一八七三～一九四五年）らとともに沖縄初の新聞『琉球新報』の創刊に加わり、「琉球処分」に抵抗する「脱清人」「頑固党」を批判、「開化党」と評された[3]。日清戦争後には、尚家を首長とする「特別県政」の実施を求める公同会運動に請願委員として参加し、他方で謝花昇らによる帝国議会への参政権獲得運動（一八九九～一九〇〇年）には批判的であった。このような経歴を持つ、沖縄随一の知識人太田が「嚔する事まで他府県の通りにする」と述べたのである。

この「クシャミ発言」は、その性急さから沖縄人自身が「皇民化教育」「同化教育」を求めた象徴的なものとみなされてきた。しかしその真意は、それほど単純ではない。近年、比屋根照夫・伊佐眞一により『太田朝敷選集』[4]が刊行され、太田の思想の全体像を確認する作業が進む中で、「クシャミ発言」や太田の「同化」論についても新たな評価がなされつつある。

比屋根照夫[5]は、太田の思想を、外来者が政治権力を占有する下で社会的勢力として沖縄人を結集する「沖縄県

第一回県費奨学生（1884 年）　左から太田朝敷、山口全述、岸本賀昌、謝花昇、高嶺朝教（沖縄県立図書館所蔵、琉球政府編『沖縄県史』４教育、口絵写真、国書刊行会、1989 年）

民勢力発展主義」と評価し、「「クシャメ」論さえも、日本への没主体的、従属的な「同化」の主張ではなく」、「戦略的にも不可欠な手段」として「同化」の必要を唱えたものと捉えている。

伊佐眞一[6]は、この「クシャミ発言」を、大和人からの差別を払拭するために「外観の改良」が目下の課題だと太田は考えていたからとする。またこの時期、太田は「西欧科学文明の物的・制度的導入」としての「文明化」から、「日本人の趣味や社交、挙措進退などの採用を加味したヒト模倣」としての「同化」に力点を移したとしながら、こうした「同化」論の主張の前提として、たとえ「外装」は変化しても沖縄（人）としての「本質」はどこまでも保持しうるとの確信があったとする。

また、小熊英二[7]は、比屋根や伊佐の論を継承しながら、太田の「同化」論は、大和との「平等獲得指向」を有すると同時に、「文明化」の手段として「日本化」を重視したものだとする。ただし、太田は「日本化」の枠外で「文明化」を求めることは当面、不可能とみなしていたと解釈し、「同化論がもっていた手段としての側面は、しだいに失われて」いったと指摘する。

これらの研究[8]は、「同化」が単純に「日本化」を意味するのでない点を確認した上で、沖縄の知識人による「文明化」への模索のあり様を再検討したものとして注目に値する。ただし太田の思想の自立性を強調するあまりに「沖縄ナショナリスト」と位置づけている点には疑問が残る。[9]太田が日本という国家からの独立や自治を求めていなかったことは明らかだからである。太田が「同化」論者だったことと「沖縄ナショナリスト」だったこととの関係性も整合的に説明されていない。太田が「ナショナリスト」であったかという性急な位置づけを行う前に、日本が指し示す「文明化」のあり方に、太田がいかに立ち向かったかを、さらに詳細に検討する必要があろう。それにあたり、序章で述べたとおり、植民地支配下の台湾における「文明化」と「日本化」をめぐる議論が着目される。

序章で言及したとおり、植民地期台湾の国語教育を分析した陳培豊[10]は、「同化」概念の多義性に注目し、その中に「文明への同化」と「(日本)民族への同化」という両側面が存在したことを指摘し、「同化」をめぐる統治者と被統治者の「同床異夢」を指摘していた。また呉叡人[11]は帝国日本の支配に対する沖縄・台湾・朝鮮の人々の抵抗について、その親西洋的・近代主義的(pro-West and modernist)性格を指摘し、より真正な西洋的近代を提示することが、日本の近代化を相対化する契機となったことを指摘していた。そうした観点から「クシャミ発言」により徹底した「同化」論者とみなされる一方で、「沖縄ナショナリスト」として規定される太田朝敷の役割を再検討する必要があると考える。

本章では、太田の言論の意味を同時代の言論空間の中に定位するために、一九〇〇年前後の沖縄教育界の動向について検討する。具体的には、沖縄県教育会機関誌『琉球教育』と、太田が主筆を務めた新聞『琉球新報』との相克に着目する。

第一節　「クシャミ発言」の背景

太田が「クシャミ発言」を行ったのは、前述のように、一九〇〇年七月一日、女学校の開校式であった。その発言の意図を理解するには、当時の沖縄内部の政治や教育の状況を踏まえる必要がある。特に、『琉球新報』という新聞や、『琉球教育』という雑誌の性格を看過してはならない。まず太田の「クシャミ発言」がなされた背景を確認したい。

この発言がなされたのは一九〇〇年、すなわち日清戦争後、五年目のことであった。日清戦争以前、沖縄において、近代教育が普及する条件は整っていなかった。就学率は、一八九一年の時点でも一四・九％に過ぎなかった。しかし、一八九六年に三一・二％、一九〇一年に七一・六％、一九〇六年に九〇・一％と急激に増加した。[12] 日清戦争での日本の勝利と、それによる「琉球帰属問題」の決着が、大和人によりもたらされた近代学校への沖縄人の就学を促したと考えられる。

いわゆる「琉球処分」以来、日清戦争以前においては、琉球士族による日本への不服従運動が継続し、「脱清人」らの政治的活動が続いた。「脱清人」と称される琉球士族は、日本や清に赴き、清国政府や各国公使に琉球の窮状を訴え、「復国」を求める政治的活動を展開していた。「脱清人」の他にも、日本の支配に不満を持つ「頑固党」「黒党」が政治勢力全体の七、八割を占めていたという。[13]

そのような沖縄社会にあって、大和への留学経験をもつ太田は、『琉球新報』という媒体を拠点に自らの立場を鮮明にする。「新聞紙が文明の社会に於て重要欠くべからざる一機関」という自負のもと、「頑固即ち守旧主義」に対して批判を繰り広げ、「常に進歩軍」の陣頭に立ち、全国に向かっては「沖縄県民の勢力を発展」させるための言論を繰り広げたと述べている。[14] 大和に帰属することで「開化」を目指す人々と、「脱清人」「頑固党」などの琉球国の独立性の維持に腐心する人々との関係において、太田は明確に前者に位置していた。しかし、だからといって太田は、沖縄社会の自立性に意を払っていないわけではなかった。

日清戦争後、それまで対立を深めた沖縄社会の亀裂を修復するため、太田は、公同会運動（一八九五〜七年）にリーダーとして参加する。公同会運動とは、尚家から「長司（首長）」を親任する「特別制度」を求める運動であり、「琉球処分」以来の「人心ノ分離」を修復することを目指すものであった。「公同会請願・趣意書」（一八九七年）によれば、当時沖縄の人口四〇万余のうち七万三二〇二名の署名を集めることに成功したとされる。[15] この運動は、帝国日本の中で沖縄の独自の在り方を模索する沖縄人の構想の嚆矢といえる。

政府からの威嚇と恫喝によって同運動が解体した後、謝花昇らの沖縄倶楽部による参政権獲得運動（一八九九〜一九〇〇年）が起こるが、それは公同会運動のような「特別制度」ではなく、いわば「他府県並み」の自治を目指すものであった。太田は、その謝花の思想と行動に士族・平民間の対立的意味合いを確認し、沖縄全体の調和を損なう危険性を感じ、否定的な態度を示した。[16]

「クシャミ発言」を行う一九〇〇年頃、「脱清人」の多くが「復国」の望みを絶たれ沖縄へと帰還し、謝花昇は農工銀行役員選挙に敗れ政治的な勢力を失っていた。太田は「頑固党」や謝花昇らの沖縄人内部の論敵に勝利し、影響力を強めていた。[17] このような段階において、太田の批判の矛先は次第に大和人へと向けられてゆくことになる。

他方、政府の側では、帰属問題の決着とともに、沖縄を法制的に大和と同一化してゆく諸施策を段階的に施行していった。一九〇〇年の時点では、すでに徴兵制度が施行（一八九八年）されていたほか、土地整理事業（一八九九〜一九〇三年）が始まっていた。だが、市町村制度（特別制施行一九〇八年、一般制施行一九二一年）、府県制度（特別制施行一九〇九年、一般制施行一九二〇年）のような地方制度はいまだ内地と異なっており、衆議院選挙法（一九一二年施行、宮古八重山は一九一九年）という政治参加の次元における同一化はいまだ実現していなかった。徴兵の対象にはされるが、帝国議会への選挙権はないという状態に置かれていたのである。

教育界においても、一九〇〇年当時、沖縄教育会で主導的な地位に就いたのはほとんどが大和人教師達であった。その機関紙『琉球教育』では、琉球国の「復国」を図ろうとする「脱清人」「頑固党」への激しい批判が繰り広げられていた。『琉球新報』同人が公同会運動へと参加すると、両媒体の対立は明瞭となり『琉球教育』では公同会運動が露骨に批判された。こうした論調を形成したのは、大和人教師の安藤喜一郎（生没年不詳）や新田義尊である。これら大和人教師たちに対抗するなかで、太田の「クシャミ発言」は発せられたのである。その背景を把握するには、太田が対抗したもの、即ち、大和人教師らの沖縄教育像がいかなるものかをまず確認する必要がある。新田については、第一章で確認したので、ここでは安藤に着目する。

安藤喜一郎は、岐阜県出身で、一八九六年一一月沖縄県尋常師範学校教諭として赴任し、一八九九年六月から一九〇二年七月まで同校校長を務めた[18]。沖縄教育会の副会長・評議委員・編集委員長も勤めるなど大きな影響力を持っていた。

全国紙においても公同会運動が報道され批判的な論調が形成される中で、安藤は一八九七年、『教育時論』に「沖縄教育ノ急務（上）（下）」[19]を発表する。そこで安藤は日琉同祖論を前提とする琉球史を語り、沖縄人も「大和民族」であると述べる一方、沖縄の特殊性を強調する。そして単純に風俗の改良のみを主張する意見を退け、沖縄の「特殊事情」に適合した教育制度の必要を提起した。

例えば、沖縄における教員養成に関して、沖縄人が尋常小学校長・高等小学校教員・高等小学校長になるには「内地師範学校ニテ尚二ヶ年ノ修行ヲナサシムルコト」を条件とすべきだとしている。沖縄人が管理的な地位につくには大和人よりもさらに「二ヵ年ノ修行」が必要とするのは、沖縄人教師には不利な制度といえる。また「特別ノ制度ヲ布クコト」として、「就学年齢ヲ七歳トシ事情ニヨリ八歳迄延期スルヲ許スコト」とし、就学始期を遅らせることも可能とすべきと提言している。就学始期を遅らせることは、のちに「北海道旧土人児童教育規程」(一九〇一年)においてアイヌ児童に適用され、植民地支配下の朝鮮の現地住民向けの学校(普通学校)でも適用された措置であり、実質的な教育水準の引き下げを意味していた。この点で安藤は、沖縄を植民地に近い存在とみなしていたことになる。そのことは沖縄の教育行政のあり方について安藤が「南門ノ鎖鑰トシテ台湾ト同シク拓殖務ニ属スベキカ」と論じていたことにも表れる。このような発言は当時の沖縄人に対して、植民地台湾と同じように扱われてよいのか、という恫喝的響きがあったと考えられる。

こうした安藤の発想の特徴は、一九〇一年の『琉球教育』誌上の論考「本県ニ於ケル女服改良ニ就キテ」[20]で具体的な事例をもって表明される。ここで大和における風俗改良と沖縄でのそれとの違いを明言している。「内地ニ於テ今日頻リニ唱ヘラル、所ノモノハ、内地婦人ノ服装ヲ別ニ変ヘテ少シク西洋服マガヒニスル様ナ事デアル。然ルニ本県ニ於ケル女服改良トハ云フマデモナク本県従来ノ服ヲ棄テ、、内地婦人ノ服装ニ似スルコトデアル。……普通服ニシヨウト云フノハ、即チ実用上デナクシテ風俗統一上デアル」。

当時、大和(「内地」)では女服の西洋化が生じていることを認識しながらも、沖縄で同様の変化が生じること、すなわち女服を「西洋服マガヒニスル」ことを否定する。その場合の大和人の風俗が今まさに大和において捨てられようとしているものであったとしても、安藤の構想では、沖縄人はまず大和人を模倣すべきとされた。つまり大和人を従属的に後追いすることを沖縄人に求めていたのである。ここで西洋風の女服の採用を近代化のひとつの指標と考えるならば、安藤の構想には、「大和化」以外の近代化の回路が存在せず、大和を模倣するという意味での「文明化」しか沖縄人には認められていないということである。

第二節　『琉球教育』誌上の太田朝敷

以上のような背景のもとで、太田は冒頭にあげた「クシャミ発言」を行うのである。

太田も沖縄教育会の会員であり、教育会の活動に期待し積極的に関与していた。大和よりもたらされた近代教育を受容しようとする点では、太田と大和人教師達は共通していたので、これは驚くにはあたらないことである。しかし太田は、同時に教育会の傾向を批判してもいた。たとえば、『琉球新報』紙上で、「教育会の機関雑誌たる琉球教育は、殆んど全力を尊皇愛国の鼓吹に傾注せり」[21]と述べ、「尊王愛国」以外の徳目を語らないことを批判している。第一章で確認した親泊朝擢の「忠孝仁義を説くべき講義録のようなもので地方教育会雑誌の形は備えて居ない」という『琉球教育』への批判と通底するものと言えよう。

だが、このような批判は、『琉球教育』には掲載されなかった。また、『琉球教育』の記事を見ると、太田が現地の代表的な知識人としてさまざまな集会で演説していたことがわかるが、同じような機会に演説をした大和人の演説が本文に掲載されることはあっても、太田の演説が掲載されることはほとんどなかった。こうした状況の中で、冒頭に掲げた「クシャミ発言」で知られる演説のみが『琉球教育』に掲載されているのである。まずそのことの政治性を認識する必要がある。

太田の「クシャミ発言」として知られる演説はまず『琉球新報』（一九〇〇年七月三日、五日）に掲載され、『琉球教育』第五五号（一九〇〇年七月二一日印刷、一〇月二八日発行）にも掲載された。両者はほぼ同一内容だが決定的な違いが確認できる。『琉球教育』誌上の論考には夥しい傍点と割注が付されているのである。この傍点・割注は『琉球教育』編集委員が付したものであり、ここから編集委員が、太田の論のどこを強調しているかが窺

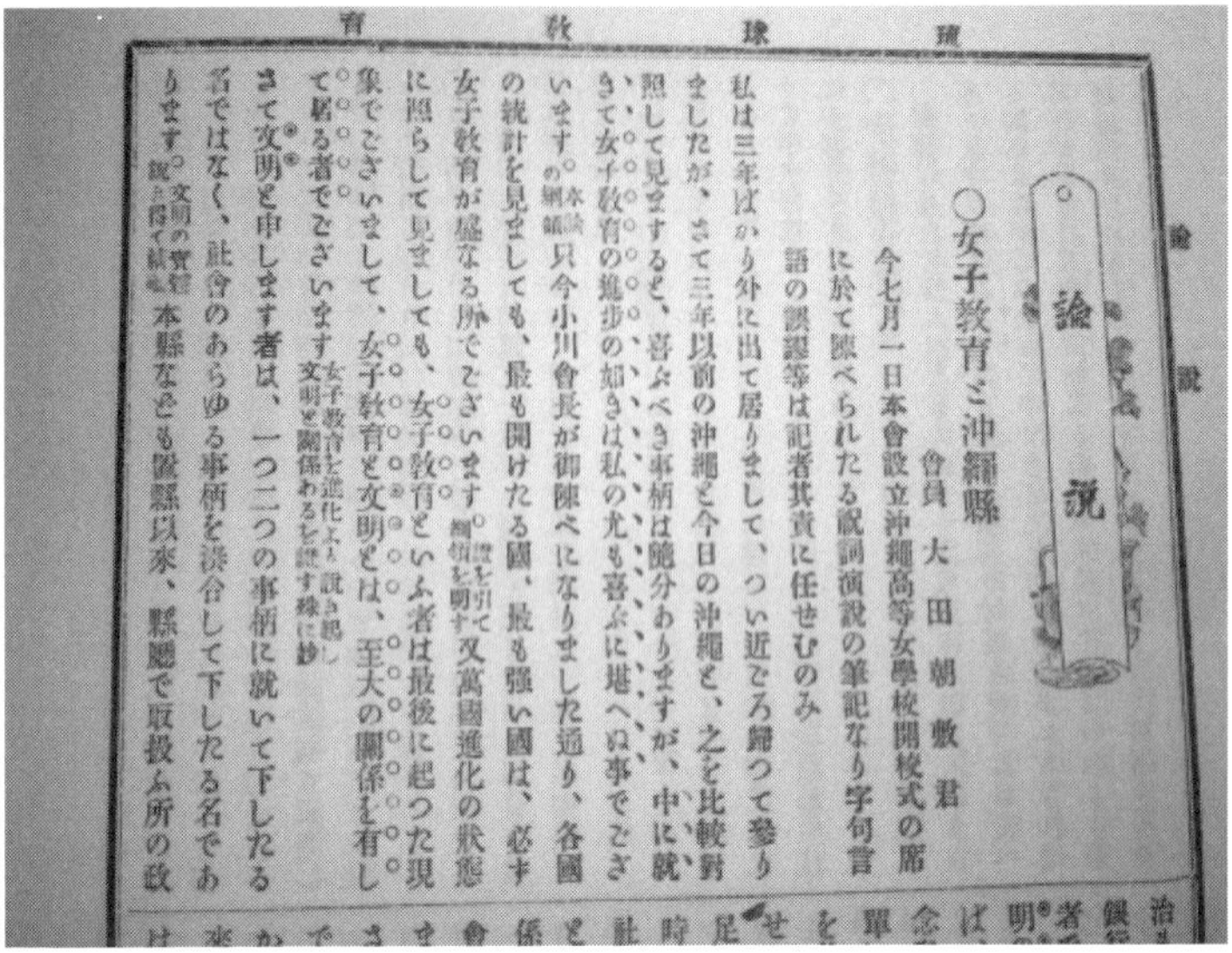
琉球教育

論説

○女子教育と沖繩縣

會員 大田朝敷君

今七月一日本會設立沖繩高等女學校開校式の席に於て陳べられたる祝詞演説の筆記なり字句言語の誤謬等は記者其責に任せむのみ

私は三年ばかり外に出て居りまして、つい近ごろ歸つて參りましたが、さて三年以前の沖繩と今日の沖繩と、之を比較對照して見ますると、喜ぶべき事柄は隨分ありますが、中に就きて女子教育の進歩の如きは私の尤も喜ぶに堪へぬ事でございます。本論の綱領只今小川會長が御陳べになりました通り、各國の統計を見ましても、最も開けたる國、最も強い國は、必ず女子教育が盛なる所でございます。證を引て綱領を明す又萬國進化の狀態に照らして見ましても、女子教育といふ者は最後に起つた現象でございまして、女子教育と文明とは、至大の關係を有して居る者でございます女子教育を進化上より説き起し文明と關係あるを證す

さて文明と申します者は、一つ二つの事柄に就いて下したる名ではなく、社會のあらゆる事柄を綜合して下したる名であります。文明の實質を説き得て妙本縣なども置縣以來、縣廳で取扱ふ所の政

太田朝敷「女子教育と沖縄県」に付された割注や圏点（『琉球教育』復刻版第 6 巻、154 頁上段、本邦書籍、1980 年）

える。

具体的には、太田の発言の中で「本県を他府県同様にするには、先づ本県人の頭から内地と云ふ観念を取除けて仕舞ふ事は勿論他府県人の頭からも琉球と云ふ観念を取除けて仕舞はなければならぬのに」という部分に傍点が付されている。さらに、「此二句、論中の大主眼」という割注も付いている。『琉球教育』の編集委員が何を強調したかったかは明らかである。

しかし、傍点・割注に惑わされることなく、同演説の主旨をくみ取れば、「沖縄が文明の域に入るは、是等の諸学校が盛んになりまして、女子教育が普及する時と思ひます（―傍点削除）」と述べている点が本演説の「大主眼」である。そして他府県に比べ女子教育の遅れている現状を踏まえ、他府県への積極的な「同化」が必要と主張しているのである。そもそもこの演説は沖縄初の高等女学校の開校式で行われたもので、「他府県並み」の女子教育の普及という課題の切実さが共有されていた場面でなされたものであった。

繰り返しになるが、同演説で太田の主眼は「文明化」

ということにあった。太田は「社会の根本」を家庭及び家族にもとめ、「文明の光も、家庭より発する者でなければ真正の光ではありませぬ（―圏点削除）」と述べ、「沖縄が文明の域に入るは、是等の諸学校が盛になりまして、女子教育が普及する時と思います（―圏点削除）」と言う。社会の根本である家庭から、人と人との文明的な関係を築き、「旧沖縄」「琉球」を「文明の域」に進ませるために、女子教育ひいては教育に期待を寄せていた。安藤が同じように女子教育を語りつつも、「風俗統一上」の意義を強調し、あくまでも沖縄人は大和の風俗を模倣すべきだとしていることとの違いを確認すべきであろう。単純化して整理するならば、太田の議論の中核は「文明化」であり、そのための手段としての「大和化」が説かれているわけだが、安藤の議論では主眼とされているのはあくまでも「大和化」そのものにある。

こうした相違があるにもかかわらず、編集委員は、傍点・割注という操作により、太田の議論のうちで、『琉球教育』の支配的な言説に適合的な「大和化」の部分のみを強調しているわけである。これらの操作により『琉球教育』誌上で沖縄人の代表的な知識人が大和中心の教育政策に了解を与えている様子が演出されているともいえる。

編集委員の中でも、誰がこの傍点と割注を付したのは確定できない。だが、あえて個人を特定するならば、安藤と同じ時期に教育会の評議委員・編集委員を務めた沖縄県尋常師範学校教諭の新田義尊と推定できる。第一章で明らかなように、この時期、新田は『琉球教育』の編集に際して大きな実権を握っていたからである。さらに他人の書いた文章に傍点、割注を施し、読者を一定の解釈に誘導するのは新田が編集に携わった時期の特徴であり、彼の失職後、ほぼ消え去ることも指摘しておきたい。例えば彙報欄では全一六六八本の記事・論考中一一九本に傍点、割注が付くが、このうち一一二本が新田の在職時期である。

また、「大和化」そのものの重要性を強調する傍点、割注のあり方も新田の思想と整合的である。「沖縄教育に就きての所感」[22]で、新田は沖縄教育の目的を「沖縄教育の主旨たる、此人間等が沖縄に居住する以上は、真に我が帝国の沖縄人らしくせしむるに外ならざるべし」。「沖縄教育も、今一層奮起して、此上に旧時の地方的感情を除去し、此沖縄をして今一層国民らしくせしめざるを得ず」と論ずる。要するに「旧時の地方的感情」つまり琉球人（沖縄人）意識を除去し「一層国民らしく」することが沖縄教育の目的だと述べているのである。この論考で、新田は、太田朝敷が主導した公同会について「某氏が緩慢にも旧制に復し、旧弊士民の歓心を買はむとせしに依り、沖縄の開明進歩に一頓挫を来し」たと批判している。この場合の「某氏」とは公同会の中心人物であり、「公同会請願・趣意書」の執筆者でもあった太田を指していたと考えられる。他方、太田が主筆を務める『琉球新報』誌上では、「猜疑深深に急にして不親切なる内地人」「本国風を吹かす無知の内地人」というような大和人批判が展開されていた[23]。もっとも両者のあいだで名指しで相互批判が行われたていたわけではなく、「友好的」関係が演じられることもあった。たとえば、一九〇二年に新田が失職した際、太田は、送別会の発起人となり、開会の主意を述べ、「（新田─引用者）氏が此迄国民的精神の鼓吹に尽瘁した」と評している[24]。しかし、これは一種の「外交」のようなものであろう。新田失職後には名指しの批判もあり[25]、太田の苛立ちがうかがえる。沖縄人主導の「文明化」の必要を説く太田と、もっぱら一方的な「大和化」を求める新田の議論はつばぜり合いを展開していたと言えよう。だからこそ新田にとって都合のよい形でのみ太田の議論は掲載され、あたかも公同会運動の挫折を象徴するかのように、無残に歪曲された姿で衆目に晒される必要があったのである。こうした観点から見るならば、『琉球教育』における太田演説の掲載の仕方そのものが教育会内部でのせめぎ合いのひとつの露頭を示しているとも言える。

第一章で明らかにしたように、一九〇二年に新田が編集委員を退いて以降は、沖縄人執筆者が増加し、『琉球教育』の論調は変化する。教育会内部では絶えず覇権争いがあり、それにより機関誌の性格が規定されているのである。そこで、これに先立つ時期の伏流水的なせめぎ合いを確認するために、以下では『琉球新報』における太田の論調、さらに、『琉球新報』と『琉球教育』の論争を検討していくことにする。

第三節　太田朝敷の「新沖縄」と新たな「共同」性・「公共」性

「クシャミ発言」から九ヶ月後に『琉球新報』に連載された「新沖縄の建設」[26]は、沖縄の「文明化」に関わるこの時期の太田の思想を端的に表現している。太田は論全体を要約して、「一　新沖縄建設の大原則として我輩は「国体の精神に悖らず」「世界の大勢に伴ふべし」と云ふ二ヶ条を挙げ之に準じて以て諸般の改良をなさんことを期す／二　其細目に至りては素より多岐に渉ると雖も要するに言語風俗を先ず全国と一致せしめ社交の状態は内地他府県の社交も余り感服せざれば個は断然一足飛びに西洋風に改良するを要すと云ふにあり」（—傍線引用者[27]）と言う。「クシャミ発言」の行われた演説では、「文明化」を主眼として「大和化」をその手段と位置づけつつも、「文明化」が「大和化」と食い違う場合について明確に論じてはいなかったが、ここでは、「社交の状態は内地他府県の社交も余り感服せざれば個は断然一足飛びに西洋風に改良す」というように、その点が明示されている。

この発言から、新沖縄の建設の回路として「風俗」についてはともかく「社交」については「一から十まで他府県に似せ」ようとするのではないことが分かる。この点は自覚的に主張されたものと考えられる。同論考では、必ずしも大和における他府県の慣習が沖縄の模範とならないことについて「他府県の慣習中にも随分見苦しきもの多ければ善悪共に一致せよとは言はず。見苦しき所は他府県に率先して改良を加へ、緒言中にも説きたる如く、内、我国体に戻ら（ママ）ず、外、諸文明国に恥ぢざる所の社会を建設し、全国に向つて模範を示すこと、新沖縄建設の大方針たらざるべからざるなり」[28]と述べているからである。

では「一足飛びに西洋風に改良するを要す」余地のあるとした「社交」とは何か。太田は同論考で、具体的に遊廓での会合、趣味・技芸に関する倶楽部などを論じており、女性の社会的地位に関する事柄に多く言及している。そこから伝統的女性の地位の低さに関わり「文明化」の必要が強調されていると指摘できよう。[29]しかし、この文章における具体的な文脈を確認するに止まらず、「社交」という言葉に託された意味合いが「言語風俗」とどう違うのかを確認する必要がある。あらかじめ結論的なことを述べておけば、太田が慶應義塾出身であることや、福沢諭吉における「社交」概念を念頭におくなら、[30]「社交」は太田の「文明化」理解のキー概念といえる。

太田が先の論考で「社交」として挙げた事項は、太田が「先生」と呼ぶ福沢が既に『品行論』(一八八五年)などで論じた事柄と重なっている。『時事新報』の「紳士の宴会」(一八九八年八月一六日)、「宴会の醜態」(一八九八年八月一八日)、「集会と飲食」(一八九八年八月一九日)、「集会の趣向」(一八九八年八月二二日)、「社会の交際」(一八九八年八月二三日)、「社会の交際に官尊民卑の陋習」(一八九八年八月二六日)、「百年の長計を破るものは誰ぞ」(一八九八年九月二日)などでも論じられている。[31]これらの論説は、単に交際上のマナーを論じたものではなく、近代市民社会に適合的な人と人との関係を論じたものである。

中村敏子が「『文明論之概略』において福沢は、人間の歴史が野蛮から文明にむかって発達していく過程を論じ、その本質を、「人の知徳の進歩」と「人間交際の改良」と定義した」[32]と要約するように、福沢にとって「交際」「人間交際」「人間の交際」という概念は人間社会の本質的な部分を指しており、それらは太田の「社交」「社会交際」「社会の交際」にあたるものである。そして『文明論之概略』(一八七五年[33])では福沢は「文明とは、人間交際の次第に改まりて良き方に赴く有様を形容したる語」と定義している。

さらに福沢は同書で文明を外面と内面とに分けて次のようにいう。「文明には外に見(あら)わるる事物と内に存する精神と二様の区別あり。外の文明はこれを取るに易く、内の文明はこれを求るに難し」。「譬えば近来我国に行わるる西洋流の衣食住を以て文明の徴候と為すべきや。断髪の男子に逢てこれを文明の人というべきや。肉を喰う者を見てこれを開化の人と称すべきや。決して然るべからず」。

伊佐が指摘するように、このような外面の事物（「外の文明」）と内面の精神（「内の文明」）の二分法を、太田も踏襲している。前述したように、太田が「全国と一致せしめ」るべきとしたのは言語と風俗（葬式・祝日と祭・階級的弊風・服装）であり、「社交」のあり方ではなかった。太田にとって「新沖縄」の建設・沖縄の「文明化」にとって、言語・風俗の改良はそれほど重要ではない「外」面と理解することが出来る。実際に同論考で言語・風俗の改良に関しては社交の改良の半分の紙幅しか割いていない。人間の関係のあり方、社会のありようこそ文明の本質（「内の文明」）とみなした上で、この点に関しては「内地各府県の社交も余り感服せざれば個は断然一足飛びに西洋風に改良するを要す」と述べているのである。

この太田の論は単に「他府県並み」を目指すものではなく、少なくとも理論的には沖縄が大和の「模範」となることを目指すものであった。実際、太田は同論考の「緒言」において「本県をして模範的の社会たらしむる」、「完全無欠の模範的社会を建設する」ことを目指していると述べているのである。

こうした太田の認識は、『琉球教育』誌上で安藤が、女服改良に関して、「大和化」を目指すべきだと述べ、その目的を「風俗統一」であるとした発想とは全く異なる。沖縄人にとって「大和化」が文明化の唯一の回路であるなら、沖縄人はひたすら大和を模倣し従属的に後追いするしかない。「一足飛びに西洋風に改良する」という別の回路を用意することで太田は大和を相対化しえたといえる。

さらに太田が「社交」として論じたことを具体的に検討しよう。太田は「社交」に関して四点を指摘している。第一の「社交機関の改良」で、遊郭を宴会場とすることや、男女若者の社交の場としての毛遊び（モーアシビ）

が不適当であるとし、第二の「娯楽の方法」で文明流の「倶楽部」の創設の必要を唱えている。そして第三の「嗜好の変化」で時代の変化に応じ嗜好の変化が生じることを当然とし、「娯楽的趣味的事物は大いに輸入して」「内地流」の嗜好の変化の重要性を主張している。第四の「共同的に楽しむの風」では「独楽む」的なものではなく「公利公益を顧み共同的娯楽の益々盛ならんことを祈る」としている。

ここで注意を要するのは第三の点である。この第三の点で、特に置県以降、「本県の楽事と云ひ人民の嗜好と云ひ別に本県特種のものとてはこれなく高尚になればなるほど内地流」という認識が示され、「娯楽的趣味的事物は大いに輸入」すべきと述べている。これは沖縄文化の独自性を否定し、大和への文化的な従属を求めるものと理解されかねない発言である。しかしこの点は、第四の点との関係や、前述の「社交」認識との関係から慎重に考察されるべきである。

まず考えなければならないのは、同論考で、「総て物見遊山の折には家族と家族と（親戚たると否やを問わず）男女混合の交際あらんことを切に希望す」という発言があるように、女性の社会参加を促していることである。「宴会改良論」（一九〇〇年八月二三日）[34]では、「本県流」でも「他府県流」でもどちらでもよいとし、改良点の一つに、地域的に徒党を組む悪習（「封建の遺物たる割拠主義」）を挙げている。つまり、太田にとって、沖縄内部の各地域意識を除去し、「新沖縄」という新たな「共同」性を求めるための娯楽・嗜好は文明的でさえあれば「本県流」でも「他府県流」でもかまわないのである。

また、「旧慣的諸興行」（一九〇〇年八月一七日）[35]では、伝統行事である綱引きで士族・平民の役割分担が改められたことを「士族平民の階級を打破して以て茲に知識と公共的勢力とを以て一の新階級を建設した」と評し絶賛する。この文章では、「旧慣」のなかに文明的な要素を盛り込み、民衆に文明の意味を感得させることが求められており、その際の注意点が列記されている。「第一　旧階級を打破すること」「第二　割拠的思想を打破すること」

「第三（町村の）総裁の人選」「第四 頑固者流の勢力を殺ぐこと」「第五 旧例に拘泥せざること」の五点である。これは沖縄社会の旧階級を打破し、地方意識を止揚することで、新たな沖縄社会の担い手を創造する意図といえる。その新たな沖縄社会は、「頑固者流」の復古的な社会ではなく、能力に応じて人事が行われ、理にかなわぬ旧例には拘泥せぬものであった。すなわち、太田は、文明的な「嗜好」を媒介として、男女・地域・階級を超えた新たな沖縄を構築することを志向していた。それを太田は、「公利公益」「共同的娯楽」「公共的勢力」という言葉を用いて表現する。

このような太田の議論は国家の次元よりも社会の次元に焦点をあてたものである。したがって先行研究のように太田を「沖縄ナショナリスト」と規定するのには躊躇する。さしあたり太田自身が使用する用語を借りれば「公利公益」「共同」「公共」的な空間を立ち上げようとしたといえよう。

ここで重要なことは、こうした「新沖縄」の構想が独立や自治という国家構想ではなく、その限りで非政治的な次元で語られたにも関わらず、一方的な「大和化」を求める論調が支配的な状況にあっては政治的な「抵抗」としての意味合いを自ずとはらんだことである。本章ではまず『琉球教育』における太田の演説を検討し、次いで『琉球新報』における太田の言論を検討してきたが、最後にあらためてこの両媒体をめぐる対立構造を検討したいと思う。

第四節　琉球樽金（『琉球新報』）と「沖縄太郎金（おちなはたるがにー）」（『琉球教育』）の論争

近代沖縄の社会や教育をめぐり、以上のような太田の構想と新田や安藤らの主張の間には対立が存在していたが、『琉球教育』と『琉球新報』とを精読すれば、それは氷山の一角であったことがわかる。以下に述べるように、

「琉球樽金」と「沖縄太郎金（おちなはたるがにー）」（ルビは史料のママ）が筆名で交わした論争も、これまで述べてきたような、安藤・新田などの大和人教師と太田の間の対立・葛藤が構造的なものであったことを示す例といえる。また、この論争は、太田と新田・安藤らとの対立が、「文明化」と「大和化」の関係に関わるだけでなく、沖縄の歴史をめぐる認識がこうした対立の表現される舞台として重要な意味を持っていたことを示している。

論争の経緯は次のようなものである。発端となった文章は、『琉球新報』に「孤臣」が寄せた「台南通信」（一八九八年八月三日）という記事であった。これに対して、『琉球教育』の「雑録」欄の「時事片々」（第三三号、一八九八年九月）で「沖縄太郎金（おちなはたるがにー）」という人物および「雑録氏」が「孤臣」を批判、さらに『琉球新報』の「投書函」欄の「琉球教育第三三号の時事片々に就て」（一八九八年一二月一七日、一九日、二一日、二三日）という記事において、琉球樽金なる人物が「沖縄太郎金（おちなはたるがにー）」に反論をするのである。いずれも筆名でなされた批判の応酬であった。

その発端となった「孤臣」の「台南通信」の内容は、「孤臣」が見聞きした台湾と沖縄との言語風俗の類似点を指摘し、具体的には、洗骨、文字への畏敬の念などを類似した風俗として紹介したものである。

その「孤臣」の記事に対し、『琉球教育』で「沖縄太郎金（おちなはたるがにー）」は次のように論難する。①「孤臣」という筆名は「亡国の臣民」かの如きで、「帝国」に対する「不平」を感じているようであり、「不敬」といえる。②明清の頃は別として、隋の時代の琉球は、現在の沖縄ではなく、当時の沖縄は中国と交流などしていない、沖縄史を「正しく」理解すべきである。③孤臣が、文字を敬うことに関し、日本人云々する物言いに対して、「孤臣自身は、日本帝国外の民か」と批判し、「台南土人の話に仮託し、内地及び九州の各府県人を罵倒する」ようなものだとする。

『琉球教育』ではこのような「沖縄太郎金（おちなはたるがにー）」の論を掲載すると同時に、「雑録氏」という筆名で雑録担当者がコメントを載せている。すなわち、「雑録氏」は「尤も千万」と「沖縄太郎金（おちなはたるがにー）」の論を全面肯定し「孤臣自身が、如何にも日本人にあらず、沖縄人なりといふが如き風骨を見るに至りては、本県を日本帝国内にあらずと怒鳴り立てたる者に似たり」と批判するのである。

「沖縄太郎金（おちなはたるがにー）」の主張は、新田義尊の歴史論と類似し、琉球国の独自性を相対化し、「沖縄人」意識存立の基盤を掘り崩す議論である。この論では、琉球国の歴史を誤認しているが故に「亡国の臣民」といった意識が発生し、その結果、大和人と沖縄人の対立的な関係を生ぜしめる、といった現状理解となる。「雑録氏」は、その「沖縄太郎金（おちなはたるがにー）」の論をより単純化し、誤った「沖縄人」意識の有り様を、沖縄の教師達に示していると言えよう。

その『琉球教育』誌上の記事に対して、『琉球新報』誌上で、「孤臣」の友人と名乗る「琉球樽金」は、次のように反論する。①孤臣という筆名への批判について、東海散士の『佳人之奇遇』における亡国観念や、旧幕府の遺臣の榎本武揚、勝海舟らが新政府で活躍している例を挙げて、孤臣・遺臣といった意識が明治国家における臣民観念となんら矛盾するものではないと述べる。②歴史認識に関しては、「沖縄は廃藩前に於て支那と往来せし事は、小童も知れる程の著名の事実」であり、「沖縄太郎金（おちなはたるがにー）」のような認識は「歴史の存在を排斥せざるへからさるに至」るであろうと批難する。③日本人と沖縄人の対立的な関係に関しては、行論の都合上、便宜的に分けただけと言う。そして最後に、「沖縄人なりといふが如き風骨」を有する者、すなわち沖縄人意識を持つ者に対して偏見に満ちている「雑録氏」こそが、「本県と他府県との和合を妨」げていると批判する。

以上が論争の概要である。帝国臣民という意識を持ちながらも、中国との関係の深かった琉球国期の記憶を保持し「沖縄人」意識を持とうとする琉球樽金と、逆に、過去の中国との関係を矮小化しつつ「沖縄人」意識を否定し忘却することが沖縄の人々に求められるとする「沖縄太郎金（おちなはたるがにー）」・「雑録氏」らでは、明らかに立脚点が異なっている。

いずれも筆名で書かれた文章だが、その中で注目されるのは、『琉球新報』における「琉球樽金」の論が終末部分で「雑録氏」を批判し、唐突に新田義尊の実名を挙げて皮肉る記述を行なっていることである。その記述は『琉球教育』の編集に新田の思想が色濃く反映していることや、「沖縄太郎金（おちなはたるがにー）」や「雑録氏」の背後に新田が存在することを意識したためのものであろう。またこの新聞記事を意識して、その後『琉球教育』（第四一号、一八九九年五月）の「彙報」欄には、新田からの反論が伝聞として記されている。そもそも「沖縄太郎金（おちなはたるがにー）」は新田の筆名であり、新田自身が孤臣や琉球樽金を批判している可能性もある。

その根拠として、『隋書』の「流求」の独自な解釈の類似性があげられる。また、「沖縄太郎金（おちなはたるがにー）」といった新田特有の表記法から、そのように推測する。沖縄の言葉に大和風の漢字を当て沖縄的な読みをルビで振る表記法は、『琉球教育』では新田特有のものである。第一章で引用した新田の文章を再度確認いただきたい。他方、『琉球新報』側の琉球樽金は、当然、新田の主論文「沖縄は沖縄なり琉球にあらず」の沖縄史認識・現状認識を理解した上で、「太郎金（たるがにー）」ではなく「樽金」を、「沖縄」ではなく「琉球」を用いて、対抗的に筆名を名乗り、新田の認識へのトータルな拒否感を露わにしているといえよう。

だが、ここで重要なことは、この推測の当否は別として、この論争が筆名で『琉球教育』『琉球新報』の論争として展開されたことである。すなわち、この論争は、おそらく太田と新田の対立を反映したものであるとともに、その対立が単に両者の個性にのみ解消しえない基盤をもつことを示している。一九〇〇年前後に、沖縄の教育界では双方の認識に共鳴する人々が存在し、その間の葛藤やせめぎ合いがようやく表面化しつつあった。『琉球教育』における太田の「クシャミ発言」は、こうした状況のゆえ、沖縄人知識人の屈服を示すものとして利用されたと考えられる。

小括

本章では、太田朝敷の「クシャミ」発言の意味を考察することを出発点としながら、一九〇〇年代初頭の沖縄における教育像を検討してきた。「同化」概念の多義性に留意しつつ、序章で論じたように、沖縄教育会を沖縄人と大和人とのせめぎ合いの場として捉える必要性を確認した。太田朝敷研究で先駆的な役割を果たした比屋根照夫の研究では、すでに教育会の論調との差異を指摘し、太田の議論に「「文明」化＝同化することによって「内地」と対等の地位を確保するという意味がこめられていた[36]」と指摘している。しかし太田の言論は単に「対等の地位を確保」するのみでなく、それを超える可能性をも内包していたことを本章では指摘した。さらに、教育会という舞台に着目することにより、こうした太田の議論が、大和人の主導的教師とのせめぎ合いのなかで発せられたことを明らかにした。

太田の「クシャミ」発言は、長く「皇民化」「同化」教育の象徴とされてきた。しかし「文明化」と「大和化」を弁別する太田の議論は、安藤や新田ら大和人教師の提示した、沖縄の大和への従属という沖縄教育像とは異なるものであった。『琉球教育』編集委員の操作により、「文明化」にこそ力点を置いた太田の議論はもっぱら「大和化」を志向したものと解釈されやすい状況がつくり出されたのである。『琉球教育』と『琉球新報』のメディアの政治性に留意し両者を精読すれば、琉球樽金と「沖縄太郎金（おちなはたるがにー）」の論争のように、明確な相互批判が確認でき、太田と、安藤や新田の議論の双方に共鳴する層が、沖縄社会に存在していたとわかる。

その対立の渦中で、太田は、大和からの差別的な視線に晒されながら、共通の運命で結ばれた「沖縄人」という意識を創造しようとした。沖縄内部の地方的対立を止揚し、女性の地位を改め、士族と平民との調和をはかり、文明化された新沖縄という新たな「共同」性・「公共」性を生み出そうとした。そして、「他府県並み」を目ざすのにとどまらず、大和に先行して「文明化」し、「本県をして模範的の社会たらしむる」可能性も考えていたのである。太田も、安藤や新田と同様に、大和によりもたらされた近代文明を受容しており、その上で「文明化」の方向性や主導権を争っていたといえる。ただし、そこでの「文明」の内容には、微妙だが、決定的な相違のあったことを本章で確認した。

教育会の会員でもある太田朝敷のこのような議論を耳にした沖縄人訓導たちは、大和人師範学校教師らの唱える沖縄教育像を相対化し、あるべき沖縄教育像を模索することになる。そのような背景があったからこそ、第一章で論じた親泊朝擢らの違和感の表明が可能になったと考えられる。

太田や「琉球樽金」における「沖縄人」意識は、次章でみるように、その後、『沖縄教育』誌上でも親泊朝擢や伊波普猷の登場によって、より明確に、より公然と論じられるようになってゆく。ただし、一九二一年の市町村制度の特別制の撤廃により、法制的次元での沖縄と大和との差異は消失し、ひとつの政治的目標が達成されるなかで状況はより複雑になってゆく。一応の法制的平等が達成されながらも沖縄人の従属的な位置が大きく変わらない状況のなか、太田は沖縄人としての憤懣を表現する言葉を模索していたように思われる。晩年の一九二八年の書簡で、沖縄を「日本帝国の一地方と云ふより寧ろ民族的団体と云ふ見地」[37]で捉えていると述べている。法制的な次元における同一化が達成された後に、こうした認識が、どのような要因で形成されたのかを、「葛藤の舞台」「抗争の舞台」としての教育会の動向を注視することにより明らかにしてゆきたい。その点は、第四章以降で検討する。

注

（1）太田の姓に関しては「太田」「大田」の両方が本人により使用されている。本書では、比屋根照夫・伊佐眞一編『太田朝敷選集』（第一書房、上中下巻、一九九三～六年、以下『選集』と略称）で使用されている「太田」を用いる。「太田朝敷の姓について」（『選集』中巻）を参照。
（2）太田朝敷「女子教育と沖縄県」『琉球教育』第五五号、一九〇〇年一〇月、復刻版第六巻、一五五頁。『琉球教育』に関しては復刻版（本邦書籍、一九八〇年）より引用、以下同じ。
（3）「琉球新報は何事を為したる乎」『琉球新報』一九〇三年二月二一日。『選集』上巻所収。
（4）『太田朝敷選集』第一書房、上中下巻、一九九三～六年。
（5）比屋根照夫『近代沖縄の精神史』社会評論社、一九九六年、一一六頁。
（6）伊佐眞一「解説　近代沖縄における太田朝敷」『選集』下巻、五〇九、五〇八、五一〇頁。
（7）小熊英二『〈日本人〉の境界―沖縄・アイヌ・台湾・朝鮮　植民地支配から復帰運動まで―』新曜社、一九九八年、二八二～四頁。
（8）他の太田朝敷研究として、石田正治は逆説的だが太田は「近代化をすすめるために、かえって伝統的な共同体秩序の復活」を求めたとする（同『沖縄の言論人 大田朝敷―その愛郷主義とナショナリズム―』彩流社、二〇〇一年、二〇九頁）。
（9）伊佐前掲論文（『選集』下巻、五一八頁）、小熊前掲著、注（7）、三〇九頁、比屋根前掲書、注（5）、一一三頁。
（10）陳培豊『「同化」の同床異夢』三元社、二〇〇一年。
（11）Rwei-ren Wu, Formosan Ideology: Oriental Colonialism and the Rise of Taiwanese Nationalism, 1895-1945,（PhD Dissertation submitted to the Faculty of the Division of the Social Sciences, Chicago University, 2003).
（12）『文部省年報』各年度版
（13）「琉球新報は何事を為したる乎」一九〇三年二月二一、二五頁。『選集』上巻所収。
（14）前掲「琉球新報は何事を為したる乎」
（15）『選集』中巻所収。
（16）比屋根前掲、注（5）、一五四～一六二頁、参照。
（17）比屋根前掲、注（5）、一七四頁、伊佐前掲論文、注（6）、五〇九頁。
（18）沖縄県師範学校『沖縄県師範学校一覧』一九一四年。

(19)『教育時論』第四四七号、四四八号、一八九七年九月一五日、九月二五日。
(20)『琉球教育』第六四号、一九〇一年七月。
(21)「教育会の責任」『琉球新報』一九〇一年一五月、『選集』中巻より引用。
(22)『琉球教育』第五六号、一九〇〇年八月。
(23)「古手帳」『琉球新報』一九〇一年五月一五日。
(24)『琉球新報』一九〇二年五月二九日。
(25)「多方多面」『琉球新報』一九〇六年六月九日。『選集』中巻、二六〇頁。
(26)『琉球新報』一九〇一年三月二九日、四月一日、三、五、九、一一日、五月八、一一、一七日。
(27)「新沖縄の建設」『琉球新報』一九〇一年五月二七日、『選集』上巻、二六一～二六二頁。
(28)「新沖縄の建設」『琉球新報』一九〇一年四月五日、『選集』上巻、二五四頁、句読点引用者、以下同様。
(29)比屋根前掲書、注(5)、一二六～七頁、小熊前掲書、注(7)、二八二～二八三頁、三〇九頁。
(30)前掲「公同会請願・趣意書」(一八九七年)でも、既に「社交」を、「政治」「制度」と対比させ、「精神」「人心」と並列して用いている。「精神ノ統帥者タリ社交ノ中心点タル尚泰」という用例もある。
(31)これらの『時事新報』の記事が福沢の真筆かどうかの確証はないが、『福沢諭吉全集』(第一五巻、岩波書店、一九六一年)にも所収されている。平山洋『福沢諭吉の真実』文春新書、二〇〇四年、参照。
(32)中村敏子「解説」中村敏子編『福沢諭吉家族論集』岩波書店、二七二頁。
(33)引用は岩波文庫、五七、二九、三〇頁、ルビ一部削除。
(34)「宴会改良論」『琉球新報』一九〇〇年八月二三日。
(35)「旧慣的諸興行」『琉球新報』一九〇〇年八月一七日。
(36)比屋根前掲書、注(5)、一三三頁。
(37)「東恩納寛惇宛書翰」一九二八年、『選集』下巻、四八八頁。石田前掲書、注(8)、は、大正初期の大正維新への期待と仏教への傾斜から「大田の沖縄にたいする愛郷の思いは、ヤマトとの対抗という枠を越えたといえよう」(二一三頁)とするが、同書簡や太田『沖縄県政五十年』(国民教育社、一九三二年)の記述から、著者にはそうは考えられない。

第三章　一九一〇年代の『沖縄教育』誌上の「新人世代」の言論
―親泊朝擢の編集期を中心に―

はじめに

一九一〇年、俳人の河東碧梧桐は沖縄を訪ねた際の旅行記を『日本及日本人』に寄稿している。そこで、当時県立図書館館長であった伊波普猷（一八七六～一九四七年）と会談した折に、伊波が語った内容が、次のように記されている。

殊に我々は縄人［ママ］だといふ自覚の上に、このまゝ単に内地人の模倣に終るべきであろうかといふ問題がある。つまらぬ事のようであるけれども、島津氏に対する祖先伝来の一種の嫌悪心も手伝うて来る。さらばというて固より沖縄県庁に対して謀反を計るなどゝいふ馬鹿なこともないが、それらの暗々裡の不平は、いつか妙な方向に走せて、青年に社会主義の書物や、露西亜小説の悲痛な物や［ママ］など読む物［ママ］が多くなつた。若しこの気風が段々助長して行けば、或は人種上の恐るべき争ひとならぬとも限らぬ。(1)

伊波普猷（『伊波普猷全集』第1巻、口絵写真、平凡社、1974年）

伊波は、当時の沖縄社会に青年層に「縄人としての自覚」、つまり「沖縄人」意識が存在しており、「内地人」への「暗々裡の不平」から、「人種上の恐るべき争ひ」につながりかねないと語っているわけである。それに対して、河東は、「台湾、朝鮮には目下土著（ママ）人を如何に馴致すべきかの重大な問題が何人の頭をも重圧しつゝある。琉球のように多年親日の歴史ある土地に、さような社会問題があらうとは夢想だ（ママ―に）もせぬ所であつた(2)」と感想をもらしている。「親日」と思われていた「琉球」に台湾・朝鮮に通底する問題があると、驚きをもって伊波の発言を受け止めているのである。

この伊波の発言や河東の感想は、どのような現実に根ざしたものなのだろうか。

河東に対する伊波の発言は、彼の周辺に集う一九一〇年代の沖縄の青年知識層の動向を表現したものであった。そうした青年の例として、例えば、近代沖縄思想史上で著名な伊波月城（一八八〇～一九四五年）、比嘉春潮（一八八三～一九七七年）、島袋全発（一八八八～一九五三年）といった人々を挙げることができる。そのような人々を比屋根照夫は「新人世代(3)」と呼んでいる。沖縄における「大正デモクラシー」を担うこれらの人々の言論には、激しい社会批判精神と深い自己省察が確認できる。それと同時に、「沖縄人」意識（「縄人だといふ自覚」）も看取されるのである。

序章で論じたように、このような意識を「沖縄ナショナリズム」とし、植民地ナショナリズムとの関連のみで説明するのには大きな問題があるであろう。植民地における状況と沖縄や大和の状況との違いをふまえて、沖縄の文脈に即した形で、「沖縄人」意識を検討せねばならない。その際に、これも序章で提示した、何義麟[4]の「エスニシティの政治化」という視角から学び、どのような政治・経済的な状況が沖縄の我々意識や自文化への意識を高めたのかを丹念に分析し、その「沖縄人」意識の強調により、何が求められているのかを確認する必要がある。一九〇〇年前後に太田朝敷が沖縄の「共同」性・「公共」性を求めたこととは、類似点はあるものの、その背景や、その主張により求められていた内容が異なっているはずである。その点を丹念に明らかにすることが必要である。

「縄人だといふ自覚」という表現に見られる我々意識の表明は、法制的な次元の同一化が進みつつも、沖縄社会における大和人勢力の優位が変わらない状況の中で見られるようになっていったものである。これにともなって、沖縄の歴史や文化が注目され、沖縄人自身によって、それらの研究が深められてゆくことになる。太田朝敷が構想した沖縄の「公共性」に文化的内容が補填されようとするのである。その具体的な様相を描かなくてはならない。

以上のような仮説的な展望のもと、本章では一九一〇年代の「沖縄人」意識の形成に注目し、教育会機関紙『沖縄教育』（一九〇六～一九四四年？）の編集にあたった親泊朝擢（一八七五～一九六六年）を主な分析対象とする。後述する通り、親泊も伊波と親交があり、この時期を分析するのに伊波の思想を分析する必要は贅言を要しない。伊波普猷研究としては、すでに比屋根照夫・鹿野政直・冨山一郎・伊佐眞一などの貴重な研究が積み重ねられている[5]。これらの研究は、伊波個人の思想にとどまらず、同時代の思想状況を描こうとする視点をも有する。しかし、頂点的な思想家個人のテキストの分析を主としたものであるため、社会的な広がりのなかで「沖縄人」意識の動向を十分に跡付けてはいない。本書が教育界に着目し、親泊朝擢という、ほとんど知られていない教育者を取り上げるのは、個人の思想に還元されない、時代の趨勢としての「沖縄人」意識の動向を描くためである。教育とは、ある集団の未来を創ろうとする営みであり、そこでは、その集団の未来への願望が語られる。頂点的な思想家のテキストのような精緻さには欠けるが、それゆえに明瞭な言葉で語られ、教師・生徒を含む広範な人々によって共有されることを目指した言論が紡がれる場である。

本章では、そのような思想像を『沖縄教育』誌上に見てゆくのだが、その前に再度、同媒体について確認したい。教育会の機関誌『沖縄教育』は、『琉球教育』を前身として、一九〇六年三月に創刊号が発行された。その改題の経緯は重要であり本論でのべる。その後、一九四四年二月発行の第三二八号まで現存が確認され、この内の約一七〇号分が現存する。[6] 本章の分析対象時期は、渡邊信治の編集担当時期（〜一一一号、〜一九一七年五月）までとし、親泊朝擢の編集担当期（第六〇〜一〇二号、一九一一年四月〜一九一五年五月）を主に分析する。時期設定の理由は、序章の〈表0-1〉から分かるように、渡邊信治と又吉康和の編集人の間の四年一一ヶ月は特別号以外に残存号がなく、また、又吉康和以降は誌面に変化が確認でき、別に論じる必要があるためである。そして、親泊に着目するのは、改題以降、第一一一号（一九一七年五月）までの間で最も顕著な特長が誌面に確認されるのが、その編集時期だからである。

『沖縄教育』に関する最新の研究成果は、序章でも触れたように、復刻版別冊「解説」[7]である。同「解説」では、『沖縄教育』を「狭義の教育史にとどまらない幅をもつ」ものとされ、書誌的な事項が明らかになっている。また、親泊朝擢に関しても、特徴的な編集をしたうちの一人として取り上げられており、その特徴を、「若手中堅の小学校教員に対する投稿を促したこと」、「郷土史に関する研究を小学校教員に促したこと」、「親泊が自身の見解を述べうる場」である「編集後記を新設した」こと、の三点であると指摘している。

『沖縄教育』が「狭義の教育史にとどまらない幅をもつ」という指摘についても、親泊の編集の特徴に関しても、概ね同意できる。ただし、『沖縄教育』の四〇年近い刊行期間で、同誌は様々な相貌を見せるのであるから、それぞれの時期にどのような傾向があったのかを時代状況に即して検討してゆかなければならないであろう。また、親泊の編集に関しても、同時代のどのような背景が、彼の編集作業に影響を与えているのかを検討し、その意味を、近代沖縄教育史、思想史の文脈で論じなくてはならないと考える。

本章では、『琉球教育』誌上では違和感の表明に止まっていた親泊朝擢が、どのような経緯で『沖縄教育』の実質的な編集権を獲得し、誌上でいかなる沖縄教育像を展開したのか、そして、そのことがどのように「人種上の恐るべき争ひ」につながるのかを論ずることとしたい。

第一節　一九一〇年代の沖縄教育をとりまく状況

日露戦争後、沖縄の小学校の就学率は九〇％を超えるが、同時に「大和化」にともなう問題も明らかになりつつあった。一九〇六年時点で『琉球新報』の論説が過去の沖縄への政策を評し「人民等の父母を忘れしめ彼等の歴史的記憶を隠滅し去って而して其の人民の上に政治を施行せんと欲す」[8]るものだと批判する。このような施策を比屋根照夫は「歴史隠滅政策」と呼んでいる。[9]そのようななか、一九〇六年には、伊波普猷が東京帝国大学を卒業し沖縄に戻り啓蒙活動をはじめた。一九〇七年八月の教育会における演説が後に『琉球史の趨勢』（一九一一年）としてまとめられた際には、「この小冊子を沖縄の教育家諸君にさゝぐ」と記された。本書で伊波は、沖縄の「個性」を尊重するべきことを強調し、「天は沖縄人ならざる他の人によつては決して自己を発現せざる所を沖縄人によつて発現するのであります。（中略）個性とは斯くの如きものであります[10]」と述べている。その主張は、「歴史隠滅政策」の中にあった教師をはじめとして、多くの沖縄人に衝撃的に受け止められた。

伊波普猷、親泊朝擢、太田朝敷らの写真（1913年）右から伊波、4番目が親泊、6番目が太田（伊波普猷生誕百年記念会『生誕百年記念アルバム 伊波普猷』、38頁、1976年）

ただし、伊波の帰郷と同じ一九〇六年の三月に『沖縄教育』と改題された誌面には、大きな論調の変化を指摘することはできない[11]。第一五号（一九〇七年五月）に、伊波の「琉球史の梗概並に社会化（承前）[12]」と題する講演筆記が掲載されてはいる。だが、「個性」の尊重は後景に退き、同化（「社会化」）の重要性が強調され、同時期の教育会の世論に適合的な側面が、筆記者により強調され掲載されている。また、宮城亀編集人期の『沖縄教育』は創刊号（一九〇六年三月）から第二一号（一九〇七年一一月）までがタブロイド版で八〜一〇頁程であり、全体として頁数が減り、誌面が振るわない状況であったといってよい。『沖縄教育』が「雑誌らしい面目をみせたのは素江［ママ］親泊朝擢氏の編集主任時代であった[13]」（親泊の号は「素位」―引用者）と回想される。

ただし、親泊の編集主任就任に先立って、伊波を中心として、沖縄思想界には新しい潮流が着実に育まれていたことを見落とすべきではない。前述したように、この時期、伊波を中心に、「新人」世代が活躍しており、それらの人々は『沖縄毎日新聞』を拠点としていた。『沖縄毎日新聞』は、一九〇八年に創刊された沖縄で三番目の新聞であり、那覇に基盤をおく「民衆の機関誌」[14]と評された日刊紙である。伊波普猷の実弟・伊波月城や末吉麦門冬、山城翠香などが記者をしていた。沖縄における「大正デモクラシー」の風潮を担うこれらの人々と親泊は、伊波を介して個人的にも親交があったようである。一九一三年三月から一四年初頭まで毎日曜日に伊波宅での「子供の会」が催されるが、そこで親泊は伊波、比嘉春潮、比嘉賀秀らとともに講師を務めている。同会会誌『おきなわ』にも多数執筆しており[15]、『沖縄教育』第八八号（一九一三年八月）の巻頭の口絵には、「子供の会」の写真が掲載されている。また、一九一三年七月二四日、伊波は比嘉春潮らとともに「エヌ・エム（New-man）会」を結成し、「本県思想界に青年の旗幟を翻し延いて社会の進歩改良」をはかることを企図した[16]。金城芳子[17]によれば、「伊波塾」「比嘉塾」「山田塾」（山田有幹、後の無産運動家）といった学習グループがあり、相互に人の行き来があったという。この時期、伊波を中心に思想界の新しい潮流が形成されていたが、親泊もその一端を担っていたと考えられる。

これらの人々は伊波から大きな影響を受けつつも、伊波とは異なる思想的傾向を有し、それぞれに突出した面を有していた。たとえば伊波月城は、一九一一年の河上肇舌禍事件で河上を擁護した新聞人であり、「沖縄近代史上まれにみる個人主義的・世界主義的傾向の強い人間であり、宗教的倫理にもとづく内発的・内省的な人間」[18]と評価されている。また比嘉春潮も社会主義への接近により、伊波の認識への懐疑を抱くことになる。親泊は、月城や比嘉に比べ、思想的に穏健であったともいえる。それは、世代的にも、伊波よりも一歳年長で、「新人」世代の中で最年長であることや、教職という立場による制限が強かったことによると思われる。

しかし、親泊の果たした役割の重要性も看過すべきではない。親泊は、教育会の要職に就きながら、「新人」世代の沖縄人の教師に積極的に発言の機会を与え、「本土」への留学経験を持つような知識人と、学校に通う児童生徒やその保護者・教師との連携役を果たしていたといえる。

具体的に、親泊朝擢の編集期の『沖縄教育』の誌面を分析する前に、一九一〇年代の沖縄の教育界の状況を見ておきたい。

河東が沖縄を訪れた同年の一九一〇年一一月には、佐敷尋常小学校で「御真影焼失事件」が発生した。学校長本山万吉と、当日宿直していた准訓導東恩納盛懋が「御真影」焼失の責任を問われて懲戒免職となった。しかし問題はこれで終わらなかった。免職に際して、大和人の本山元校長にのみ島尻郡教育部会の教員相互団より金十五円が支給されたからである。[19]また島尻群小学校の学用品関連の消費組合の規程を変更して、免職された本山を理事に迎え、その結果、沖縄人事務員が解雇された。さらに本山は一年後に久米島で小学校長となり、『沖縄毎日新聞』の批判を招いている。[20]すなわち、大和出身の校長に対してだけは処分を実質的に軽減し、補償する措置がとられたわけである。これらの決定を島尻郡書記として目の当たりにした比嘉春潮は日記に「嗚呼。腹黒き内地人等のたくめる芝居を見て、音無しく見物したる沖縄人の意気地なし奴[21]」と記している。大和人と沖縄人との不平等に対する憤りの一端を示すものである。

この事件にも表れているように、教育界において一般の教員の多くは沖縄人だったが、校長には少なからず大和人がおり、県や郡の視学の多くは大和人に占められていた。翌一九一一年には県議会議員の仲宗根清（沖縄県尋常師範学校出身、元美越尋常小学校訓導）が、県議会において「教育者間に軋轢の頻発する事」、「師範学校か[ママ]二十余年間に幾多の人物を出したるに拘わらず県郡視学其他重要の地位にあるもののなきは力の堪へざる為か登用宜しきを得ざる為めか[22]」という問題を提起した。『琉球新報』の記事はこの質疑を報道すると同時に、さらに質問の趣旨を敷衍して、小学校長に関して全小学校「百三十六校中四十人は今尚他県の人を任用せり」とし、「本県の教育界には故らに他府県出身者を交るの必要ある乎」と論じている。また、この記事に先立ち、教師からの

比嘉春潮（中央、1911年）（『比嘉春潮全集』第5巻、口絵写真、沖縄タイムス社、1973年）

匿名投稿記事として「校長輸入の理由如何[23]」という問題もとりあげている。一三六校中四〇校の校長が大和からの「輸入」とみなされていたわけである。もっとも、九六人が沖縄人だというのは、一九〇一年に親泊朝擢が沖縄人初の小学校長に就任して以来、十年間の沖縄人の進出がいかに急速であったかを示してもいる。これは、植民地の状況と大きく異なっていた。たとえば、朝鮮においては一九一九年に初めて一八人の朝鮮人校長が誕生するが[24]、一九三九年段階でも全体の一三・四%（三二四七校中四三四人）にすぎなかった[25]。これにと比べれば、沖縄人の比率は高かった。しかし、沖縄人が校長に採用される割合が増加するにつれて、沖縄人と大和人の境遇の相違への不平等感は減少するのではなく、むしろ強まっていっていた。

　このような大和人と沖縄人との社会的不平等感は、翌一九一二年六月一七日、教育界に衝撃を与える事件を生むことになる。沖縄県師範学

伊波月城（『沖縄大百科事典』上巻、228頁、1983年、沖縄タイムス社）

校ストライキ事件（一九一二年六月一七日〜一九日）である。このストライキは本田亀三教諭排斥のための生徒の同盟休校として行われたものだが、事件の背後に森山辰之助校長の露骨な教員人事への不満があったようである。同校長は二年間で三一人中一八人を解職しており、その中には同校及び同校附属小に長期勤務し沖縄の状況に明るい教師が多く含まれていた。また、音楽の園山民平教諭が「沖縄人はグウタラの意気地無しであるからビシビシと圧へ付けるに限る。聞かぬ時は擲つてやるべし」と発言したことへの怒りもあった(26)。森山校長自身も「琉球人は矢張り駄目だから、手厳しく、教授して貰いたい」と新任教師に話していたという(27)。

『沖縄毎日新聞』の記者であった伊波月城は、この事件についてやや興奮気味に次のようにいう。「師範学校のストライキは吾輩をして十八年前の県立中学のストライキを想起させる。げにあのストライキがなかったら、県人は奴隷の境遇□〔に〕甘んじて牛馬同様の生涯を送つてゐたかも知れない▲学生の身としてストライキなどをやるのはよくないが、それをやる位の元気がなくつては此の新時代には間に合はないと思ふ。盲従は即ち死である」(28)。月城は、自らも参加したであろう一八九五〜一八九六年の沖縄県尋常中学ストライキ事件と同様の問題の構図、つまり沖縄人への差別的な処遇を、今回の事件にも感じ取ったのである。

幸か不幸か、このストライキは短期間で沈静化した。生徒全員が復校した上で数日間の停学処分となり、本多・園山両教諭は九月四日に、森山校長は一〇月二日にその職を去った。沖縄県師範学校の卒業生の一人として親泊もその仲裁の労をとっていた(29)。「人種上の恐るべき争ひ」は、さしあたって爆発することなく鎮静化されたわけである。しかし、さまざまな格差と蔑視への憤りが水面下に蓄積されつつあったことは確かである。

このような沖縄人と大和人との確執は、教育界にとどまらず、当時の沖縄社会全般に見られる現象であった。

「琉球処分」以降、沖縄社会の政治・社会の主要な地位は大和人によって占められていたが、住民の自治の範囲が拡大するにつれ、沖縄社会の主要な地位に沖縄人が参入し、社会の中枢を占める大和人との葛藤が生じたのである。比嘉春潮によれば、地方自治制度の整備にともない、村会が予算を決定し、その権限が強くなると、「大和人全盛の事態への反動があらわれた」という。つまり、かねて郡中央のなれあいで給料をつりあげていた他府県人の給与に制限を付けることで、自発的な退職を促すのである。「現在取っている額よりも低い金額で給料予算を組むというのは、じゃまものを除く時の常套手段で、町村政治ではよくある手だ。この措置も他府県人排斥のためにとられた」という。(30) この場合の「排斥」の主体は沖縄人だが、その前提には給料の格差という事態があったことを見失うべきではない。一九〇九年に発足した沖縄県会でも、最初の選挙の当選者三〇人中一二人が仲宗根清と同様に師範学校出身の沖縄人であったが、(31) 先の県会における仲宗根の議論にも明らかなように、沖縄人の一定の社会進出は、沖縄人と大和人との対立を沈静化させるのではなく、別の場面での格差の発見と、更なる葛藤を引き起こしているわけである。

このような沖縄社会の動向に向き合いつつ、親泊は『沖縄教育』の編集にあたり、沖縄教育のあり方を模索することとなる。

第二節　親泊朝擢の編集担当就任の経緯

（一）親泊朝擢の就任

雑誌の奥付に編集兼発行者として親泊朝擢の名前が記載されるのは、第六〇号（一九一一年四月）から第一〇二号（一九一五年七月）までであるが、第五六号（未発見、一九一〇年一二月）から実質的に担当したと推測できる。一九一〇年の「十一月において編纂主任の嘱託を見たるを以て爾来編纂委員会を廃したり[32]」という記事が見られるからである。[33]親泊は、三六才で編集担当となり、以後、一九一五年七月まで約五年にわたり、四七号分の編集に携わることになる。

親泊の編集担当就任は、従来の編集体制の大幅な変更を意味した。『沖縄教育』の編集体制では、編集委員会の委員長・委員は、師範・中学の校長・教諭、県官吏などが、在職のままで兼務していた。しかし親泊は、月三〇円の手当を得て、[34]編集に専従することになった。[35]この手当は、当時の小学校長の給与と同じ程度の額であった。また編集主任は、「通俗講演会」などでは、教育会会長などと並び来賓として列せられる待遇であった。沖縄人である親泊をこうした要職に就けることに対して、抵抗がなかったわけではない。一九一一年の教育会第二五回総会における予算審議では、この編集委員手当をめぐる応酬があった。滋賀県出身で前年に来県したばかりの廣田鉄蔵（浦添尋常高等小学校長[36]）は次のように論じている。「編集人手当を月三十円も出すのを止めて之を講習費に宛て様と思ひます。この位の雑誌なら月五円か十円の手当を出せば十分と思ひます。一部十銭に當りますから大変高いものになります。東京の雑誌なら十五銭出せば立派なものが得られます。勿論雑誌全廃にあらず。年四回か三回位出す方がよろしいと思います。沖縄教育は実につまらないものです」。それに対して、一九〇六年に沖縄人として初めて教育会会長に就任した岸本賀昌（第一回県費留学生、当時県学務課長、翌一九一二年衆議院議員）は、「成程東京の雑誌は安くてよいには違ひない。併し沖縄教育雑誌は東京では得られますまい」と反論している。[37]岸本会長の発言からは、『沖縄教育』誌に独自な意義を確認していることが分かる。その意義とは何か具体的には言及されていないが、「東京の雑誌」とは異なる内容の雑誌、沖縄という地域の現実に即した誌面構成が求められていたと考えてよいだろう。

（二）『沖縄教育』への改題と代議員制の議論

親泊の就任以前から、教育会では同組織のあり方についても対立が顕在化しつつあった。編集担当というポストの設置と、親泊の登用は、単に岸本賀昌の意向によるばかりでなく、教育会内部における勢力争いの帰結という側面もあったようである。たとえば一九〇六年に行われた『琉球教育』から『沖縄教育』への改題も、先行研究では新田義尊の思想的な影響によると解釈されている[38]。しかし、一九〇二年五月に休職になった新田の影響を一九〇六年の改題に結びつけるのには無理があろう。雑誌が改題された一九〇六年前後は会費減額や雑誌の縮小の主張がなされていた時期でもあったことに着目する必要がある。阿波根直誠[39]が指摘するように「教育会の組織を代議員制にかえようとの提議があり、その上、会費減額雑誌縮少などの議論がかわされ、結局一九〇六年（明治三九）三月、雑誌のみは縮少して小型の新聞紙体となすことに決し」たのである。ここで重要なのは代議員制の意味合いである。

教育会では予算を含む議案を評議員が作成し総会に諮るという仕組みであったが、一九〇五年の総会では、その評議員制度を廃止し、予算の決定権を持つ代議員制度を採用すべきという主張がなされるのである。それは、つまり予算の決定権を持つ代議員制への移行は、会員全員の参加しえる総会の権能を低下させるものであり、また代議員による予算決定権は機関誌発行にも大きな影響をもつものであった。この問題についてある教師は次のように発言している。「現在の評議員中ニモ小学校教員少シ、代議員ニシテモ或ハ然ランカト心配アリ。之レ迄ノ振合ヲ見テモ多クハ監督者タル人、中等教育ノ任ニアル人多シ。故ニ代議委員会ニ於テ予算ヲ議スルハ不賛成ナリ[40]」。中等学校教員・監督者のみが従来、会の運営に携わっており、代議員制により、その傾向が助長されるとの懸念が表明されているわけである。一九〇六年の時点で評議員は一五人で、県官吏、県視学、郡視学、中学校長、中学校教諭、師範教諭、弁護士から構成され、その中で沖縄人と確定できるのは高良隣徳（中学教諭）と仲本政世（県官吏）の二人のみであった。(41) 代議員会に予算決定権を持たせる仕組みは、こうした大和人中心の体制をさらに強化するものとなる可能性が強かったといえよう。そのためであろうか、代議員会の設置はこの時点では採用されることはなかった。

その後、岸本が会長に就任し、そしてこの岸本会長の下で編集主任を設け、親泊を起用することとなるわけである。こうした事態に対する、大和人の側での反発も強かったようである。たとえば親泊が編集担当に就任した五ヵ月後の一九一一年四月、県視学の片山清暁が、「県教育会振興策」を『琉球新報』紙上で提案した。(42) そこで「雑誌は是を縮小し一年二三回の発刊に止め」ることを提案し、さらに「（教育会を）代議制となし経費に関することは代表者に依り議決し一般の教育問題に至りては全会員是を議決すること」、「幹事の選任」を慎重に行うべきこと等を提案している。代議員制の問題をむしかえすと当時に、編集担当の設置という現実を真っ向から否定するように雑誌の「縮小」を説いているわけである。視学という立場にある片山の発言は少なからぬ威嚇効果を持ったはずだが、この時には片山の提言は実現しなかった。そして同年に片山が職を離れた際に、『琉球新報』は「一種悪辣□［敏］腕を振つて本県□［の］教育会を荒らして世□［の］物議を惹起したる片山視学は終いに放逐□［の］身となり（中略）本県教育の為め僅かに聊か喜ぶべき也(43)」と批判している。片山の「県教育会振興策」も、教育会内外の沖縄人の反発を惹起させたものと考えられる。

この後も、水面下で抗争は継続した。一九一四年にはついに代議員制を採用、親泊は第九五号（一九一四年三月）の「編集時言」で「本会定款も代議員制に変更した（中略）代議員会は本月末に開かれることになつてゐる。本誌の盛衰も亦其意向如何に関することであろう(44)」と述べている。そして、一九一四年度予算(45)では雑誌予算は六ヶ月分しか組まれておらず、代議員会で隔月刊行の決定がなされたようである。親泊による編集作業はこうした沖縄人と大和人のせめぎあう状況の中で行われるのである。

第三節　親泊朝擢の編集担当期の『沖縄教育』

（一）全般的論調

片山視学の離任を報じた『琉球新報』の記事と同月、『沖縄毎日新聞』（一九一一年一一月一七日）に『沖縄教育』への要望の記事が掲載される。記事は「学説教務欄には可成本県に適応したるもの」や「郷土化したる会員□（の）研究発表」などを掲載すべきとする。その理由は「抽象論の如きは東京邊から来る図書に雑誌に詳細を究めあれば到底其塁を磨するに難く多くが其糟糠を嘗めをるが如き議論にな」るからだという[46]。中央の雑誌で扱われる教育一般の議論ではなく、沖縄社会に即した議論・研究発表を求めているといえよう。それに対して、親泊は「実は編集子も同方針を採り来り候[47]」と答えている。雑誌の方向性として親泊も『沖縄毎日新聞』も共通の認識を有しているといえる。

では、親泊が編集担当時期の『沖縄教育』について、まず全般的な傾向を見ることにしよう。〈表3-1〉〈表3-2〉〈表3-3〉は、『沖縄教育』の主要欄「学説教務[48]」の論考を筆者別に、執筆頻度順に並べ、出身、地位・職業、論じている内容を示したものである。

まず親泊編集期に、親泊本人の執筆が群を抜いていることが確認できる。「編輯室たより」「編輯時事」などはもとより、「文苑」欄にも親泊の作品があり、無著名・筆名の論考が多数を占める「雑報」「人物月旦」欄などのほとんどを親泊が執筆している。また執筆依頼や論考の選択を親泊が行っていることが確認でき[49]、他論者の論考のなかにも親泊への応答も多々見受けられる[50]。これらのことから、この時期に親泊が雑誌の論調を規定した大きな存在であることが分かる。

〈表 3-1〉『沖縄教育』主要欄論考掲載頻度①

宮城亀編集人時期（No.1-59）

回数	氏名	地位・職業	出身	内容
8	附属小学校			方言矯正・郷土地誌教材・勅語教授・教案
5	樺山純一（南陲）	那覇商業学校長	大和	貨幣、産業組合
4	伊波普猷	文学士	沖縄	琉球史
4	錦城子			唱歌教授の片々
3	石川於莵喜	那覇商業学校教諭		商業科教授法・教材研究
3	重藤利一	師範教諭兼訓導	大和（広島）	小学校理科教授について
3	高橋清次郎	師範教諭	大和	朝鮮史談・新嘗祭・孝明天皇祭
3	瀧口文夫	県官吏		現今小学校教授に於ける教授の欠点
3	天夢山人			研究資料迷信叢録
3	渡嘉敷唯明		沖縄	小学校教員の職責、訓練につきて
3	安村良公（迂斎）	小学校長	沖縄	孟子の王道論

＊記念号（No.31）をのぞいた残存する 25 号分の 118 論考が対象。
＊「学説教務」欄に相当する欄（「主張」「論説」「学説教務」「学説」「教育資料」欄）が対象。
＊沖縄出身者と確認できるのは 11 人。全論考 118 本中 19 本、16・1%。

では、親泊が掲載を決定した、あるいは執筆を依頼した人々がどのような人物であり、何を論じていたか確認しよう。まず、他の時期と比べて沖縄人執筆者の多さが指摘できる。沖縄出身者と確認できる人物の論考は、宮城期に一一八本中一九本で一六・一%、親泊期に二五八本中九四本で三六・四%、渡邊期に三四本中五本で一四・七%ある。現存号数の違いから有効な比較ではないが、大まかな傾向は把握しえよう。また、この時期に小学校教師（訓導・校長）の執筆者が目立つことも特色といえよう。論じている内容に関しても、沖縄教育、沖縄音楽、沖縄歴史を扱う論者が複数名確認できる。

主要欄の論考掲載頻度の表を一瞥するだけでも、親泊期に、沖縄人執筆者が増大し、小学校教師が活躍し、沖縄関連事項を論ずる者が増えたことが、確認できよう。

〈表 3-2〉『沖縄教育』主要欄論考掲載頻度②

親泊朝擢編集人時期（No.60-102）

回数	氏名	地位・職業	出身	内容
23	親泊朝擢（編集子・素位学人）	編集人	沖縄	沖縄教育・綴り方教授・校風論・批評漫録
7	谷本富（竹島生筆記）	京都帝大教授	大和（香川）	教育一般
6	比嘉徳（南水）	小学校長	沖縄	沖縄歴史・二部教授・沖縄教育
6	安村良公（迂斎）	小学校長	沖縄	孟子・法制経済雑話
6	与那嶺堅亀	付属小訓導	沖縄	唱歌科・体操科・琉球音楽
5	蔡鐸・蔡温（桑江生訳）	近世期の政治家	沖縄	『中山世譜』の翻訳
5	矢野勇雄	高等女学校教授心得	大和	唱歌教授
4	樺山南陲（樺山純一）	那覇商業学校長	大和（鹿児島）	片言漫録・水産業
4	間適楼主人			閑話一百題
3	石川於兎喜	那覇商業学校教諭		教材研究
3	上原整吉	小学校長	沖縄	体操・唱歌教授
3	金城学人			学校財政
3	金城義昌		沖縄	作曲研究・琉球音楽
3	高橋清次郎	師範教諭	大和（愛知）	新嘗祭解説・神武天皇祭・春期皇霊祭
3	宮良波響（宮良長包）	付属小訓導	沖縄	教育唱歌・沖縄音楽
3	山内盛彬		沖縄	唱歌教授
3	八巻太一	小学校長	大和（山梨）	中朝事実を読む・訓練
3	よし浦生			算術教授・文字習得に関する実験

＊記念号（No.64）をのぞいた残存する 32 号分の 258 論考が対象。
＊「学説教務」欄が対象。
＊沖縄出身者と確認できるものは 39 人。全論考 258 本中 94 本、36・4%。
＊『中山世譜』の翻訳は沖縄人の執筆と計算。

〈表 3-3〉『沖縄教育』主要欄論考掲載頻度③

渡邊信治編集人時期（No.103-111）

回数	氏名	地位・職業	出身	内容
3	渡邊信治	県視学・編集人	大和	教育・道徳
3	味田浩	師範教諭	大和（京都）	琉球史（羽地朝秀）
3	附属小学校			発音矯正法
2	市村光恵	京都帝大教授	大和（高知）	地方自治
2	鳥原重夫	県技師	大和（宮崎）	甘蔗の植物学的研究
2	広田鐵蔵	小学校長	大和（滋賀）	他府県視察報告
2	武藤長平	七高教授	大和（愛知）	頼山陽・日本近世史

＊「学説教務」欄に相当する欄（「論説」「講演及論説」「講話」「研究」「学説」「報告」欄）が対象。

＊記念号（No.104）をのぞいた No.103、105、106、109、111 の 5 号分の 34 論考が対象。

＊沖縄出身者と確認できるものは 5 人。全論考 34 本中 5 本、の 14・7%。

親泊は、第一〇〇号（一九一五年一月）の節目に自らの仕事を振り返り、次のように述べる。

十余年間教育の実際に従事して得た経験を以て、着実穏健に教育界の評隲をしてみたいと考へてゐた。（中略）時には或る友人から事過激に亘るとて、訂正或は抹殺を迫られたこともある…。（中略）先輩の意見を叩き、且つは余の経験に訴へて方針を定めた、而して先輩の寄稿を乞ふて本誌の価値を揚ぐるよりも、後進を促して原稿を集むるは、本誌の発展と云ひ本県教育の進歩の上にも有効であると信じた。本県教育界の中堅は何処にあるかと云へば、新進気鋭の教育者間にある[51]

ここから、①教育実践に裏打ちされた編集、②若手教師への期待、③過激との批判をうけるほどの内容があったこと、などが読み取れる。これらは四七号分を通読すれば誌面に確認しえる。

①の教育実践に基づく編集に関しては、「学校参観記」の連載（第五七号より）などの学校の具体的状況や教授と訓練への注目・

強調などから明らかである。また、各中学校教員への研究会への参加要望なども象徴的である（第九七号）。これらの点は、新田義尊休職後の『琉球教育』の傾向を引き継いでいるといえよう。第一章で論じたように、新田が編集委員の時期の『琉球教育』は、「論説」欄が雑誌の中心であり、執筆者の大多数が中学校・師範学校教員・県官吏であり、大和人であった。しかし、新田休職後、「教授と訓練」欄が設置されて以降は、教育技術に関する記事が増えてゆき、その担い手である小学校訓導の発言の機会が増えたが、その多くは沖縄人であった。親泊担当期の『沖縄教育』は、従来の「論説」欄と「教授と訓練」欄を含む「学説教務」欄が雑誌の中心であったが、そこにおいては、小学校の教育現場とその担い手を中心に据えられており、師範・中学の教師が指導的な役割を果たしていた新田期の『琉球教育』とは対照的である。

②の若手教師への期待に関しては、師範学校生の山内盛彬（一九一二年師範卒、沖縄人）の論考の掲載、宮良長包（一九〇七年師範卒、沖縄人）、比嘉春潮（一九〇六年師範卒、沖縄人）、与那嶺堅亀（一九一一年師範卒、沖縄人）、金城義昌（一九一一年師範卒、沖縄人）の論考などを指摘することができる。これらは教育実践、学校論だが、後述するように宮良・与那嶺・金城は沖縄の音楽などを論じている。また、比嘉春潮（筆名東太郎[52]）の論考は権威に対する批判精神に満ち、学校の状況の停滞、官吏的で教育者的でない多くの校長への批判を行っている（第五八号）。「どの学校の校長様でも間抜が多い[53]」という発言まであり、眉をしかめる教育関係者もいたであろうが、しかし、親泊自身も比嘉と同様の批判を展開しており、その上で、青年教育者の中で「教授訓練に関する研究」と「新思想の受容（「宗教哲学の研究」）」が盛んになったことを「快感に堪へない」という[54]。

（二）「沖縄民族」意識と歴史教育の強調

旧世代の批判と新世代への期待は、③の「過激」との批判をこうむる要因となったといえよう。しかし旧世代の批判以上に、親泊の沖縄教育への想いそれ自体が「過激」であると捉えられたであろう。親泊は沖縄教育の目的を沖縄の発展と同時に「沖縄民族」意識の強調においていたようである。親泊は沖縄教育に関して次のように語る。

吾人は沖縄民族の前途に就て頗る悲嘆に堪へぬものである。（中略）実に本県の社会状態は寒心に堪へぬことが多いのである。然らば本県民族は未来永劫斯の如く、他府県に劣る底の境遇に安ずべきものであるか。吾人は信ず教育の力は偉大なるものであると。即ち本県教育者はこの憐むべき県民を救ふには、先ず県民の自覚を促し、層一層（ママ）の努力によつて幾何級数的発展を計りたいのである。本県の位置をして他府県と比肩すべき理想では、決して其進歩に追ひつくことは出来ない、須らく一躍再躍して其上を越すべき覚悟が必要であると信ず。(55)

まず、親泊は、沖縄人を、「県民」と同時に「本県民族」「沖縄民族」という用語で表現している点を確認すべきであろう。そして、「本県の位置をして他府県と比肩」させるにとどまらず「一躍再躍して其上を越すべき覚悟が必要である」と、「本県教育者」に訴えている。ここで表現されているのは、地域的アイデンティティに解消されるものではないし、単に「他府県並み」を目標としているわけではない。親泊は、この文章に続けて、教育の普及により「本県民族の救済を計られたい」と結論づけている。こうした表現には親泊の近代教育への全幅の信頼や、「進歩」という観念への懐疑の念の薄さが感じられる。「啓蒙主義」的と評してもよい。そこに「啓蒙主義」に共通の問題点を指摘することは可能だが、まずは具体的にどのような危機感が親泊を突き動かしていたか、具体的にどのような教育を想定していたのかを確認する必要があろう。その点に関して、次のように述べる。

儀間真常墓前の親泊朝擢（『沖縄教育』復刻版第4巻、第64号口絵写真、不二出版）

現今の本県を知るには過去の沖縄を知らざるべからず。況んや特殊の歴史を有するをや。されば参考になるべき歴史其他の記録随筆を蒐集して之を刊行するの必要あるべし。／（中略）／要するに郷土誌は民族的自覚を促し延いて知徳の開発に努力せしむるに最も緊要なるものなり。亦この反證によりて見れば、本県の産業不振なるも、且つは学校教育の効果比較的挙がらざるも、茲に原因を為すこと多々あるべし。教育者は須らく百尺竿頭一歩を進むるの覚悟あるを要すべし。(56)

ここで、親泊は「過去の沖縄」を知る必要を説き、「郷土誌」は「民族的自覚」を促すものとしているのである。また、「民族的自覚」の乏しさと「知徳」の不開発が、沖縄の「産業不振」、「学校教育の効果」が挙がらない原因だというのである。そしてその認識は従来の沖縄の教育への批判へと繋がる。

本県固有の事物とさへ云へば、一も二も皆抹殺或は遣［ママ］却せんとするものあり。而して此の亜流は延いて教育界に及び、郷土史を離れて国民道徳を説き、本県の偉人傑士を逸して、精神教育を施さんとす。されば其説述する処児童の肺腑に徹底せず、五里霧中に彷徨せしむるの感あり。是れ近きより遠きに及ぼし、低きより高きに登るの挙に出でざるに因らずんばあらず(57)。

ここで、教育会の幹事であり機関誌の編集担当者である人物が、沖縄に「固有の事物」を有無を言わさずに全て「抹殺或は遣［ママ］却」しようとする風潮、つまり「同化教育」を批判していることが重要である。新たな沖縄教育のあり方を提示し、号令するかのごときである。一〇年ほど前に沖縄教育の意義を「旧時の地方的感情を除去し、此沖縄をして今一層国民らしくせしめ(58)」ることとした新田義尊の論への反駁ともいえる。沖縄県尋常師範学校で新田の教え子であった親泊は、『沖縄教育』編集の実権を握ったこの段階において、ようやく自らの教育観を端的に表明することができたのである。それは「国民道徳」の必要性を前提とするものであるが、その中において「郷土史」を語り「沖縄民族」としての意識を鼓舞するものであった。このような認識は従来の「同化」「皇民化」教育という術語では説明できないものである。また当時の状況の中では「過激」という批判を受けざるをえないものであったと考えられる。

このような認識は、『沖縄教育』の編集に反映されることになり、④つ目の特徴として表れることになる。すなわち、沖縄の歴史への関心を喚起したことである。まず、第六〇号（一九一四年四月）以降で断続的に後藤敬臣『南島紀事外篇』（一八八六年）を付録として雑誌末尾に添付し、その意図を次のように説明している。「本県教育の効果、徹底せざるは何ぞや。一に曰く、土地の状況を明察せざるにあり。二に曰く、時代の思潮を研究せざるにあり。三に曰く、過去の歴史を埋没せしにあり。之れ、本編を付録する所以なり。花弁を植うるには土壌を調べよ。郷土を離れて、豈国民教育を云々すべけんや(59)」。

また、そのような意図の明瞭な意図が、創立二五周年記念号（『沖縄教育』第六四号、一九一一年八月）として『偉人伝』を刊行したことにも表れている。ここで、従来の沖縄教育像を支える歴史認識に大きな転換を計ることになる。伊波普猷が愛したニーチェの警句「汝の立つところを深く掘れ、そこには泉あり」ではじめる同書は、一一人の沖縄史上の偉人を紹介し、「教育の資材と為し処世の参考と為す」（岸本賀昌）ものであった。その一一人とは、日琉同祖論を提唱した摂政向象賢、近世琉球の文化的黄金期の三司官蔡温、「琉球処分」を受け入れた三司官宜湾朝保、甘蔗・木綿の普及に尽くした儀間真常、甘蔗を伝えた野国総監、『六諭衍義』を伝えた儒者程順則、日本と中国の文化を融合し琉球独自の文化を確立した画家の自了と殷元良、劇作家の玉城朝薫、三山統一の王尚巴志、忠臣護佐丸である。新田義尊も関与し、一八九七〜一九〇四年度にかけて使用された『沖縄県用尋常小学読本』（文部省発行、一八九六〜八九年）では、野国総監・程順則・儀間真常・為朝渡来伝説の源為朝・その子とされる中山王舜天などが取り上げられ、「沖縄県民の本土への一体感を涵養すること(60)」が目指されていたが、それに比べれば、中国と日本の文化を融合し沖縄独自の文化を形成した自了・殷元良・玉城朝薫が取り上げられ、新田義尊には否定的に評価されていた蔡温が顕彰されていることが特筆される。また為朝渡来伝説に関する源為朝・舜天ではなく、史実にもとづき、琉球統一の尚巴志や忠

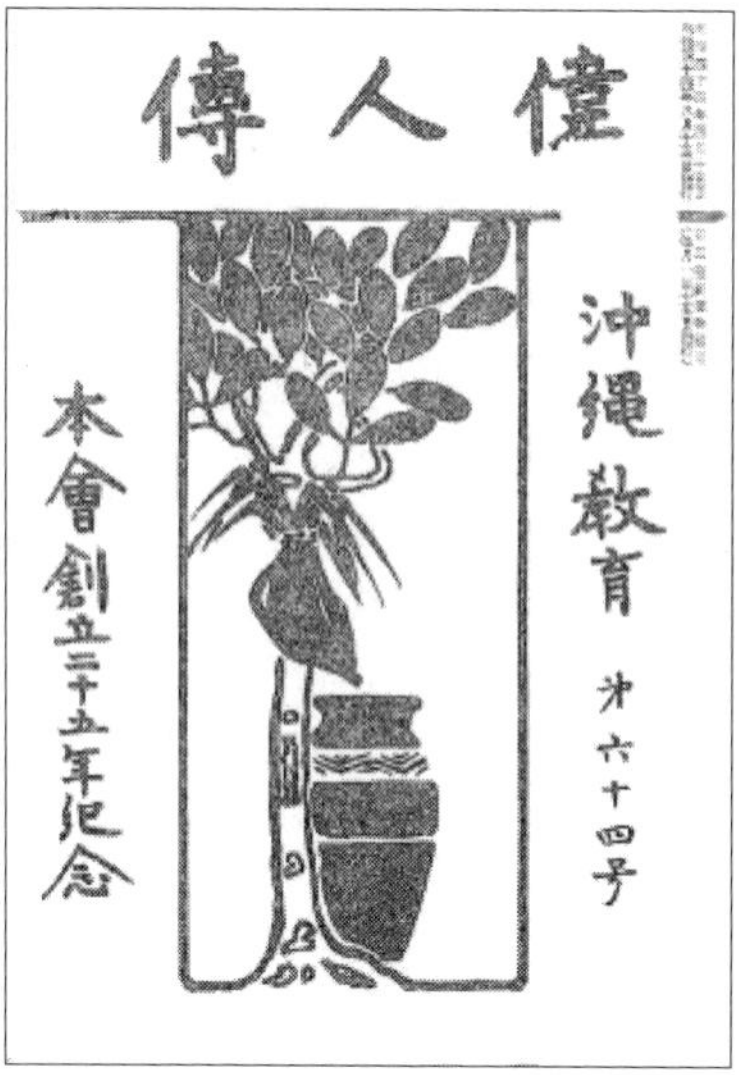

『偉人伝』（『沖縄教育』第 64 号）の表紙
（『沖縄教育』復刻版第 4 巻、第 64 号、不二出版）

臣護佐丸といった日本史との関連性の薄い人物が取り上げられている点も指摘できよう。

同書で伊波は向象賢・蔡温・宜湾朝保に関して執筆し、その基調を形作っている。『琉球教育』誌上で支配的な沖縄歴史像を形成した新田と、新たな沖縄歴史像を形成した伊波との著しい差異は、中国との関係・近世期琉球（一六〇九～一八七九年）・蔡温の評価である。新田は、近世期の沖縄を「首を支那に低れ腰を支那に折りて、我が国体を度外にし[61]」ており、置県以降は、「支那と全く関係を絶ちし以上は、清国琉球ではなくて、日本国沖縄島にして、決して琉球人とは申されませぬ[62]」と述べる。国体論的認識で沖縄史を解釈する場合、「不忠」であった近世琉球と、それを挽回すべき現在の沖縄という認識が形作られる。また近世期の評価はそのまま「脱清人」への批判と繋がっていた。それに対し、伊波は中国との関係や蔡温の評価を改め、蔡温を「日本思想と支那思想」の調和者とみなし、そこから生まれた沖縄文化を「個性」として認識し、多元的「日本像」を描いたのである。[63]さらに薩摩の苛斂誅求への批判は、後に「琉球処分は一種の奴隷解放也」という認識に結びつくが、それはまた沖縄人を圧迫する在沖大和人（奈良原繁ら薩摩閥）への批判として展開された。歴史認識の転換は「沖縄人」意識や政治的意識に大きな影響を及ぼすものであった。

上述したように、「同化教育」批判、そして、歴史教育の意義の強調は、沖縄という地域の独自な現実に根ざした教育を親泊が目指していたことを物語る。それは、政治的な次元での自治や格差をめぐる問題を直接論じたものではない点でナショナリズムとは次元を異にしている。「沖縄民族」という言葉にしても、さしあたっては我々意識や自文化への自覚を示すものと解釈できる。しかし親泊が編集主任に就任する経過で大和人の抵抗が見られたことを考えても、「或る友人から事過激に亘るとて、訂正或は抹殺を迫られた」という親泊の回想を考えても、その我々意識や自文化への自覚は単なる文化領域の次元に止まるものではなく、一定の政治性を備えていたと言えよう。

（三）普通語の励行をめぐる問題

最後に指摘すべきことは、⑤普通語励行の強調の継続、である。親泊の編集担当就任以前から普通語励行は強調されていたが、親泊もその方針を継承しており、たとえば、学校参観時には「沖縄的訛音矯正」の必要性を強調した。例えば「島尻郡小学校児童学芸会を見る[64]」では、「小禄尋（小緑尋常小学校―引用者）の読方は発音もアクセントも能くない」「東風平の読方は良かつた」「真壁の話方、アクセント少しわるかつたが、おちついた處はよかった」などと個々の指摘を行い、「要するに、読方話方は、発音アクセントが一體によくない。處によりて著しくわるい。必ず矯正出来ることであるから努力されたいことを望む」と述べている。また、「普通語を使用する児童到りて少し、綴方を能くしても読書に達しても普通語を使用せざれば何の甲斐なし。普通語の励行は教育界の一問題なり[65]」と述べている。

あまりにも性急な主張のようにも思えるが、少なくとも『沖縄教育』の誌面上では大多数の論調に合致したものであり、当時の沖縄人教師の公式的な見解を代弁するものだといえよう。玉城小学校では普通語励行の論理が次のように述べられている。「本県人が他府県人と其の思想の様式を異にし彼等と十分に調和し得ず動もすれば劣等人種と看做され多くの場合に於て実力以下に認定せらるゝ所以の主なる原因は彼等が思想の中［ママ］介者たる言語能力の欠乏と之れが使用に習熟せざると依るもの多し。此の故に本校に於ては知育の出発点及び之れが帰著［ママ―着］点を普通語の励行に置かんとす[66]」。

沖縄社会においてヘゲモニーを握っているのは大和人であり、沖縄人がその社会に参画するためには普通語の習熟が必要であった。「劣等人種と看做され」ないため「実力以下に認定」されないために、その習熟が目指されているのである。そして、その目標は、終わることのない努力を強いるものであった。自分の思想や感情を直接的に言語に載せられない歯がゆさが沖縄人を苛みつづけることになる。世礼国男は同誌上で、そのような微妙な感情を次のように表現している。「子供は、何でもない事は標準語（ママ）で話すのに、面倒な事になると、方言を出す。／先生は、方言で戯れてゐても、大事なことになると、標準語で居直る。／子供と先生と、標準語と方言と、冗談と真面目と、あゝ　どちらが本當だろう[67]」。

このような親泊の普通語励行の強調をどのように解釈すべきだろうか。親泊は、沖縄教育の目標として「沖縄人」としての「民族的自覚を促」すことをあげているが、そのことが沖縄の言葉の保存・復権に結びつくのではなく、逆に普通語励行の強調につながっている。親泊を「沖縄ナショナリスト」と捉えるのならば、沖縄の言葉の復興は当然の課題だと考えられるし、「沖縄民族」という自覚としても土着の言語を重視するのが自然と思える。以下、この点について論ずるにあたり、まず親泊の普通語励行論と、他の論者との微妙な差異を確認しておきたい。

県知事であり教育会総裁でもあった三重県出身の日比重明は総会挨拶で普通語励行に言及し「就学児童中、学校に在りて普通語を使用すと雖も家に帰らば即ち方言を用ひ、甚しきに至りては教室の内外に依り其の用語を異にする者あり、（中略）希くは会員諸君互に相戒め時と所との如何を問はず普く標準（ママ）語の使用に勉め、卒先以て範を示し児童をして之に習はしめられんことを望む[68]」と述べている。日比のこの認識に沿う言論は学校レベルでも行われており、「学校内にて本県語を使用する先生が、綴り方、話し方の議論すべき資格ありや。次回の校長会に提出せんと欲す[69]」という声も聞かれた。このような議論では、普通語励行の対象は生徒のみならず沖縄人教師も含まれる。また普通語励行は学校内のみではなく、「時と所との如何を問はず」に実行されるべきものとされる。そこでは沖縄の言葉の存在の余地はない。後の「方言撲滅運動」とさほど変わらない状況を目指すものといえる。また、その励行の手段としては、全小学校の模範とされた師範学校附属小学校などでも、「遠足又は運動会等の際は殊に方言取締を厳にせり」、「休憩時間中尋常科第六学年以上の児童に当番に方言取締掛を置き児童にして方言を使用せるものには「普通語」と記入せる厚紙製の札を渡さしむ[70]」という事例もあった。ここでは普通語励行は「方言取締」となっており、いわゆる「方言札」を用いた相互監視的、暴力的な方法がとられている。

このような「方言取締」的な普通語励行は、親泊の想いとは遠いところにあったと解釈できる。なぜならば、親泊は「本県固有の事物とさへ云へば、一も二も皆抹殺或は遣(ママ)却せんとする」風潮に批判的であり、自ら編集・執筆した『沖縄県案内』（一九一四年）には多くの沖縄の「文芸及言語」を採録しているからである。[71]同書には、「普通語と沖縄語との対照」として三四九語の沖縄の言葉が採録されており、「文芸」としては琉歌やクワイニャなどの歌謡や「花売りの縁」「手水の縁」などの組踊が収録されている。当然、これらは沖縄の言葉で謡われ、演ぜられるものである。また、前述したように、親泊は、小学校訓導・校長の頃、普通語励行の行き過ぎに違和感を表明したこともあり、「天長節」の説明を児童へ沖縄の言葉で行った人物でもあった。[72]

さらに教育技術の研究を重視する親泊は、相互監視と懲罰のみに基づく「方言札」の使用は安易なものと感じていたと考えられる。誤りやすい表現を収集し根気強く誤用や訛音を矯正してゆく方法や、談話会の開催といった地道な方法を模索していたようである。親泊は、第六九号（一九一二年一月）の雑録欄に、伊波普猷の「音声学大意」を掲載するが、その内容は、音声学的知識の解説と「国語」と「琉球語」の音声組織を解説したものである。その論考に続き、親泊は小緑尋常高等小学校より入手した「発音矯正練習表」を掲載し、「音声学の大意を心得、口形図によりて矯正することあらば、其効果顕著[73]」であろうとしている。あくまでも学的知識に基づき、練習を繰り返す努力に基づいた普通語励行、「沖縄的訛音矯正」である。さらに「琉球語」への知識に基づく「国語」習得という立場は、「琉球語」に関する基本的知識の習得を要求するものであり、「方言撲滅」という認識には直接的にはつながらない。親泊・伊波らは、明言はしないものの、ある種のバイリンガルの状態を念頭において普通語励行に当たったのではないかと考える。実際、「下級の児童よりも却りて上級は普通語を使用せぬ傾き」があり、「中等学校生の不実行」が指摘されていた[74]。当然、上級になるに従い普通語運用能力は向上するのだが、あえて不必要な時には普通語を使用せず、沖縄の言葉を用いていた状況があったのであろう。伊波が盛んに行った「方言講演」もそのような実践という意味合いがあったであろう[75]。彼らにとって「普通語励行」はかならずしも「方言撲滅」と同義とは捉えられなかったといえよう。その点で日比総裁らの認識とは根本的に異なっている。

このような沖縄の言葉に対する認識や態度は、単に沖縄文化に対する眼差しという次元にとどまるものではなく、きわめて政治的な意味合いをはらむものであった。当時、教授法に関する対立は、植民地教育でも大きな論点であっていた。現地の母語の禁圧という政治的行為が、教育技術の問題として論じられつつも、日本語教育がもつイデオロギー性を内包し展開されていた。翻訳を用いない直接法と、現地の母語を介在させた対訳法などの対立が存在し、イデオロギー性と実用性の間で議論が重ねられていた[76]。この時期の沖縄では、直接法と言える方法で行うべきだとする主張が支配的であった。しかし実態のレベルでは、沖縄の言葉を介在させた教授法と、「方言札」に象徴される直接法的な方法とが併用されていた。そして、そのどちらを取るかは、教壇における沖縄人教師と大和人教師の主導権争いという政治性を有したといえよう。直接法を取るのであれば、沖縄人教師は、発音・アクセント・抑揚において、大和人教師を超えることは難しく、劣った教師という存在におかれる。対訳法を取れば、大和人教師は、沖縄の言葉を学ばなくては、普通語教育に支障をきたすことになるのである。つまり、教授法のいかんにより大和人教師と沖縄人教師・生徒との権力関係が一時的にではあれ逆転する場面が教育の場で発生するのである。

『沖縄教育』を含めて、教育に関する論議においては、普通語励行の行き過ぎへの批判や、沖縄の言葉の保存を訴える言説は存在するが、普通語励行それ自体を否定する言説はほとんど見当たらない。沖縄人が日本の中の沖縄という状況を前提とし、「本県の位置をして他府県と比肩」させ「一躍再躍して其上を越すべき覚悟」を有する時、近代的な知識・技術を獲得する道具としての普通語はまさに「励行」されなければならないものであったと考えられる。さらに台湾や朝鮮のような植民地では、たとえ熱心に日本語を学び、高学歴を取得しても、台湾人や朝鮮人が官僚や軍の組織で支配的な地位を獲得するのは困難であったのに対して、沖縄の場合は、沖縄人が社会的な要職を占める可能性は一定程度開かれていたという点も考慮に入れるべきであろう。

親泊は「民族的自覚を促し延いて知徳の開発に努力せしむる」ために沖縄の歴史や地誌を学ぶ必要を説き、「本県固有の事物とさへ云へば、一も二も皆抹殺或は遣（ママ）却せんとする」動向に反発したが、それは「方言撲滅」は否定するものの、普通語励行と矛盾するものではない。結論的に言えば、親泊は、近代沖縄の学校において、普通語をも巧みに操り、大和人と対等以上に渡り合う能力を有し、また沖縄の歴史・地誌に明るく、「沖縄人」意識を持ち、沖縄社会の発展に尽す人間を育てようとしていたといえる。それが親泊にとっての近代的な沖縄人のイメージであった。

このような「沖縄人」意識は微妙な差異を有しつつも多くの沖縄人訓導に共有されていたと考えられる。例えば、後に沖縄民謡の作曲家として知られる宮良長包（一八八三〜一九三九年）もこの時期に『沖縄教育』に執筆している。普通語励行に関してはより積極的であり、入学後四週間目以降、普通語のみでの教授を主張し、自らの家庭内でも普通語励行を行い、子息等は郷里八重山の言葉を忘れるほどであった。(77)「方言撲滅」を想起させる積極ぶりだが、他方では、当時価値を貶められていた沖縄音楽を評価し、その歴史を語り、沖縄音楽を西洋五線譜に載せることにより普及させようとした。(78)沖縄の伝統を近代によみがえらせ新たな生命を吹き込むかのごときである。普通語励行に関しても「発音唱歌」の開発による地道な取り組みであり、(79)「方言札」の使用とは遠いものであった。宮良の場合、沖縄音楽に「沖縄人」としての情念的な世界を表現したともいえるであろう。

この頃、琉球音楽会が結成され、その普及が目指されていた。『沖縄教育』誌上でも、宮良以外に、金城義昌や与那嶺堅亀などが沖縄音楽の改良・普及に関する議論をおこなっていた。金城[80]は「琉楽に対する世人の誤解打破」「琉楽保存及び改良」「琉楽の普及」を論じており、与那嶺[81]は、旋律と和声の「中庸を得た琉楽こそ世界にほこるべき」ものとする。沖縄的なものの価値が貶められるなか、音楽をはじめとする芸能のなかに沖縄的な価値を見出し、「沖縄人」としての矜持を保とうとする動きがあったものと推測する。宮良長包・金城義昌・与那嶺堅亀は〈表3-2〉にも氏名が見受けられるように、親泊が掲載を認めた若手の論者たちであった。

(四) 親泊朝擢の「辞職」とその後

以上、見てきたように、親泊朝擢編集担当期の『沖縄教育』では、沖縄の歴史教育が強調され、それにもとづく「沖縄民族」意識が鼓舞された。それは、沖縄の大和との法制的な同一化と、沖縄人の沖縄社会の要職への進出を背景とするものであった。しかし、親泊の活動は突然中断されることになった。

一九一五年七月、親泊は第一〇二号(一九一五年七月)の発刊を最後に編集主任の職を辞すことになる。その「辞職」は、親泊の意に反したものであったと考えられる。この「辞職」の半年前、前掲「第百号を編むとて」では「鞭を指すべき方向は定まっている。須らく努力邁進すべきことである」と述べ、編集への意欲を見せているからである。事実上の解任と思われる「辞職」の背景には、大味久五郎知事(在任期間一九一四年六~一九一六年四月)による人事の影響が推測される。一九一五年当時、憲政会派の大味知事は政友会が独占する沖縄政界を刷新するために露骨な人事を行った。親泊を抜擢した岸本賀昌も政友会から憲政党に所属の変更をせまられることになった。『琉球新報』の太田朝敷は大味知事について「在職中は思ひ切った暴君ぶりを発揮し、本県を植民地と見立て、その総督にでもなつた気でゐたものと見へ、至る処で一流の忠孝論を強調し、その態度の尊大なると相俟つて県民を恐縮させたものである」[82]と語る。比嘉春潮の日記（一九一五年六月二四日の条）には、当時、親泊が身の振り方について比嘉に相談したことが次のように描かれている。「役所へと行く途中、親泊様の官舎小路に立てるを見る。親泊さんは役所まで同道しつつ、県より糸満校に校長として行かずやと、一昨日相談を受けたることを話し、意見を問はる。他府県行よりも寧ろ好機会なれば出ては如何と答ふ。二、三十分計り語る。別るる時、親泊さんは、兼ねて考へし通り辞する積りなりと言はる」[83]。比嘉が「他府県行よりも」と言うのが具体的に何を意味するかは分からないが、編集担当を辞して糸満小学校の校長になるか、それとも、他府県に行くかという選択肢が存在していたことがわかる。沖縄教育に情熱を傾ける親泊にとって、沖縄以外にその活動の場はありえず、「他府県行」は活動の舞台を奪われることと同義であったといえよう。また、糸満校への赴任を固辞したのかは判然としないが、結果として、親泊は七月一五日に第一〇二号を発行したのち、北谷尋常高等小学校長へと転出することになった。

親泊の「辞職」後、専従の編集担当の職は廃され、県視学の渡邊信治が編集を兼任することになった。一九一六年度の予算案[84]をみると編集委員手当は年額三六〇円から七五円に減額されている。渡邊により編集が開始された第一〇三号（一九一五年九月）より、印刷所が東京の三秀社から那覇の三笑堂印刷部となり、「沖縄教育」の題字は大味知事の揮毫のものに変更された。同号の巻頭には「大味総裁閣下の告辞」が掲載され、教育の課題として「国民道徳の涵養、普通語の普及、風俗の改良」などがあげられている。また渡邊の論説では、新思潮への軽薄な便乗が批判され、「強烈なる義務の観念」「義勇奉公の犠牲的精神」が求められ、「楠公や乃木大将」が称揚されている。また、それ以降、『沖縄教育』の沖縄人執筆者も減少することになる。こうした誌面の変化は、親泊に「辞職」を促した人々がどのような勢力であり、何を求めていたかを示しているともいえる。第一〇二号の辞任挨拶を最後に、親泊の論考が『沖縄教育』に掲載されることはなかった。

小括

親泊朝擢が近代教育にかけた想いと、そこで示された「沖縄人」意識は、植民地ナショナリズムともいいがたく、地域的アイデンティティに解消しえるものでもない。そして、そのどちらにもなりうる可能性を有するものであったといえよう。沖縄の言葉の復興を目指すのではなく、普通語の普及を力説する親泊を、台湾や朝鮮のような植民地のナショナリストと同じだとは言えない。

では沖縄と台湾・朝鮮を分けたものは何であったのであろうか。それは言語・文化それ自体の性格の問題というよりも、沖縄人の社会進出が一定程度、可能であった政治的状況に即して考えられるべきであろう。すなわち、権利・義務関係において大和人との平等化が進む一方で、それにともなってさまざまな格差や差別が新たに浮び上がる状況は、普通語さえ自由に操れるならば自分たちの地位を改善できるはずだという思いを強めたと考えられる。しかし普通語励行の主張は、沖縄人としての我々意識や自文化への自覚に抵触するものではなかった。我々意識の核は主に歴史認識に求められ、「同化教育」とは異なる、沖縄に根ざした教育が模索されたのである。それは、すでに高まりつつあった「沖縄人」意識のさらなる高揚を促進させるものであり、萌芽的ではあれ、そうした可能性をはらんでいたからこそ、親泊は「辞職」を余儀なくされたのだと考えられる。

親泊らにより「沖縄人」意識として示された思想と感情は、その後の歴史的展開のなかで、時代の地下水となり、様態を変えつつ、伏流として繰り返し立ち現れることになる、と著者は展望する。例えば、序章で触れたように、一九三三年に郷土教育運動の高揚するなか、第三中学校教諭の豊川善曄は「郷土史教育の主眼点」は「大沖縄の民族魂を復興させ」ることだと主張する。(85) 豊川の著作(86)には親泊からの援助を受けたことが記されている。

その詳細は第五章で論じることとして、ここでは離職後の親泊の足取りを確認しておく。

一九一五年、四一才で編集主任を辞し、再び小学校長となった親泊は、その後[87]、一九二〇年に上京し東京高等師範附属小学校書記となる。この時期、伊波普猷の周辺の知識層が経済状況の悪化や思想界の閉塞状況により、こぞって沖縄を後にした。伊波は「友皆逃亡の道を選べり[88]」と嘆いたというが、親泊も「逃亡」した一人であった。親泊は東京での生活や仕事の中に生き甲斐を見いだせなかったのか、酒に溺れることもあったという。沖縄教育に傾けた彼の情熱が、沖縄以外の地で実を結ぶことは困難であったのであろう。一九三四年、六〇才で、次男朝晋が台湾嘉義高等女学校教諭として赴任する折、台湾へと同行する。一九四五年、七一才で敗戦を迎えるが、すでに沖縄は灰燼に帰し、大本営陸軍部報道部部長であった長子朝省は、日本が降伏文書に調印した日に、日本の将来を憂える「草莽の書」を遺し、妻と二児を道連れに拳銃自殺を行った。「沖縄人」意識を鼓舞した親泊であったが、その長子朝省は、人前で自らが沖縄人だと語ることはなかったという。「日本人」として死んでいったのであろうか。親泊は一九四六年に台湾から千葉へ引き揚げ、復帰運動の高揚の中、一九六六年、九二才でこの世を去る。現在、親泊が一〇年間、学校長を務めた大宜味小学校校庭には、彼の銅像がぽつりと佇んでいる。

自らの活動の場である『沖縄教育』編集担当の地位を暴力的に追われたばかりでなく、新たな活躍の場を見いだせぬまま、沖縄戦による沖縄の壊滅、長子の「自決」を経験するというのが、親泊朝擢の人生の結末であった。親泊は、「沖縄民族」意識を強調しながらも、編集委員として皇室を言祝ぎ、一九一〇年代においても「脱清人」への共感の残るなか[89]、それとは距離をおき、大和人によってもたらされた近代教育を推進した者であった。未就学の児童に対しては「哀れみ」を隠すこともなかった。師範学校のストライキ事件では、沖縄人と大和人との対立の仲介を図った。社会主義へと傾倒していった一部の「新人」世代と比較しても、政治的思想的に「過激」であったとは言えない。そのような親泊であっても、ほんの小さな反動の波によって挫折を余儀なくされた。これ

親泊朝擢の銅像（大宜味小学校校庭）
著者撮影

こそが沖縄人にとっての「近代」を象徴する出来事だとみなすこともできる。

駒込武[90]は、台湾における「植民地的近代」を考察した論考で、植民地には資本主義的な生産様式としての近代は浸透するが、民主的な政治制度としての近代は普及せず、その中間の文化的な領域において、支配者と被支配者との間にせめぎ合いが想定されると述べ、被支配者の中には支配者の提示する近代を渇望し続ける中で、近代性の内部に組み込まれたレイシズム（人種・民族差別主義）に直面する者が現れると説いた。沖縄の場合は、まがりなりにも帝国憲法体制下の定める意味での民主化は進められた点で植民地とは異なるのだが、そのことは文化的領域における抗争をかならずしも鎮静化させるものではなはなかった。逆に、いっそう激しいものにするという側面をもっていた。教育における法制的な不平等はあからさまな形では存在しなくなったものの、沖縄教育の方針を定めるのはいまだ大和人であった。親泊の試みは、「啓蒙主義」的な弱点をはらみながらも、大和人が恣意的に設定する近代性の質と範囲と度合いとを、沖縄人自らが規定しようとする闘争であったと評価することができよう。

また、『沖縄教育』の編集権に着目し、一九一〇年代における教育会内部の葛藤・抗争を跡づければ、教育会の予算執行に関する決定の制度を評議員制度から代議員制度へと改変することと関連して展開されたといえよう。予算の決議件は雑誌の刊行そのものを停止させうるものであった。編集方針に対する大和人らの批判が断続的に繰り返されるなかで、一九一五年には代議員制度が導入され、そこで編集担当のポストが廃止され、親泊はその職を追われることになった。沖縄人である親泊が編集権を一時的に掌握したものの、大和人と沖縄人との対立は根深く存在し、沖縄人が編集権を永続的に保持し得る状況ではなかった。その不安定さにこそ、当時の教育界および沖縄社会における沖縄人の立場が象徴されているといえよう。

注

（1）河東碧梧桐「続一日一信」『日本及日本人』第五三七号、一九一〇年七月一五月、五六～五七頁。
（2）前掲河東碧梧桐論考、注（1）。
（3）比屋根照夫「「新人世代」の悲哀―濤韻島袋全発論各書―」『新沖縄文学』第三三号、沖縄タイムス社、一九七六年一〇月、同『近代沖縄の精神史』社会評論社、一九九六年、所収。
（4）何義麟『二・二八事件―「台湾人」形成のエスノポリティックス―』東京大学出版会、二〇〇三年、七頁。
（5）比屋根照夫『近代日本と伊波普猷』（三一書房、一九八一年）、鹿野政直『沖縄の淵―伊波普猷とその時代―』（岩波書店、一九九三年）、冨山一郎『暴力の予感』（岩波書店、二〇〇二年）。
（6）藤澤健一『近代沖縄における自由教育運動の思想と実践に関する基礎的調査研究　付『沖縄教育』（一九〇六～一九四四年）目次集成』（科学研究費補助金研究成果報告書、二〇〇七年）により、その所在・形態が確認でき、同誌の概観を把握できる。
（7）藤澤健一・近藤健一郎「解説」『『沖縄教育』解説・総目次・索引』、不二出版、二〇〇九年。
（8）「過去の沖縄県治」『琉球新報』一九〇六年六月八日。
（9）比屋根照夫『戦後沖縄の精神と思想』明石書店、二〇〇九年、三三頁。
（10）伊波普猷『琉球史の趨勢』小澤博愛堂、一九一一年、三一～三三頁、傍点削除。
（11）宮城亀編集人期に、伊波は入会し（第七号、〇六年九月、九頁）、第一〇号（〇六年一二月、六頁）では雑誌編集委員に名を連ねているが、その後の編纂委員会に参加した記録はなく、第二〇号（〇七年一〇月、七頁）には退会の記録があり、この時期の編集に伊波の影響が有ったとは断定できない。のち再入会したとみえ、一九一一年度の評議員改選では伊波も得票している（第六五号、一九一一年九月、五八頁）。
(12)伊波普猷「琉球史の梗概並に社会化（承前）」『沖縄教育』第一五号、一九〇七年五月、一頁。
(13)宮平麗行「本誌をして県文化運動の機関たらしめよ」『沖縄教育』第一三〇号、一九二三年一一月、八七頁。
(14)大田昌秀『沖縄の民衆意識』新泉社、一九七六年、二一四頁。
(15)齋木喜美子『近代沖縄における児童文化・児童文学の研究』風間書房、二〇〇四年、六九～八八頁。
(16)「年譜」『伊波普猷全集』第一一巻、平凡社、一九七六年。
(17)金城芳子『なはおんな一代記』沖縄タイムス社、一九七七年、一六八～一六九頁。
(18)比屋根照夫「月城伊波普成小論」比屋根前掲書所収、注（3）、二三九頁。
(19)「島尻郡教員相護団」『琉球新報』一九一〇年一一月二八日。
(20)「本山氏の就職を聞きて（二）」『沖縄毎日新聞』一九一〇年一二月二五日。
(21)「大洋子の日録」一九一〇年一二月二五日、『比嘉春潮全集』第五巻、沖縄タイムス社、一九七三年、一三六頁。
(22)「教育界の疑問」『琉球新報』一九一一年一二月七日。
(23)「校長輸入の理由如何」『琉球新報』一九一一年四月三〇日。
(24)本間千景「韓国「併合」前後の普通学校日本人教員聘用」『朝鮮史研究会論文集』第四三号、二〇〇五年一〇月、参照。
(25)古川昭「公立普通学校の朝鮮人校長登用問題」『アジア教育史研究』第五号、一九九六年三月、参照。
(26)「ストライキ確聞（二）」『沖縄毎日新聞』一九一二年六月二四日、句読点引用者。しかし園山は近代沖縄音楽史で功績を残した人物でもある。三島わかな「沖縄音楽の近代化と園山民平」『沖縄県立芸術大学紀要』第一六号、二〇〇八年、参照。沖縄近代音楽史については三島の諸論考を参照のこと。
(27)「謹んで森山校長に呈す」『沖縄毎日新聞』一九一二年六月二〇日。
(28)「編輯の後」『沖縄毎日新聞』一九一二年六月一九日。句読点引用者。
(29)「師範学校のストライキ」『琉球新報』一九一二年六月一九日。
(30)比嘉春潮『沖縄の歳月―自伝的回想から』中央公論社、一九六九、五一頁。
(31)『龍潭同窓会会報』第二号、一九〇九年、一〇四頁。

(32)「第廿五回総会記事」『沖縄教育』第六五号、一九一一年九月、五四頁。
(33)また第五七号（一九一一年一月）以降初めて「編集室より」が就くが特に親泊就任に関しての言及はない。よって第五六号に編集担当就任の挨拶などがあり、その号より編集にあたったと考える。
(34)「明治四十五年度歳入歳出予算」『沖縄教育』第六五号、一九一一年九月、六〇頁。
(35)「明治四十四年度歳入歳出予算」案審議において、専従の編集委員の設置、その手当の増額に関するやり取りがある（『沖縄教育』第五三号、一九一〇年九月、一一〜一四頁）。
(36)楢原翠邦編『沖縄県人事録』沖縄県人事録編纂所、一九一六年、五一六頁。
(37)「予算案議事」『沖縄教育』第六五号、一九一一年九月、六二〜六三頁。引用中の句読点は引用者。
(38)梶村光郎「『沖縄教育』の性格に関する研究—創刊の事情と発行状況を手がかりに—」『沖縄近代と近代学校に関する研究』平成九〜一一年度科学研究補助金研究成果報告書、二〇〇〇年、上沼八郎「『琉球教育』復刻版」日本教育学会『教育学研究』四七（四）、一九八〇年。
(39)阿波根直誠「沖縄教育」沖縄県教育委員会『沖縄県史』別巻、一九七七年。
(40)「第十九回総会」『琉球教育』第一一一号、一九〇五年九月、復刻版（本邦書籍、一九八〇年）第一一巻、八六〜七頁。
(41)「第二十回総会」『沖縄教育』第七号、一九〇六年九月、八頁。
(42)「県教育会振興策」『琉球新報』一九一一年四月九〜一三、二〇日。
(43)秋風生「片山視学□末路」『琉球新報』一九一一年一一月八日。
(44)「編集時言」『沖縄教育』第九五号、一九一四年三月、四九頁。句読点引用者。
(45)「大正三年度本会歳入歳出予算」『沖縄教育』一九一四年七月、七三頁。
(46)孤帆生「獨焔餘録」『沖縄毎日新聞』一九一一年一一月一七日。
(47)『沖縄教育』第六八号、一九一一年一二月、四八頁。
(48)時期により欄の改変があり、親泊編集時期の「学説教務」欄に相当する欄を対象としている。宮城亀編集時期は「主張」「論説」「学説教務」「学説」「教育資料」、渡邊信治編集時期は「論説」「講演及論説」「講話」「研究」「学説」「報告」の各欄である。
(49)例えば、「親泊学兄から何か書けとの切なるお勧めに遂に黙することが出来ず」（よし浦生「尋常科五年算術科教授に就て」『沖縄教育』第六三号、一九一一年七月、一六頁）という記述が、各論考内に散見する。

(50) 例えば、金城学人の論考は「素位君足下」と親泊への呼びかけではじまる。金城学人「学校基本財産に就て」『沖縄教育』第九七号、一九一四年七月、二〇頁。

(51) 親泊朝擢「第百号を編むとて」『沖縄教育』第一〇〇号、一九一五年一月、七九頁。

(52) 納富香織「比嘉春潮論への覚書―一九三〇～一九四〇年代の在本土沖縄県人との関係を中心に―」『史料編集室紀要』第三二号、二〇〇七年、四三頁、参照。

(53) 東太郎（比嘉春潮）「ごらんください」『沖縄教育』第五八号、一九一一年二月、二八頁。

(54) 編集子「教育界の新傾向」『沖縄教育』第九五号、一九一四年三月、七頁。

(55) 編集子「飛躍大飛躍せよ」『沖縄教育』第九四号、一九一四年二月、一四頁。

(56) 親泊朝擢「報告書」『沖縄教育』第九七号、一九一四年七月、四五～四六頁、句読点引用者。

(57) 編集子「時言三則」『沖縄教育』第六六号、一九一一年一一月、三頁。

(58) 新田義尊「沖縄教育に就きての所感」『琉球教育』第五六号、一九〇〇年八月、復刻版第六巻、一八六頁。

(59) 『沖縄教育』第六〇号、一九一一年四月、付録、一頁。

(60) 佐竹道盛「沖縄近代教育の特質」『北海道教育大学紀要』第一部C第二九巻、第一号、一九七八年。

(61) 新田義尊「沖縄は沖縄なり琉球にあらず」『琉球教育』第二号、一八九五年一二月、復刻版第一巻、五〇頁。

(62) 新田義尊「沖縄は沖縄なり琉球にあらず」『琉球教育』第四号、一九九六年四月、復刻版第一巻、一二九頁。

(63) 比屋根照夫「伊波普猷の自治思想」『近代日本の精神史』社会評論社、一九九六年、二〇五頁。

(64) 編集子「島尻郡小学校児童学芸会を見る」『沖縄教育』第六〇号、一九一一年四月、四五頁。

(65) 「編集室だより」『沖縄教育』第六七号、一九一一年一一月、四六頁。

(66) 「玉城小学校要覧抄」『沖縄教育』第一〇二号、一九一五年七月、五三頁。

(67) 世礼国男「言葉」『沖縄教育』第一三二号、一九二四年一月、八八頁。

(68) 日比重明「総裁告示」『沖縄教育』第五三号、一九一〇年九月、二頁、句読点引用者。

(69) 寸鐵将軍「普通語」『沖縄教育』第五八号、一九一〇年二月、四二頁。

(70) 沖縄県師範学校附属小学校「教育施設一覧」『沖縄教育』第六八号、一九一一年一二月、四三頁。

(71) 親泊朝擢『沖縄県案内』三秀社、一九一四年、一五五～二一六頁。
(72) 北谷尋常小学校での天長節の拝賀式で、親泊は「本県地方語を以て　天長節の敷衍義を為し　聖世の恩波に浴する所以を演述せり」(「天長節」『琉球教育』第一二号、一八九六年一二月、復刻版第2巻、四二頁)とある。
(73) 『沖縄教育』第六九号、一九一二年一月、四二頁。
(74) 「講習会員の研究会」『沖縄教育』第五九号、一九一一年三月、五二頁。
(75) 「年譜」『伊波普猷全集』第一一巻、平凡社、一九七六年、また、一九二三年段階でも伊波は「方言講演」をやめていない。一九二三年一二月一〇日の青年文庫開館式では、伊波のみならず同行していた県視学當山までも沖縄の言葉を使用したとある。『沖縄教育』第一三二号、一九二四年一月、一〇六～一〇七頁。
(76) 駒込武『帝国日本の文化統合』岩波書店、一九九六年、第Ⅵ章第四節参照。
(77) 宮良長包「初学年児童の普通語につき」『沖縄教育』第一〇六号、一九一六年七日、一五頁。
(78) 宮良波響「沖縄音楽の沿革及び家庭音楽の普及策」『沖縄教育』第七六号、一九一二年八月。
(79) 近藤健一郎「宮良長包作詞作曲「発音唱歌」(一九一九年)とその周辺(中)」『南島文化』第二九号、二〇〇七年三月、参照。
(80) 金城義昌「琉楽の普及につきて」『沖縄教育』第九三号、一九一四年一月、三八～三九頁。
(81) 与那嶺堅亀「琉球音楽の音階論」『沖縄教育』第九四号、一九一四年二月、二五頁。
(82) 太田朝敷『沖縄県政五十年』国民教育社、一九三二年、引用は『太田朝敷選集』上巻、第一書房、一九九三年、一九〇～一頁。
(83) 「大洋子の日録」一九一五年六月二四日、『比嘉春潮全集』第五巻、沖縄タイムス社、一九七三年、三三三頁。
(84) 「大正五年度歳入歳出予算按」『沖縄教育』第一〇三号、一九一五年九月、六二～六三頁。
(85) 豊川善曄「魂のルネッサンス」『沖縄教育』第一九九号、一九三三年八月、三八頁。
(86) 豊川善曄『経済問題を中心とせる沖縄郷土地理』愛南社、一九三〇年、一四九頁。
(87) 親泊の以下の経歴については、「親泊朝擢について」沖縄県公文書館岸秋正文書資料コード T00015405B、澤地久枝『自決　こころの法廷』NHK出版、二〇〇一年、大宜味小学校創立百周年記念事業期成会編『大宜味小学校創立百周年記念誌』一九八三年、参照。

(88) 金城芳子前掲書、注(17)、一九七七年、二五三頁。

(89) 後多田敦「亀川党・黒党・黒頑派」歴史科学協議会『歴史評論』第六九二号、二〇〇七年一二月。

(90) 駒込武「台湾における「植民地的近代」を考える」『アジア遊学』第四〇号、二〇〇二年二月。

第四章　一九二〇年代から一九三〇年代初頭における「県文化運動の機関」誌への志向

―又吉康和・国吉真哲・比嘉重徳の編集期を中心に―

はじめに

親泊朝擢が追われるように『沖縄教育』編集の専任幹事を辞してから、『沖縄教育』の刊行は停滞することになる。のちに同誌編集および教育会に大きな影響力を持つことになる島袋源一郎の回想によれば、『沖縄教育』の編集は「県学務課内の役人の手によって片手間に編集されるようになり[1]」、第一一三号より県視学の馬場定一、第一二六号より県属の田村浩などがあたったようである。その後、各郡市で編集を担当した時期などもあったようだが、全体として雑誌の編集・刊行は滞ったようである。一九一七年六月より一九二三年一〇月の六年五カ月の間で、第一一二号から第一二九号の一八号分の通常号が刊行されたはずだが、年に三冊平均でしかない。そして残存しているのは通常号では一冊のみであり、他に臨時号の一冊と学制頒布五十周年記念号の一冊が残るのみである〈序章の〈表0-1〉参照〉。残存の状況が、この時期の『沖縄教育』を会員たちが大切に保存してはいなかったことを推測させるともいえよう。[2]『沖縄教育』の編集が活性化するのは、一九二三年一一月の第一三〇号からであり、専任の編集担当者として又吉康和を雇い入れてからである。

本章では、又吉康和が編集にあたりはじめてから、島袋源一郎の編集担当終了時まで、一九二三年一一月から一九三三年九月までの『沖縄教育』の誌面を分析し、その誌面の状況を明らかにし、沖縄の言葉・歴史がどのように論じられているかを確認したい。沖縄の教師たちが、疲弊した沖縄の状況を目にし、流入してくる新たな教育思想を受け止めて、どのように状況に立ち向かおうとしたかを確認することになる。

それにあたって、これまでの本書の分析で基本に据えてきた沖縄人教師と大和人教師の「抗争・葛藤の舞台」という教育会を分析する視点を継承したいと思う。ただし、本章の対象とする一九二三年から一九三三年という時期は、これまで分析してきた時期とは、政治的な状況が異なっていることに留意しなくてはならない。それに関して、分析上で重要となる点を二つ確認したい。

一点目に、文化の領域が焦点化する点である。一九二〇年代の沖縄は、一九二一年の参政権の付与、および一九二一年の町村制の特別制度の撤廃をもって、少なくとも法制的な次元での沖縄と大和との同一化は達成された。それは、雑誌の誌面においても、編集者が沖縄人中心となり、沖縄人執筆者が増加するという質的な変化となってあらわれる。それ以前の時期には、明確な法制的差異の存在が人々の意識を規定し、大和に対する被差別感を醸成し「沖縄人」意識の存立基盤となったが、一九二〇年代においては、その明白な障壁は撤廃され、「沖縄人」と「大和人」という対立軸を自明のものとしてとらえづらい状況になっていた。教育会における対立も必ずしも、そのような構図をとるものというわけではなかった。

しかし、法制的な次元の同一化の達成後においても確実に「沖縄人」を劣位な状況に押し込めようとする視線は存在していた。例えば、一九三四年の時点で、沖縄連隊区司令官石井虎夫は、民情を分析し、日清戦争時でも清国を支持する沖縄人がいたことを挙げ、「民度ノ進歩ヲ図ラスシテ実施セラレタル自治制度ハ県民ニ無謀ナル自負心ヲ起サシメ歴史的ニ抱懐セル猜疑心ト相俟ツテ著シク排他的ト」[3]してしまったと述べ、警戒感を露わにしている。このような暴力的な視線は沖縄人の言動に注がれ、人々が発する沖縄の文化やアイデンティティといった言論領域は緊張感に包まれることになる。法制的な次元の同一化後にはいっそう沖縄の文化に関する問題が重要性を帯びてくるのである。それゆえに、後述するように『沖縄教育』も「県文化運動の機関」としての性格を帯びることになる。

二点目に、経済危機と流入する新思想が、従来の言葉・歴史認識に関する沖縄固有の問題を再燃させている点である。一九二〇年代は、糖価の暴落を契機とした極度の経済難に直面しており、日々の食料にも事欠き、毒性の蘇鉄（ソテツ）を食さざるをえずに中毒死する者まで現れ、「ソテツ地獄」と形容される惨状を呈する。沖縄にとって、大和との平等はソテツ地獄という危機的な状況と同時に迎えられることになったのである。そのようななか、『沖縄教育』の誌面には、日本の教育界の動向を反映して、大正自由教育・プロレタリア教育（新興教育）・郷土教育など全体として「大正デモクラシー」の影響を受けた思想・教育論の沖縄への流入が確認できる。それらは、単なる教育思想の流入ではなく、危機的な経済状況の中で、いかに沖縄を立て直すべきかといった問いを内包しており、沖縄固有の言語や歴史認識という問題を再燃させ、時折、「沖縄人」対「大和人」という構図として立ち現われてくるのである。

一九一〇年代以前、特に第二章の太田朝敷の言説の分析に際し、「文明化」と「大和化」との違いという視角が有効であった。つまり、西洋という真正の近代を持ち出すことで、大和よりもたらされた近代を相対化し、抵抗の思想にむすびついたのである。しかし、一九二〇年以降においては、その視角のみでは教育会の分析に十分とはいえない。それは、教育会内部の抗争の図式が、必ずしも沖縄人と大和人という構図に限定されず、沖縄人の間での対立も重要なものであった点や、第一次世界大戦後の日本の国際的な地位の上昇により、西洋という真正の近代と、日本の近代との差が明瞭なものとして把握しづらくなっていた状況による。一九二〇年代以降では、それまで以上に、沖縄教育論およびそれを構成する沖縄の歴史・言語に対する認識を丹念に分析する必要がある。沖縄の歴史をどう解釈するのか、沖縄の言語の将来をどう考えるのかという点が争点になるのである。

そのような時代状況の違いに留意しつつ、『沖縄教育』の誌面を分析してゆかなければならない。なお、先に述べた通り、検討対象時期を、一九二三年から一九三三年（第一三〇号〜第二〇五号、計五八号分）としたのは『沖縄教育』の残存状況による（序章の〈表0-1〉参照）。第一一一号（一九一七年五月）と第一三〇号（一九二三年一一月）の間の六年五ヶ月間で、残存しているのは特別号を含む三号のみであり、また、第二〇五号（一九三三年九月）から第二二四号（一九三五年四月）以前までは一号のみしか残存していないからである。

この時期は、又吉康和・国吉真哲・島袋源一郎・比嘉重徳・島袋源一郎が編集担当を務める時期である。復刻版別冊「解説」[4]では、そのうち、国吉真哲・島袋源一郎の編集の特徴を指摘している。国吉真哲編集担当期の特徴を、文芸欄がより充実した点や、教育変革の期待を小学校教師に向けていた点とする。島袋源一郎編集担当期の特徴は、郷土関係論考の重視としている。本論で実証的に明らかにするように、国吉の時期に文芸欄が充実することは認めるものの、教育変革の期待を小学校教師に向けていたという点に関しては異なる見解を有する。また、島袋源一郎編集担当期に郷土関係論考が重視されたことは確かだが、それは、親泊朝擢の編集担当期をはじめ、他の編集担当期においても当てはまることである。郷土関係論考が重視されるということよりも、その論じられている郷土の歴史・言語・文化に対する認識がどのように他の時期と異なっており、その背景は何であるのかが分析されなければならないと考える。時代状況の変化に留意しつつ、編集者ごとの特徴が、同時代の沖縄社会のどのような側面を反映したものなのかを検討する必要がある。本章では、その点を踏まえて、一九二三年から一九三三年の『沖縄教育』の誌面を分析することにする。

ただし島袋源一郎編集担当期の分析に関しては、島袋源一郎の雑誌編集への影響力が一九三〇年代をつうじて確認できるので、章を改めて論ずることにする。

以下、本章第一節で、まず、この時期に沖縄人が県学務部や教育会の要職に進出している状況を確認したうえで、第二節でこの時期の『沖縄教育』の誌面を概観し、第三節で編集者時期別の傾向の特徴を確認し、第四節で大正自由教育・プロレタリア教育がどのように論じられ、沖縄の言葉などに対する認識に変容をもたらしたかを検討してゆく。

第一節　法制的次元の同一化の完了と沖縄人の参入

一九二一年の町村制の特別制度の撤廃をもって、沖縄と大和との法制的な次元での同一化が達成された。それは、一面においては「同化」の進展であるが、「他府県並み」を目指してきた沖縄社会においては一種の「達成」でもあった。第二章で論じた太田朝敷は、「日本帝国の一地方として押しも押されもせぬ地位」となったとし、それ以前の状況を回想し「長い悪夢からでも覚めたやうな気がする」と述べている。(5) 県議会議長、首里市長を歴任した太田の率直な感想といえよう。

この法制的な同一化完了以降の近代沖縄史をどのように把握すべきかの問題は、近代沖縄思想史においても検討されている。法制的な差異、つまり差別的な諸制度が撤廃されれば、沖縄と大和の間に平等が達成されたと考えることができるのか、あるいは、一九二〇年以降の日常的な生活の中での沖縄人の被差別の体験をどのように説明すべきなのかが問われている。本書に即しても、一九二〇年代以降の近代沖縄史を日本の地方教育史のひとつとして研究するのか、植民地教育史との関連で把握するのか、一九二〇年以降も続く「普通語」励行教育や歴史教育の論争をどのように把握するのか、といった問題として立ち現れる。

序章でも触れたように、この点に関連して、冨山一郎は、関西沖縄県人会の「生活改善運動」を材料にして、「法的平等が設定されたのちのプロレタリア化における支配の問題」[6]として、「沖縄人」が「日本人」になることの意味を分析している。また、屋嘉比収[7]も、法的平等の設定後の文化次元における学問のもつ権力性を問題にしている。一九二一年の法制的な次元での沖縄の統合の完了が沖縄の知識人に与えた影響の大きさを指摘し、それ以降の文化的次元の統合に着目し、柳田国男の民俗学や日琉同祖論の展開を追求し、その啓蒙と支配の役割を指摘している。

これらの研究は近代沖縄史を考える上で示唆的であるが、『琉球教育』『沖縄教育』の誌面分析を中心とする本書では、その一九二〇年前後の変化を、誌面分析を通じて実証的に明らかにしてゆくことにする。『琉球教育』誌上では自らの論考を新田義尊に利用されるような形で掲載され、自由に語ることができなかった太田朝敷が、法制的な同一化とともに、県議会議長、首里市長という要職を歴任したことに象徴されるように、法制的な同一化に伴い教育会及び教育界の要職にも沖縄人が参入したことが予想される。その点を確認しなくてはならない。まず、学務関係職員の要職に関して確認し、次に、教育会の幹部についてみてゆく。そのうえで、その変化が具体的な誌面でどのように表れているかを確認してゆきたい。

〈表4-1〉は、学務関係職員の要職をまとめたものである。主に一九二六年から一九四三年までの、学務課のスタッフと各師範学校と各中学・各女子高等学校の校長を一覧にした。主な対象時期は、一九二六年から一九四二年であり、一八九五年から一九二五年は五年ごとに示してある。沖縄人の教育行政への参入の状況を確認するために、沖縄人と判明する者には、網掛けを施してある。

一九二六年以降、郡役所の廃止に伴う県庁組織の改編により、学務部が設置され、スタッフの役割が具体的に『職員録』により確認することができる。一九四三年以降は、学務関係部局が内務部に統合され、教学課となり、課内のスタッフは数人しか確認できない。一九二五年以前に関しても、内務部内に学務課（一九〇五〜一九〇七年は第二部）が配置され、具体的なスタッフは数人しか確認することはできない。日清戦争後五年ごとに、一八九五、一九〇〇、一九〇五、一九一〇、一九一五、一九二〇、一九二五年の分のみを確認した。

まず、前提となるべきことをいくつか説明すると、日本の地方視学制度が整備・確立したのは、一八九九年六月の北海道庁官制及び地方官制中改正によってであるとされている（それ以前にも視学は存在する）。視学官（奏任官）、視学（判任官）、郡視学（判任官）が設けられることになった。視学官（地方視学官）は府県で二、三人で、教育学芸関係課長を兼務したり、のちには、学務部長であったりした。また、一九二六年の地方官制三四条で、学務部が設置され、内務部・警察部とともに三大部制が確立している。同年の郡役所制度の廃止により、郡視学も廃止となっている。大正中期以降に、社会・労働問題に関わる社会教育主事などが設置されている[8]。沖縄県に関しては、一九三〇年代後半に社会事業主事も設置されている。

では、沖縄県の状況をみてゆく。まず、県知事（勅任）については、戦前において、沖縄人が知事となった例はない。教育行政のトップである学務部長も戦前を通じ、すべて大和人である。内務部時代に岸本賀昌（謝花昇らとともに第一回県費留学生、のちに衆議院議員）が一九〇七〜一九一一年に学務課長（一九〇七年は第二部長）となっていることが例外的に確認できる。その時期、『沖縄教育』の編集主任に親泊朝擢が抜擢されていることは、第三章で論じたとおりである。

一八九七年度より設置された県の視学に関しては、年度により一名から三名いるが、当初より沖縄人と確認できる者もいる。一九二五年以前においても、初代の富永実達をはじめ、切通唐代彦・渡嘉敷唯功・平田吉作・外

高女	国頭高女
全発	外間良儀

等学校校長										
範	女子師範	一中	二中	三中	宮古中	八重山中	県立高女	第二高女	第三高女	宮古高女
林和一	池上弘	本荘光敬	志喜屋孝信				池上弘	島袋全発	外間良儀	
林和一	池上弘	本荘光敬	志喜屋孝信				池上弘	島袋全発	外間良儀	
林和一	池上弘	本荘光敬	志喜屋孝信				池上弘	島袋全発	外間良儀	
森幸衛	池上弘	本荘光敬	志喜屋孝信	山城篤男	山城盛貞		池上弘	島袋全発	外間良儀	
森幸衛	池上弘	本荘光敬	志喜屋孝信	山城篤男	山城盛貞		池上弘	島袋全発	外間良儀	
田信勝	川平朝令	本荘光敬	志喜屋孝信	山城篤男	山城盛貞		川平朝令	島袋全発	外間良儀	
田信勝	川平朝令	本荘光敬	志喜屋孝信	山城篤男	石堂民二郎		川平朝令	島袋全発	神田精輝	
田信勝	川平朝令	胡屋朝賞	志喜屋孝信	山城篤男	山城盛貞		川平朝令	島袋全発	神田精輝	
谷川亀太郎	川平朝令	胡屋朝賞	志喜屋孝信	山城篤男	山城盛貞		川平朝令	島袋全発	神田精輝	
谷川亀太郎	川平朝令	胡屋朝賞	志喜屋孝信	山城篤男	山城盛貞		川平朝令	島袋全発	神田精輝	
谷川亀太郎	川平朝令	胡屋朝賞	山城篤男	神田精輝	山城盛貞		川平朝令	千喜良英之助	油谷菊次郎	
谷川亀太郎	川平朝令	胡屋朝賞	山城篤男	神田精輝	山城盛貞		川平朝令	千喜良英之助	油谷菊次郎	城間隆栄
田新一	川平朝令	胡屋朝賞	山城篤男	神田精輝	山城盛貞		川平朝令	千喜良英之助	油谷菊次郎	城間隆栄
田新一	川平朝令	胡屋朝賞	山城篤男	西岡一義	許田普正		川平朝令	千喜良英之助	油谷菊次郎	城間隆栄
瀧正寛	川平朝令	胡屋朝賞	山城篤男	西岡一義	許田普正		川平朝令	千喜良英之助	光本光治	城間隆栄
瀧正寛	西岡一義	胡屋朝賞	山城篤男	光本光治	許田普正		西岡一義	稲福全栄	藤野憲夫	城間隆栄
瀧正寛	西岡一義	胡屋朝賞	山城篤男	光本光治	許田普正	新里清良	西岡一義	稲福全栄	藤野憲夫	城間隆栄
田貞雄		藤野憲夫	山城篤男	光本光治	比嘉徳太郎	稲村賢敷	西岡一義	稲福全栄	許田普正	城間隆栄

〈表 4-1〉 沖縄県学事関係主要職員一覧

		内務部（学務部）					中等学校校長				
年代	知事	内務部長	教務課長	視学官	視学	属	師範	女子師範	中学	二中	県立高女
1895	奈良原繁	香川輝	?	?	?	?	児玉喜八		児玉喜八		
1900	奈良原繁	日々重明		小川鋠太郎	富永実達 須藤信立	?	安藤喜一郎		上田景二		
1905	奈良原繁	児玉喜八 ↑（第二部長）		小川鋠太郎	勅使河原溥 秦蔵吉	5人	西村光彌		大久保周八		
1910	日々重明	河村彌三郎	岸本賀昌		秦蔵吉 片山清暁	?	西村光彌		大久保周八		
1915	大味久五郎	永田亀作	川部佑吉		渡嘉敷唯功 佐藤栄三郎	?	保田銈次郎	蟹江虎五郎	山口澤之助	高良隣徳	蟹江虎五
1920	川越壮介	和田潤	横井二郎		馬場定一 外間良儀	?	和田喜八郎	楠品次	山口澤之助	清水駿太郎	楠品次
1925	亀井光政	羽田格三郎	乾利一		島袋源一郎	?	鶴岡重治	三溝升一	本荘光敬	志喜屋孝信	三溝升一

		学務部									
年代	知事	部長	地方事務官	地方視学官	地方技師	学校衛生技師	社会教育主事	社会事業主事	体育運動主事	視学	属
1926	亀井光政	里見哲太郎	三木進一郎				諸見里朝清			島袋源一郎 宮城久栄	5人
1927	飯尾藤次郎	里見哲太郎	三木進一郎				諸見里朝清			与儀喜明 上里堅蒲	5人
1928	飯尾藤次郎	福井茂一	武島一義	佐久田昌教			諸見里朝清			与儀喜明 上里堅蒲	5人
1929	守屋磨瑳夫	堀口功	赤間文三	佐久田昌教		呉泉	諸見里朝清			上里堅蒲 湖城恵賢	7人
1930	守屋磨瑳夫	吉田賢男	渡部宏綱	石堂民二郎		呉泉	諸見里朝清			上里堅蒲 幸地新蔵	7人
1931	井野次郎	上村靖	渡部宏綱	石堂民二郎		呉泉	諸見里朝清			上里堅蒲 幸地新蔵	7人
1932	井野次郎	上村靖	石丸敬次	浅野成俊		呉泉	諸見里朝清		遠藤金壽	上里堅蒲 幸地新蔵	7人
1933	井野次郎	上村靖	桝本輝義	栗村虎雄			諸見里朝清		遠藤金壽	上里堅蒲 幸地新蔵	7人
1934	井野次郎	堀池英一	桝本輝義	栗村虎雄		東家斉	諸見里朝清		古川義三郎	幸地新蔵 島本清秀	8人
1935	蔵重久	福光正義	鈴木雄市	平野薫		東家斉	諸見里朝清		古川義三郎	石川浩 島本清秀 渡嘉敷綏長	7人
1936	蔵重久	福光正義	鈴木雄市	平野薫		東家斉	諸見里朝清		古川義三郎	仲里松吉 島本清秀 渡嘉敷綏長	7人
1937	蔵重久	佐藤幸一	鈴木雄市	平野薫		東家斉	諸見里朝清		生野勇	仲里松吉 島本清秀 渡嘉敷綏長	8人
1938	淵上房太郎	佐藤幸一	斎藤壽夫	平野薫		東家斉	諸見里朝清	吉田嗣延 河村静観	生野勇	新崎寛直 比嘉博 富川盛正	15人
1939	淵上房太郎	渡邊瑞美	西宮弘	平野薫	大宜見朝計		諸見里朝清	吉田嗣延	生野勇	新崎寛直 比嘉博 富川盛正	18人
1940	淵上房太郎	渡邊瑞美	阿部春夫 青木誠	小谷巨三郎	大宜見朝計	仲尾次政一	大城勲	吉田嗣延	生野勇	?	?
1941	早川元	山本暲	青木誠 丹羽湛海	小谷巨三郎	大宜見朝計	仲尾次政一	大城勲	吉田嗣延	生野勇	?	?
1942	早川元	山本暲	青木誠 丹羽湛海		大宜見朝計	仲尾次政一	大城勲 名嘉山盛茂	吉田嗣延 浦崎純	生野勇	?	?
1943	泉守紀	伊場信一	生野勇 名嘉山盛茂	佐々木愿三 ↑（教学課長）	仲尾次政一					永山寛 仲松庸祐 仲尾次嗣善	?

＊『職員録（乙）』印刷局、各年度版より。
＊ 1943 年のみ『沖縄県学事関係職員録』沖縄県教育会、1943 年 11 月より。
＊沖縄人だと確認できる者のみ網掛けを施してある。

間良儀・島袋源一郎がおり、一九二六年以降の学務部時代に関しては、〈表4-1〉からも分かるように、沖縄人が多数を占めている。沖縄人と確認できなかった者に関しても沖縄的な氏名の者もいる。

また、一九二六年以降の学務部内の地方視学官は、沖縄人である佐久田昌教の就任が確認できるが、それ以外は全て大和人だと思われる。

他方、社会教育主事には、ほぼ沖縄人が占めている。一九二六年から三九年までの長期間、沖縄人の諸見里朝清が就任しており、その後、大城勲・名嘉山盛茂が就任している。名嘉山盛茂は沖縄人である。一九三八年から四二年まで設置されている社会事業主事は、方言論争で柳宗悦と論争を繰り広げた吉田嗣延が担当している。一九四二年に社会事業主事が二人となり浦崎純が加わるが、沖縄人らしい氏名である。

また、一九二六年以降の学務部内の属も沖縄人らしい氏名が多数である。

次に、中等教育の諸学校の校長について確認したい。各師範学校と各中学、各高等女学校を確認した。実業学校は割愛してある。

まず、師範学校に関しては、戦前期を通じて、沖縄人が校長を務めることはなかった。一九一五年設立の女子師範学校に関しては、一九三一年になり沖縄人の川平朝令が校長となって、一九四一年まで務めている。一中に関しては、長く大和人が校長を務めていたが、一九三三年から四二年にかけて沖縄人の胡屋朝賞が校長を務めた。他の中学・高等女学校に関しては、早くから沖縄人の校長が就任し、一時期（一九三三、一九三四、一九三五年）は、師範学校以外のすべての中学・高等女学校・女子師範学校の校長が沖縄人となることもあった。中学、女子高等学校が増設されるごとに、沖縄人の参入の余地が開けているといえよう。

以上、県庁の学務課・学務部のスタッフを出身で概観してみた。すなわち、沖縄県庁の学務関係の責任者である学務部長・学務課長は、岸本賀昌が内務部学務課長に就いたのを例外として、他は全て大和人によって占められており、地方事務官も全時期にわたり大和人である。しかし、視学には、時代を経るごとに沖縄人の参入が目立つようになる。そして、一九三〇年代以降に設置された社会教育主事・社会事業主事には沖縄人が就任している。これらのことから、一九三〇年代以降に関しては、沖縄の教育行政のある程度の部分を沖縄人が担い、一定程度の沖縄人教育官吏の意向が反映できる状況にあったのではないかと推測できる。また、教育行政・教育運動の意思決定の場に名を連ねる中等教育の諸学校の校長の多くが沖縄人によって占められていたことは、沖縄人の意向が施策や運動において、ある程度は反映されているのではないかという推測を可能にするであろう。

そのような教育行政における沖縄人の参入状況が、沖縄における教育運動、教育行政の背景に存在していた。例えば、第六章で論ずる一九四〇年の「方言論争」やその前提となる標準語励行運動という「挙県一致運動」もそのような背景を抜きには論じられない。標準語励行運動が県の主導したものではあるのだが、そこに沖縄人指導者らの意向が強く反映したものでもあることを推測することができる。具体的に述べれば、「方言論争」当時における学務部長である渡邊瑞美は一九三九年と一九四〇年に同職にあったことが確認できるが、柳宗悦との論争の際に学務部の声明が論争の口火を切ったものであったが、その声明は彼の不在中に出されたものであった。そのことは、「僕の留守中標準語の問題について大分議論されたようだが[9]」という彼の発言の中から確認できる。また、八月二日の学務部第二次声明に関しても、責任者との面会を求める柳宗悦に対して淵上知事は「部長も或は自身で書いたのでないかもしれぬ」、「誰が書いたのか私は知らない[10]」と述べている。良く知られているように「方言論争」において学務部側の中心となったのは社会事業主事の吉田嗣延（沖縄人）であった。そして、他府県における「県人」の「特殊的扱ひ」からの脱却を標準語励行の主な動機とする吉田が、沖縄人知識人・指導者層の中で孤立的な存在ではなく、問題意識を共有していたことは、よく知られていることである。

次に、教育会の幹部についてみてゆきたい。〈表4-2〉は、沖縄県教育会の総裁・会長をはじめとした執行部を確認しえる限りで一覧にしたものである。

『琉球教育』刊行期間の一八九五年度から一九〇五年度に関しては、すべて判明するが、『沖縄教育』刊行期の一九〇六年度から一九四四年度に関しては、同誌の残存号の関係から、一九〇六、一九〇七、一九一〇、一九一一、一九一二、一九一六、一九二四、一九二五、一九三二、一九三五、一九三六、一九三八、一九三九年度の一三年度分しか判明しない。また、一九一四年度から、教育会の組織は、評議員制度から代議員制度に変更されている。

評議委員制度の時期において、総裁・会長・副会長の地位についた沖縄人は岸本賀昌のみであり、一九〇六年度から一九一一年度の会長職のみであった。その岸本賀昌が会長に就任する前年の一九〇五年度における評議委員は、一八人中二人のみが沖縄人であった。しかし、親泊朝擢の編集担当期である一九一一年度には、一四人の評議委員中四人が沖縄人であり、一九一二年度には、一五人の評議委員中九人までが沖縄人で占められている。一九一四年、代議員制度に会組織が変更されて以降については、一九一六年、一九二五年、一九三六年に関して確認したい。[11] 判明している範囲で氏名（教育会役職、所属及び役職、出身）を記せば以下のとおりである。

一九一六年段階では、鈴木邦義（会長、県知事、大和人）、島内三郎（副会長、内務部長、大和人）、川部佑吉（幹事長、県視学、大和人）、渡邊信治（幹事、視学、出身未確認）、渡嘉敷唯巧（幹事、視学、沖縄人）、佐藤栄三郎（幹事、視学、出身未確認）、外間完用（幹事、県属、出身未確認）である。総裁、会長、副会長などは、県知事、内務部長、学務課長などが就任するもので、岸本賀昌を唯一の例外とし、一九四五年まで全て大和人に占められるものであった。一九一七年の段階で四人の幹事のうち一人が沖縄人と確認できる。出身が未確認であるが外間完用も沖縄人と思われる氏名である。四人の幹事のうち二人が沖縄人だと推測される。

一九二五年段階では、亀井光政（総裁、知事、大和人）、羽田格三郎（副会長、内務部長、出身未確認）、乾利一（幹事、県視学、大和人）、島袋源一郎（幹事、視学、沖縄人）、諸見里朝清（幹事、郡視学、沖縄人）、與儀喜明（幹事、

県属兼視学、出身未確認）、比嘉賀新（幹事、県属、沖縄人）、今帰仁朝興（幹事、内務部属、出身未確認）、喜納政常（幹事、女子師範学校書記、出身未確認）、国吉真哲（編集担当、教育会書記、沖縄人）である。島袋源一郎から国吉真哲まで幹事と思われる七人中、四人は沖縄人と確認でき、他の與儀喜明、今帰仁朝興、喜納政常も沖縄らしい氏名である。総裁・会長・副会長以外は全員が沖縄人だと推測される。

一九三五年段階での幹部の顔ぶれは、蔵重久（総裁、知事、大和人）、福光正義（会長、学務部長、出身未確認）、平野薫（副会長、学務課長、大和人）島袋源一郎（教育会主事、教育会職員、沖縄人）、諸見里朝清（幹事、社会教育主事、沖縄人）、石川浩（幹事、視学、沖縄人）、島元清秀（幹事、視学、沖縄人）、渡嘉敷綏長（幹事、視学、沖縄人）、外間政暉（専任幹事、教育会職員、沖縄人）、有銘興昭（編集幹事、教育会職員、出身未確認）である。総裁、会長、副会長以外の主事・幹事の全てが沖縄人である。編集担当の有銘興昭のみ沖縄人だと史資料で確認できないが、やはり苗字から強い推測で沖縄人だと思われる。

各時期の教育会の幹部の顔ぶれを確認したが、総裁・会長・副会長に就任するのは県知事、学務部長、学務課長といった人々であったが、それらの人々は、二、三年で頻繁に転任している。これらの人々が実権を握っていたにしても、同会の運営の実務に大きな影響力を有していたのは、幹事、それも主事あるいは専任幹事といった長期的に教育会の会務にたずさわっていた人々だと思われる。このような沖縄人の教育会の主要な地位への参入を考えると、一九二〇年代以降は、沖縄人と大和との対立だけではなく、沖縄人有力者の間での教育観・社会観・沖縄観の違いも教育会の運営ならびに『沖縄教育』の編集に大きな影響を及ぼすことになるといえよう。そのことを踏まえて、次節以降で、この時期の『沖縄教育』の誌面を分析してゆきたい。

評議委員					
梶浦済	杉浦外世四郎	白岩金次郎	伊藤熙	三木原広介	新納時哉
衛藤助治	富永実達	黒岩恒	横内扶	新田義尊	原田吉太郎
下国良之助	小玉博明	田島利三郎			
白石金次郎	丸山幹義	新納時哉	衛藤助治	酒井豊明	新田義尊
浦崎永春	黒岩恒	富永実達	溝口重亮	大城彦五郎	三木原広介
山口源七	大田祥介	島岡亮太郎			
丸山軒義（幹義か）	衛藤助治	酒井豊明	安藤喜一郎	富永実達	黒岩恒
大城彦五郎	溝口重亮	島岡亮太郎	森田正安	新納時哉	高田宇太郎
山口源七	新田義尊	俵孫一			
大城彦五郎	高田宇太郎	溝口重亮	森田正安	山口源七	新田義尊
安藤喜一郎	新納時哉	黒岩恒	富永実達	斉藤用之助	誉田豊吉
横内扶	山岸進	須藤信立			
富永実達	高良隣徳	須藤信立	黒岩恒	新田義尊	斉藤用之助
溝口重亮	森田正安	仲本政世	鄰谷義一	山口源七	大城彦五郎
朝武士干城	岡田文次	常盤作太郎			
富永実達	黒岩恒	伊藤熙	高良隣徳	志保田銈吉	隣谷茂一（鄰谷義一）
西村光彌	斉藤用之助	新田義尊	上田景二	岡田文次	溝口重亮
須藤信立	朝武士干城	大城彦五郎			
黒岩恒	秦蔵吉	高良隣徳	西村光彌	新田義尊	鄰谷義一
伊藤熙	溝口重亮	深田覚助	山口源七	菅野喜久治	常葉作太郎
斉藤用之助	松本虎之助	與儀清忠			
高良隣徳	深田覚助	西村光彌	鄰谷義一	溝口重亮	本松虎之助
秦蔵吉	伊藤熙	副島藤吉	斉藤用之助	山口源七	菅野喜久治
仲村政世	常葉作太郎	朝武士干城	與儀清忠	赤木愛太郎	浦崎永春
西村光彌	高良隣徳	鄰谷義一	秦蔵吉	本松虎之助	中城直正
深田覚助	仲村政世	副島藤吉	菅野喜久治	常葉作太郎	伊藤熙
赤木愛太郎	斉藤用之助	朝武士干城			
秦蔵吉	鄰谷義一	勅使河原博	大久保周八	高良隣徳	赤木愛太郎
山口源七	仲村政世	菅野喜久治	本松虎之助	吉岡文太郎	中城直正
斉藤用之助	朝武士干城	稲垣隆太郎			
大久保周八	西村光彌	仲村政世（辞任）	本松虎之助	秦蔵吉	菅野喜久治
赤木愛太郎	高良隣徳	吉岡文太郎	山口源七	大塚市五郎（辞任）	吹田久雄（辞任）
鄰谷義一	勅使河原博	前島清三郎	斉藤用之助	常葉作太郎	朝武士干城
秦蔵吉	大久保周八	菅野喜久治	本松虎之助	高良隣徳	赤城愛太郎
斎藤用之助	朝武士干城	中城真正	仲本政世	山口源七	常葉作太郎
麓純義	吹田久雄				
富永実達	赤城愛太郎	秦蔵吉	大久保周八	菅野喜久治	高良隣徳
樺山純一	本松虎之助	野間清治	中城直正	山口源七	斎藤用之助
吉岡文太郎	池内徳藏	稲垣隆太郎			
秦蔵吉	大久保周八	赤城愛太郎	斎藤用之助	高良隣徳	常葉作太郎
池内徳蔵	菅野喜久治	喜入休	樺山純一	本松虎之助	山口源七
朝武士干城	稲垣隆太郎	切通唐代彦			
高良隣徳	切通唐代彦	山口源七	常葉作太郎	山口澤之助	斎藤用之助
赤城愛太郎	秦蔵吉	朝武士干城	知花朝章	樺山純一	菅野喜久治
本松虎之助	東恩納寛文				
樺山純一	常葉作太郎	東恩納寛文	高良隣徳	渡嘉敷唯功	山口澤之助
切通唐代彦	當間全慎	翁長盛周	秦蔵吉	親泊朝擢	佐藤栄四郎
知花朝章	伊波普猷	岸本賀昌			

その他の幹事				
渡嘉敷唯巧（視学）	佐藤栄四郎（内務部属）	外間完用（内務部属）		
比嘉賀新（内務部属）	今帰仁朝興（内務部属）	徳元八一（？）	又吉康和（編集幹事）	
與儀喜明（内務部属）	比嘉賀新（内務部属）	今帰仁朝興（内務部属）	喜納政常（？）	国吉真哲（編集幹事）
呉泉（学校衛生技師）	遠藤金壽（体育運動主事）	上里堅蒲（視学）	譜久村朝範（書記）	
石川浩（学務部属）	平良孝栄（学務部属）	神谷常助（学務部属）	伊江朝煌（書記）	
石川浩（視学）	島元清秀（視学）	渡嘉敷綏長（視学）		
有銘興昭（編集幹事）				
島元清秀（視学）	渡嘉敷綏長（視学）	仲里松吉（視学）		
外間政暉（専任幹事）	有銘興昭（編集幹事）	尚英（助手）		
新崎寛直（視学）	比嘉博（視学）	富川盛正（視学）		
有銘興昭（編集幹事）	仲吉朝宏（博物館）	嘉手川重豊（助手・博物館）		
新崎寛直（視学）	比嘉博（視学）	富川盛正（視学）		
有銘興昭（編集幹事）	仲吉朝宏（博物館）	嘉手川重豊（助手・博物館）		

ない。沖縄人だと確認できた者には網掛を施してある。

130頁）となり、第142号（1924年11月）に掲載の会則では、総裁に県知事を、会長・副会長を参事会での

なる（第190号, 48頁）

し作成。

〈表 4-2〉 教育会幹部の顔ぶれ

年	号数	総裁	会長	副会長	幹事
1895	1	奈良原繁	児玉喜八	下国良之助	?
1896	9	奈良原繁	小川鈹太郎	和田規矩夫	児玉辰二（理事）
1897	21	奈良原繁	小川鈹太郎	和田規矩夫	島岡亮太郎（理事） 丸山幹義（理事） 新納時哉（理事）
1898	33	奈良原繁	小川鈹太郎	和田規矩夫	溝口重亮（支出理事） 森田正安（庶務理事） 山岸進
1899	44	奈良原繁	小川鈹太郎	安藤喜一郎	森田正安（支出理事）
1900	57	奈良原繁	小川鈹太郎	安藤喜一郎	?
1901	66	奈良原繁	小川鈹太郎	安藤喜一郎	溝口重亮 根路銘 鄰谷義一
1902	78	奈良原繁	小川鈹太郎	大久保周八	鄰谷義一 溝口重亮 大山武輔
1903	81/86	奈良原繁	日比重明 （無投票再任）	生駒恭人	仲本政世 大山武輔
1904	98	奈良原繁	日比重明	西村光彌	仲本政世 山口源七
1905	111	奈良原繁	日比重明	児玉喜八	山口源七 仲本政世 大山武輔 （編集委員）山口源七 仲本政世・大山武輔 勅使河原博・秦蔵吉
1906	11	奈良原繁	岸本賀昌	西村光彌	山口源七 仲本政世 大山武輔 編纂委員 13 人 地方委員 7 人
1907	19		岸本賀昌	西村光彌	仲本政世 大山武輔
1910	57	日比重明	岸本賀昌	森山辰之助	山口源七 切通唐代彦 大山武輔 親泊朝擢（編纂委員） 地方委員 7 人
1911	69	日比重明	岸本賀昌	森山辰之助	山口源七 切通唐代彦 大山武輔 親泊朝擢（編纂委員） 地方委員 7 人
1912	80		島内三郎 （学務課長）	古市利三郎 （師範学校長）	

年度	号数	総裁	会長	副会長	その他の幹事
1916	109		鈴木邦義（知事）	島内三郎（内務部長）	川部佑吉（学務課長）　渡邊信治（視学）
1924	144	亀井光政（知事）	羽田格三郎（内務部長）	末原貫一郎（学務課長）	島袋源一郎（視学）　與儀喜明（内務部属）
1925	150	亀井光政（知事）	羽田格三郎（内務部長）	乾利一（学務課長）	島袋源一郎（視学）　諸見里朝清（郡視学）
1932	198	井野次郎（知事）	上村靖（学務部長）	栗村虎雄（？）	島袋源一郎（主事）　諸見里朝清（社会教育主事） 幸地新蔵（視学）
1935	233	蔵重久（知事）	福光正義（学務部長）	平野薫（学務課長）	島袋源一郎（主事）　諸見里朝清（社会教育主事） 外間政暉（専任幹事）
1936	245	蔵重久（知事）	佐藤幸一（学務部長）	平野薫（学務課長）	島袋源一郎（主事）　諸見里朝清（社会教育主事） 仲吉朝宏（博物館）
1938	269	淵上房太郎（知事）	欠員	平野薫（学務課長）	島袋源一郎（主事）　諸見里朝清（社会教育主事） 外間政暉（専任幹事）
1939	281	淵上房太郎（知事）	渡邊瑞美（学務部長）	小谷巨三郎（学務課長）	島袋源一郎（主事）　諸見里朝清（社会教育主事） 外間政暉（専任幹事）

＊正月号の巻頭に掲載された教育会の年賀挨拶から幹部を確認した。1916 年、1924 年、1925 年は役職の明記は

＊ 1915 年 10 月の会則より、「本会長ニハ本県知事ヲ副会長ニハ本県内務部長ヲ推戴スルモノトスル」（第 104 号,
選挙によることになる（121 頁）。1931 年 8 月の総会で主事の設置が決定され、会長がこれを選任することに

＊ 1895-1905 年、1907 年、1912 年は、各年度の総集会記事より作成。

＊ 1806. 1910. 1911. 1916. 1924. 1925. 1932. 1935. 1936. 1939 年に関しては、各年正月号の挨拶広告より幹部を確認

第二節　誌面の概観

『沖縄教育』（一九〇六～一九四四年？）は、約四〇年の間に、第三二八号までの刊行が確認されるが、そのうち現存しているのは、特別号などを含む一七〇号ほどで、おおよそ半数である。体裁・頁数は時期により変化するが、平均七五頁ほどといえる。そのような状況にあって、本稿の分析対象である第一三〇号（一九二三年一一月）から第二〇五号（一九三九年九月）は、特別号を含み全七八号中五八号分が現存し比較的高い現存率である。平均頁数も九〇頁を越えている。誌面の構成は、例えば、第一三〇号は「論説」「研究」「想華」「雑纂」欄からなっている。設置欄は、時期により異なり、「講演」「研究発表」「懸賞論文」「郷土」「特集」「短歌」「創作」「詩歌」「感想と随筆」「詩・短歌」「紹介」等があり一定しない。しかし概ね、「論説」「研究」「講演」欄などに、教育や社会に関する研究・主張が掲載され雑誌の中心を構成している。それに「想華」「創作」「詩・短歌」欄に会員の文芸作品が掲載され、「雑纂」欄などに様々な記事や論考、教育会関連記事などが掲載されている。

「論説」「研究」「講演」「主張」欄が雑誌の中心をなし、雑誌の論調を規定しているので、まず全体の概観を示すために、それらの主要な欄（以下「主要欄」）で、どのような論者が何を論じているかをみてゆきたい。〈表4-3〉は、一九二三～一九三三年の各号の「主要欄」に掲載された四一七本の論考を著者別の掲載頻度によりまとめたものである。この一一年ほどの期間で四回以上の執筆回数のある一五人を頻度の高い順に一覧にした。上位一五人で合計九九本の論考であり、主要欄の約四分の一の論考を占める。これらを概観すれば当該時期の『沖縄教育』の傾向の一端を示しえるであろう。

まず、執筆者の上位一五人に、伊波普猷をはじめとして、真境名安興・島袋源一郎・金城朝永・東恩納寛惇・

島袋全発といった、「沖縄学」と現在では称される分野のそうそうたる研究者が名を連ねていることが指摘できる。次に、執筆者の職・肩書きについてであるが、伊波普猷・真境名安興・金城朝永が図書館長・図書館員であり、東恩納寛惇が高等学校教授であり、桑江良行・山城保平・島袋全発が中等学校教員であり、喜納政敦・町田辰己・松根星舟・大城安正・大庭正次・新崎寛直・幸地恵勇（耕地啓誘）が小学校教員である。また、金城朝永・東恩納寛惇や出郷後の伊波普猷など在京知識人の存在が『沖縄教育』に与えた影響力も見逃せない。

さらに執筆者の出身について、沖縄出身者だと確認できる者を調べ、その比率を求めた（〈表4-4〉参照）。時期により各種名簿の現存状況が違い、データにむらがあるが、大まかな傾向は把握できよう。このような作業により法制的な次元の同一化による沖縄人の社会進出が、誌面にも概ね反映していることが確認できる。当該時期の主要欄の全論考四二三本中一三九本が沖縄出身者と確認できる者の論考であり、三二・八％を占める。先行する時期の編集担当者ごとの比率が、宮城亀期（一九〇六～一一年、第一～五九号）が一六・一％、親泊朝擢期（一九一一～一五年、第六〇～一〇二号）が三六・四％、渡邊信治期（一九一五～一七年、第一〇三～一一一号）が一四・七％であり、最も沖縄人執筆者が多かった親泊朝擢期に迫っている。[12]又吉康和期（四六・九％）は親泊期を上回る。〈表4-3〉に示した分析対象時期の執筆上位者一五人のうち、小学校職員五人と山城保平以外は全て沖縄人である。小学校職員の喜納・大城・幸地も沖縄らしい氏名だが断定はできない。

では、執筆上位者が何を論じているのかを確認しよう。〈表4-3〉では、論点を分類し、各論者が各論点を何回論じているかを示した。一つの論考が二つ以上の分類に当てはまることもあるので頻度の数値の合計が論考数に符合はしない。分類は、「沖縄に直接関連する論考」と「それ以外」に分けて、それぞれ「歴史」「文化」「言語」「政治経済」「教育」とした。また、前者には「回想」を、後者には「視察」（県外視察）をもうけた。これらの項目は全体的な広がりを示すために設定したが恣意性を免れない。例えば「歴史」「文化」の違い、「沖縄に直接

分類											
縄に直接関連する論考						それ以外					
歴史	文化	言語	政治経済	教育	回想	歴史	文化	言語	政治経済	教育	視察
8	5				1		1				
				2			3			7	
		9		1							
5	1				1						
				1						6	
4	2			1		2					
							6				
										6	
				3						3	2
									2	5	
	5										
5				1		3					
			1	1		1				2	
	1			1			1			1	1
			1	2					2	4	

関連する論考」と「それ以外」の境界などが不明である。実際の作業では、古琉球の古謡『おもろさうし』や民俗学的論考などは「歴史」ではなく「文化」に数えた。また、沖縄の学校の学級経営の論でも、沖縄の言葉の扱いなど沖縄固有の問題に言及しないものは「その他」に、言及しているものは両者にカウントするなどした。このような難点はあるが、全体を概観するためには有効であろう。

まず、大多数の論者が、沖縄に直接的に関わる事項を論じている点が確認されるべきであろう。沖縄の教育会の機関誌であるから当然であるとも考えられるが、しかし、沖縄の教育にのみ限定されず、歴史・文化・言語を論じているものが目立つことに注目すべきである。政治経済に関する論考も少数ながら存在している。これらのことから、同時期の『沖縄教育』が教育にのみに特化された雑誌ではなく、沖縄に関する文化一般に関する雑誌という意味が確認できる。

具体的な論者ごとに見てゆこう。まず、「沖縄に直接関連する論考」から見てゆく。伊波普猷は、沖縄の歴史

〈表 4-3〉『沖縄教育』主要欄論考掲載頻度④（1923—1933）

本数	氏名	職・肩書き	出身	編集人期ごとの論考数			
				又吉期	国吉期	比嘉期	島袋期
14	伊波普猷	県立図書館長（-1925）	沖縄	6	8		
11	喜納政敦	天妃小・師範附属小・那覇小			4	5	2
10	桑江良行	二中教諭	沖縄	5	4		1
7	真境名安興	県立図書館長（1925-）	沖縄	2	3	1	1
7	町田辰己	与勝小・女師附属小				6	1
6	島袋源一郎	県視学・教育会主事	沖縄	2			4
6	松根星舟	屋良小・古堅小・普天間小			5		1
6	山城保平	高等女学校教諭			6		
5	大城安正	首里第一小		3	2		
5	大庭正次	与勝小	沖縄		2	3	
5	金城朝永	東京大橋図書館	沖縄		5		
5	東恩納寛惇	東京府立高校教授	沖縄	1	2		2
4	新崎寛直	女子師範付属小	沖縄		2	1	1
4	島袋全発	第二高女校長	沖縄	3			1
4	幸地恵勇（耕地啓誘）	下地小				4	
計99							

＊〈表 4-4〉の注釈（＊）を参照のこと

研究・古謡研究・琉球民族の精神分析などを検討しており、また、日清戦争前後の中学時代の思い出や、アイヌ青年違星北斗に関する論考もある。沖縄県立第二中学校教諭の桑江良行は、「標準語と沖縄語との対照研究」という研究を長期にわたって連載している。伊波の上京後に図書館長の就任した真境名安興は、沖縄の氏名や郷学・尚徳王などの歴史研究などを論じている。県視学から沖縄県教育会主事となり『沖縄教育』の編集担当にもなった島袋源一郎は、沖縄の歴史研究・民俗研究を発表しており、沖縄郷土史教育についての論考もある。東京在住の東京大橋図書館員の金城朝永は沖縄の文芸研究・歴史研究を発表している。同じく東京在住の東京府立高校教授の東恩納寛惇は、『六諭衍義』などの歴史研究を発表し、郷土史教育についても論じている。二中校長の島袋全発には、『おもろさうし』の研究や教育視察記がある。

次に、「それ以外」の議論をみてゆこう。まず高等女学校教諭の山城保平は「体操科指導案の理論と実際」という連載を行っている。次に小学校教員たちであるが、

〈表 4-4〉『沖縄教育』（1923-33）の編集者時期別統計

編集担当者	担当号	時期	残存号／（担当数）	主要欄論考数	沖縄人執筆論考数	同左率	平均頁数
又吉康和	130-147	23.11-25.9	17／（18）	113	53	46.9	98.1
国吉真哲	149-166	25.12-27.12	18／（19）	125	44	35.2	85.3
比嘉重徳	169-196	29.3-32.8	18／（28）	111	19	17.1	96.1
島袋源一郎	198-205	33.1-33.9	6／（8）	74	23	31.1	106
計				423	139	32.8	

*「主要欄」とは、又吉康和期の「論説」「研究」「講演」「主張」欄をさし、他の編集者期のそれに相当する欄をさす。比嘉重徳期の「研究発表」「懸賞論文」「論説」「研究」「郷土」「演説」「講演」「学級経営」「学校経営案」欄をさし、島袋源一郎期には「論説」「研究」「講演」「特集」欄をさす。国吉真哲期には、それらに類する欄がないので、「短歌」「雑ろく」「創作」「詩歌」「感想と随筆」「詩・短歌」「紹介」欄以外の論考をさす。

*「学事関係職員録」（No.178）には該当論考なし。各特集号（No.139, No.155, No.163）は著者の一論考とみなした。

*「沖縄人執筆者」は、『沖縄県人事録』（楢原翠邦編、沖縄県人事録編纂所、1916）、『沖縄県人事録』（高嶺朝光編、1937）、『沖縄大百科事典』（沖縄大百科事典刊行事務局編、沖縄タイムス社、1983）などで出身が確認できた者のみであり、出身不明者が多数であり、大和人（他府県出身者）よりも多い。出身不明者で、小学校訓導などに沖縄的な氏名の者も多数いる。

喜納政敦は、教育観・教師論・教育動向・授業実践・哲学・郷土教育を論じている。師範附属附属小学校にも勤めた町田辰己は、国史教育・学級経営案・実業補習教育・郷土教育を論じている。松根星舟は、古代童謡や詩人・詩・綴り方教育を論じている。大城安正は、教師論・学校経営・教生の指導・他府県視察報告などを行っている。大庭正次は、学校経営・学級経営・社会思想・農村児童教育について論じている。幸地恵勇（耕地啓誘）は、郷土教育・実業補習教育・プロレタリア教育を論じている。

以上、主要欄の上位執筆者を中心に誌面の様子を見てきたが、「同化教育」の媒体と評されがちな従来のイメージに反して、沖縄の歴史・言語・文化に関する論考が数多く掲載されていることが分った。その事実自体が従来看過されてきたことであり、留意すべきだと言える。さらに、伊波普猷をはじめとする執筆陣の顔ぶれをみれば、当時の『沖縄教育』に「沖縄学」揺籃の媒体としての側面があったともいえよう。「沖縄学」は単なる学術研究ではなく、沖縄人のアイデンティティの模索という柱を有していることが指摘されているが、[13]『沖縄教育』は「本県唯一の月刊雑誌[14]」と認識されていたことや、沖縄社会の名士とされる人々の多くが学校関係者であったことなど[15]を考えると、そのような意味合いを同誌が有していたといえるであろう。では、その模索とはいかなるものであったろうか。その点は、第四節で、新しい教育思想の流入との関係から検討したい。その前に、もう少し誌面の様子を編集担当者ごとに検討しよう。

第三節　編集担当者時期ごとの動向と特徴

(一) 又吉康和・国吉真哲編集期

約一一年で四人の編集担当者がいるが、又吉康和・国吉真哲の時期と、比嘉重徳・島袋源一郎の時期とで、雑誌の様子が異なる。まず、前者の期間からみてゆく。

しばらく不定期刊行の状態にあった雑誌を立て直し、月刊化するために、公募で選ばれたのは、新聞記者の又吉康和であった。[16]「多数の希望者の中から選ばれ[17]」ての就任とのことだが、その経緯の詳細は分からない。又吉は、戦後米軍占領期に沖縄民政府副知事・那覇市長を歴任した人物として知られるが、早稲田大学で学び、帰郷後、『琉球新報』などの記者をしていた。『沖縄教育』編集担当者を辞したあとは、一九二九年に『琉球新報』主筆、一九三九年に同社社長に就任する。太田朝敷との関係も深い人物であった。従来、県学務課員や師範学校教員・校長経験者等の教育関係者が『沖縄教育』の編集に当たっていたなか、新聞記者である又吉の就任はそれ自体、大きな変化であった。

その又吉が編集担当を辞する際に、次の編集担当者として声をかけたのが詩人の国吉真哲である。[18]国吉は、沖

又吉康和（『沖縄大百科事典』下巻、516頁、沖縄タイムス社、1983年）

縄県立一中を中退し、代用教員をしながら、詩人として活動しており、著名な沖縄人詩人の山之口貘との関係も深かった。二六歳での編集担当就任であった。三〇年もの教職経験を経て編集担当に就任した比嘉重徳や、訓導・校長・郡視学・県視学を経て編集担当に就任した島袋源一郎の経歴との違いに注目すべきである。国吉は、就任の辞として、「恐ろしかった視学さまと呉越同舟の態で執務することの摩訶不思議な運命[19]」と述べるが、内心を素直に言い表した言葉であろう。それというのも、国吉は、沖縄の社会主義運動との関係も有していたからである。そのような人物が編集する雑誌を、もはや「同化」「皇民化」という用語のみでは説明できないであろう。

この二人の編集担当者の時期的な特徴として、沖縄文化に関する総合誌という側面があげられる。「復興号」といえる第一三〇号（一九二三年一一月）で、ある教師は「本誌をして県文化運動の機関たらしめよ[20]」と述べ、又吉も「私は人間の生活は総てが教育だと、斯う広く解釈し、従来取扱つて来た教育雑誌のように範囲を限らないで、あらゆる方面の材料を蒐集したい[21]」とする。また同号の巻頭に「本誌の復興に就いて」という文章を寄せた学務課長末原貫一郎は「本誌が多数教育雑誌の間に介在して、意義あるは只沖縄を主題とし、沖縄特有の雑誌たるにあり[22]」と述べている。

このような方針による誌面構成は、上述した主要欄の執筆者や論点などからもうかがえる。また主要欄以外にも、巻末の付録に、東恩納寛惇の「琉球史講話」が連載されている（第一三八、一四〇、一四一、一四二号）。さらに、「想華」「詩歌」「短歌」などの詩歌の欄が充実する。大正・昭和期の沖縄の代表的な歌人である山城正忠を選者とし、宮里静湖・小林寂鳥・松根星舟・名嘉元浪村・山之口貘などが活躍している。これらは、新聞記者・詩人

(十二月號)

明日の考察

我々敎育者にとつて第一の要素は眞理の探究と豐富な愛である。眞理は常に我等青年の正義を知識せしめ、强熱な自覺を能へると同時に强愛への飛躍でなければならない。愛は力であり、力は唯物論と唯心論を貫く嚴正な啓示である。見なければ信じない唯物論者が、やがて行ふ理想主義の殉敎者であつて欲しい。

×

經濟破產の原因は我等は旣に知り悉してゐる。農村に於ける數多の悲慘事や、都市に於ける筋肉勞働者の生活苦を目擊してゐる自分達は、敎壇に立つて新らしい苦鬪を重ねる。一は國家の損非であり、一は人間の破產であり、遂に敎育と人類の破滅的絕望に到達する。

×

政府の救濟令や、普選は饑えたる沖繩を救ふには、余りに遠い約束である。

貧すれば論す。沖繩の背後に縮こまる敎育は、自我を殺し得る純潔な青年敎育家によつて、更生し伸長しゆく兒童の靈魂である。

暫らく、愛の敎育を契ることをやめて、石のやうな冷酷な胸に熱い手をのせて、新らしい明日の考察をしやう。

一

『沖縄教育』第 149 号の巻頭言と挿絵　国吉真哲編集期はこの挿絵がついている。(『沖縄教育』第 149 号、1 頁、復刻版第 15 巻、不二出版)

琉球新報社員の写真（1925年）　右端から又吉康和、２番目が養女春子、４番目が太田朝敷（屋部公子氏所蔵）

といった編集担当者の人脈によるものといえよう。また、この期間に、『沖縄教育』の特別号として、『沖縄植物総目録』（坂口総一郎、第一三九号）、『琉球植物帯』（久場長文、第一五五号）、『沖縄県貝類目録』（杉谷房雄、第一六三号）といった学術書を刊行している点も特筆すべきである。

このような編集は後に島袋源一郎によって、「此に於て『沖縄教育』は一躍其のレベルを高め（中略）未だ嘗て見ない権威ある雑誌となるに至った[23]」と評価される。また又吉自身も「編集の参考にと各府県の教育雑誌に目を通してみました、私は本誌が何れの府県のそれにも遜色なきのみか、遙かな上位にあることを断言するに躊躇しません[24]」と述べ、自負心をのぞかせている。

次に指摘すべき点として、特定の人々の復権があげられる。日清戦争直後からの教育会雑誌を通読すれば、この時期に、『琉球教育』（一八九五〜一九〇六年）の誌面では不当に扱われていた人々が四半世紀を経た段階で、誌面の中心に存在することが確認できる。まず、沖縄人自身の存在である。その象徴が、太田朝敷の扱いである。第二章で論じたように、教育会のヘゲモニーを握る大和人教師たちとの対立の中で『琉球教育』の誌面上で、「嚔（くしゃみ）する事まで他府県の通りにする」という発言のみをことさら強調され論旨を不当にゆがめられて論考を掲載された太田が、又吉康和期の誌面では度々巻頭の論説を飾っている。これは、又吉と太田の個人的関係に加え、太田が沖縄の言論界で不動の地位を築いていたことによる。また、それと関連し元尋常中学教諭の下国良之助の復権を指摘すべきであろう。下国は、沖縄人生徒たちへの同情から、一八九五年当時の学務課長の児玉喜八と対立し、その職を追われた人物である。第一三五号（一九二四年四月）では、下国の三〇年ぶりの来県を祝して、かつての教え子たちが論考・祝電・手紙を寄せている。恩師を擁護するために尋常中学ストライキ事件を起して退学処分となった伊波普猷・真境名安興・照屋宏・漢那憲和は、今や沖縄社会の名士となっていた。このような現地の人々の一定程度の社会進出は、台湾・朝鮮といった植民地では困難であり、大和との法制的次元での同一化が達成された沖縄であるからこそ可能であったといえよう。

次に、アイヌ民族であり、アイヌ認識の変化にみられる沖縄人の自文化への意識の高まりである。『沖縄教育』第一四六号（二五年六月）では、巻頭の口絵に「アイヌの墨絵とアイヌ学会のよせ書」があり、違星北斗「ウタリ・クスの先覚者中里徳太郎氏を偲びて」、知里幸恵「「アイヌ神謡集」の序」が掲載され、伊波普猷が「目覚めつつあるアイヌ種族」を発表している。かつて自らもアイヌへの差別観を吐露した伊波が、アイヌとしての強い自覚をもちつつ「日本人」になろうとする違星北斗を紹介し、自らのアイヌ認識の誤りを訂正している。それは単なるアイヌへの同情ではなく、大和との法制的な同一化をうけて、沖縄の文化に対する自覚を深めようとする沖縄の人々の認識の表れともいえよう。同号を編集した又吉は「無名の青年たちは中央に於てアイヌ民族の為めに獅子吼して居るのであります。本県教育界の他山の石となりましたら幸甚であります(25)」と述べている。帝国日本の中で身の置き所を模索するにあたり、アイヌの動向が注目されているのである。

（二）比嘉重徳・島袋源一郎編集担当期

以上のような、又吉・国吉の編集期は、『沖縄教育』の権威を大いに高めたが、その編集方針に不満を抱く者もいた。国吉期の第一五八号（二六年一一月）の「編集後記」から「教材記事が少ない」という批判があったことがわかる。そこに編集方針をめぐるせめぎ合いを確認できる。国吉は、当時、県視学であった島袋源一郎を介して、そのような批判を伝え聞いたとし、それへの反論として、「教育雑誌が単なる教材収録でなく、人間修業の道場だと思っている」と反論している。しかし〈表4-3〉の上位執筆者の顔ぶれをみると、又吉・国吉編集期において、小学校訓導などの教育現場の人々の占める比重が相対的に低いことが分かる。次の編集担当者である比嘉重徳や、国吉に批判を伝えた島袋の編集担当期と比べれば、その点が明らかになる。また誌面にも大きな変化が確認できる。(26)

比嘉重徳は、一八七五年生まれで、一八九七年に沖縄県師範学校を卒業して以来、三〇年間の教職経験を経て、二七年に編集担当に就任する時には五〇歳を超える教育のベテランであった。各地の小学校の校長を歴任しつつ、郷土研究にもたずさわり、沖縄郷土研究会の幹事も務めていた。

比嘉重徳（『沖縄教育』第248号、76頁、復刻版第29巻、不二出版）

島袋源一郎は、沖縄県師範学校を卒業後、各地の小学校校長を務め、島尻郡視学・沖縄県視学を経て、教育会の主事となり編集担当に就任する。教育者としての地位の高さもさることながら、沖縄歴史・民俗に関する多数の著作を残し、沖縄研究の分野でも大きな業績を残した人物である。(27)

又吉・国吉編集期に比べて、この時期の特徴は、執筆上位者を小学校職員が占めていることといえよう（〈表4-4〉参照）。それは、当然ながら、編集の方針と関連するものである。又吉・国吉期のような華やかさはないものの、教育に関わる者にとって重要な議論が着実に積み重ねられた。「学校経営研究号」（第一七四号）、「補習教育振興号」（第一七七号）、「体育振興号」（第一八六号）、「昭和会館落成記念号」（第一九八号）、「郷土史特集号」（第一九九号）、「国語特集号」（第二〇〇号）といった特集が組まれ、それぞれのテーマについて集中的に議論を深められていた。このような特集方針に基づく雑誌編集は新鮮なものであった。また、又吉・国吉には行い難い編集といえよう。

この時期、伊波普猷ら「沖縄学」の人々の執筆が減り、一般の教育会雑誌に類似した傾向を見せるようになったとも考えられる。しかし、実は教育にかかわる一般的な議論にみえる論説の中においても以下に見ていくように、沖縄固有の問題が考察され、教師たちの視点から、沖縄のアイデンティティにかかわる問題が検討されていた。

又吉・国吉の編集期と比嘉・島袋の編集期とでは、出来上がった誌面から判断して、編集方針に違いがあるといえよう。沖縄人同士による方針の違いによる対立があり、教育会内での抗争があったと推測できる。「教材記事が少ない」という批判を伝聞として国吉に伝えたのは島袋であったように、国吉が退任して以降、教育現場に根ざした編集へと傾斜してゆくことになる。又吉・国吉の編集期は、もう少し広い文化一般を論じるとともに、「教育理念」に力点が置かれていたといえよう。それは、『琉球教育』の頃、「教育理念」中心の誌面構成から「教育技術」理念中心へと力点が移行してきたのと同じように、一見して、「教育理念」から「教育技術」への移行と捉えられるかもしれない。しかし、ここでの「教育理念」は大和人ではなく沖縄人によって語られているものであったし、また「教育技術」も、後述するように、沖縄人のアイデンティティに関わる「教育理念」を内在させた形での「教育技術」であるといえるであろう。

第四節　新たな教育思想の流入とその展開

（一）大正自由教育と沖縄の言葉の取扱

この時期、大正自由教育・プロレタリア教育・郷土教育が沖縄の教育界にも紹介されており、誌面にも確認できる。各教育に関しては別稿で詳述することとし、ここでは本章の目的に沿い、沖縄の教師たちが疲弊した沖縄の状況のなかで、大和から流入してくる新たな教育思想を受け止めて、どのように状況に立ち向かおうとしたかを点描したい。時系列に沿い、新たに流入した教育思想が、どのような沖縄固有の文脈に即して受容されたかに注目することになる。

まず大正自由教育の影響が誌面にも断片的に確認できる。[28]そこからは、先進校への視察報告や、沖縄での自由教育の実践の様子が垣間見られる。能力別編成に対する異なった対応や、自由教育への警戒心等が読みとれる。ここでは、この大正自由教育という新思想の流入が従来の沖縄の言葉の認識にどのような変化をもたらしたかという点から検討したい。

他府県の自由主義教育を視察した報告が複数残っているが、ある教師は、成城小学校での英語教育が英国人教師による日本語を介さない直接法であることなどから、沖縄における標準語教育も、動作を活用することにより、「一学年の始めから方言を全然やめて普通語で教へる方がよいと思ふ」[29]としている。この例のように大正自由教育の見聞を、従来の標準語励行運動を強化させる方向につなげようとする事例も存在した。しかし、それとは逆に、従来の認識を覆す方向で、大正自由教育の思想が機能することもあった。第一大里尋常高等小学校長の高良忠成の事例である。

一九二四年一月三一日に、島尻郡校務研究会が、第一大里尋常高等小学校において開催され、同校が行っている「自由教育」についての検討が行われた。そこで、同校の実践の動機、方針、各科指導方針、施設概要などが挙げられるが、沖縄の標準語指導に関する重要な認識が示されている。まず同校の「方針」として「罰を廃し必要に応じ忠告をなし常に彼等の理性に訴ふ」と述べ、「読方科」において「発音矯正に重きを置く」としつつも、「綴方話し方科」において、「自由選題法による自由なる綴方話方を以て本体とす」、「方言の使用は敢て咎めず」としているのである。(30)

ここには、沖縄の言葉を学校の中から排除しようとする大きな論調に逆行する認識が示されている。そのような学校では、近代沖縄の学校で盛んに使用された「方言札」が存在する余地はない。同校を視察した佐敷小学校の上里校長は「本県の児童が一般に押し付けられて小さくなつた様で卑屈であるのは他府県で教鞭を取つて見た人の等しく感づる所であるが本校に於いては全くそれが取り除かれ児童がのびのびして活発で教師と児童が抱合ふ様に気合が取れて面白く学習して居るのは実に羨ましく思はれたのである」(31)と評している。

このような実践や評価は単なる例外的なものとは考えられない。(32)なぜならば「当時大里と佐敷は正に沖縄の奈良や千葉であった」(33)と評価され、一定程度の影響力を有していたと推察されるからである。「奈良や千葉」というのは自由教育の盛んな地域という意味である。高良の実践は、生徒の自発性を重んじる大正自由教育の思想と実践が沖縄に流入することにより、「普通語励行」という支配的な言説が再度挑戦を受けていると解釈できよう。

もちろん、学校からの沖縄の言葉の排除をともなう「普通語励行」は、日清戦争後に見受けられるようになり、それ以降、強調されるものであり、「方言札」もしばしば使用されてきた。しかし、その支配的な言説に逆らうような認識がしばしば『沖縄教育』誌上に登場していることに留意すべきである。高良の実践とそれへの評価は、生徒の自発性を重んじるという大正自由教育の思想と実践が沖縄に流入することにより、「普通語励行」という一九〇〇年頃に確立した支配的な言説が再度挑戦を受けるという形で、問題が再燃したと解釈できるであろう。[34] 大正自由教育・新興教育・郷土教育などの新たな思想の流入のたびに、沖縄の言葉・文化・歴史に関する問題が、再燃しているように見受けられる。流入する新思想を単に模倣するのではなく現地の固有の問題群とリンクさせて論じなおしている点において、その土地の人々の主体的な営為を読み取ることができると考える。

(二) プロレタリア教育とソテツ地獄

しかし、沖縄における大正自由教育が沖縄の言葉・歴史の認識に与えた影響は、これ以上、明らかにできない。史料的な制約も大きいが、それよりも、時代は徐々に大正自由教育の理想主義から、人々の生活を直視する方向へと、教師たちの意識を転換させていったからである。

経済難による沖縄の疲弊を受け、沖縄の教育界でも社会主義思想が受容されてゆき、思想的弾圧を被ることになる。一九三一年二月にはＯＩＬ事件（OKINAWA INSTRUISTO LABORISTO：沖縄教育労働者組合のエスペラント訳）が起こる。ＯＩＬ事件とは、沖縄教育労働者組合が弾圧された事件である。同組合は真栄田一郎・安里成忠らを中心とした研究会であり、地区ごとに『新興教育』の読書会を組織したが、実践活動に入る前に治安維持法違反で起訴され、小学校教員一六名が休職処分、司法処分決定後に一三人が懲戒免職となる。中心人物の安里成忠、真栄田一郎（伊波普猷の義弟）は厳しい取り調べの前後に精神に異常をきたし、間もなく死亡したというものである。ちなみに、拘置所から真栄田一郎の身柄を引き取ったのは、国吉真哲であった。[35]

この事件は教育界に大きな衝撃を与え、比嘉重徳編集期の『沖縄教育』の「編集室より」で、「最近本県より左傾思想者を出し為めに他県の誤解を招く動機を作つたのは誠に千載の痛恨事」[36]と言及されている。しかし社会主義思想の受容は広範だったようで、同号において、耕地啓誘なる人物は「教員プロレタリアの有つブルジョア意識」（第一九一号、一九三一年一〇月、第一九二号、一九三一年一二月）を発表しており、社会主義的な理念への憧憬を語り、教員のブルジョア意識を痛烈に批判している。そのような論文が教育会の機関誌に掲載されるのは疲弊の深刻さを物語るもので、八重山では、翌年にも教育労働者の検挙が行われる(37)。

ただし、『沖縄教育』誌上で最も先鋭的な論を展開した耕地啓誘は、突然に流行の思想を語っているのではなく、郷土教育や実業補習教育の着実な積み上げののちに、そのような認識にたどりついたのである。耕地啓誘とは、宮古島の下地尋常高等小学校の訓導であった幸地恵勇の筆名であると推測する。「こうちけいゆう」という同音の氏名や、論考の内容からの判断である。彼は、『沖縄教育』誌上に「郷土教育に就いて」（『沖縄教育』「学校経営研究号」第一七四号、一九二九年三月）、「本県実業補習教育振興ノ具体方針」（『沖縄教育』「補習教育振興号」第一七七号、一九二九年七月）という論考を発表している。

前者の「郷土教育に就いて」は、下地校学校経営研究会で発表された内容が掲載されたものであった。同会は、各地で催された県指定の学校の学校経営研究会の一つであり、宮古郡で催されたものであった。そこで、幸地は、農村である下地の学校における郷土教育は農村教育であり、農業教育であるべきだと主張する。「農村教育はその郷土を充分に理解し、その上に教育方針は打樹てなければならない。即ち農村文化の建設を特殊の目的と見なさなければならない、それが教育の実際化であってそれがそのまゝ郷土教育である(38)」。そして、「農村学校の職業教育は農業を中心とした（主とした）職業教育で極端にいへば下地学校の職業教育は農業教育（広い意義の）で無ければならない(39)」とする。そのような幸地には都市における俸給生活を夢見る青年や、そのような青年を育てた学校教育は批判の対象であった。「下地村青年の一部には労働（農業）を嫌つて徒らに俸給生活を貪り都会に憧れる傾向がほの見える。此の原因は社会の罪もあらうが一方又その罪は学校教育にも有ることゝ私は信ずるのである。其の救済として学校は郷土感（郷土愛）の養成を一目標として郷土文化の建設を計らねばならないことを今更つくづく感ずるのである。その郷土感の養成に依って農業に親しみを覚えしめ以てより良き農村の建設に学校教育も方針を取らねばならない[40]」と述べている。これのような主張は、ソテツ地獄のもとで、その対応策として取り組まれていた移民教育とは方向性を異にして、農村に青年をとどめさせ、その土地の産業の復興を目指そうとする方向性を有するものであった。

後者の「本県実業補習教育振興ノ具体方針」は、沖縄教育会の懸賞募集の「選外」であり、「人心頽廃思想悪化といふ恐ろしい赤化世相[41]」の現出に対し、実業教育の必要性を強調するものであった。補習学校専任教員養成機関設置の必要性を強調し、実業補習教育の義務制、職業科と郷土科の設置を主張する内容である。そのような内容を語り、最後に、「沖縄と言へば蘇鉄地獄とまでに全国に頌歌された本県財力疲弊の原因は人口に対する面積の狭小なる所もあらうが最も重なる原因は産業不振であらう。産業の改良発達は補習学校を主脳とするを適当なることは前に述べた通りである。従って補習教育の振興は実に疲弊せる沖縄を救済するの近道であると結論されるのである。[42]」と述べている。実業補習学校を語りつつ郷土教育に論及し「疲弊せる沖縄を救済する」ことが求められているのである。

しかし彼の思い以上に、現実の経済状況は深刻化したようである。みずからも社会主義思想への接近を深める。「本県実業補習教育振興ノ具体方針」の段階でも、補習学校設立の根拠として少数の「ブル階級」の教育のみに莫大な費用をかけるのではなく多数の「プロ階級」のために必要があるという説明が一か所あり、マルクス主義関連文献を読んでいたと思われる。ソテツ地獄の進展に伴い、ＯＩＬ事件後の「教員プロレタリアの有つブルジョア意識」では、革命は否定するものの、「マルクス思想に左坦[ママ]するもの」となり、教員の持つブルジョア意識を批判し、社会主義的な社会理念を強調するようになるのである。彼は次のように述べている。「私自信は現代のブルジョア贔屓の社会には憤慨を抱くものであり、読者皆様も又同様なことと信ずるものである。此の意味に於て吾々はマルクス思想に左坦[ママ]するものと言へるかも知れない。（中略）／所が自らプロレタリアと名乗り、ブルジョアに対して反感を抱くと言いながら吾々の思想、生活、仕事が殆どブルジョア思想の他の何ものでもないことを私は発見した。そして私は読者皆様にも反省して貰ふべく又その必要が緊要なることを思い「教育プロレタリアの持つブルジョア意識」と題してペンを執つて見る気になった[43]」。

ただし、彼の論は、いわゆるプロレタリア教育とはいいがたい側面もある。彼は「私のプロレタリア教育といふのは今日ブルジョア教育と論陣を張って闘って居る所謂階級闘争としての出征教育ではない[44]」と述べている。さらに、「私のプロレタリア思想はブルジョアに対立して被搾取階級といふ意味ではなく、正しく働いて正しく生きるといふ思想である。万人が万人働いて相協調して互に助けられつ丶生きられる社会をプロレタリア社会と言ひたい[45]」と述べている。そしてその社会の実現のための方法として次のように述べる。「その実現には吾々農村教師が従来農村民を忌み労働を嫌ひ地位獲得成功主義のブルジョア意識及び都市教育観念を脱ぎ捨て丶所謂階級的優越意識のないプロレタリア意識に転換することが先づ何よりも重要事かと思ふのである。かくすることに依ってプロレタリア意識に依るプロレタリア農村社会を建設するのが農村教育の直接目的でなければならぬ[46]」。

耕地にとってのブルジョア意識とは「農村民を忌み労働を嫌ひ地位獲得成功主義のブルジョア意識」であり、プロレタリア意識とは「皆が働く相互扶助の共同意識」という意味であった。耕地がプロレタリア意識を強調するのは、農村を忌み嫌う教師達の意識の変革により、学校を農村社会に適応したものに変革し、「農村社会の経済振興への貢献を教育的立場から」行おうとするからであった。彼は、プロレタリア活動に関しても、「郷土文化の建設へまでのプロレタリア活動でなければならぬ[47]」と述べている。

耕地啓誘は、プロレタリア教育や社会主義的な用語を使用しつつ、彼なりの教育論を語っているのであるが、目指されているのは、幸地恵勇が語っていた郷土の復興と類似する内容であったといえる。ソテツ地獄からの立て直しを図るべく、プロレタリア教育の用語を使用することで、教師たちの意識を鼓舞するのである。新しく流入した思想は、このような形で、ソテツ地獄からの復興に立ち向かう幸地恵勇（耕地啓誘）に受け止められ、語られたのである。幸地恵勇（耕地啓誘）はプロレタリア意識を鼓舞することで、郷土の復興を目指したのだが、それとは異なる方向でソテツ地獄に立ち向かおうとする人々もいた。郷土教育の実践に沖縄社会の建て直しを託した教員たちであった。郷土教育に関する実践が積み上げられ、その方向性をめぐる議論の対立の中で、序章で引用したように、第三中学校教諭の豊川善曄は、従来の「同化教育」を批判し、沖縄の「民族魂」の鼓舞を郷土史教授の骨子とすべきと主張するのである。その論に関しては、次章において詳述したい。

小括

以上、一九二三年から一九三三年にかけての『沖縄教育』の誌面を分析してきた。本章で明らかになったことを要約すれば、次のようになろう。

一九二一年の町村制の特別制度の撤廃をもって、沖縄と大和との法制的な次元での同一化が達成された。それは、一面においては「同化」の進展であるが、「他府県並み」を目指してきた沖縄社会においては一種の「達成」でもあった。それは、沖縄社会及び教育界の要職への沖縄人の参入の増大という目に見える形で現れてゆくものであった。県庁においては、県知事・内務部長・学務課長といった首脳陣は戦前期を通じて大和人にほぼ占められるものであり、教育会においても、総裁・会長・副会長という主要幹部は大和人がほぼ占めていた。しかし、それに次ぐ地位には沖縄人の参入が顕著に確認でき、以降の教育行政・教育運動に沖縄人指導者層の意向が反映していることが推測できる。

そのような社会的な変動は『沖縄教育』の誌面にも反映している。従来、近代沖縄教育史は「同化」「皇民化」という用語でその本質を説明されるが、一九二三年から一九三三年にかけて又吉康和・国吉真哲・比嘉重徳・島袋源一郎が編集を担当した時期には、予期に反して、多くの論者が沖縄の歴史・言語・文化について論じていた。また伊波普猷をはじめ、真境名安興・島袋源一郎・金城朝永・東恩納寛惇ら「沖縄学」の著名な研究者が主要欄を飾っていた。

一九二〇年代初頭に沖縄と大和との法制的次元の同一化は完了したが、それ以降の時期、『沖縄教育』は、沖縄文化に関する総合誌・「県文化運動の機関」誌といった様相を呈し、文化の次元での議論が活性化したといえよう。また、「沖縄学」の研究者の頻繁な執筆は、同誌が沖縄人のアイデンティティを模索する学としての「沖縄学」揺籃の媒体という側面を持っていたともいえよう。

そのような課題は、教師たちにも共有されていたといえる。当時、ソテツ地獄といわれる経済難は、沖縄社会に危機的な状況をまねき、そこに大正自由教育・プロレタリア教育・郷土教育という新思潮が流入してきた。新思想の流入は、沖縄固有の問題と結合し、沖縄の言葉・歴史というアイデンティティの確立に不可欠な事柄に関する議論を再燃させ、沖縄独自な展開をみせた。

沖縄での自由教育において高良忠成は、「発音矯正に重きを置く」としつつも、「方言の使用は敢て咎めず」という認識を示していた。それは、生徒の自発性に伴う教育思想を前提に、沖縄の学校から沖縄の言葉を排除しようとする動向に、異議を唱えるものといえる。また、経済の疲弊に伴い、プロレタリア教育・郷土教育の思潮が流入してきたが、幸地恵勇（耕地啓誘）のように、郷土教育や実業補習教育の議論から出発し、ブルジョア意識を批判することで疲弊した農村の教育の立て直しを図る者もいた。

以上の内容を、『沖縄教育』の編集権に関連させて述べればば次のようになるであろう。

一九二一年の町村制の特別制度の撤廃をもって、沖縄の大和への法制的次元の同一化が完了するが、それにともない、沖縄人の沖縄社会への進出が深まっていった。教育行政や教育会の幹部の一部を沖縄人が占めるようになり、『沖縄教育』の編集に関しては、その担当者は沖縄人によってに担われるようになった。そのような状況にあっては、編集権をめぐる抗争・葛藤は、それ以前のように沖縄人と大和人という対立構図のみでは捉えられなくなる。沖縄連隊区司令官石井虎夫の報告にあるように、沖縄人への大和人からの猜疑心は根強く存在し、沖縄文化を語る場は緊張感をはらむものの、沖縄人と大和人の対立のみでなく、沖縄人同士の沖縄文化に関する認識や沖縄教育雑誌の在り方に関する認識の相違が、誌面を構成する大きな要素となった。

新聞記者の又吉康和や詩人の国吉真哲が編集担当者の時期は、伊波普猷ら「沖縄学」の権威者が執筆者の上位を占め、「沖縄文化の機関」誌といった様相を呈することになった。『琉球教育』の時期に新田義尊によりその議論が利用された太田朝敷が度々巻頭の論文を飾るのだが、それが編集権をめぐる状況の変化を物語るものでもあった。そして、教育関係の要職を歴任した比嘉重徳や島袋源一郎が編集担当者の時期は、小学校訓導の執筆者が増加し、学校教育に密着した特集が組まれ、教育雑誌としての色彩が濃くなる。又吉・国吉の時期とは雑誌の様相が大きく異なるのである。

そのような沖縄人同士の認識の差異は、一九三〇年代以降の沖縄文化や沖縄教育を分析する際、重要となってくる。次章以降で検討する、一九三〇年代の郷土史教育に関する論争、一九四〇年の「方言論争」においては、その違いがより鮮明に表れることになる。

注

（1）島袋源一郎「『沖縄教育』変遷と思い出」『沖縄教育』第二四八号、一九三七年四月。

（2）他に、第一一六号、第一一七号、第一一八号、第一一九号の一部分数頁のみが残っている。那覇歴史博物館にその複写が所属されている。
（3）沖縄連隊区司令官石井虎雄「沖縄防備対策送付之件」一九三四年二月二五日、沖縄連隊区司令部庶発第二六号。『陸海軍文書』R105-T671所収。藤原彰・功刀俊洋『資料　日本現代史8　満州事変と国民動員』大月書店、一九八三年、二四九頁、より引用。
（4）藤澤健一・近藤健一郎「解説」『沖縄教育』解説・総目次・索引』不二出版、二〇〇九年。
（5）太田朝敷『沖縄県政五十年』国民教育社、一九三二年。『太田朝敷選集』上巻、第一書房、一九九三年、五六頁、より引用。
（6）冨山一郎『近代日本社会と「沖縄人」―「日本人」になるということ―』日本経済評論社、一九九〇年、一〇頁。
（7）屋嘉比収「古日本の鏡としての琉球―柳田国男と沖縄研究の枠組み―」『南島文化』第二一号、一九九九年。
（8）神田修『明治憲法下の教育行政の研究』福村出版、一九七〇年、参照。
（9）『沖縄日報』一九四〇年一月二二日。那覇市史総務部市史編集室編『那覇市史　資料編二巻中の三』那覇市、一九七〇年、三六四頁。
（10）月刊民芸編集部「問題再燃の経過」『月刊民芸』一九四〇年一一月・一二月合併号。
（11）一九一七年一月号（第一〇九号）、一九二六年一月号（第一五〇号）、一九三六年一月号（第二三三号）の各号の新年の挨拶に記載されている教育会幹部の氏名に基づいている。
（12）親泊の時期に、誌面が充実し、沖縄人執筆者数が増えるが、編集担当を廃して学務課長の渡邊が編集を兼任すると、雑誌の残存号が減り、沖縄人執筆者も減っている。
（13）高良倉吉「沖縄学」『沖縄大百科事典』沖縄タイムス社、一九八三年。
（14）国吉真哲「編集録」『沖縄教育』第一五八号、一九二六年一一月、九七頁。
（15）西里喜行「『沖縄県人事録』解説」、高嶺朝光編『沖縄県人事録』沖縄朝日新聞社、一九三七年、復刻版、ロマン書房、一九九三年、五頁。
（16）島袋源一郎「『沖縄教育』変遷と思い出」『沖縄教育』第二四八号、一九三七年四、参照。
（17）宮平麗行「本誌をして県文化運動の機関たらしめよ」『沖縄教育』第一三〇号、一九二三年一一月、七八頁。

(18)「初期社会主義者と芸術家たち　国吉真哲氏に聞く」新崎盛暉編『沖縄近代史への証言 上』沖縄タイムス社、一九八二年、一八九頁。国吉真哲『国吉真哲詩集 ゲリラ』おおみち出版社、一九九二年、参照。
(19)「編集後記」『沖縄教育』第一四九号、一九二五年一二月、九三頁。
(20)前掲宮平麗行論考、注(17)、『沖縄教育』第一三〇号、一九二三年一一月。
(21)又吉生「編集録」『沖縄教育』第一三〇号、一九二三年一一月、一一二頁。
(22)末原貫一郎「本誌の復興に就いて」『沖縄教育』第一三〇号、一九二三年一一月、八頁。
(23)前掲島袋源一郎論文、注(1)。
(24)又吉生「編集録」第一三〇号、一九二三年一一月、一一二頁。
(25)「編集録」『沖縄教育』第一四六号、一九二五年六月、九六頁。
(26)国吉の離任に関する詳細は不明であるが、何らかの力が働いたと思われる。国吉は、離任後、一九二九年四月には、「共産主義青年同盟の機関紙「共産青年」を配布したということで検挙され、那覇署に一ヶ月間留置され取調べを受け」(前掲国吉著作、注(18)、一九九二年)たりなどしている。
(27)島袋源一郎に関する先行研究に関しては、次章において言及する。
(28)藤澤健一研究代表『近代沖縄における自由教育運動の思想と実践に関する基礎的調査研究　付『沖縄教育』(一九〇六〜一九四四年)目次集成』科学研究費補助金(若手研究B)研究成果報告書、二〇〇七年。
(29)長嶺将起「他府県視察所感」『沖縄教育』第一四七号、一九二五年九月、六一頁。
(30)高良忠成「島尻郡校務研究会」『沖縄教育』第一三五号、一九二四年四月、六七〜七八頁。
(31)高良忠成前掲論考、注(30)、六九頁。
(32)梶村光郎「「標準語教育」関連記事改題」近藤健一郎『近代沖縄における教育実践史に関する実証的研究』二〇〇六〜二〇〇八年度科学研究費補助金(基盤研究C)研究成果報告書、二〇〇九年、参照。
(33)新崎寛直「対蹠点―大正末期素描―」『沖縄教育』第二四八号、一九三七年四月、九四頁。
(34)藤澤は前掲書、注(28)(三二頁)において、高良がその後、『南島発音矯正法』(沖縄教友会、一九四一年)などを出版し「沖縄の言語を抑制する言論を展開する」ようになり、その変化の経緯を追及することが必要と述べる。しかし、著者の解釈としては、高良は認識を改めたのではなく、彼の中では、「発音矯正に重きを置く」ことと「方言の使用を敢えて咎めず」という発言は矛盾していないと考える。「普通語励行」がそのまま沖縄の言葉の抑制・放棄と同じではなく、沖縄の言葉を保有しつつ「普通語励行」を行うという、「併用」的なあり方は可能性があり、そのような認識のもとでの実践だったと解釈する。同研究会でも両方の認識が示されているように、高良は明治期より、発音矯正・吃音矯正・聾唖教育にたずさわっていた（楢原翠邦編『沖縄県人事録』沖縄県人事録編纂所、一九一六年、二〇一頁）。

(35) 安仁屋政昭「真栄田一郎」『沖縄大百科事典』沖縄タイムス社、一九八三年。

(36) 「編集室より」『沖縄教育』第一九一号、一九三一年一〇月、五九頁。

(37) 藤澤健一「国家に抵抗した沖縄の教員運動―「日本教育労働者組合八重山支部事件」の歴史的評価―」同編『反復帰と反国家　「お国は？」』社会評論社、二〇〇八年、参照。

(38) 幸地恵勇「郷土教育に就いて」『沖縄教育』第一七四号、一九二九年三月、一九八頁。

(39) 前掲幸地恵勇「郷土教育に就いて」一九八頁。

(40) 前掲幸地恵勇「郷土教育に就いて」一九九～二〇〇頁。

(41) 幸地恵勇「本県実業補習教育振興ノ具体方針」『沖縄教育』第一七七号、一九二九年七月、六四頁。

(42) 前掲幸地恵勇「本県実業補習教育振興ノ具体方針」、注（41）、七一頁。

(43) 耕地啓誘「教員プロレタリアの持つブルジョア意識」『沖縄教育』第一九一号、一九三一年一〇月、一一頁。

(44) 耕地啓誘「教員プロレタリアの持つブルジョア意識」『沖縄教育』第一九二号、一九三一年一二月、一四頁。

(45) 前掲耕地啓誘「教員プロレタリアの持つブルジョア意識」第一九一号、注（43）、二四頁。

(46) 前掲耕地啓誘「教員プロレタリアの持つブルジョア意識」第一九一号、注（43）、九頁。

(47) 前掲耕地啓誘「教員プロレタリアの持つブルジョア意識」第一九二号、注（44）、二三頁。

第五章　一九三〇年代における「郷土」の把握
―島袋源一郎の編集期を中心に―

はじめに

第四章において、一九二三年一一月の第一三〇号から一九三三年九月の第二〇五号まで、又吉康和・国吉真哲・比嘉重徳・島袋源一郎の編集担当期の誌面の変化を確認し、そこでの沖縄人編集者間の沖縄教育雑誌の在り方についての考え方の違いを読み取り、『沖縄教育』誌上の大正自由教育・新興教育について点描してきた。本章では、それを受けて、特に島袋源一郎編集担当期を中心に、次の有銘興昭編集担当期にもまたがり、一九三〇年代の「郷土」という言葉で表現された「沖縄」認識を見てゆきたい。第四章では点描に終わった教育論をより具体的に検討し、沖縄の歴史・文化・言語に関する沖縄人同士、あるいは沖縄人と大和人の葛藤をより詳しく見てゆく。特に沖縄における郷土教育論争を集中的に検討し、そこから浮かび上がる「沖縄人」意識を第三中学校教諭豊川善曄の議論の分析を通じて確認する。

時期的には一九三〇年代前半から中盤にかけての時期である。この時期は、島袋源一郎の編集担当期から有銘

島袋源一郎（『沖縄教育』第309号、口絵写真、復刻版第34巻、不二出版）

興昭編集担当期にまたがるのだが、有銘の時期も島袋源一郎が大きな影響力を持っていたと考えられる。島袋源一郎が編集担当に就任したのは、教育会の建物である昭和会館が落成し、『沖縄教育』の編集事務が、それまでの県庁から同会館へ移動した時期であった。教育会の主事に就任した島袋源一郎が会館の運営と雑誌の編集を切り盛りしていたのである。その任務の多忙さから、編集助手として雇ったのが有銘興昭であった[1]。一九四二年の死去まで、教育会の主事であり、昭和会館で執務をとっていた島袋源一郎は、『沖縄教育』の編集にもその意向を反映させたと考えられる。次章で確認するように、有銘興昭編集担当期の『沖縄教育』に最も執筆回数が多いのが島袋源一郎であり、同時期の『沖縄教育』には、「昭和会館（教育会）日誌」（会館日誌）が掲載され、島袋源一郎の公務が記録されている。この時期において教育会で最も重要な人物の一人であるといえよう。第四章で確認したように、教育会の幹部のうち、総裁・会長・副会長には、県知事・内務部長・学務課長が就任するのが常であり、全て大和人であったが、数年で転職するこれらの役職の者とは異なり、島袋源一郎は、一〇年も同職にあり、それ以前も県視学として教育会の幹事職に長年就いていた。総裁・会長・副会長とは異なる意味で、大きな影響力を発揮したと考えられる。

その島袋源一郎は、民俗学者としても知られる人物であり、『沖縄県国頭郡志』（一九一九年）、『沖縄善行美談』（一九三二年）、『沖縄案内』（一九三二年）、『沖縄歴史』（一九三二年）、『琉球百話』（一九四一年）といった著作を残した人物である。ただし、その評価は、高良倉吉によると、「天皇制イデオロギーによってゆがめられた「研究者」」との位置づけであり、「国家至上の論理に従属した形で「郷土」＝沖縄を問題にし」たとされている[2]。しかし彼の議論を丁寧に読めば、国民教育を担うべき社会的な立場にあって、「沖縄人」意識と国民意識の狭間で揺れ動く様子が確認できる。[3] また、『沖縄教育』の「解説」[4]では、島袋源一郎の編集時期の特徴として、「郷土史をはじめとする郷土関係論考の重視」をあげている。しかし、すでに明らかにしたように郷土関係論考の重視は島袋の編集時期のみの特徴ではない。郷土史や郷土関係論考がどのように論じられているかを分析することが重要である。そのような観点から、この時期の『沖縄教育』の誌面に現れた沖縄・「郷土」の認識を確認してゆく。第一節で、「国語特集号」と改姓改名運動をとりあげ、第二節以降で、この時期に最も激しい葛藤を巻き起こした郷土教育論争を検討し、そのなかで突出した「沖縄人」意識を露わにした豊川善曄の郷土教育論を精査する。

第一節　島袋源一郎の編集と活動

島袋源一郎が編集を担当した号で、残存しているのは、第一九八号（一九三三年一月）、第一九九号（一九三三年二月）、第二〇〇号（一九三三年四月）、第二〇一号（一九三三年五月）、第二〇四号（一九三三年八月）、第二〇五号（一九三三年九月）の六号のみで、第二〇六号から第二一三号までは残存せず、第二一四号（一九三四年六月）からは有銘興昭が担当を始めている。この短い期間ではあるが、その間に、「昭和会館落成記念」（第一九八号）、「郷土史特集号」（第一九九号）、「国語特集号」（第二〇〇号）を組んでいる。「昭和会館落成記念」号は別としても、「郷土史」と「国語」という、沖縄教育にとって重要な課題である歴史認識と言語認識に関する特集を組むことが可能だったのは、長年教育の世界で生きながらも、沖縄研究に精通している島袋源一郎の資質によるであろう。国民統合という教育行政的な要請と、沖縄研究の成果の双方に目配せをしつつ、沖縄教育の現状に沿った政治的バランス感覚を持って、沖縄の言葉と歴史に関する議論を組織していったといえるであろう。その中庸さゆえに、学者・文化人からの批判をあびることもあった。本節では、まず、沖縄の言葉の問題を検討し、彼も中心にあって推進した改姓改名運動について確認したい。

(一) 国語問題特集号

一九三三年四月刊行の『沖縄教育』第二〇〇号は、島袋源一郎の編集によるもので「国語特集号」と銘打たれている。新学期より新訂小学国語読本を採用することをきっかけに、国語教育に熱心な会員からの提案を受けて特集された同号は、沖縄県立第二中学校国語研究部の会員による中等学校の国語の入試問題の分析や、新読本の研究、読み方の研究、綴り方の研究、教授の実際などから成り立っている。島袋源一郎は巻頭の「本県と国語教育」で、「沖縄語」は日本語の一方言で同一系統であることを強調した上で、歴史的な経緯、地理的な条件からくる不利益を理由として標準語励行が必要であると述べ、語彙の拡充、形容詞・副詞の適切な使用に加えて、「アクセントの矯正」まで行うべきだとしている。小学校、師範、中学の教師により投稿された一九の論考では、島袋が示した方向性での議論が行われている。沖縄県立第二中学校教諭で同校国語研究部員の真栄田義見は、「国語の郷土化」を主張しつつも、「沖縄独特なアクセント／沖縄独特な直訳風な言葉／使ひこなせない、習熟しない語彙／を考へた時矢張り方言の温情の中に飛び込みたくなる。が勇を鼓して訣別せねばならない[5]」と述べている。また、羽地尋常高等小学校の永山寛[6]も「郷土のアクセント」の矯正の必要性と、レコードの使用の有効性を述べている。ここでは、標準語の習得のみではなく、アクセントにまで留意した「正しい標準語」がもとめられているといえよう。

しかし他方においては、同号においても、沖縄の言葉を介した標準語教育の実践が有効な手段として紹介されている。具志川尋常高等小学校の古波蔵保昌は、語句の解説における教授法を列記し、最も有効なものとして、「方言の立場に立つ語ク教授」〔ママ〕を挙げている。例えば、「「容易」を「たやすく」と換語する、然し語彙の貧弱なる児童はすぐに受け取れないので方言の立場に立つことによって、ドウヤッサン＝タヤスク＝容易を敷衍して行く」のである。[7] そのような方法による語彙の拡充が「方言禁止に先立って」必要であるとしているのである。アクセントまで矯正しようとする島袋・真栄田・永山に対して、古波蔵は「方言」が日常において使用されていることを前提として標準語励行を行っているという意味で、より「併用」に近い議論であるといえよう。そのような論考を掲載したのもまた、編集者としての島袋源一郎であった。

島袋源一郎がそのような判断を下したのは、アクセントまで矯正するべきとする自らの主張が一つの意見にすぎないことを十分に理解していたからと考えられる。第二章で検討した太田朝敷は、当時、首里市長であったが、一九三二年に刊行した『沖縄県政五十年』（国民教育社）の中で、「普通語励行」に関して、「普通語」の奨励が「公式的な方言禁止の傾向を帯びることがあるのは考へものだ」とし、「実は今日では最早仰々しく奨励する必要は壕も感じない。無教育の老人の外は誰でも必要さへあれば相当に話し得る程度までに普及されてゐる」と述べている。また逆に、「私は他府県から来る県知事始め部長課長その他の諸君が、我が方言の練習に努められんことを切に希望する」とまで述べている。[8] このような意見と比べると、教育会におけるアクセントまで強制すべきとする議論がある意味で極端なものであることが自覚されたであろう。

近藤健一郎による沖縄の言語教育にもとづく時期区分では、[9] 一九〇〇年前後に、就学率の向上により一部の児童からすべての児童を対象とする教育へと転換し、総力戦体制期に、それまで学校のみに限定されていた「標準語」励行が学校を核にして地域へと広がってゆくという。そして、一九〇〇年前後の変化の時期に「普通語」のみによる教授が開始されるという。[10] しかし、本書で明らかにしてきたように、日清戦争後の『琉球教育』誌面においても、大正自由教育期においても、普通語の教授に関する議論は継続的に行われており、そして一九三三年の段階でも、沖縄の言葉を介在させた標準語教育が実践され、その優位性を主張されていることは確認されなくてはならない。島袋は自らの見解と異なる教育論もあえて掲載することにより、教育の現実から遊離しない議論を組織していたといえよう。

(二) 改姓改名運動

また、島袋は、「沖縄人」意識に影響を及ぼすであろう姓名の「改良」にも積極的であった。

一九三〇年代には、生活改善運動が行われ、生活の合理化が進むなか、沖縄の伝統的な衣服・生活習慣が簡素化されてゆく流れにあった。大和への「出稼ぎ」や海外移民が増大するなかで、大和人からの差別を回避するために、また、不便を解消するためにとの理由から、特に沖縄的な難解な氏名が「改良」の対象となるのである。沖縄の教育の場におけるその運動の中心に島袋はいた。

改姓改名は、明治末年頃から継続的にみられるものであるが、とくに一九三〇年代に盛んになるものである。一九三七年には、就職・社交にさしつかえると在京県人会を中心とする南島文化協会の「珍姓改姓運動」が行われていた。[11] そのような中、一九三六年三月に開催された第二五回初等教育研究会における建議を受けた教育会が「姓の呼称統一調査会」を組織し、そこにおいて「読み換えるべき姓」を八四ほど選定し、三つの改姓例を示すのだが、それが一九三七年三月の『沖縄教育』第二四七号に掲載される。[12] 川平（かびら）を「かわひら」、北谷（ちゃたん）を「きたたに」、金城（かにぐしく）を「きんじょう」と読み換えるべきとされ、下茂門を「下條」、仲尾次を「中小路」というふうに改姓し、「漸次呼称の統一を図ることになつた」とする。

その会議に参加した島袋源一郎は「姓の統一に関する私見」[13] において、「読みにくい姓のために不便不利を蒙ることが多く之がために肩身を狭くすることがあるから長い年月の間に呼称を統一する必要が生ずるのである」と説明している。そしてその背景として移民・出稼ぎ労働者の存在が念頭に置かれており、「県内に於ては左程

東恩納寛惇（『東恩納寛惇全集』第9巻、口絵写真、第一書房、1981年）

の不便は感じないにしても県外海外等へ出て活動する人々に取つては通用上の不便甚だしき為め」とされている。

ただし、そのような決定を下した会議に参加した島袋も躊躇する思いもあったようで、同論考で、「何処の地方でも読み難い特殊の姓はザラにあるのであるから敢て気にせず自分達がどこへ飛出してもヒケをとらぬ程の人物になり沖縄県民たることに矜持と自信とをもつて邁進することが最も根本的問題であることを忘れてはなるまい、吾等の先輩、漢那、伊波、東恩納、仲宗根、比嘉、其他の方々の姓も最初は随分風変りな称へ方だと思はれたに違ひないが、今日では学会や全国的に漸次知られて別に変な姓だと思ふ人もあるまい。要は自分達が偉くなつて読み難い姓でも全国的に通じのよいように売出すことである」と述べている。

そのような弁明をしなくてはならないのは、当然、改姓改名への批判が沖縄内外で広く存在していたことによるのであろう。一九三五年一〇月の『沖縄教育』第二三〇号には、在京知識人である島袋盛敏の「苗字不変更」[14]という随筆が掲載されていた。島袋は長年、沖縄で小学校教師教員を務めた後に上京し、成城学園女学校で勤める傍ら琉球文学・芸能の研究を行っている人物である。その随筆の内容は、東京で女学生から「島袋」という苗字について「先生の苗字は、変ね」と言われた経験などから、家族会議を開き、改姓するか否かを議論したという内容である。その結果、「ひけ目を感じて、改姓したいと云ふ者は一人も居ない」、「「皆が偉くなつたら、島袋と云ふ姓も、一寸も変ではなくなるでせう」と云ふので、とうとう未来永劫に変更せぬことにした」というものであった。

さらに、一九三九年一〇月の時点でも、琉球史研究者の東恩納寛惇は改姓への憤りを露わにしている。すなわち、「名前を変へる、けしからん話だ、（中略）沖縄人何が悪い、我は沖縄人、沖縄人こゝにあり！　本当の教育はこゝにある、沖縄人であることをかくすために名前を変える、憐れむべし、東海林と書いてショージと読むではないか、私の話は諸君に自覚を促すのがひとつの目的である」[15]と述べて、自分自身の講演や研究は、沖縄の人々の「自覚」を促すためのものであるしている。第六章でも論及するが、琉球史研究者の東恩納寛惇は、島袋源一郎を含む教育会や県学務部による沖縄文化剥奪の風潮に激しく抵抗する人物である。

ただし、そのような島袋盛敏や東恩納寛惇の議論を、島袋源一郎は、自らの影響力の及ぶ『沖縄教育』誌上に掲載していることに注目する必要がある。それは島袋源一郎のバランス感覚でもあるが、対立する意見がたたかわされている沖縄教育会の現状から、島袋盛敏や東恩納寛惇の議論を無視しえなかったことにもよる。絶えざる葛藤をはらみむ教育会の現状を『沖縄教育』誌上に反映せざるをえなかったともいえよう。

一九三〇年代にそのような対立・葛藤が最も華々しかったのが、次節以降で取り上げる郷土教育論争である。

第二節　郷土教育の先行研究と沖縄における争点

日本における郷土教育とは、第一次世界大戦後の経済恐慌による農村の疲弊状況を背景に一九三〇年頃より展開された教育運動である。文部省は、一九三〇年、一九三一年に郷土研究施設費を各師範学校に交付し、一九三二年に師範学校規定地理科に「地方研究」を導入し、郷土教育に関する取り組みを本格化させる。他方、一九三〇年には、民間教育団体である郷土教育連盟が結成され、雑誌『郷土』（『郷土科学』〈三一年六月〜〉『郷土教育』〈三二年四月〜〉）が一九三四年まで刊行された。

同運動の先行研究としては、まず、同時代の海後宗臣・伏見猛彌らの調査・研究[16]があげられる。同書では、「客観的主知的郷土教育論」「客観的主情的郷土教育論」「主観的郷土教育論」という類型を提示しており、戦後における郷土教育運動研究における基本的な視座を提供している。また久木幸男[17]は、一九三一年の郷土教育連盟主催の郷土教育研究協議会、一九三二年の文部省主催郷土教育講習会での議論を分析し、「郷土科」を特設すべきか、既設教科を「郷土化」すべきかという議論があり、その背後に、客観主義と主観主義の対立を確認している。近年では、伊藤純郎[18]が、戦後の研究では、運動の実態的な研究を欠いたまま、「文部省・師範学校が推進する愛郷心愛国心の涵養を目的とする主観的心情的郷土教育論と、郷土教育連盟が主張する客観的科学的郷土教育論を対極に措定し、教育現場で実践された郷土教育をそのいずれかに当てはめるなかで運動としての反動性・健康性を指摘するという研究方法」に陥っていると批判し、文部省と郷土教育連盟の協力関係や葛藤を指摘している。

その他にも郷土教育の個別の地域を対象とした研究などが多数積み重ねられているが、本書の視点から、興味深いものとして、手塚岸衛に象徴される「自由教育」の普及した千葉県における郷土教育の導入の事例を取り上げた山田恵吾の研究がある。大正自由教育の普及した地域に対する千葉県当局の統制として「教育の郷土化」施策が展開されたことが検討されている[19]。

また、植民地における郷土教育に関する研究としては、許佩賢[20]の研究があげられる。許は、「植民地統治者たちは、郷土認識が児童の愛郷心だけではなく、愛国心をも養成することを期待していたものの、台湾が郷土の単位となってしまえば、台湾アイデンティティーの助長につながりかねないという懸念を同時に抱いていた」と指摘している。また、國分麻里[21]は「被支配民族に対して、その民族の歴史を用い支配民族の思想に近づける」ものとして植民地期朝鮮の歴史教育を分析している。

そして、少し時代は下るが、一九四一年の国民学校制度のもと、国民科地理に「郷土の観察」が設けられた時、台湾の台北第二師範学校附属国民学校では、「台湾の特殊性から考へても、領台以前の歴史的事項に深入りして説くことの不可は述べるまでもない」とされている。また朝鮮の平壌師範学校附属国民学校では、「誤つた郷土愛を誘発せしむる怖れ[22]」が懸念されている。台湾・朝鮮においては、その土地の歴史を語ることに注意が払われ、「誤つた郷土愛」が警戒されていたことが分かる。

沖縄の郷土教育も、台湾や朝鮮と同じように、「内地」にあっては見られない展開を示すものであった。沖縄県師範学校編『郷土教育施設概要』（一九三三年六月）の「本県郷土教育上の特殊問題に対する方針」（―以下「師範方針」）では、「本県の郷土教育に関し、万一其の教材の解釈選択につき妥当中正を失せんか、只に郷土教育の目的に副はざるのみならず、却って国民教育を破壊するの患なしとせず」と述べ、「本校に於ては、是等の重要問題に関し、左の如き方針を以て郷土教育を実施しつ丶あり。／（一）本県郷土教育の重要なる第一の問題は、沖縄を以て独立の国家たりしものと認めざる点なり、（略）／（二）本県教育の第二の重要問題は、史上に於ける対支関係なり、（略）／（三）本県郷土教育の第三の問題は沖縄の文化を本土の文化の一縮図として検討すべき事なり[23]」としている。沖縄の歴史解釈（琉球国の独自性、対中国関係、対「本土」関係など）が問題になっているのである。同方針を執筆した師範の教師たちは、沖縄の郷土教育に「国民教育を破壊するの患」を感じたのだが、本論で詳述する豊川の思想と実践なども想定されていたと考えられる。

沖縄の郷土教育に関する先行研究としては、阿波根直誠[24]が、沖縄県女子師範学校『郷土教育紀要』（第一輯、一九三四年二月）と沖縄県師範学校『郷土教育施設概要』（一九三三年六月）を発掘・紹介し、特に「郷土室」「郷土資料目録」に紙幅を費やし、沖縄における郷土教育運動の具体的な状況を伝えている。しかし前掲「師範方針」にも言及しているものの、その意味を分析することなく、「本県でもまさに、「郷土教育は愛国心教育の代名詞になっていた」側面は決して無視できないと思う」と結論づけてしまっており、郷土史教育に関する教師間の認識の違いや葛藤は捉えられていない。沖縄独自の展開についての視点が薄いといえる。

　また、城間有[25]は、豊川善曄の資料調査・収集を行い、豊川の生涯と思想の全体像を描くなかで、豊川が関わった郷土教育にも言及している。城間によれば、「「郷土教育」の向かうべき方向を積極的に理論づけた」のは教育会主事の島袋源一郎と琉球史家の東恩納寛惇であり、「日本本土とは歴史を異にするがゆえに、ややもすれば郷土（を教える）教育が国家教育の方向と反対に危険性を沖縄は抱えていたのであり、それを修正しようとする努力を彼等に見て取れる」（傍点原文）[26]とする。しかし島袋・東恩納は、「国史」に繋がる「郷土史」のあり方を語りつつも、それに収まりきれない「琉球史」を饒舌に語っていることに注目すべきであり、彼等の複雑な「沖縄人」意識を読み解く必要がある。豊川善曄の独自性を強調するあまり、少なからぬ人々によって「沖縄人」意識が共有されていたことを看過しているといえよう。また城間は、豊川に関しては「国家につながる郷土ではなく、あくまで沖縄という固有の歴史をもつ郷土」として沖縄をとらえ「多元的調和」に価値をおいており、島袋や東恩納のように「国史」と「郷土史」を関連づける努力は豊川にはみられないと論じる。たしかに彼の「沖縄民族」意識・「郷土史」認識に、「多元的調和」の志向があったといえるであろう。しかし後述するように、その「多元的調和」も問題をはらむものであった。

　以下、第三節で、沖縄県教育会機関誌『沖縄教育』（郷土史特集号、第一九九号、一九三三年二月、以下「郷土史特集号」）の郷土史教育に関する議論を検討し、その多様性を確認し、そこに認識の対立を指摘し、「沖縄人」意識の広がりを確認する。第四節では、最も体系的に沖縄の郷土教育を論じた豊川善曄の郷土教育の思想と実践を紹介する。第五節では、豊川の議論の独自性を同時代の沖縄救済論と比較・検討し、第六節では、豊川の議論の最大の特徴である「沖縄人」意識の様相を明らかにする。そのような叙述を通し、沖縄の郷土教育の独自性を確認し、沖縄の歴史認識から立ち上がる「沖縄人」意識の行方を追うことにする。

第三節　『沖縄教育』郷土史特集号と様々な議論

沖縄においても中央での議論が意識されており、「郷土科」特設と既習教科の「郷土化」に関して考察されている。また他府県同様に多様な郷土教育の取り組みがなされているようで、沖縄県師範学校では、前掲二書から確認すると、生徒による「郷土調査」「各教科教材の郷土化」「郷土教育各科教授細目」の作成、「郷土教育講演会」、「学友会雑誌郷土号の発刊」、「郷土見学及郷土修学旅行」、「郷土農園及郷土植物園」、「郷土室」の運営などが行われている。また沖縄県女子師範学校では「郷土室とその利用」「郷土研究時間の特設」、「姫百合会（学友会）学芸部の郷土研究」、「各科教授細目の作成」「各科教授の郷土化」が取り組まれていた。

『沖縄教育』第199号の表紙（『沖縄教育』第199号、復刻版第23巻、不二出版）

全国的にも「国史、地理、修身の如き教科目に於て最も多く郷土教育がなされている」[27]のと同様に、男女師範学校の郷土室の備品点数[28]からみても、郷土教育の実践は全ての教科目にわたるが、歴史・地理の図書や備品の収集が多く、郷土教育の中心的な科目であることがわかる（〈表5－1〉参照）。しかし沖縄では、そのなかでも「郷土史」のみが『沖縄教育』で特集され議論されるのである。

その背後には、これまで、沖縄の教育界において論じられてきた問題が存在していたといえよう。つま

〈表 5-1〉　男女師範学校郷土室の備品数一覧

沖縄県師範学校郷土室備品数				
	図書	備品	生徒作品	総計
修身	11	0	0	11
教育	90	0	4	94
公民	11	0	0	11
文学	86	6	62	154
歴史	345	105	347	797
地理	122	346	198	666
数学	0	20	15	35
理化	1	371	9	381
博物	3	236	0	239
農業	17	82	0	99
美術	72	38	12	122
体育	0	12	0	12
音楽	6	48	3	57
総計	764	1,264	650	2,678

沖縄県女子師範学校郷土室備品数				
	図書	図表	備品	総計
修身教育	84	3	0	87
公民	154	0	0	154
国漢	30	0	12	42
歴史	154	198	103	455
地理	78	236	243	557
数学	4	2	0	6
理科	19	0	900（標本）	919
化学	0	0	70	70
家事	0	0	454	454
手工	0	0	27	27
農業	30	0	0	30
音楽	3	0	3	6
一般備品	38	0	0	38
総計	594	439	1,812	2,845

＊「沖縄県師範学校郷土室備品数」は阿波根直誠「沖縄の師範学校における「郷土室」について（Ⅰ）（Ⅱ）」（『琉球大学教育学部紀要』第 28 集、第 30 集、1985、1987）より作成。「沖縄県女子師範学校郷土室備品数」は沖縄県女子師範学校『郷土教育紀要第一輯』(1933) より作成。科目や種類に関しては各資料の分類に従った。数字は品目数ではなく点数。「沖縄県女子師範学校郷土室備品数」の「理科」の「備品」は全て標本、「家事」の「備品」は瓶や瓶用王冠等。

り日清戦争で琉球の帰属問題が決着した後に、琉球国時代の独自性や中国との歴史的な関係を、いかに国体論的な歴史像に取り込むべきかが問われてきた。一九三〇年代の沖縄の日本への統合の深化と経済難、及び中国への侵略の深まりのなか、郷土教育運動の全国的な展開を契機として、同問題が改めて問われたといえよう。

前掲「師範方針」が掲げられるのに先立ち刊行された『沖縄教育』「郷土史特集号」では、一七人、一八本の研究論文・講演記録が掲載されている。東京府立高校教授・県立図書館長・七校教授・男女師範学校教諭・附属小学校訓導・県立中学教諭・県立高等女学校教授・小学校訓導などが執筆している。

そのなかで前掲「師範方針」の策定

に関わったであろう師範学校附属小学校訓導・同校研究主任名嘉山盛茂（沖縄人）は「国史が主であり、郷土史は従であることは勿論である」と述べ、「郷土史取扱の内に於て難点と見なされる部分は、（中略）冊封・王号等支那関係である」と指摘し、「冊封に就いて」「王号に就いて」「支那思想の影響」について論じている。(29)明清との関係（冊封）と琉球国の独自性（王号）、その影響による易姓革命による沖縄史認識（支那思想）を、「国史」に適合的に再解釈（矮小化）し、日琉同祖論（神話）を強調するというものであった。琉球史を国史に解消するための「難点」を端的に指摘し、「郷土史として見」る際の解釈を提示しているといえる。

そのような認識を最も明瞭に示していたのが、沖縄県女子師範学校教諭・第一高等女学校教諭の直田昇（大和人）であった。直田は「郷土史特集号」に先立ち、第一八八号（一九三一年四月）で「沖縄の国史教育に対する私見」(30)を発表している。そこで直田は、沖縄史教育の留意点として、国民的美挙を喧伝すること、国民的行為に反した事実は割愛すること、「沖縄の政治並びに文化界は全く国史の進行軌道を追従してゐる」ことを明瞭ならしめること等をあげ、それに基づいた沖縄の「郷土史」像を描いている。より具体的に述べれば、まず、琉球国の明清への朝貢・冊封や大交易時代の繁栄については削除あるいは矮小化されている。また近世琉球期の野国総管・儀間真常・尚敬・蔡温・程順則らの文化的な貢献は、一方的に大和からの影響だとされ、明清からの影響や、琉球の独自性が無視されている。そして、大阪夏の陣に参加した琉球人の話などほとんど知られていない事柄などが持ち出されている。国史に適合的な「郷土史」として沖縄史・琉球史を語る場合の具体的な歴史像を提示しているといえよう。

さらに直田の論が印象的なのは、「国史と沖縄史連結上の注意」として指摘されている点である。まず、直田は「琉球の語」に対して、「私は特に此の言葉が目に耳に又口にしたくない。此れが出処は別に悪くないとしても、皆人も知る如く此れは支那人の呼んだ名だがら［ママ］である」(31)と述べている。この「琉球」という言葉に対する感覚的な拒否感は、三〇年以上も前の新田義尊の議論を彷彿とさせる。沖縄の文化的な次元での同一化も進んだなかにおいてもなお、大和人教師の「沖縄」「琉球」へのイメージは変容していないともいえる。

また、「慶長十四年の島津がした沖縄征伐」に関して、「悲憤慷慨して滔々と薩摩の苛斂誅求を物語る事は断じてゐけない。（中略）寧ろこれより結果した沖縄人民の精神的欠陥を挙げてそれが矯正に當たりたいと思ふ[32]」と述べている。そして、「廃藩置県當時の物議に関して」は、「この際の沖縄人の迷妄は彼の幕末維新の際の会津藩等の順逆の理を誤つたに比して、寧ろその迷妄理解の度は大であつたと言ひうる。その際の迷妄賞揚すべきに非ず、而し解迷の早きは賞するに足る[33]」と述べる。沖縄の歴史を日本の国史に解消しようとする際の難しさが読み取れる。

この直田とは対極的に、同特集号で最も強い「沖縄人」意識を内包した郷土教育認識を示したのは、序章でも言及した豊川善曄であるが、その内容は、次節で確認したい。

愛国心を強調する直田と「沖縄人」意識を強調する豊川を両極とし、その中間に曖昧さを含む襞の多い意見が並んでいるといえよう。東恩納寛惇と島袋源一郎の議論をみてみよう。

同特集巻頭二講話の話者である琉球史研究者の東恩納寛惇[34]は、「沖縄の郷土史と琉球史とは全然別々のものであることを注意されたい」と述べ、学校で教授されるべき「郷土史」と自らもその研究者である「琉球史」とを弁別することを説く。そして「郷土史といふことを教授するに、（中略）、結論からいふと大八洲国と南方の島々とを一団と見たい。沖縄自体ではなく、大八洲国の一番南の島の一部である」とし、「郷土史」として語る沖縄の過去を「大八洲国」（「日本」）の歴史として語るべきだとする。彼の論では、琉球国と中国との関係は単なる経済的なものにすぎないものとされ、琉球王の王号も足利義満が日本国王と称したことと同じこととされている。そうして、日琉同祖論にもとづき純日本の文化は沖縄に保存されているのであるという論理で、日本と沖縄の一体性を強調するのである。さらに、後に展開する、琉球の大交易時代を大東亜共栄圏の先駆けだと喧伝する論理の萌芽も見て取れる。のちの東恩納の学術的な主著となる『黎明期の海外交通史』（帝国教育出版会、一九四一年）では、琉球国の大交易時代が描かれるが、中国関連の記述が驚くほどに少なく、日中戦争の本格化という時代的影響を確認できる。

このような点をみてゆけば、城間有の評価が妥当なように思われる。しかし、留意しなければならないのは、東恩納の議論においては、学校で教授されるべき「郷土史」と研究者である自身が描く「琉球史」とを弁別する必要を説き、「琉球史」という領域を残している点であった。そして彼の講演は、「本県郷土史の取扱に就いて」というタイトルなのに、「琉球史」を語っているのか「郷土史」を語っているのか理解しづらいものであった。琉球史研究者である彼が「海島に生れて遠く安南シャムまで小さなクリ舟に、打ち乗って海上何万里を誇った。われわれの祖先の気迫を想起せよ」という時、語られている内容が「琉球史」なのか「郷土史」なのか聴衆（読者）には判然とないものであったろう。さらに、すでに述べたように、東恩納は突出した「沖縄人」意識を表明した人物でもあったことも留意すべきである。

また、沖縄民俗学研究者でもあり、県教育会の最重要な地位の一つに就いていた島袋源一郎は、まず、「師範方針」に類する建前を述べる。そして、「国史に何等の連絡なき郷土史料を盛沢山に詰め込むが如きは深く考慮すべきことである。東恩納教授が『琉球史と郷土史とは別々に考ふべきものである』といはれたのは亦かういふ見地からであると察する」(35)と述べている。しかし、以下に述べるとおり、具体的な歴史叙述では、「国史」に適合的な「郷土史」の枠には収まりきれない「琉球史」の事実を羅列し、「古琉球の人々即ち吾等の祖先は勇敢にして偉大なる素質を持つてゐたことを児童の脳裏に刻むこと」を強調し、「結論として吾々は大いに自重奮発して此の偉大なる民族性の甦生を図らなければならぬ」とする。この文脈での「民族性」とは、日本人としての民族性ではなく、「沖縄人」としての民族性だと捉えるしかない。

島袋は同論考で、薩摩侵攻までの沖縄人の「実に勇敢なりし記事」として一〇つの歴史的な事項をあげている。その内容は以下のとおりである。①『隋書』流求伝の琉球人が戦いを好むという記事、②中山南山留学生が明帝の詔勅を誹謗して死刑に処せられた件、③尚思紹貢使の明での奪略、④尚思達貢使随伴人が明国人と喧嘩をした件、⑤室町時代に鉄砲あるいは爆竹で京都人士を驚かした件、⑥琉球人の奪略や殺害の結果として二年一貢になった件、⑦勇気と犠牲精神に富める喜友名親雲上の話、⑧貢使平田典通の清国での勇敢と機転、⑨海賊と戦った湧田親雲上の忠勇義烈の志情、⑩尚真時代に名嘉眞親雲上と喜友名親雲上が海賊と戦った末に進貢を果たした件。

これらの歴史的な事件は、沖縄の人々のイメージを覆すような史実ではある。しかし、それが、「郷土史」として、どのように国史とつながるのは判然としない。島袋自身が注意を促していた「国史と何等の連絡なき郷土史料」といってよいのではないだろうか。また、⑩の解説として「実に大和魂を発揮したものといふべきである」と述べているが、なぜ海賊と戦って明国に朝貢したことが「大和魂」の発揮となるのか理解に苦しむ。島袋の沖縄歴史の具体的像は、彼の郷土教育史教育についての方針を裏切るものとなっているといえよう。これらの歴史的な事件は、自らの著作からの引用であるのだが、郷土研究者でもある島袋は、『沖縄善行美談』という「郷土史」教授に重宝する著作を書きつつも、『沖縄県国頭郡志』『沖縄案内』『沖縄歴史』『琉球百話』などを著し、「郷土史」には収まりきれない「琉球史」を盛んに論じていた。

誌上の議論を読む限り、微妙ではありつつも決定的な違いを持ち、目的や力点の異なる郷土教育論が誌上に並列されており、それぞれの優位性を競い合っているといえる。どの議論が有力であり、他を指導するというふうではない。実際、「郷土史特集号」が発行された翌月の三月二日から四日まで開催された第二二回初等教育研究会では、郷土史教育に関する様々な意見がたたかわされていたことがわかる。[36] 約二〇〇人の出席者をえた同研究会では、六つの研究発表、三つの講演、一八の協議題、六つの談話題、二つの建議題が用意され、「火を吐くが如く熱烈なる論争を交は」されたという。それを伝えた『沖縄教育』の記者は「国史との密接なる関係は勿論吾等祖先の勇敢なりし活動及び東洋諸国の文明を咀嚼して独特の琉球文化を創造した普及の業績に就いて十二分の認識と自覚とを得たのである」と評している。ここでは日琉同祖論的な国史と沖縄史との関係のみではなく、沖縄の独自性への自覚が強調されており、研究会においても、愛国心に繋がる沖縄郷土史教育と沖縄人意識を育む沖縄郷土史教育を両極に議論が展開されていたと考えられる。

このような「沖縄人」意識や沖縄史の独自性に関する議論の様相は、「客観的」「主観的」という対立軸では捉えられない要素を含むものであるといえよう。また城間有の整理のように東恩納・島袋と豊川を対立的に捉えるというよりは、「師範方針」と他の論との差異にこそ注目し、「師範方針」と豊川とを対極として整理すべきであると考える。そして、その議論の広がりの中で、「沖縄人」意識を鼓舞する者が豊川善曄に限定されていないことを確認すべきであろう。

第四節　豊川善曄の「魂のルネッサンス」と沖縄救済論

では、「師範方針」や直田とは対極的な認識を示した豊川の郷土教育論を検討しなくてはならないが、その前に、彼の経歴を確認したい。豊川善曄（とよかわぜんよう）は、一八八八年に現石垣市に生まれ、一九〇八年に沖縄県師範学校を、一九一三年に東京高等師範学校を卒業し、修身・教育・地理・歴史の中等教員免許状を受領した。東京・山梨・北海道・青島（中国）・新潟など各地で小学・中学の校長を歴任し、一九二八年、名護の県立第三中学の教頭として着任した。三五年には辞して朝鮮に渡り、興亜運動に従事し、一九四一年にその地で没した。沖縄に赴任以前に、一九二〇年、新潟尋常高等小学校長の頃には「大新潟論」を語り[37]、一九二六年には山梨で『新吉田建設論』(新吉田協会研究部)を語っている。居住した地域の復興を求め、地域主義的な活動を続けてきた。その地域主義が、沖縄という場においては、その土地がもつ記憶と結合し「沖縄民族」として表現されることになる。

豊川は郷土史教育の目的を次のように語る。「沖縄郷土史教授の骨子は何かときかれたら私は「魂の振興である」と答へたい。薩摩入以来抑へつけられて萎縮してゐた我々の民族魂を解放して元の通り元気よく活動させるにあると云ひたい」「今日の状態は如何、溌剌たる往事の面影は何処にかある、これ皆同化〳〵といつて角を矯めて民族魂を殺した為めである。吾々は尚真王時代に一大飛躍をなし又蔡温時代に黙々として牛の如く働いて来た過去の民族魂が目を覚まし新沖縄建設の原動力となる時に至らざれば本県は救われないと信ずる。郷土史は吾々の失はれた精神を呼び起こし自力更生の力とならしめるものである」[38]。

豊川は、郷土史教授の骨子を沖縄の「民族魂」の振興だとし、従来の「同化」教育を批判している。「師範方針に照らせば、師範学校関係者としては看過しえない認識だといえよう。豊川の論考では、「大沖縄の民族魂の復興」が議論の中心となっており、古琉球の尚真王時代の「剛健進取の民族魂」が顕彰され、薩摩入以来の苦難を耐え忍んできた向象賢・蔡温の時代や、当時に於ける沖縄人の日本文化への貢献が讃えられており、「日琉同祖論」的な認識は言及されず、「注意点」としてあげられているのみである。古琉球時代の活躍を日本史の中に解消しようとする視点も薄い。豊川が「郷土史教育の主眼点」として「日本文化に対する吾等の祖先の貢献を知らしめ大いに民族的自重心を起させ」ようとした点には、「沖縄の政治並に文化界は全く国史の進行軌道を追従してゐる」ことを明瞭ならしめようとする意図と明瞭な差異を確認できる。豊川の論は、「沖縄学の祖」と称される伊波普猷が一九一〇年代に展開した「個性」論のロジックを踏襲しているといえる（この時期伊波自身は柳田民俗学の影響もあり「個性」論ではなく大和との文化的同一性の探求へと傾斜しているが）。直田昇からすれば、それこそ「島国根性に加ふるに更に郷土根性を以てしては、偏峡固陋遂には済度し難い大和民族に創り上げて行く[39]」ものと理解されたであろう。

では、なぜ「郷土史特集号」に、「師範方針」に反するような豊川の論が掲載されたのであろうか。その理由を二点指摘できる。まず編集担当である島袋の意志が働いていたのではないか。島袋は編集後記で豊川の論を「愛県の心情を吐露し県民覚醒の巨炬であり、現象の世界の根源は見えざる世界であり、経済振興の根源は魂の振興にありと絶叫してゐる。繰返して味ふべきである[40]」と高く評価している。島袋は豊川の論に共感する部分があったのであろう。あるいは、異なる意見を併記することによりバランス感覚を保とうとする島袋の中庸さによるのであろう。

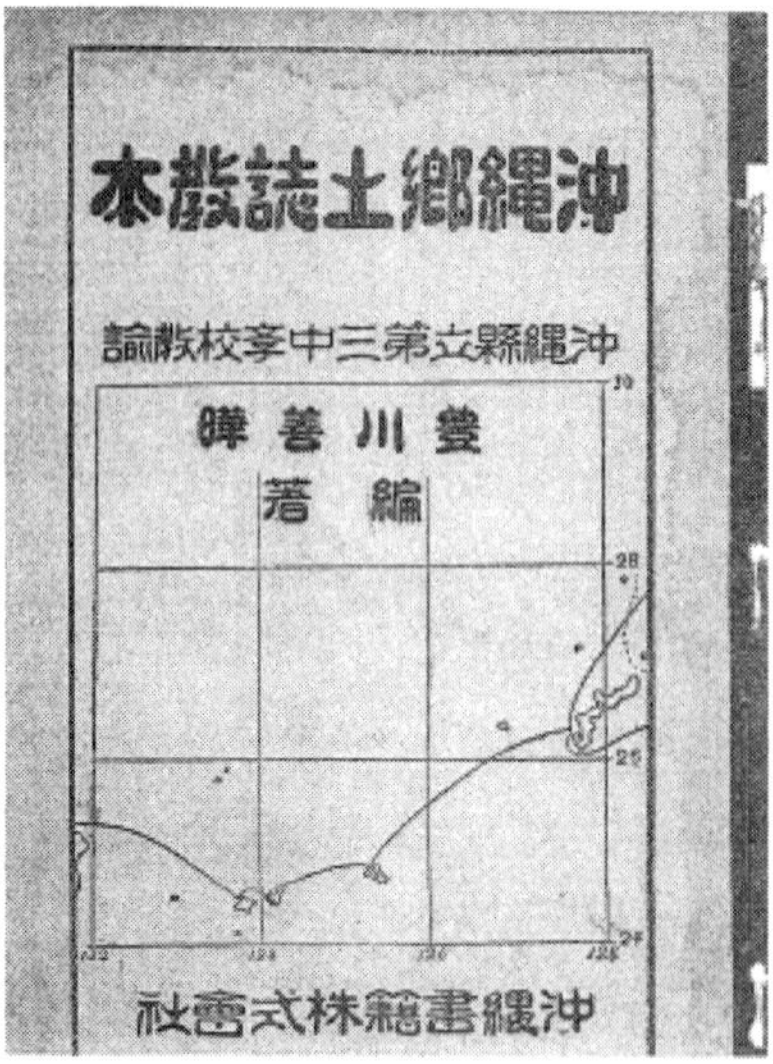

豊川善曄『沖縄郷土誌教本』の表紙
（沖縄書籍株式会社、1932 年、沖縄県立図書館蔵）

次に、豊川の郷土教育実践がすでによく知られていたことがあげられよう。豊川には、在職期間中に、自らの地理学の専門性にもとづいた郷土教育関連著作が三冊ある。(a)『経済問題を中心とせる沖縄郷土地理』（愛南社、一九三〇年）、(b)『自力主義沖縄振興策論』（沖縄書籍株式会社、一九三一年）、(c)『沖縄郷土誌教本』（沖縄書籍株式会社、一九三二年）である。いずれも「郷土史教育特集号」に先だって刊行されたものである。

(c)『沖縄郷土誌教本』は(a)『経済問題を中心とせる沖縄郷土地理』の改訂三版であり、中学校・高等小学校・補習学校・青年学校等の生徒を対象とした教本であり、より平易で教本的な体裁を整えたものである。改訂三版の序によれば、「初版・二版二千部を旬日にして売り尽した」[41]とのことである。当時、沖縄の各中学・男女師範・高等女学校の総生徒数が約四〇〇〇で、青年訓練所の生徒数が約一万人であることを考えれば、相当の売れ行きである。

(c)『沖縄郷土誌教本』の解説と位置づけられている(b)『自力主義沖縄振興策論』は、具体的に沖縄県の救済策を説いた内容である。そこでは、いかにしてソテツ地獄に陥った沖縄経済を立て直すかが具体的に論じられている。まず、糖価の暴落からはじまるソテツ地獄を抜け出すためには、伝統的村落共同体の互助扶助組織の利用も加味した自給的な地域社会の形成とそのネットワークとしての沖縄社会の再構築が必要であり、そのために産業組合の育成を説く。そして、過去の沖縄の経済繁栄に「自給主義」(近世琉球)と「換金主義」(大交易時代)を見いだし、そのバランスを説いている。沖縄の歴史を踏まえた現状改革案であり、その担い手を育成する教育の必要性を説く。「自力主義」と銘打ち、国家による救済に頼るのではないという点が、同時期の他の沖縄救済策と異なる点である。[42]

第五節　様々な沖縄救済策と豊川の独自性

豊川の郷土教育論が説得力をもち、ある程度の部数を販売しえたのは学校での使用という要因もあったが、それだけでなく彼の論が、現実の経済疲弊を直視し、具体的な知識・方策を提示しえたからだと思われる。豊川の専門が地理学ということにもよるが、他の教師の議論に比し、郷土教育論と現実の経済疲弊への提言とが密接に絡み合っている点で、彼の議論は突出している。当時、ソテツ地獄に陥った沖縄を救済する様々な議論が提起されており、それらを集成した代表的な著作として、湧上聾人編『沖縄救済論集』（改造之沖縄社、一九二九年）があるが、その中で何人かの教師の論も取り上げられている。県立二中校長で戦後行政主席となる志喜屋孝信は、経済難克服のためには人々の精神的自覚が重要であるとし、愛国心を強調し、その上で、英才教育・奨学金制度拡充を主張している。経済的な分析を欠いた精神論という感は否めない。他方、教育会主事の島袋源一郎は、政府への批判というトーンを抑えつつも、沖縄がソテツ地獄に陥った原因を移入超過と国税の負担過多とリアルに分析しており、政府の責任を婉曲に指摘したうえで、移民教育などについて検討している。ただし具体的な方策などを提起するにはいたらず、また彼の郷土史教育との関連も判然としないものであった。それらに比して豊川の郷土教育実践と沖縄救済策の一貫性は際だっている。

では、政治家・新聞人など、教師以外の他の論者と比べて、豊川の沖縄救済策はどのような特徴があるであろうか。その点を考察しなくてはならない。『沖縄県史』三経済（琉球政府編、一九七二年、六四三〜六五四頁）[43]では、この時期の沖縄救済論議を概観、整理している。それにより、各議論が指摘した県経済疲弊の原因や、提起された各種の救済策を列記すれば、次の通りである。

まず、県経済疲弊の原因として、①甘蔗甘藷に偏重した生産構造、②移入超過になったこと、③国庫に対する勘定が支払いすぎ（国による収奪）、④他府県に比較し経済的に脆弱であるのに法制上の同等の取扱を受けていること、⑤県予算に対する国庫補助金の率が漸次低下していること（一九〇九年六割九分七九、一九三〇年一割一分六六）、⑥極端な金融難に陥ったこと、⑦その他（「このほか、歴代為政者の「秕政」を中心とする歴史的な経緯、土地矮小、気候風土などの自然的原因、人口の過剰、人びとの心の持ち方や気質などをあげている論者もいる」）、である。

次に、救済策として、①海外移民、未開拓地八重山への移民の奨励、②人々の意識改革・教育の重視、③糖業偏重の産業構成を多様にあるいは他の方面に再編成しようというもの、である。

疲弊の原因・救済策に関する、このような『沖縄県史』の分析に概ね妥当なものといえるが、著者が見たところでは、「琉球処分」以降の歴史への総括としてソテツ地獄をとらえ、特別な制度への言及を含む議論が見受けられる点を付け足し、特筆したいと思う。例えば、新聞人の新城朝功はソテツ地獄を単なる経済難とのみ捉えるのではなく、日本の沖縄統治の結果、あるいは近代沖縄の総括として理解し、「琉球現今の瀕死の窮状が其の根本原因を明治初年当時に於ける我国の内地、外交及び植民政策の幼稚なりし結果の犠牲である(44)」と述べる。後述するように豊川にも同様な視点が存在しており、そのうえで新たな沖縄のあり方を論ずる議論も散見する。そのような議論は「特別な制度」を論ずることにつながる。

一八七九年の「琉球処分」後、長く旧慣が温存され、一八九九～一九〇三年の土地整理からはじまり、一九一二年の参政権の付与、一九二一年の地方自治制の特別制度の撤廃をもって、法制的な次元での大和との同一化が完成されていた。しかしそれと同時期にはじまる経済難に直面し、かつての「特別な制度」が想起され、新たな「特別な制度」の可能性が話題にのぼったようである。例えば沖縄人貴族院議員大城兼義は「沖縄県も植民地同様に取扱つて下さいと云ふ意味ではありません。唯沖縄県が民力養成に欠ぐる［ママ］所があつたと言ふことと又将来沖縄の民力を養成する上に於て植民地の例は以て参考になると言ふことであります。私は前述の如く各大臣にも御話し申上げました所、大臣は成る程沖縄県の自治制は早かつたねと共鳴して下さつた(45)」と述べている。また、逆に、沖縄朝日新聞社社長當間嗣合は「特別制度」に反対し、「名実ともに特別会計制度を採用し自治権の制限、参政権の停止を行ふが如きは愈々死活の岐路に立つた場合は兎に角とし、今日の如く幾多の合理的方法が残されてゐる際に於ては全然問題にならない(46)」と述べている。実際に特別な制度が取られることはなかったが、郷土教育が論じられた時期に、植民地との対比、自治権の制限、参政権の停止、特別会計制度が話題にのぼり、帝国日本の内部における沖縄のあり方に関する根本的な議論がなされていたことは押さえておく必要がある。

では、この点もふまえた上で、政治家・新聞記者らの他の議論と比べて、豊川の救済案の独自性はどこにあるであろうか。

まず、産業組合に関する議論の深さにおいて他を圧倒している点である。人々の自立的な産業組合の必要性に言及するものは他にもいたが、実業諸学校の購買部の設置とその産業組合化をも含む、産業組合の連合体として新沖縄を構想している点が独自である。『自力主義沖縄振興策論』では、農本主義者として知られる山崎延吉の愛知県碧海郡への言及が見受けられ、そこから学んだことが窺えるが、豊川のそれは単に山崎の模倣ではない独自性を有していた。農家の自立的な産業組合によって、商業資本への従属性を断ち切ろうとする意図は同様であっても、その産業組合論を展開する土地の状況により、異なった意味が発生することになる。

一つ目に、沖縄の伝統を産業組合論に接合しようとする意図である。山崎が江戸時代の五人組制度の遺産を農村の自治に接合しようとしたのとは異なり[47]、豊川は、土地共有制の名残としての沖縄独自の相互扶助組織であるユイマールや模合を産業組合の基礎にすべきとする。また、明治以降の行政区画による官製の産業組合としてではなく、生活や産業に根差した単位としての集落や字を産業組合の規模と想定しているところは、両者に共通するのであるが、豊川の場合、その連合体として、那覇を中心とした沖縄が想定されている点に注意すべきである。八重山群島と台湾との経済的な結びつきなどを考えれば、那覇を中心に据える必然性はそれほど高いものとは思われないが、そのような構想は経済性のみに起因するのではなく、沖縄の歴史性に規定されたものといえよう。

二つ目に、山崎の思想には、農村の自治と調和を説きつつも、頻発する小作争議を回避しようとする政治性が指摘されるが[48]、豊川の産業組合論にそのような側面は確認できない。それというのも一九〇三年の土地整理まで土地の共有制が存在していた沖縄では、一九三〇年段階でも相対的に小作率の低さが際立っており[49]、「内地」と同じような状況とはいえなかったからである。

　また、同様な理由から、小作民への自作地の供給という意味での朝鮮侵出という農本主義者の論理[50]を豊川の移民奨励論に見いだすことはできない。豊川も移民の必要性は論じているが、その理由としてあげられているのは沖縄の土地の狭小さと人口密度の高さであり、農業移民だけでなく、漁業・商業・工業に従事する移民も想定されていた。そして、他の沖縄の移民論者のように、移民からの送金を当てにしてもいなかった。豊川の産業組合論に政治性を指摘すれば、「他府県」の産業資本に対する「本県」の産業組合の自立性を求めようとする視点が挙げられる。当時、沖縄から「他府県」への航路は「他府県」の一企業が独占されており、その点に関して、新聞人太田朝敷らにより、沖縄経済の命運が一企業にゆだねているようなものだと警鐘がならされていたが[51]、豊川はそれについて「本県の県外航路は産業組合連合会でやる外はないと確信する[52]」と述べている。豊川の産業組合論が「他府県」への対抗という意味合いを漂わせることになる。

　総じて、農本主義的な豊川の産業組合論は、現実に進行する沖縄経済の再編への対案という意味合いが読み取れる。現実の沖縄経済は寄生地主制の形成、労働力の県外流出という方向に進むが、小農の自主的な産業組合を通しての沖縄経済の再建という案は、「内地」に対してより従属性を深める状況に抵抗し、沖縄の自立性を回復しようという含意を有するものであった。

　教育界にあってもソテツ地獄に直面しそれへの対応策としてまず取り組まれたのは郷土教育ではなく移民教育であった。移民の送出は、沖縄の人口過剰への対策であり、あらがいがたいものではあったが、他面においては、沖縄社会を立て直す人材の流出でもあり、沖縄の自立性の回復と相反する側面をももっていた。そのような移民教育の取り組みをうかがえる史料として、一九二八年三月に開催された沖縄県初等教育研究会の資料として各学校に配付された『島の教育』がある。その内容に関しては、近藤健一郎の研究[53]に詳しい。『島の教育』からは当時の教育の方向性がうかがえ、豊川の論の独自性を確認する比較対象にもなりえる。

『島の教育』に示された移民・出稼ぎ教育の内容は、近藤が要約するように「第一に標準語習得、琉装の禁止と和装、様相の奨励や礼儀作法といった多岐にわたる風俗改良、第二に移住地の地理や沖縄人の海外での活動史による移民奨励を柱にしている」[54]といえる。また、国史と地理の教科教育においては、「「国体観念」を養成しつつ、「海外発展」に関する事項を取り入れることにより、移民奨励を行おうと構想した」[55]のであるとされる。ただし、国史と地理に関しては、移民教育であると同時に、郷土教育の実践と理解できるような内容であり、その点で、豊川の郷土教育実践と対比することが可能である。

『島の教育』の第四章「国史科」は、「国史教育と琉球史」「琉球史研究と変遷」「琉球外交史の提唱」「琉球史の施設経営」「残された課題」という節からなっており、その眼目は、琉球史教材を国史教材の中にいかに取り込むべきかを検討したものである。[56]「琉球史のうちでどういふ教材をとりいれるか」を自問自答し、「琉球外交史の提唱」がなされている。そこでは、日琉同祖論にもとづく「国民的教材」、琉球人の海外発展史といえる「発展的教材」、国史（日本史）と関連の深い部分を扱う「国史的教材」（『六諭衍義』を日本に伝えた程順則など）が示されている。そして、「発展的教材」においては、古代の日本との関係や中国との冊封関係、南洋・朝鮮との交易を例示し、「発展的進取的気性を培ひ、慶長の役後しばし萎縮してゐた県民を、再び慶長の役以前の発展的民族にしあげる上に役立つであらう」としている。『島の教育』を分析した小林茂子は、これらの点から、同書が「沖縄人としての「長所」の喚起」[57]をも意図したものとしているが、確かにそのような側面もあるといえる。しかし、ここで示されている琉球史（郷土史）の扱いは、「郷土史特集号」や「師範方針」に先んじて、郷土史と国史との関係を論じたものであるといえる。東恩納が指摘したように、郷土史として国史に収まりきれない琉球史の存在を確認し、教材の取捨選択の基準を示そうとしているのである。もちろん、豊川のように、慶長の役（薩摩侵攻）以後沖縄の人々が「萎縮」したと見なし、それ以前の「発展的進取的気性」の回復を求めている点も重要であり、そのような認識が広範に主張されている点が注目される。ただし、豊川の琉球史（郷土史）理解には、『島の教育』のそれと異なる点も存在する。豊川は、沖縄の過去の歴史、特に薩摩支配下の近世琉球の歴史から「自給主義」という認識を引き出してきている点である。[58]その「自給主義」と、大交易時代の「換金主義」という理念とのバランスの上に沖縄経済の立て直しを図るべきだと豊川は説いており、「自力主義」を強調する豊川らしい沖縄歴史認識といえる。

『島の教育』の第五章「地理科」は、「郷土地理と海外発展」「地理教育と海外発展」「地理科と施設経営」「地理教材の選択標準」「高一地理科教材配当案」「残された問題」から構成されている。まず、ソテツ地獄の原因を検討し、薩摩支配下の苛斂誅求や「琉球処分」後の不当な租税の重負担、地理的事情（人口密度が高く土地が矮小）などがあげられ、人口問題解決のために、県外への出稼ぎよりも海外移民、一時的移民よりも永住的移民が望ましいとする。そのうえで、地理科が移民教育に果たしうる役割として、郷土地理を授けることにより移民の必要性を認識させること、移民先の地理を認識させること、沖縄や各国の移民の沿革や現状を認識させることをあげている。ここで示されている『島の教育』の郷土地理に関する認識は、そのまま移民の必要性を説いたものであった。しかし、移民とは沖縄県内から労働力を放出するということであり、沖縄の経済発展と矛盾をはらむものともいえた。

例えば、のちに『義人 謝花昇伝』（新興社、一九三五年）の著者として知られることになる親泊康永も『沖縄よ起ち上れ』（新興社、一九三三年）で「沖縄の救済は先ず沖縄の地方が、産業的経済的に立直ることを目標として行はるべきでありいやしくも之と矛盾する傾向は排除されなければならぬものである。大切な頭脳と労働力とを県外に移出して、老人と非能力者のみ県内に止る傾向があったとしたならば沖縄の将来はどうなることであろうか、海外発展の如きも、奨励して悪いことはないが、先づ県内に於いて強く生きることの宣伝が一層必要なことである」[59]と述べ、豊川と同様に産業組合論による沖縄経済の立て直しを論じている。親泊の産業組合論は豊川に比べれば粗いものといえるが、他方で、沖縄の立て直す主体のモデルとして、謝花昇が掘り起こされることになるのである。

豊川が構想した郷土地理の構想も『島の教育』のそれとは様相を異にしたものといえる。豊川の『自力主義沖縄振興策論』では、移民の必要性も言及されてはいるものの、論の中心は産業組合主義による沖縄経済の自立性の回復にあった。また『経済問題を中心とせる沖縄郷土地理』では、沖縄の各産業の状況が概観され、その発展の方向性などが検討されている。同じように郷土地理を教えるに当たっても、『島の教育』と豊川とでは、大きく異なっており、豊川の場合、自力主義による沖縄経済の立て直しとその担い手の育成に力点が置かれている点が特徴的であるといえる。

しかし、「自力主義」を強調する豊川の論にも、それゆえの弱さが確認できる。それは、政治家や新聞記者の議論と比べて、政府批判や社会批判が弱い点である。砂糖消費税問題など、「国庫の搾取」に言及しない豊川の議論は、沖縄救済議論の重要な点に目をつぶるものであったといえ、教師という職業によるものであろうが、不十分なものを感じさせるものである。ただし、その「自力主義」の強調は、豊川の論の最大の特徴である、「自力主義」の主体に対する考察を深めることにつながった。つまり「沖縄人」意識をとぎすますことになるのである。

第六節　豊川の「沖縄人」意識と「同化」観

「沖縄人」意識を強調し沖縄の「自力」による「振興」を説く豊川であるが、その思想は、当然ながら、沖縄と大和（「内地」）との関係を問われることになるであろう。しかし、その点を豊川は明確に論じていない。しかし豊川の言葉の端々から、「同化」に関する沖縄人の役割などが読み取れ、彼の「沖縄人」意識と帝国日本やアジアとの関係を推測しえる。豊川は『自力主義沖縄振興策論』において次のように述べる。「本県は明治五年に漸く日本帝国の一部として公に編入されたものであるから、之を日本に同化する必要上、教育上には同化政策、一般的形式陶冶主義が常に高調され、郷土文化の鼓吹は寧ろ禁物であった。（中略）今や同化政策は隈なく其の功を奏し、本県は名実共に他府県同様に待遇を受くる様になった。今後はさらに郷土の実情に即せる教育を施して内容の充実と実力の養成を図らねばならぬ。[60]」

豊川はここで「同化」を否定的に捉えてはいないといえよう。「魂のルネッサンス」で、沖縄への教育政策を「同化々々といって角を矯めて民族魂を殺した」と批判したことと矛盾するように思われる。しかし、ここでは「同化」という用語が、単に文化的な側面に限定されず「他府県同等に待遇を受くる様になった」という文脈で用いられていることに注意すべきである。その点を押さえれば、文化的な意味での「同化」の後の「他府県同様」の「待遇」としての「同化」、その後の「郷土化」という認識が確認できると思う。その段階において、過去の差別的な制度である「特別の制度」「特別の教科書」が、「郷土化」の先駆の如く想起され、「実際本県には以前には特別の教科書がつくられ、本県の教育は特別の制度の下に行はれたことすらあった[61]」と回想されるのである。

そのような「同化」認識をもちつつ、豊川は帝国日本と沖縄・台湾・朝鮮との関係に思いをめぐらす。豊川は三中の生徒に向かい次のように語る。「我が沖縄は常に日本の縮図であり、小日本であつたのであります。（中略）だから吾々沖縄人としては常に日本の歴史・地理を学びて吾々の前途を打開する途を考へると共に、日本人としては又沖縄の歴史・地理を学びて、之れ〔ママ〕から教訓を受くることが賢明な方法であります。私は曾つて故肝付男が「台湾・朝鮮の同化問題は現代及び将来の日本人にとつて大難関であるが、之を解決するには曾つて沖縄に日本が実施した同化政策をそのまゝ用ふればよいと思ふ。何故なれば沖縄同化は日本民族の同化政策が成功した唯一の先例だから。随つて台湾・朝鮮の同化問題には沖縄出身の人材、若しくは嘗て沖縄の行政に携はつた人物を徴用せねばならぬ」と話されたのを聞いたことがあります。[62]」

「同化」された沖縄人が台湾と朝鮮の「同化」に役割を果たすという認識が、生徒達に示されていると言えよう。豊川の「沖縄人」意識の意味合いの微妙さが確認できるであろう。

また、豊川は、朝鮮に渡った同年の一九三四年に刊行した『京城遷都論』で、台湾・朝鮮の統治に関して、「同化主義」「民族自決主義」「漸進的中間法」などを検討しており、「同化主義」を採るべきだとはしつつも、朝鮮民族の文化的優秀性を指摘し、「多元的協調」を主張していることからしても、豊川の「同化」概念が多くの意味をもつものだといえる。[63]さらに、豊川は、「日本にして真に亜細亜運動を起し、多元的協調を行ひ、亜細亜復興の中心たらんとするの理想があるなら、日本は先ず朝鮮、台湾等の異民族を完全に大日本精神に包容しなければならない。朝鮮人や台湾人が依然として我が恩徳に従わず、独立を企図し、乖離を策謀する間は如何に日支親善を説き、日満協和を論ずるも無駄であろう。（中略）此の意味に於て日鮮融和、日台協同もしくは日支親善、日満協和は大亜細亜主義の試金石でなければならない[64]」とも述べている。現実に進行するアジアの国際関係・帝国日本内部の民族問題を眼前にし、「多元的協調」による「亜細亜の復興」を目指し、台湾・朝鮮の「同化」が論じられているのであり、その先例として沖縄の「同化」が念頭に置かれているのである。そして、ある程度の

「同化」が達成され、「同等」の「待遇」があり、その後に「郷土化」が必要とされ、「多元的な協調」のなかで、「民族の魂」が何の問題もなく高調されるのである。

以上のような、「沖縄人」意識の鼓舞を可能とする「同化」論は、豊川の中では了解しえるものであろうが、台湾人・朝鮮人を説得しえるものであるかは疑問を持たざるをえない。豊川の世界観をさらに見てゆけば、その感を深めることになる。

豊川は、もともと「善可」という名であった。青年期に「日支親善」への強い思いから、日本と中国をつなぐという意味をこめて、日本の「日」と中華の「華」を含む「曄」という文字を使用しはじめたのである。「日支親善策」への強い思いは、日本国民の中に潜む中国への蔑視を批判する視座を有する。例えば、「支那の土地資源は欲しいけれども支那人は嫌ひだと云つた様な態度で日支親善策を説いて居る。斯の如き態度であるから日本が支那に於て物質的の利益を得れば得るほど益々支那から排斥さるゝのは無理もない[65]」と述べている。さらに、「自ら朝鮮人とか支那人とか、穢多[ママ]とか非人[ママ]とか云つて他を軽蔑し乍ら世界に向かつて人種差別待遇撤廃など、云ふのは聞いてあきれる[66]」とも述べ、国内における差別的な秩序への批判的な視座も有していた。

しかし、そのアジア主義的な思想は大きな問題点も内在させていた。一九一四年に執筆し一九三四年に加筆の上で出版された『京城遷都論』に豊川のアジア主義思想の具体像が描かれているが、それによると、対米外交を念頭に、「国防」「農村改革」「日満支経済同盟」「大亜細亜連盟」などの観点から、「京城遷都」が主張されている。そして、その共通語としてエスペラント語を採用することを提言する[67]。さらに、一九二一年の「太平洋問題」では、日本人の中国人蔑視を批難し真の「日支親善策」を唱えつつも、対華二十一ヶ条要求を「成功」と評価する[68]。また、後に沖縄県立三中時代には、「日満支経済同盟」を形成するためには、その阻害要因に対しては激しく批判しており、中国の国民党などに関しては「日本が其の権益を守る為めに膺懲の師を起すのは当然であります」[69]と述べている。日本の軍国主義・帝国主義的な侵略への批判的な視座が欠落しており、それに苦しむアジアの民衆への想像力は乏しい。またエスペラントの思想からの逸脱は甚だしい。

豊川は『京城遷都論』で帝都を朝鮮の京城に遷し「以て興亜の大精神を建設し、諸民族を同化すべく、以て極東の防衛を完うし、興亜の諸工作を促進して太平洋を制覇[70]」すべきと述べ、「内鮮融和の徹底的解決[71]」を主張する。また「大亜細亜主義は日本永遠の方針であるが、当分隣邦の成長する迄は大日本主義となり独力事に當る覚悟丈けはやつておかねばならない[72]」という。

そのような『京城遷都論』執筆を、城間有は、「自己否定の作業」と評価する。たしかに、一九二六年の吉田における農本主義的な思想と比べれば、大きな隔たりを確認することができる。しかし、その変化は、沖縄の教育実践と朝鮮での興亜運動とで明確に線引きすることができるものではないと著者は考える。「魂のルネッサンス」（一九三三年）と『京城遷都論』（一九三四年）の執筆・刊行時期にほとんど差はなく、また中国国民党に対する批判は在沖縄当時から確認できる。また、『経済問題を中心とせる沖縄郷土地理』（愛南社、一九三〇年）、『自力主義沖縄振興策論』（沖縄書籍、一九三一年）で示されている認識にも、朝鮮や「内地」での活動との連続性を確認できる。豊川の朝鮮行きは、自らその思想を実践したものとも解しえる[73]。「同化」以降の郷土化という考え方、沖縄の「同化」を台湾・朝鮮の「同化」の手がかりとして捉える考え方、そこにおける「同化」された沖縄人の役割など、『京城遷都論』における、日本人を主導者とするアジア主義や帝国日本への諸地域の「同化」という考え方とは矛盾するものとはいえないと考えられる[74]。

小括

以上のように、本章では、一九三〇年代に「郷土」として表現された沖縄認識を、『沖縄教育』誌上の沖縄の言葉、歴史、姓名に対する認識と対立を描きながら検討した。教育会の主事であった島袋源一郎の存在に留意しつつ、多様な認識の広がりを確認した。

「国語特集号」では、島袋源一郎自身が、発音・アクセントまで矯正する教育を主張しながらも、それとは方向性を異にする認識をも含む誌面を構成した。具志川尋常高等小学校の古波蔵保昌は「方言の立場に立つ語ク教授」(ママ)を紹介し、沖縄の言葉を介在させた国語教育を論じていた。

また、一九三〇年代後半の改姓改名運動では、島袋源一郎は運動の中心となり、出稼ぎ、移民が直面する差別や不利益を回避する理由から同運動を推進し、教育会として「姓の呼称統一調査会」を組織し、そこにおいて「読み換えるべき姓」を選定した。しかし、そのような運動に対して、在京知識人である島袋盛敏は「苗字不変更」という論考を『沖縄教育』に執筆し、琉球史研究者の東恩納寛惇も同運動への怒りを露わにしており、その演説が『沖縄教育』誌上に掲載されていた。沖縄人教師・知識人の間でも、将来の沖縄人のイメージ、つまり沖縄教育像は対立をはらむものであった。

その対立・葛藤が最も論争的に展開したのが郷土史についての認識であった。沖縄における郷土教育論を、『沖縄教育』誌上の郷土史教育論の多様な広がりと、豊川善曄の思想と実践を中心に概観してきた。ここで確認されたのは、郷土愛の強調が愛国心とは別の帰属意識へと繋がる可能性とそれに対する警戒と期待とであった。豊川は、「沖縄人」意識を強調し、「自力主義」を唱えて、ソテツ地獄に苦しむ沖縄の建て直しとそれを支える人材の育成につとめ、沖縄の歴史を語り、それから導き出された沖縄振興策を論じた。他方、「師範方針」では、沖縄の郷土教育に「国民教育を破壊するの患」を見出し、それへの警戒心を露わにしていた。直田昇ら師範学校関係者は、それに基づく「郷土史」としての沖縄史の具体像を組み立て、提示していた。

「主観主義郷土教育」「客観主義郷土教育」という分析枠組みに当てはめるのであれば、直田・名嘉山・「師範方針」を前者、豊川を後者とすることもできるかもしれない。しかし、沖縄での郷土教育は、「国民教育を破壊する」危険性を内包し、単に郷土愛を愛国心に直結させるというだけではなく、「郷土愛」が「ナショナリズム」へと発展しないように統制するという意味合いも確認できた。また、他方では、単に疲弊した郷土を立て直そうとするだけでなく、「民族魂」の振興をめざすものでもあった。このような様態は、「内地」の郷土教育においては確認できないものであり、許佩賢が示した台湾の事例や、台北第二師範学校附属国民学校・平壌師範学校附属国民学校の事例と類比しえるものともいえよう。

以上のような本章の内容を、本論文の仮説的な見通しである、「沖縄人」意識を教育会内部の葛藤から立ち上がる、流動的・可変的なものとして把握する枠組みにあてはめて整理するのであれば、次のようになろう。すなわち、沖縄の郷土教育で中心的に論じられた歴史認識をめぐる問題や「沖縄人」意識は、日清戦争後に新田義尊や親泊朝擢・太田朝敷でたたかわされた議論が、一九三〇年代前半という時代の様相を帯びて再び論じ直されたものともいえる。ソテツ地獄という経済的な危機を背景に、流入する新教育思想である郷土教育論に刺激され、沖縄の土地の記憶がよみがえり、その復興の主体として「沖縄人」意識が呼び起されたのである。

「沖縄人」意識は、伊波をはじめとして、しばしば主張されてきたが、その内実は必ずしも明確なものではなかった。沖縄と大和との関係だけではなく、帝国日本という文脈の中で台湾・朝鮮といった植民地との関係を踏まえた上での「沖縄人」意識に関しては、初期の伊波普猷研究で明らかにされているが、伊波の関心が「個性」

論から日琉同祖論へと傾斜していく中で、その後の「沖縄人」意識の内実は不明であった。しかし、豊川の思想から、伊波の「個性」論が一九三〇年代において主張されたのなら、いかなる様相を示すかが推察されるであろう。直田昇のように中国との歴史的関係を矮小化し、沖縄人意識を「日本人」意識に解消しようとする思想が沖縄人への抑圧性をはらむことは明らかだが、「沖縄人」意識を強調する思想も、直田に象徴される思想への対抗として提示されたものではあるが、別の側面では、国策追随的な世界観を免れることは難しく、朝鮮をはじめとする植民地への抑圧的な秩序を受け入れるものでもあった。「沖縄人」意識を濃厚に有する東恩納寛惇の歴史研究が、その後、帝国日本の南方進出の先駆けとして古琉球の大交易時代を喧伝するようになることを想起すれば[75]、「沖縄人」意識を強調すること自体のみを評価することはできない。その意識がどれだけ既存の秩序の抑圧性をあぶりだし、オルタナティブな未来像を提示しえたかが問われるべきであろう。

また、本章で明らかにしたことを、『沖縄教育』の編集権にそくして述べれば次のようになるであろう。この時期に編集権を握り、あるいは、編集に大きな影響力を及ぼしたのは、教育会主事である沖縄人の島袋源一郎であった。一九二〇年代以降、一貫して編集権は沖縄人の手の中にあったといえる。序章で編集権に関して、誰の、どのような論考を掲載するかの権限であり、一定程度の自律的な判断にもとづき、自治的な言説空間を組織しえる権限であると述べた。そうであれば、本章で明らかにした事柄が、沖縄人が達成した、教育会内部の小さな自治的な空間の内実であるともいえよう。一九三〇年代において、教育会の総裁・会長・副会長は大和人であったが、幹事には多くの沖縄人が名前を連ね、教育会の実務にあたっていた。大多数の沖縄人教員とそれを統治する教育界首脳との間にあり、両者のバランスをとり『沖縄教育』という言論空間の維持に努めたのが島袋であった。一方においては、直田や「師範方針」に象徴される沖縄を大和の従属下に置こうとする認識があり、他方においては、豊川善曄や東恩納寛惇のような突出した「沖縄人」意識を表明するものがおり、それらの対立する認識を誌上に取り込むことにより、沖縄人の自律的な言説空間を維持しようとつとめたといえよう。しかし、そのような自律性も大きな制限のなかでのものであることは、島袋自身の議論のありようが象徴しているといえよう。島袋は、一方において、「師範方針」に類似する認識を強調しつつも、具体的な歴史叙述においては、自らの言葉を裏切り、「郷土史」には収まらない「琉球史」の普及に努めていた。その矛盾した島袋の行動が意図的な「抵抗」の戦略であるといえるかどうかは確認しえないが、分裂し矛盾に満ちた彼の言動が、当時の沖縄人の獲得した言論空間の脆弱性を象徴するものといえよう。

注

(1) 島袋源一郎「『沖縄教育』変遷と思い出」『沖縄教育』第二四八号、一九三七年四月。
(2) 高良倉吉「島袋源一郎論」沖縄タイムス社『新沖縄文学』(特集「沖縄学」の先覚者群像―人と学問―)、第三三号、一九七六年。
(3) 多田治は、島袋は外部からの「まなざしを一定方向に操ることで」「沖縄側のアイデンティティを構築する作業」を行ったとする(同『沖縄イメージを旅する』中央公論新社、二〇〇九年、七六頁)。
(4) 藤澤健一・近藤健一郎「解説」『沖縄教育』解説・総目次・索引』不二出版、二〇〇九年。
(5) 真栄田義見「郷土と国語教育」『沖縄教育』第二〇〇号、一九三三年四月、五三頁。
(6) 永山寛「本県国語教育と言語生活」『沖縄教育』第二〇〇号、一九三三年四月、五九頁。
(7) 古波蔵保昌「読方教授に於ける語句取扱ひの根本態度」『沖縄教育』第二〇〇号、一九三三年四月、六六頁。引用に際して句読点、脱字を補った。
(8) 太田朝敷『沖縄県政五十年』国民教育社、一九三二年。『太田朝敷選集』上巻、第一書房、一九九三年、一八五〜一八六頁、より引用。
(9) 近藤健一郎『近代沖縄における教育と国民統合』北海道大学出版会、二〇〇六年、序章。
(10) 近藤健一郎「『沖縄県尋常小学読本』使用期(一八九七〜一九〇四年度)の沖縄における標準語教育実践とその論理」

『国語科教育』、二〇〇四年。

(11) 太田良博「改姓改名運動」『沖縄大百科事典』沖縄タイムス社、一九八三年、納富香織「「生活改善」から「生活更新」へ―一九三〇年代の沖縄出身者による生活改善運動―」(上)(下)『季刊 戦争責任研究』第六〇号、二〇〇八年夏、第六一号、二〇〇八年秋、参照。

(12)「姓の呼称統一調査会」『沖縄教育』第二四七号、一九三七年三月。

(13) 島袋源一郎「姓の統一に関する私見」『沖縄教育』第二四七号、一九三七年三月。

(14) 島袋盛敏「苗字不変更」『沖縄教育』第二三〇号、一九三五年一〇月。

(15) 東恩納寛惇「郷土史の大様及国史上の位置」『沖縄教育』第二七八号、一九三九年一〇月、二一一～二一三頁。

(16) 海後宗臣・飯田晁三・伏見猛彌『我国に於ける郷土教育と其施設』目黒書店、一九三二年。

(17) 久木幸男「郷土教育論争」『教育論争史録』第二巻、第一法規出版、一九八〇年。

(18) 伊藤純朗『増補 郷土教育運動の研究』思文閣出版、二〇〇八年。

(19) 山田恵吾「昭和初期千葉における郷土教育の展開―県当局の「教育の郷土化」施策を中心に―」『日本の教育史学』第四一集、一九九八年。

(20) 許佩賢「「愛郷心」と「愛国心」の交錯―一九三〇年代前半台湾における郷土教育運動をめぐって―」『日本台湾学会報』、二〇〇八年。

(21) 國分麻里『植民地期朝鮮の歴史教育―「朝鮮事歴」の教授をめぐって―』新幹社、二〇一〇年、一九頁。

(22) 広島高等師範学校附属国民学校国史・地理研究部編『全国における「郷土の観察」の実際』目黒書店、一九四二年、六〇、六五頁。

(23) 沖縄県師範学校編『郷土教育施設概要』一九三三年六月、二～五頁。

(24) 阿波根直誠「沖縄の師範学校における「郷土室」について(Ⅰ)(Ⅱ)」『琉球大学教育学部紀要』第二八集、第三〇集、一九八五、一九八七年。

(25) 城間有『豊川善曄論―「個」の行方―』琉球大学大学院人文社会科学研究科一九九九年度修士論文、同「豊川善曄論―「個」の行方―」(抄)『琉球アジア社会文化研究』第三号、二〇〇〇年。同編『豊川善曄選集』沖縄研究資料一八、法政大学沖縄文化研究所、二〇〇一年。城間氏には、修士論文の閲覧・コピー・引用の許可をいただいた。氏の学恩に感謝する。

(26) 前掲城間有修士論文、注(25)、五二～五三頁。
(27) 海後ほか前掲『我国に於ける郷土教育と其施設』、注(16)、二二六頁。
(28) 沖縄県師範学校郷土室備品数は総数二六七八点、多い順に、歴史七九七点、地理六六六点、理化三八一点、博物二三九点。沖縄県女子師範学校郷土室備品数は総数二八四五点、多い順に、理科九一九(内標本九〇〇)点、地理五五七点、歴史四五五点、家事四五四点。前掲阿波根論文、注(24)、沖縄県女子師範学校『郷土教育紀要第一輯』一九三三年、参照。科目や種類は同論文、同書に従った。
(29) 名嘉山盛茂「郷土教育としての郷土史取扱上の難点」『沖縄教育』第一九九号、一九三三年二月。
(30) 直田昇「沖縄の国史教育に対する私見」『沖縄教育』第一八八号、一九三一年四月。
(31) 直田前掲論文、注(30)、五七頁。
(32) 直田前掲論文、注(30)、五八頁。
(33) 直田前掲論文、注(30)、五八頁。
(34) 東恩納寛惇「本県郷土史の取扱に就いて」『沖縄教育』第一九九号、一九三三年二月、三、六、一一頁。
(35) 島袋源一郎「本県郷土史の重点」『沖縄教育』第一九九号、一九三三年二月、四〇、四五頁。
(36) 同研究会の様子は、『沖縄教育』第二〇〇号、一九三三年四月、一一三～一一六頁。
(37) 豊川善曄「大新潟建設論」『新潟新聞』一九二一年四月二一日～五月二四日、五月二七～二八日。
(38) 豊川善曄「魂のルネッサンス」『沖縄教育』第一九九号、一九三三年二月、三五、三八頁。
(39) 直田前掲論文『沖縄教育』第一八八号、五〇頁。
(40)『沖縄教育』「郷土史特集号」第一九九号、一九三三年二月、一二六頁。
(41) 豊川善曄「改訂三版序」『沖縄郷土誌教本』沖縄書籍株式会社、一九三二年。
(42) また、余剰人口の海外移民を説き「海外発展策」をも説く。それは沖縄人の海外・「内地」への移民(進出・侵出)を後押しするものでもあった。その点、後述する。
(43) 琉球政府編『沖縄県史』三経済、一九七二年、六四三～六五四頁。
(44) 新城朝攻『瀕死の琉球』越山堂、一九二五年、「序」。

(45) 大城兼義「台湾南清視察の感想と県救済問題に関する卑見」湧上聾人編『沖縄救済論集』一九二九年、改造之沖縄社、二五四頁。
(46) 當間嗣合「第二次救済案」前掲『沖縄救済論集』二一九頁。
(47) 山崎延吉『農村自治之研究』扶桑新聞社、一九〇八年、『山崎延吉全集』第一巻、山崎延吉全集刊行会、一九三五年、四九頁。
(48) 岡田洋司「「全村学校」運動の理論とその実態」『日本歴史』第四一七号、一九八三年二月。
(49) 一九二七年段階で小作率は、全国二六・八九%、沖縄八・七八%。「沖縄県統計集」(前掲『沖縄救済論集』所収)より。
(50) 吉沢佳世子「一九二〇年代山崎延吉の朝鮮進出」『人民の歴史学』第一六二号、二〇〇八年一二月、参照。
(51) 太田朝敷「沖縄県の県道と航路問題」前掲『沖縄救済論集』所収。
(52) 豊川善曄『自力主義沖縄振興策論』沖縄書籍株式会社、一九三一年、三九頁。
(53) 近藤健一郎『近代沖縄における教育と国民統合』北海道大学出版会、二〇〇六年、第五章、参照。
(54) 近藤前掲著、注(9)、一一二頁。
(55) 近藤前掲著、注(9)、二〇六頁。
(56) のちに、女師附属国史研究部「琉球外交史」(『沖縄教育』第一八三号、一九三〇年六月)として具体化され、『沖縄教育』誌上に掲載されており、多くの教員の目に触れていると思われる。
(57) 小林茂子『「国民国家」日本と移民の軌跡　沖縄・フィリピン移民教育史』学文社、二〇一〇年、一一二頁。
(58) 前掲『自力主義沖縄振興策論』、注(52)、五〇頁。
(59) 親泊康永『沖縄よ起ち上れ』新興社、一九三三年、九三〜九四頁。
(60) 前掲『自力主義沖縄振興策論』、注(52)、四〜五頁。
(61) 豊川善曄『経済問題を中心とせる沖縄郷土地理』沖縄書範株式会社、一九三一年、後序、一四七〜一四八頁。
(62) 豊川善曄「沖縄は日本の縮図である」前掲『経済問題を中心とせる沖縄郷土地理』、注(61)、一四四〜一四五頁。
(63) 豊川善曄『京城遷都論』興亜堂書店、一九三四年、韓国地理風俗誌叢書(三六)『京城と金剛山　京城遷都論』一九九五年、五〇〇〜五〇七頁。

(64) 前掲『京城遷都論』、注(63)、五〇四頁。
(65) 豊川善曄「太平洋問題(七)」『新潟新聞』一九二一年七月二一日、『豊川善曄選集』法政大学沖縄文化研究所、二〇〇一年(以下『選集』)、七一〜二頁。
(66) 豊川善曄「太平洋問題(十二)」一九二一年七月二八日、『選集』八一頁。
(67) 前掲『京城遷都論』、注(63)、一九三四年、一三七〜一四〇頁。
(68) 前掲「太平洋問題」、注(66)、七二頁。
(69) 沖縄県立第三中学校校友会『南燈』一九三二年、『選集』一一一〜一一二頁。
(70) 前掲『京城遷都論』、注(63)、二〜三頁。
(71) 前掲『京城遷都論』、注(63)、一四〇頁。
(72) 前掲『京城遷都論』、注(63)、一三四頁。
(73) 豊川善曄「京城より」沖縄県師範学校校友会『龍潭』第三三号、一九三八年、参照。
(74) 國分麻里は、豊川の朝鮮での朝鮮史教授認識に関する論考(愚禅生「朝鮮史教授問題」『朝鮮教育新聞』第一三八号、一九三四年三月一〇日)を紹介している(國分麻里『植民地期朝鮮の歴史教育「朝鮮事歴」の教授をめぐって』新幹社、二〇一〇年、一六七〜一七一頁、一七七〜一八〇頁)。そこで豊川は、朝鮮における国史科において朝鮮史教授に消極的な態度を示したうえで、課外で学ぶことは構わないとする。國分は、その認識と、沖縄時代の「魂のルネッサンス」(前掲)との整合性の解釈に苦慮している。たしかに、一見すれば、沖縄において「民族魂」を鼓舞し、朝鮮では抑制的であるという豊川の姿勢は矛盾のようにも感じられる。しかし、本書で示した豊川の同化観や統合観からすれば、彼の中で何の矛盾もなかったといえよう。もちろん、そのような認識の枠組みが朝鮮人や在朝鮮日本人に理解され受け入れられたとは思えないが。
(75) 戸邉秀明「沖縄 屈折する自立」『岩波講座 近代日本の文化史 八』岩波書店、二〇〇二年、参照。安里延の事例が示唆的である。

第六章　総力戦体制下における「沖縄方言論争」とその帰結

―有銘興昭の編集期を中心に―

はじめに

総力戦体制下における沖縄文化の抑圧と動員は、それまでの沖縄の教育のあり方に大きな変化をもたらすものであった。沖縄文化のうち、芸能・文化・建築のある部分は称揚されたが、民衆の伝統的な習俗・言葉などは大きな抑圧にさらされることになる。[1]『沖縄教育』誌上でそれまでも論じられてきた沖縄の言葉や文化、歴史の認識にも影響を及ぼすことになる。本章では、そのうちで沖縄の言葉に対する教育に注目し、それをめぐる議論の中に沖縄の教師たちの想念を確認してゆきたい。具体的には、一九四〇年の「沖縄方言論争」[2]を、標準語励行運動に関わった沖縄人教師達の視点から再検証するとともに、総力戦体制下における「沖縄人」意識の在り方を、論争から見えてくる「標準語」と「方言」の関係のなかに確認してゆく。

第五章でも確認したように、一九三〇年代以降、編集権を握り、あるいは影響力を行使していたのは島袋源一郎であった。島袋は、大和人統治者と沖縄人教師・知識人との間での微妙な綱渡り的な編集で、『沖縄教育』という沖縄を語る場、沖縄人の言論空間を維持していた。分裂や矛盾をはらむ彼の努力が破綻をきたすのが、一九四〇年の方言論争であったといえる。一九三八年八月に結成された、沖縄出身者の生活改善運動組織である沖縄生活更新協会[3]の理事でもあった島袋は、沖縄文化への自覚と生活改善を主張する中で、のちの方言論争で県学務部を真っ向から批判することになる柳宗悦の認識を紹介したりもする。同会機関誌『新生活』創刊号（一九三八年三月）において、「目下来県中の斯道の権威柳宗悦氏も其の聞きしに勝る余りの琉球文化に驚きの目を見張つてゐるではないか。県民よ先ず勇め、誇れ、自重せよ[4]」（―ルビ削除）といった認識を示している。しかし、方言論争においては、柳宗悦との対立を深めていくことになる。島袋全発によると、「柳氏一行と火花を散して太刀打ちをした第一線の勇士は実に島袋源一郎君であつたのである。そのために同君は雑誌民芸の記事に「日本人島袋源一郎君」とやゆされた位であつた[5]」とのことである。方言論争は、微妙なバランスの上に『沖縄教育』という言論空間の維持に努めていた島袋にとって、そのバランスを突き崩すものであったといえる。「琉球文化」を礼賛する島袋が「日本人島袋源一郎君」と揶揄されるような言論空間を検討してゆきたい。

柳宗悦（『沖縄大百科事典』下巻、733 頁、1983 年、沖縄タイムス社）

方言論争とは、一九四〇年に来沖中の柳宗悦ら民芸協会一行が沖縄県の推進する標準語励行運動を批判したことに端を発し、県学務部との間でたたかわれた論争である。同論争は、沖縄県内の新聞紙上を舞台とした論争と、『月刊民芸』三月号で同問題が取り上げられて以降の中央の論壇を中心とした論争とに大別できる。前者の論争では、沖縄の方言の抑圧を伴いつつ標準語励行運動を推進する沖縄県学務部と、沖縄の言葉を尊重し、標準語と方言の「併用」を主張する柳らとの対立だと単純化できよう。県内での議論では、学務部を支持する意見が多数をしめていた。議論が中央に移行して以降は、沖縄的な問題が捨象され、方言と標準語の関係、中央の文化と地方の文化という一般的な議論として展開され、柳を支持する意見が多数をしめた。ただし、中央の知識人の論考の多くが冒頭に「沖縄の方言のことは私はよく知らない」[6]（保田与重郎）といった但し書きをつけているようなものであり、沖縄の状況に根ざした議論は沖縄県内の媒体においてなされたといえよう。よって本章では、前者を中心に考察をすすめることになる。

方言論争に関する主な史料は、谷川健一編『叢書　わが沖縄　二　わが沖縄　下　方言論争』（木耳社、一九七〇年）、「文化問題資料（沖縄言語問題）」（那覇市総務部市史編集室編『那覇市史　資料編二巻中の三』那覇市、一九七〇年）に収載されている。前者は、民芸協会の機関誌『月刊民芸』の方言論争関係論考を収載し、後者は、それに加えて当時の沖縄発行の新聞紙上から方言論争関連の記事を収載したものである。主要な先行研究[7]のほとんどがこれらの史料集に依拠し分析を進めている。

近年、方言論争解釈に新たな視点を提示している戸邉秀明[8]が指摘するように、主要な先行研究のほとんどが「定本」の観を呈する史料集「文化問題資料（沖縄言語問題）」にほぼ依拠してきた結果、「編集以前に各々の資料が抱えていたコンテクストを捨象した議論が成立してしまい、「論争」を規定した諸条件についての基礎的な検討はいまだ不十分」な状況にある。そのような状況を打破するために、戸邉は一九三〇年代後半の沖縄における経済発展の戦略と、民芸運動が活動を拡大しようとした意図を分析し、その文脈の中に方言論争を位置付けなおしている。工芸産業の振興と観光開発のために柳を迎え入れた県・沖縄人官吏と、民芸運動の発展のために「沖縄」という新たな地平を手に入れようとした民芸協会のそれぞれの意図を検討し、双方にとっての方言論争の意味を明らかにしている。沖縄史の文脈からすれば、テキスト分析のみからは見えてこい、総力戦体制期の沖縄の自立への模索が確認しえている。

本章では、戸邉の姿勢に習い、一九三〇年代後半の沖縄史の文脈を丹念に追いつつ、そこに方言論争を位置付けることで、沖縄人教師にとっての方言論争の意味を検討する。具体的には、標準語教育の議論の文脈のなかに方言論争を定位することになる。

もちろん、近代沖縄教育史研究においても、方言論争は論じられてきた。上沼八郎[9]は、方言論争を「言語教育=方言矯正を中核とする皇民化政策の「決算」というべき歴史的事例であった」とする。そこでは、「琉球処分」以降の教育に関連した「同化政策」として、明治期の教科書や大正期の方言札、昭和期の「珍姓改正運動」が検討されており、その上に方言論争が位置づけられているが、それらを直接に方言論争に直結させる叙述は、時期的な変化に対する認識が十分とはいえない。

この時期の標準語教育の標準語励行運動に関しては、近藤健一郎[10]の研究があり、国民精神総動員運動のなかで「学校が地域に対して標準語教育の機会をもうけることとなった。これは標準語励行運動での重要な歴史的変化である」としている。しかし近藤の研究では、標準語励行運動の学校から地域への拡大過程に分析の重点が置かれており、標準語と方言の「混用」の主張や方言論争への若干の言及はあるものの、それらの議論の重要性は的確に位置付けられていない。

以上のような先行研究の状況を踏まえて、本章では、『沖縄教育』の論調に注目し、一九三〇年代の標準語励行運動の文脈から、方言論争を再検討し、そこに確認しえる「沖縄人」意識の様態を検討する。具体的には、時系列に沿いながら議論を整理してゆくが、第一節で、方言論争における各論者の主張の根拠に注目し整理し、第二節においては、方言論争以前の沖縄人教師達による標準語励行の議論を振り返り、方法論に内在する政治性を確認する。第三節では、方言論争の直前に提起された、標準語と方言の「混用」の主張の意義を吟味し、第四節では、方言論争での沖縄人教師の議論の中に「沖縄人」意識の様態を確認する。そして、第五節では、方言論争以後の展開を確認することにする。

第一節　各論者の主張

一九四〇年一月七日、県の招きに応じて来県中の柳宗悦ら民芸協会の一行を囲む公開座談会において、県が推進する標準語励行運動に関して、柳らと県官吏との間で意見が戦わされたことに端を発し、約一年に渡る方言論争が始まることになる。

翌八日、沖縄県学務部は「敢て県民に訴う民芸運動に迷うな」を地元紙に発表し、柳批判を行う。それに対して、一四日、柳は「敢て沖縄県学務部に答うの書」で反論する。そのなかで柳により名指しで批判された県学務部の沖縄人官吏・吉田嗣延は、一六日、「柳氏に与ふ」という再反論を行う。吉田は沖縄出身で東京帝大を卒業後に県庁に勤務し、戦後は南方同胞援護会事務局長として復帰運動に関わった人物である。その後、県内の各新聞に同論争に関連する意見が続出し、さらに、『月刊民芸』一九四〇年三月号で特集号が組まれると、方言論争は全国的な広がりの中で議論されてゆくことになる。そのような議論の経過のなかで、論争の基本的な構図や論点を示すものとして、県学務部、柳宗悦、沖縄出身県学務部官吏の吉田嗣延、淵上房太郎沖縄県知事、沖縄研究者の東恩納寛惇の認識を確認しておく。

まず、県学務部は、「意義深き皇紀二千六百年」の「挙県一大の運動」としての標準語励行の意義を確認し、「標準語励行のお陰で蔑視と差別待遇から免れたと感謝の消息を寄せる最近の出稼移民群、新人兵の力強き本運動に対する感謝と激励の手紙」などを紹介し、「有力なる民芸家」を批判し、標準語励行の徹底を呼び掛けた。そこでは、沖縄方言の「特質保存だの将来の標準語決定の資料だのとは言つて居られない」としつつも「いやしくも標準語励行をする以上沖縄方言に対する正しい認識をもち、奨励方法に於ても童心を傷つけることなく」励行にあたっているとされている。[11]

それに対して、柳は、「純正な和語を最も多量に含有する」沖縄の言葉の価値を強調し、「諸学校に貼付された「一家揃つて標準語」といふが如き言葉は明らかに行き過ぎではないだらうか、何故一家団欒の時沖縄口を用ゐてはいけないのであるか、あの敬愛すべき老祖父と老祖母とが傍らにゐるのを無視してゐゝだらうか、地方人は地方語を用ゐる時始めて真に自由なのである、公用の場合は標準語を使ひ私用の場合は土語を楽む[12]」べきだとすると述べる。ここでは、標準語励行運動そのものに対する批判ではなく、その行き過ぎへの批判と、方言と標準語を「公用」と「私用」で使い分ける「併用」論が対案として示されているのである。

それに対して、吉田嗣延は、個人の立場で柳に再反論を行う。「琉球方言」が純正の和語を多量に含有することなどについて、「柳氏に指摘さるゝまでもなく、教養ある県人の常識に関する所であ」るとし、その上で、「県人が標準語を十分に話し得ないために如何ほど有形無形に損失を受けつゝあるか、（中略）南洋に於ける県人が「ジャパンカナカ」と称せられ大阪、台湾あたりに於ける県人が悲しむべき特殊的取扱ひを受けつゝあることを知るや否や、（中略）こゝに標準語問題に純粋に言語学的立場乃至は民俗学的立場のみより判断し得ない点があ[13]」ると述べている。ここでは、沖縄における「標準語問題」が言語学的・民俗学的視点ではなく社会的な差別の問題と絡まり合うものとしてとらえなくてはならないことが強調されている。それは柳ら民芸協会側の主張にほとんど欠落した視点であり、沖縄県民からの少なくない投書がその点から学務部側を支持するものであった。ただし、吉田は、柳が対案として示した方言と標準語の「併用」という議論にはふれていない。よって両者の議論は、標準語励行の行き過ぎを批判し「併用」を主張する柳と、社会的な差別からの脱却としての標準語励行を主張する学務部・吉田という構図をとり、すれ違ったままそれぞれの論点が深められることはなかった。

以上のような構図はいささか単純化しすぎており、議論はより錯綜したものであった。例えば、標準語励行運動を推進した県や学務部においても、その内部では沖縄人官吏と大和人の県首脳部とでは同床異夢であったといえよう。柳と淵上沖縄県知事との面会において、淵上知事は、「此県の事情を他県と同一に見てはこまるのです。此の県は日清戦争の時でも支那につかうとした人がゐた位です[14]」と沖縄人への不信感を露わにしており、それが標準語励行を行う動機を形成していることがうかがえる。そのような不信感は理解不能な言葉を話すものを排除しようとする心情として軍によっても表明されてきたものである。例えば、先にも触れたように、沖縄連隊区司令官石井虎夫も、一九三四年に、民情を分析し、「日清戦役当時ニ於テモ、県内ハ日清両党ニ分レテ相争ヒ、清国側を支持スルモノ[15]」がいたとし、沖縄人への猜疑心を示していた。そのような認識は一九四五年の沖縄戦において「沖縄語ヲ以テ談話シアル者ハ間諜トミナシ処分ス[16]」という認識に繋がるものである。それは沖縄県官吏吉田らの思いとは相容れるものではないといえよう。

標準語励行運動は、沖縄県庁および学務部によって推進されたものであるが、それは、大和人による沖縄人への猜疑心と、その差別の視線から逃れようとする沖縄人指導者層の行動とが相まって、県民運動的な広がりをもったといえよう。そのような行政主導の運動が沖縄人の一定の支持をとりつけることが可能となった背景には、学務部内や教育関係の要職への沖縄人の進出があった〈表4-4〉参照)。一九三〇年代を通じ、社会教育主事、社会事業主事、視学は、出身の確認できない視学の富川盛正を例外に、全て沖縄人が就いていた。柳らへの公式な批判である一月八日の「敢て県民に訴ふ民芸運動に迷ふな」は、学務部長である大和人の渡邊瑞美が不在時に出されたものだが[17]、当時の学務部の吏員を確認すると、社会教育主事の諸見里朝清、社会事業主事の吉田嗣延ら沖縄人官吏の意向が反映されていたと考えられる。

そのような運動の中に大和人統治者の差別の視線を敏感に感じとり県の方針に反発したのは、沖縄人知識人である琉球史研究者の東恩納寛惇である。東恩納は標準語を習得する意義を確認しながらも「併し方言を使つては相成らぬと云ふ掟には同意しかねる」と述べ、柳の主張に賛意を示す。しかしその根拠としては、朝鮮における「内鮮融和」に言及しつつ、「方言問題もこれと同様で理解のない官僚が沖縄を朝鮮や台湾と同様に見て、今時融和問題などから、出発してゐるとしたらとんだ考違ひでありむしろ県人を侮辱した僭越の沙汰である」[18]と批判している。東恩納の議論は、言語や文化の日本と沖縄との同一性を示す日琉同祖論の陥穽が露わになりつつも、淵上知事らの猜疑心への批判的な意識をたたえたものである。それゆえに、東恩納は、淵上知事により「あの東恩納の如き、ふらちな学者が来て方言をも尊べと云ふ如き演説をさえるのは県として迷惑なのです」[19]と名指しで非難されるのである。

すでに引用したように、東恩納は方言論争直前の『沖縄教育』第二七八号（一九三九年一〇月）における、郷土史の在り方を論ずる講演筆記のなかで、当時の改姓改名運動や県官吏の言動を批判しつつ、「名前を変へる、けしからん話だ、ある兵隊が満期して来た、砂糖車を見て「スー、ウレーヌーヤタガヤー」ヤマトンチュフーナーである（「「父さん、これって何でしたっけ?」と大和人気取りである」―引用者注）、沖縄人何が悪い、我は沖縄人、沖縄人こゝにあり！　ほんとうの教育はこゝにある、沖縄人であることをかくすために名を変へる、憐れむべし、東海林と書いてショージと読むではないか、私の話は諸君に自覚を促すのが一つの目的である」[20]と述べている。沖縄の文化を論じつつ日本文化の特質を述べるという東恩納の講演は、日琉同祖論を前提とした沖縄論の基本的な枠組みに沿うものだが、そこには強い「沖縄人」意識の存立の余地が確保されている。「沖縄人」意識を捨て去るものではなく、逆に「自覚を促す」ことが目指されていた点は指摘しておきたい。ただし、この時期の東恩納の議論は、前引史料から確認できるように、日琉同祖論の有する異質な他者への排除の構造をもつものであり、さらに、時局便乗的な帝国日本の南方侵略への学的な加担などの陥穽を有するものであった。よく知られているように、東恩納寛惇の代表作である『黎明期の海外交通史』（帝国教育会出版部、一九四一年）の序文では、琉球国の大交易時代の記憶が進行する「大東亜共栄圏」建設の先駆けとして位置づけられ、「著者は本稿が我が海外交通史の前哨となり、東亜共栄圏史建設の素材となり得る事を信ずるものである」[21]とされている。

以上、概観したとおり、方言論争において中心的な論者においても論点は錯綜しており噛み合った議論とはなっていなかった。しかしそれゆえに多様な問題点が提示されていたともいえる。標準語と方言の「併用」を主張して方言の尊重を説く柳宗悦、沖縄差別からの脱却のために標準語励行を強調する沖縄人県官吏吉田嗣延、沖縄人への不信感を説く大和人淵上知事、大和人県幹部を批判する沖縄人知識人東恩納寛惇、と一応の整理が可能であろう。

第二節　標準語励行の方法をめぐる議論とその政治的意味合い

では、以上のような方言論争を沖縄人教師たちはどのように見ていたであろうか。方言論争における沖縄人教師の発言の意味を理解するには、方言論争以前の教師達の認識を確認することからはじめなければならない。標準語と方言との関係を沖縄人教師たちがどのように捉えてきたかを整理し、そこでの議論と方言論争での論点の異同を確認しなくてはならない。沖縄の教師たちの標準語教育に関する議論を最も鮮明に読み取れるのは、沖縄県教育会機関誌『沖縄教育』誌上においてであるから、本節では、一九三〇年代後半以降の同誌上の標準語励行に関する議論を概観し論点を整理し、その政治的な意味合いを確認する。

まず、一九三四年六月から一九四四年二月までの『沖縄教育』の誌面を概観したい。〈表6-1〉のように、第二一四号（一九三四年六月）から現存する最終号の三二七号（一九四四年二月）に限っても雑誌の主要欄においては、沖縄の歴史・言語・文化に関する造詣の深い論者が執筆頻度において上位をしめていた。島袋源一郎・小野

〈表 6-1〉『沖縄教育』主要欄論考掲載頻度⑤

有銘興有・新垣庸一・武富良達編集人時期（No.214-328）

回数	氏名	地位・職業	出身	内容
14	島袋源一郎	教育会主事・沖縄研究者	沖縄	沖縄の歴史・民俗・言語・神道、教育参考館
11	花城具志（小野重郎・小野十露）	一中教諭	大和	沖縄時評、沖縄民俗、文芸時評、国字、回想
10	川畑篤郎	女子師範教諭	大和	日本古代思想・信仰・芸術
8	渓川（南辰次）	農林学校教諭・庭園係		学校園について
7	島袋盛敏	東京成城学園中等部教諭	沖縄	沖縄時評、沖縄知識人交友記、沖縄関連随想
6	新崎寛直	女子師範教諭	沖縄	教育時評、入学試験考、沖縄教育界回想
6	宏（仲吉朝宏）	教育会主事（博物館）	沖縄	博物館だより
5	芦田恵之助	国語教育実践家	大和	国語教育・教壇記録
5	新垣源蔵	謝花校		沖縄の地名・植物・言語、理科教育教材
5	須藤利一	台北高等学校教授	大和	宮古算法・琉球算術
5	東恩納寛惇	東京府立高校教授・琉球史研究者	沖縄	日本文化の特質、沖縄歴史、土佐日記
5	宮里正光	本部校	沖縄	沖縄教育界回想、国語科教授法、教育随想
4	油谷菊次郎	県立三高女校長	大和	カナ国字論、バジル・ホール大琉球航海記
4	島袋盛文	仲西校・浦添校		理科教育、農業教育、作業科教育
4	桃原思石	詩人・歌人	沖縄	生活微苦笑録・教育漫筆
4	山里和弘			算術教科指導、経済

＊残存する 46 号分の 423 論考が対象。

＊この時期、欄が存在しない号が多いので、親泊朝擢編集期の「学説教務」欄に相当する欄（「論説」「研究」「講演」「主張」欄）の論稿が対象。

重郎・島袋盛敏・須藤利一・東恩納寛惇は沖縄研究者として知られている人物である。

そのような『沖縄教育』における標準語教育論を象徴するような論考として、第二三一号（一九三五年一一月）掲載の筆名の佐倉龍治[22]「人気者[23]」があげられる。これは「方言取締り」に関する職員会議を舞台とした創作である。「方言する奴には片つ端から其の罰札をブラ下げてやる」と息巻く体操担当の新垣訓導と、罰札を「教育的に何等の根拠もない方法」とする国語主任の吉見訓導とを両極に、校長や他の訓導が、「方言取締り」の是非や、高学年の指導の在り方などを論ずる内容である。「方言」を使う生徒を「づるい」とする新垣の認識や、罰札は「訓育上の大きな問題」につながるという校長の認識、教師でも「情緒のある打ちくつろいだ話になるとすぐ方言が飛び出す」という事実など、当時の標準語励行をめぐる雰囲気が伝わる内容である。結論的には、「耳まで真赤にして叫んだ」新垣訓導の提案は、終始、教育的な姿勢で論を展開する「吉見の徹底した理論で粉砕されてしまうことになる。近藤健一郎が指摘するように、表題の「人気者」とは「方言札」に反対する吉見訓導の方であり、「沖縄語を禁じようとすることに疑いを抱くという、決して大きくはない声が沖縄の教員たちに広く共有されていた[24]」と評価しえよう。この創作の著者である佐倉龍治がどのような人物であるのか不明であり、その教育観はこの創作から読み取れる範囲でしか分からない。しかし創作であるがゆえに当時の教育現場の状況を象徴的に描きえていると思われる。この職員会議での議論の応酬や対立・葛藤は、実際の状況を照らし出しているといえよう。当時の『沖縄教育』誌上では、この創作のような議論が行われていた。

まず、一九三七年六月の『沖縄教育』第二五〇号で、真木滴[25]なる筆名の人物が標準語励行運動への批判を展開し、それに対して翌月号で「現役チョーク箱」なる人物が反批判している。教育という「全人格と全人格の接触」のために「方言」を必要とし「標準語」の強制に疑義を唱える議論が教育会機関誌に掲載されることが、当時の教育界において標準語教育に関する多様な議論の存在を示している。

真木滴は、標準語励行運動への批判を次のように展開している。「心から覚めた子供等と拙ない言葉でもいい語りたい。真実の叫びで語りたい。私は内実的な誠意のない標準語を強要はしない。生活的真実のひらめきのある方言、いや生活語、どこが悪いといふのだろう。いつはりを堂々といふのが教育ではない筈である。わたくしを犠牲にしておほやけに従属させ、容易におほやけのためにわたくしを投げ出せといふ事ではない筈です。方言、生活語、力強いひびきを持った言葉ではないか。よそ行き的なお上品な舌ざはりのい丶標準語を強制的に受容せしめるのが教育ではない筈です。全人格と全人格の接触、それを方言するなとは子供を殺す言葉としか思はれない。魂のひらめき、第一義的な子供の言葉、何故聴こうとしないのか。まろらかに転びながらこの児童達の心の声を聴きたいものである。心の声で語りたいものである。[26]」

真木によれば、沖縄人にとって「おおやけ」の言葉たる標準語とは、「内実的な誠意のない」、「よそ行き的なお上品な舌ざはりのい丶」という言葉で表現されるものであり、また「わたくし」の言葉たる「方言」とは、「生活語、力強いひびきを持った言葉」、「第一義的な子供の言葉」、「心の声」であり、「生活的真実のひらめき」、「たましいのひらめき」という言葉で形容されるものである。そして、「標準語を強制しない」と言い、生徒に対して「方言するなとは子供を殺す言葉としか思われない」と述べるのである。標準語が不要とまでは述べていないまでも、標準語強制に対する明確な批判であるといえよう。このような議論が、教育会の機関誌で堂々と論じられている事実をまず確認すべきであろう。

もちろん、その意見が多数のものであるというわけではない。このような意見に対してはすかさず反論が突きつけられる。翌号には、「現役チョーク箱」なる筆名の論者[27]は、「学生其他有産者の県外に出向く者は勿論県外出稼ぎ人の多い本県としては児童に多少の苦痛を覚えさしても標準語は強制的に奨励さすべきではないか」と述べ、さらに「尚ほ児童と魂の接触を持する為め先生が方言を用いねばならぬことは絶対にない。わざわざ方言を用ひて児童に接するのは児童に対する一つの阿諛である」と述べている。ここでは、「たましいのひらめき」「心の声」を大切にする真木に対して、沖縄人が直面している移民・出稼ぎ労働という社会的な事情から反論しているのである。また、方言のみが真実の言葉とする認識への反論が示されている。この両者の対立において、生活語としての方言の重要性を指摘した柳の議論や、社会的差別からの脱却としての標準語励行という吉田嗣延の議論がすでにあらわれているといえよう。

また、一九三六年九月の『沖縄教育』第二四一号に掲載された、謝花尋常高等小学校の祖慶良次の「標準語は先ず耳から」という論考では、吉田の論点が別の角度から例示されている。沖縄人と思われる祖慶良次[28]は、沖縄方言が国語と同一系統であるが「他県人には一寸異国語の感」がすると述べ、「これが為幾多の損失と弊害を被つてゐるか分らない。かの東京大震災の時県人が言葉が通ぜぬ為××と間違へられて夜警団に×されたと云ふ噂さへもある程で、実際我々県人が今日使ふ標準語も未だこの方言の影響を多分に受け、甚だしく地方的色彩が濃厚である」とし、「発音、アクセント、音の結合等」の指導に留意して「沖縄独自の標準語即ち沖縄大和口」の矯正を主張するのである[29]。

関東大震災における朝鮮人虐殺の記憶が沖縄における標準語励行の要因として機能していたことがわかる。そこで語られている「噂」が真実であるかは確認できないが、それに近い体験、見聞については、比嘉春潮『沖縄の歳月』[30]にも記されている。関東大震災に際し自警団に取り囲まれた比嘉春潮らの言葉が朝鮮人ではないかという嫌疑の要因となり、自警団の一員から「ことばが少しちがうぞ」という発言がでるのである。それに対して「日清日露のたたかいに手柄を立てた沖縄人を朝鮮人と一緒にするとはなにごとだ」という論理で比嘉の友人が応じるのである。その後、比嘉春潮らは、自警団から「おい、沖縄人なら空手を知っているぞ」と言われ、両脇を抱えられ警察に連行されることになる。虐殺に直面したこの沖縄人の対応は、沖縄における標準語教育の延長線上にあるものといえよう。この段階において、標準語励行運動とは、日本人としての自己を証明するためのものとなり、社会的な差別からの解放と同時に帝国日本の民族的な差別構造に絡みとられるものとなっているといえよう。このような事例は、朝鮮人ではなく沖縄人であることは証明されたとしても大和人からの不信感をぬぐえないことを示すものであり、沖縄人であることすら認識されないような標準語の習得を促すことにつながるであろう。

祖慶の言う「沖縄独自の標準語即ち沖縄大和口」を矯正しようとする教育は、同年の「県下校長会議概況[31]」という記事では、よりはっきりと「通弊語、つまり直訳とか沖縄大和口を改めたい旨の意見」が出されている。それを受けて祖慶良次は、ラジオ・レコードを活用した標準語励行を主張し、また、標準語を方言によって解説するような、いわゆる対訳法ではなく、児童の模倣性を活かし頭から標準語で指導することを提起している。そこでは、教育現場における方言の存在が否定されることになる。

ただし、この校長会議で、保護者の認識不足を嘆いた校長の声が次のように記されている。「或る父兄は何故方言を使ふのが悪いかと逆に学校へ抗議を持ち込んでくるくらいだから家庭と学校との連絡を密接にすることが重要だと思ふ[32]」。また、祖慶の論考が掲載される一つ前の号では、国語教育の実践家である芦田恵之助の講演記録が掲載されており、「私は或る程度まで方言をみとめます。（中略）児童のもつてゐる生命語を無視して、レコード等に依る矯正は戒むべきであります。沖縄ならば沖縄色があつて然るべきで、徒らに中央語に近づけようとあせつてはならぬ。地方の生命語を土台として、教師が日々、中央語に導いていくべきであると思ひます[33]」と述べていた。

この時期、沖縄においても標準語問題が再燃されていたようで、祖慶の論考と同じ号の「編集後記」には、「標準語問題　標準語問題が又ぞろむし返されてゐる。標準語は普及はしてゐる。だが質の問題ではなからうか。それの実際的方法等の原稿を募る」[34]と、「原稿募集」記事が掲載されている。標準語教育論に関し多様な議論が存在しており、祖慶や「県下校長会議概況」の議論の方向のみで一色に染まっていたのではなく、芦田のような議論に耳を澄ます沖縄人教師がいたことに注意しなくてはならない。

なぜならば、標準語励行の方法論は、方法それ自体に他の意味合いが込められているからである。例えば、直接法的な標準語指導法と、方言との対訳法的な指導では、教える側である教師に求められる資質が異なってくる。祖慶良次の論考の中でもそのことが伺える部分がある。直接法的な指導の重要性を強調する祖慶は、対訳法的な指導を批判して、「若し方言で説明せねば本県児童は理解せぬといふならば、他県出身で方言を知らぬ教員は本県児童を教へることが出来ない訳になる、ところが、実際に於ては方言を知らぬこの教師の方が遥に標準語指導上実績をあげてゐる様に見受けられる。／勿論入学当初標準語でやられると児童は迷ふだらうが一カ月もすれば大分馴れて来る、聴き馴れるといふことはやがて話すといふ事である」[35]と述べている。

ここから読み取れるのは、第三章でも論及した教授法に内在する政治性である。祖慶が論ずるように、方言での説明が必要な標準語教育法は、沖縄方言に対する知識を教師に要求するものであり、そうすると沖縄の教育の場においては、沖縄の言葉を話す沖縄人教師の存在意義が重くなるのである。大和人教師には基本的な沖縄語に関する学習が要求されることになる。逆に、直接法的な指導法や「方言札」を用いた指導など、方言を完全に教場から締め出した指導法をとるのであれば、沖縄的訛音・アクセントを有する沖縄人教師は、大和人教師に比べて劣った存在とならざるをえない。教授法のいずれをとるかの選択が、沖縄人教師と大和人教師との学校における立場に影響を及ぼすことになるのである。それと同様に、方言と標準語の「併用」を主張するのか、他の主張をするのかの違いの中にも、政治性・思想性が孕まれるのである。それは「沖縄人」意識の存立の余地に関わるものである。特にその点が、一九三〇年代後半以降においては、隠れた争点を構成している。

沖縄人と思われる祖慶良次が、沖縄人にとって不利な直接法を主張したのは、彼の論考から判断すれば、標準語励行教育において、彼が、関東大震災における朝鮮人虐殺の記憶に象徴される、日本における沖縄人への社会的差別とそれからの回避に、より意識を傾注していたからと推測できる。

第三節　「混用」による「公」「私」の解体と新たな秩序の渇望

そのような教授法をめぐる議論の中で登場してくるのが、標準語と方言との「混用」を主張する宇久本政元の議論である。宇久本は、離島の久米島で生まれ、そこで教育に従事していた人物(36)だが、一九三九年九月、首里に近い真和志尋常高等小学校の訓導の時に、「標準語励行の方法に関する一考察―ブロークンで行け―(37)」という論考を発表する。その議論はきわめてラディカルな内容であり、注目されたものと思われる。それゆえに、即座に反論を招くと同時に(38)、少し後には民芸協会によって宇久本の論の一部(「混用」論ではなく標準語教育批判の部分)が引用(39)されることになる。

宇久本は、アクセントや音の強弱・高低・旋律のレベルで日本語には標準語が未成立であることを述べ、次のように論ずる。

日本の国語教育の悩みは、何と言つても厳密な意味での標準語を持たぬこと、従つて、完全な標準語教科書を持たぬことである。／(中略)／世の教育者のなす標準語励行の方法について、私の最も目につくことは、彼等は標準語といふものが、現在科学的に確立されて居るかに、観念づけられて居て、その立場から児童の言葉を標準語という規矩にあてはめようと努力して居る事だ。これは、少々妥当をかくやうに私は考へる。

私達が聴覚を少しく敏感に働かせると首里人と那覇人との間にさへ言葉全体としての相違を見いだすのだ。八重山、宮古、国頭等々と考へると著しい相違があるのだ。又沖縄出身を一団として見る時、それらの使用する言葉と他県人を一団としての人々の言葉にも相違があるし、更に、その他県人間にも亦、県人相互の相違があるのだ。／そこに気付く時、私達は勇敢に私達個々の人々の有する言葉に関する既有概念に、他の人（これが幼少者でもよい）の言葉を押し込んでいいものか？それに疑問なかるべからずだ。／（中略）／私の標準語励行の根本方針は、こうである。／読本言葉に、新聞・雑誌・小説等々の文章用語に、沖縄語、何でもよし、自分の語彙を総動員して、自己の思想・感情を表現することである。表現の態度は自由であれ、大胆であれ。／（中略）／方言を使用することが道徳的犯罪であると観念づけることは、教育的に或る意味を見出し得るとは思ふが、標準語励行の方法のためにそれが、あながち、最上のものであるとは私にはどうしても考へられぬ。／（中略）／以上は日本の標準語の構造的研究の不充分なことを基調として、方言混用の必然性を述べたのである。

その内容は、「ブロークンで行け」という副題が示しているように標準語と沖縄の「方言」の混用を許容することにより、「重箱の隅をホジクル如き標準語励行の指導方法のために魂がちぢこまった」状況を改善し、自由に発言しえるようにするというものである。いまだ標準語が確立されていない点を指摘することによって、「日本の標準語の構造的研究の不充分なこと基調として、方言混用の必然性を述べ」ているのである。これは、「併用」論以上に大胆な主張といえよう。前述の真木滴は、標準語（「おおやけ」）による方言（「わたくし」）の犠牲と従属を批判していたのであるが、宇久本は、標準語（「おおやけ」）と方言（「わたくし」）という枠組みを認めていないのである。あるいは、将来の標準語（「おおやけ」）と方言（「わたくし」）を混交しようと試みているのである。その意味で大胆な主張だといえよう。

また、宇久本は「最初の中、語彙の数量的観察をすれば、沖縄の方言が多く使用されるであろう」とも述べるが、その発言に着目すれば、当初は、標準語に方言が混入しているというよりも、方言に標準語が混入しているという状況も是認すべきとの主張ととれる。それは、実質的に当時行われていた標準語励行運動を根本から否定することにもなる主張である。確認できる標準語励行の方法は、宇久本が指摘するように、「標準語励行の熱心な人々は、如何なる方言が使用されて居るかの研究に熱中し」、方言の混入を取り除こうとし、沖縄的な訛音を指摘し、アクセント・発音の矯正を図るものでるからである。宇久本は「標準語励行挙県運動！誠にいいことである」、「標準語使用の絶対境は、何処までも絶対たるべし」とは述べてはいるが、標準語励行運動が過熱している時期に『沖縄教育』誌上で、この論考を公表することの意味を考えれば、標準語励行よりも、「沖縄の方言の進化」「混用」のほうに主張の力点があり、著者の意図があることは明らかであろう。「私達個々の人々の有する言葉に関する既有概念に、他の人（これが幼少者でもよい）の言葉を押し込んでいいものか？それに疑問なかるべからずだ」という発言にこそその真意があるといえよう。

この宇久本の議論に触れた近藤健一郎[40]は、「どのようにすれば児童の言語実態にあわせた標準語使用に到達できるか現実的な方法を示した点で注目に値する。しかし、この論は決して標準語使用を否定したのではなかった」と宇久本の議論を評価している。しかし、『沖縄教育』誌上で、標準語（普通語）励行の過熱への批判はあっても標準語励行を否定する議論が存在しない以上、「標準語使用を否定しなかった」というのは評価として不十分である。宇久本の議論は、標準語励行の方法論を議論しつつも、沖縄の言葉の在り方を論じ、沖縄人の使用している標準語に沖縄的な訛音・誤用があり、沖縄の言葉が混用されている現状を肯定すべきとした議論であり、実際に行われている標準語励行運動への根本的な批判であるといえる。「私達個々の人々の有する言葉に関する既有概念に、他の人（これが幼少者でもよい）の言葉を押し込んでいいものか？それに疑問なかるべからずだ」という言葉などには、強い批判が込められていることを確認したい。

では、宇久本は将来の沖縄の言葉に関して、どのように考えていたのであろうか。その点に関して、次のように論ずる。「多少の方言の混用はあつても、言葉が自由で大胆に表現さるると言ふことなのだ。そうして居る中に、沖縄の方言が新しい言葉に生まれかはり、古い沖縄の言葉は死んで失せる。即ち沖縄の方言が進化するのだ。そして日本全土の通用語即ち標準語まで発達進化する。がこれは決して外力による方言の抹殺ではないのだ」。

この宇久本の認識によれば、「古い沖縄の言葉は死んで失せる」という言葉の通り、沖縄の言葉の消滅を是認するものであるが、それは「抹殺」ではなく、「進化」であり「沖縄の方言が新しい言葉に生まれかはり」であると理解されているのである。ここでは、沖縄の言葉も標準語もともに流動的なものであり、現在存在している言葉が絶対的なものではないという認識が前提となっている。それは、現在の言語を取り巻く秩序に対する違和感と新たな秩序への渇望の念の表明ともいえるものである。

そうであるからこそ宇久本は、論考の終わりを次のような認識で結んでいるのである。

> 現代日本の教育目標は、東亜新建設に間に合う大国民を作り出すことである。国語の統一即ち標準語励行も亦国の究極目標の達成のためになされるのだ。／（中略）／所謂標準語を基礎にしてでもよし、沖縄の方言を基礎にしてでもよし、標準語と沖縄の方言の混用された言葉で、自由なかつ、大胆な表現のできる指導をせよ、かくしてこそ現代日本の要求する大国民の風格をそなへた人が出れるのだ。／（中略）／私は戦地に於いて、他県の兵隊が、出身地の方言を盛に使用するのに、沖縄出身の兵隊が方言混用の為め恥をかきはせぬかと懸念して話ができず言葉に困つたのは残念だつたとの戦地事情をききつつ此の稿の筆を擱く。

宇久本の議論は、「東亜新建設」という同時代の状況から逃れられないものの、そこに力点があるのではない。現状の言語秩序を批判し、「自由なかつ、大胆な表現」が可能であり、「大国民の風格」を備えた日本国民の育成という新たな秩序を求めるところに力点があるのである。それゆえ、軍隊における使用言語の問題という極めて公的な色彩の強い問題にまで論及されることになるのである。

宇久本の論考の掲載号の前号（『沖縄教育』第二七六号、一九三九年八月）では、戦地からの報告として、兼城尋常高等小学校訓導であった金城宏吉の「方言と兵隊」が掲載されているが、そこでは、「〇〇部隊では本県出身の斥候が歩哨線を通過する時方言で話して通つたので敵襲と間違へられ、大騒ぎとなつた事があつたと聞い」たとし、また自らの体験としても、「方言」で沖縄民謡を歌っている県出身兵士が敵兵と誤解され歩哨に打ち殺されるのを寸前で止めに入った話を語り、標準語を「生活語として使用する様になる迄学校児童は無論、青年男女にも呼びかけ」るよう訴えている。一九二〇年代以降、移民・出稼ぎの沖縄人の差別や不利益に対応することが標準語励行の大きな要因であったが、ここでまた軍隊における必要性が再確認され、さらに、戦場における具体的な問題として標準語の必要が強調されているのである。そのような議論を受けて、あえて宇久本は、「私は戦地に於いて、他県の兵隊が、出身地の方言を盛に使用するのに、沖縄出身の兵隊が方言混用の為め恥をかきはせぬかと懸念して話ができず言葉に困つたのは残念だつたとの戦地事情をききつつ此の稿の筆を擱く」としているのである。宇久本は軍隊において、沖縄の言葉の使用を許容せよとはっきりと述べているわけではないが、標準語と沖縄言葉の「混用」を恥じ、沖縄人がその能力を発揮しえない状況を「残念」であるとのべていることから、軍隊を含む全ての場面を想定しての議論であることがわかる。宇久本の議論は、言葉という文化の領域での議論ではあるが、公用語のあり方や軍隊における使用言語にまで論及され、その想念は新たな社会秩序を渇望するものであった。

以上のことを踏まえたうえで、宇久本の「混用」の議論を評価するのであれば、次の三点において思想的に重要な論点を提起するものといえよう。

まず、宇久本の議論には、方言と標準語の二者択一や、「併用」ではない、別の可能性が内包されている点である。標準語が現状において成立してないとし、将来の標準語を想定することにより、沖縄人の方言の放棄と標準語の習得を、一方的な沖縄の大和への従属ととらえず、双方の変容（進化）ととらえるのである。それにより大和人の占有する標準語への特権を否定し、将来の標準語の内部に沖縄の言葉の居場所を確保することができるのである。

次に、標準語＝おほやけ、方言＝わたくし、という枠組みを解体し、方言という生活語の私的、プライベートな領域をそのまま公的な場において承認させようとする点である。それは、方言に象徴される沖縄的なものの復権を意図したものといえる。柳の「併用」論や真木滴の議論は、方言（わたくし）を擁護するものであっても、「わたくし」の言葉が「おおやけ」の場で使用されることを主張するものではない。それに対して、宇久本の議論は、近代学校成立以来、「わたくし」の言葉として生活の場にのみ閉じ込められてきた方言の「おおやけ」性を主張し、その復権を図る意味合いを有するものであった。

三点目に、言葉の教育という文化次元の問題が、公用語といった社会制度ともいえる領域の議論へと発展する可能性を示している点である。「東亜新建設」という時代状況に規定はされてはいるものの、戦場における言葉に言及しつつ、「混用」により創造された標準語のほうが、「自由」で「大胆」な「大国民の風格」をそなえており、有効であるとしている点である。それは、文化的次元である言葉に関する議論が、軍隊における用語のあり方の議論につながり、法制的な議論の色彩を帯び、「東亜新建設」という新たな秩序の中での「大国民」の育成という政治性を帯びた議論として展開され、そして沖縄の言葉を生かそうとする議論につながっている点が重要なのである。軍隊という、立ち居ふるまいから言語まで最も厳しく統制される空間すら念頭に置き、「標準語」ではなく、沖縄語を大胆に使用すべきだという議論は、軍隊、ひいては日本という国家を支える政治的な秩序そのものの相対化という契機をはらんでいる。まさに「エスニシティの政治化」の可能性、あるいは萌芽を示すものといえよう。そうであるからこそ、沖縄の言葉は、大和人統治者や軍隊により徹底的な取り締まりの対象となるのである。宇久本は、現在の標準語を否定し、将来の標準語を想定することで、沖縄の方言の否定（「死」と「生まれかはり」）をオルタナティブな日本の創造の想念へとつなげようとしたのである。

宇久本は、アメリカの例をもちだし「彼の地では支那人は支那語と英語、日本人は日本語と英語、独乙人は独乙語と英語の各々チャンポンを使つて居る。そして生活は出来て居ると言ふ。黄金の国のヤンキー達が、生活力の旺盛なのは、彼等の間に使用される言葉が人を殺さぬのにあるのではなからうか？」と述べている。それに対して沖縄の標準語励行運動は「「言葉」を授けようとして「人」を殺して了ふ」としている。ここには、当時の日本社会の言語的秩序への違和感と新たな社会秩序の渇望が容易に確認できる。そのような宇久本の構想は「大国民の風格」という用語からも、一九一〇年代の伊波普猷の「個性」論を想起させるものであった。

この宇久本の議論は、当時、全国的に議論されていた「混用」論の意図的な流用[41]といえよう。単なる議論の適用ではなく、沖縄的な状況で「混用」論を論ずることにより、「沖縄人」意識の存在余地を確保しようとするものともいえる。将来の標準語という思想的な枠組みの中、日本人か沖縄人かという二者択一ではなく、日本人でありつつ沖縄人でもあるという主体の在り方が提起されたのである。それは次節で論ずるように、標準語励行運動に邁進しつつも、言葉の変容（「進化」）という側面に着目した論者に共通したものと考えられる。

方言論争のさなか、「沖縄学の祖」と称される伊波普猷は、基本的には柳の立場に同調しつつも、柳の言語観に対する違和感を吐露していた。伊波は、「啻だ一つ間違つてゐると思ふのは同氏が言葉と民芸を混同していることである」[42]としている。その伊波の違和感は、「言語は保守の面と共に進歩の面を持つ」[43]という点を柳が軽視している点によると思われる。将来の標準語の材料として沖縄方言の重要性を強調し、人為的な沖縄方言への抑圧を批判する日琉同祖論に内在した論理は、現在の標準語の不完全さを前提としたものであるから、沖縄方言の放棄と標準語のみの使用を批判したものではある。しかし将来の標準語のために、現在の標準語と沖縄方言の双方の変容を想定するものでもある。その観点からすると、当時使用されていた沖縄方言をそのまま擁護する柳らの「併用」論は、「古文化保存的言語観」[44]と批判されるものでもあり、伊波ら、日琉同祖論にもとづく言語観を前提に議論する沖縄学者の議論と同一のものではなかった。

第四節　方言論争にみる「沖縄人」意識の様態

そのような宇久本の議論は、けして孤立した議論ではなかった。宇久本の議論が『沖縄教育』誌上に掲載されるということは、彼の議論が、当時の言説空間において一定程度受け入れられる余地があったということである。沖縄の言葉と「標準語」を固定的に理解するのではなく、言語の「進歩」および流動性を前提として標準語励行を論じている者も少なからず存在した。

次の文章は、県立第二中学校の国漢の教諭であり、戦後、文教局長、沖縄大学教授になる真栄田義見の認識である。真栄田は、「方言が無くなる時は、沖縄的思考感情は止揚せられて、日本的普通の感情と思考の中に抱擁されて行くであらう。従つて又他の芸術や文化的方面もその表象をかへて行くであらう。その事は沖縄の持つものがなくなつたという事でなく、其所には高次の段階に進んだ沖縄的のものの発展的な姿が有る筈である」[45]と述べている。ここでは、沖縄の方言の消滅した後のイメージが語られている。方言や沖縄文化の消滅の痛みを慰撫するための思想であるかのようにも理解できる。宇久本の議論のような既存の秩序への批判的精神にも欠け、時局におもねるような論理ともいえよう。しかし、ここにおいても「方言が無くなる」ことは消滅ではなく「高次の段階に進んだ沖縄的のものの発展的な姿」が存在していると捉えられているのである。「同化」といえる現象の内部にあっても沖縄人としての主体の存立の余地を用意しようとするのである。伊波普猷は方言論争に関連して「言語は保守の面と共に進歩の面を持つ」[46]ていることを指摘している。その伊波のいう「進歩」の先に真栄田のような認識が存在するのではないかと思われる。ただ、伊波や真栄田の場合、「進歩」の後に待ち受ける「日本的普通の感情と思考」とは現状のそれでないことだけは間違いない。「日本」に関しても「沖縄」に関しても、不変的なものとして捉えているわけではないのである。

もちろん、「混用」を主張し、沖縄的なアクセント・訛音も許容する宇久本と、伊波普猷と真栄田義見との言語認識は異なっている。第三章で言及したように伊波は沖縄的な訛音を矯正する教育にも協力的であり、「方言講演」の実践からも、「併用」論に近く、宇久本に比較して、正しい標準語の存在に認めていたといえる。真栄田に関しても、第五章で言及したように、「沖縄独特なアクセント」「沖縄独特な直訳風な言葉」を否定し、「決別せねばならない」としている。[47]しかし、三者ともに、当時の標準語が絶対的な存在であり、不変のものとは考えていなかった点が重要なのである。変容するのは沖縄の言葉ばかりでなく標準語もまたそうであるという認識を抱いていたのである。

その点は、次にあげる、小学校の訓導である兼城静の議論にも確認できるであろう。

翻つて標準語奨励によつて方言が亡びると考へるのは杞憂であると考へる。筆者の郷里は中頭の辺鄙勝連半島で他村に通用しないヘンテコな方言を有つてゐるのであるが単に標準語を精進するのみで方言も純化し今は優雅な普里人士（首里人士―引用者）と自由に対話し得る域に達してゐる。恐らくこの体験は田舎出身の教師達すべてに共通するものと信ずる。蓋し標準語普及によつて沖縄方言は変じ行くであろう。詳しくは刻々に死につつ生きるであらう。／独自の価値とそれ自身の存在を有ち得るものは変ぜざるものでなければならぬ。死して生ざるものでなければならぬ。刻々と洗骨することに於て生きるものでなければならぬ。方言を禁止すれば単になくなると杞憂するのは絶対否定こそが実在把握の唯一の武器なることを知らない素寒貧である。形式論理に監禁された認識の囚人である。／いとしき沖縄語よ。お前は生まれるべく死ぬがいい。標準語の母のふところに溶解せよ。而してお前の永遠の世界に不滅し市民権を獲得するのだ。(48)

この印象的な投書は、沖縄人の複雑な心情を表現したものとして、方言論争の先行研究で頻繁に引用されてきた。例えば、小熊英二は、この投書の中に、沖縄内部の複雑な対立関係と、標準語励行運動における封建的秩序からの解放という意味合いを見出している(49)。確かにそのような意味合いも見出せると思うが、ここでは兼城の認識の中で、沖縄も日本も流動的・可変的・不滅的なものとして捉えれており、重層する複数の意識の中で沖縄人としての主体も失われずに存在している点を重視したい。

まず、兼城は、上記の引用の直前で、「私どもの標準語奨励は県民をして一人もらさず日本人たらしめんとする啓蒙運動であるのだ」と述べると同時に、「更に本島人は宮古方言を解せず、八重山方言も解しない。かゝる実体に即して県民の団結を図るにも標準語励行の単線を以て（進むのが―引用者）能率的であり効果的であると言ずる」と述べている。彼にとっての標準語励行は「日本人たらしめ」ようとする「啓蒙運動」でありつつも、「県民の団結」を図るものである。それは「県民の団結」を否定し「日本人」になろうとするものではない。

そして、兼城は、一方では、「標準語奨励によつて方言が亡びると考へるのは杞憂であると考へる」と言いながら、他方では、「蓋し標準語普及によつて沖縄方言は変じ行くであろう。詳しくは刻々に死につつ生きるであらう」と述べている。全く逆のことを述べているようだが、双方は矛盾でなく併存する認識のようである。「方言を禁止すれば単になくなると杞憂するのは絶対否定こそが実在把握の唯一の武器なることを知らない素寒貧である。形式論理に監禁された認識の囚人である」と述べ、それにつづけて、「いとしき沖縄語よ。お前は生まれるべく死ぬがいい。標準語の母のふところに溶解せよ。而してお前の永遠の世界に不滅し市民権を獲得するのだ」と結ぶのである。

この認識は、日琉同祖論による沖縄の言葉の未来を表現していると著者は考える。日琉同祖論は沖縄の日本への同化を促す同化イデオロギーとしての側面もあるが、他方で、現状の標準語を否定し将来の標準語を想定することで、その創造過程において新たな日本文化への沖縄文化の建設的な貢献の契機を用意するという側面もある。兼城の論考では、同系統の日本語と「沖縄語」であるから、「沖縄語」が滅びても、日本語としてその血脈は保てるというふうに捉えることも可能である。あるいは、将来の標準語の創造過程で沖縄方言の一部（日本の古語の部分）が受容されるという、言語学者の言語認識に基づいたイメージが前提にあるのであろう。つまり、死んで且つ生きることと、あるいは「母のふところに溶解」すること、あるいは「永遠の世界に不滅し市民権を獲得する」こととは、将来の国語及び将来の日本人に同化するということなのである。ただ、それは、一般に考えられる同化ではなく（沖縄人を否定し日本人になるのではなく）、沖縄人でありながら「日本人」であるという自意識を作り上げるたぐいの「同化」である。エスニックグループとしての日本人（大和人）ではなく、将来の「日本人」を想定すれば、「日本人」でありながら沖縄人であるということは可能である。兼城静は、そういったイメージを内面で描いているのではないだろうか。そして、それは日琉同祖論による「同化」が提供する沖縄人の自画像であると考える。

さらに、それに加えて兼城静の文面には、そのような「日本人」への同化を押し進める主体的契機としての田舎の人間としての意識も読みとれる。つまり兼城静の論考の中に、「田舎」の人間としての自意識、沖縄人としての自意識及び「日本人」という自意識が境界を曖昧にしたまま混在しているのである。「田舎」の人（与勝人）としての自意識、あるべき沖縄人、あるべき日本人としての意識といったほうが良いかもしれない。兼城静の中に、そのような多元的な自意識が確認できよう。それぞれの次元での自意識を抱えつつ、状況に応じて、それぞれの顔が現れているように見受けられる。

以上、確認したように、兼城静の方言と標準語の関係性の把握の中に、「沖縄人」意識の様態が確認できると考える。一九一〇年代の伊波普猷の日琉同祖論には沖縄文化防衛という側面があったが、ここでは、沖縄人としての自意識が限りなく「日本人」としての意識の中に「溶解」している。「死」「溶解」「不滅」という言葉が象徴的である。それでも、宇久本政元の議論と同様に、標準語と方言を固定したものとはとらえておらず、将来の「標準語」のなかに沖縄の言葉の存在する余地を想定しているといえよう。そこに「日本人」としての意識に限りなく近づきつつも消滅しない「沖縄人」意識の様態を確認しえる。この多元的な自意識を前提とした上で、将来の「標準語」及び「日本人」という前提をめぐる問題が法制的な次元を含めて語られるのであったのなら、そこに当時の秩序を揺さぶる思想的な可能性が胚胎したかもしれない。具体的には、方言使用者をスパイと見なし処分するといった事態を惹起させた沖縄戦につながる標準語励行運動を、その思想の内実において批判する議論として提起できたかもしれない。宇久本政元の議論には、そのような可能性が存在していたが、兼城の議論にそのような意図があったかどうかは、残された投書のみからは判断できない。県学務部との論争のさなかの柳宗悦を背後から撃つという意味で、総力戦体制下の秩序意識を強化する議論になっていたとも解釈しえるかもしれない。

このような認識を示した兼城静は、当時、美東尋常高等小学校訓導と思われる。[50]一九三八年の美里青年学校指導員の頃には、叙勲され、勲八等を授与されている。『与那城村史』[51]によれば、兼城は、中頭郡甲種農学校を卒業し、日露戦争に出征後、沖縄県師範学校二部で学び教職に就いた人物である。そして、一九二〇年代より自らの郷里である与那城村で教育に従事しており、その活動の延長線上に投書に表れた認識があるといえよう。生年は不詳だが日露戦争への出征を考えると沖縄近代教育の黎明期に教育をうけた世代であり、その可能性を信じて自らも教育に従事した人物だと思われる。

一九二〇年代の兼城の教育活動は『沖縄教育』でも伝えられており、同誌編集担当者の又吉康和も兼城の教育実践に感銘を受け、「私は本誌昨年十一月号記載、兼城静氏の「字に於ける教育革新の実際」を読んで思はず快哉を叫びました、末原学務課長も会心の笑を漏らしつゝ此の事実を提げて県会に臨んだのであります[52]」と記している。その兼城の一九二四年の教育実践記録[53]によると、一九二一年四月に与勝校に転任し、自らの郷里の地域の教育状況を嘆く。「字民一般に頑迷無知、子供の教育に対する自覚が低く従つて児童の出席、学力共に学区域中の最劣等の状況であつた」という。この状況は兼城に「この土地に生れ落ちた子供達の個性が伸び伸びと成長するように」「教育の恩恵に浴し得るように父兄の覚醒を促さねばならぬ」と決意させる。各学年の出欠状況・学力の状況を徹底調査し、全ての児童生徒の家庭訪問を行い、無断欠席の生徒があれば、「其の日の夜半過ぎに訪ね父兄をタタキ起して其の非を痛罵した」。さらに、字の有志に協力を求め「父兄大会」を開催し、父兄の子弟教育への自覚を促した。そして協力を取り付け、約束書まで作成し、血判まで押させた。無断欠席をすれば罰金二〇銭を区長に差し出す等というものである。近代主義的で、暴力的な教育実践だが、自身の郷里の教育への情熱が伝わる報告ではあるといえよう。それゆえに編集担当の又吉康和を感銘させたのである。また、一九二六年の別の実践記録[54]では、「私どもの教育は苦惨な現実社会に直面しての救世運動である。蘇鉄地獄のドン底に立つて前途の光明を見つめて悪戦苦闘する勇猛心こそ今日の沖縄農村教育者の本質的資格でないか」と述べ、生徒を中等学校に進学させる取り組みが紹介されている。そこでは、「私どもは私どもの立つ処を深く掘つて掘り抜かうぢやないか。限りなき泉の湧くまで！」と伊波普猷が愛したニーチェの警句を思わせる言葉が投げかけられている。

兼城の教育実践の背後に直接的に伊波の影響があるというのではないが、兼城もまた、一九一〇年代の伊波と同様に近代教育の可能性を信じ、その中で沖縄の教育や言葉・文化、地域の未来を模索してきた人物であった。「蘇鉄地獄」からの再生をも教育の力に頼ろうとするものであった。郷里の人々を「頑迷無知」と評し、その「啓蒙」に励んできた兼城が一九四〇年の方言論争において、「死」「溶解」「絶対否定」「不滅」という言葉の中で沖縄の主体の在り方を模索せざるをえないことが、近代沖縄教育を象徴するといえよう[55]。

第五節　方言論争以降の展開

以上、概観したように、一九三九年段階までの議論において、柳と学務部で交わされた方言論争での論点のほとんどが論じられていた。標準語と方言の「併用」という論点は独自なもののように思われるが、しかし、柳以前においても、一九一〇年代に、伊波普猷が標準語教育への言語学的な協力を行いつつ、方言での講演を行っており、その行為は「併用」的な実践に近いものであったともいえる。さらに、「併用」論よりも大胆な宇久本の「混用」論まで提起されていたことを考えると、こと言語教育に関しては、方言論争に新しい議論の深まりは確認しえず、沖縄の教師たちにとって、目新しい認識が提起されていたとはいいがたい。

ただし、方言論争にも、当然ながら、標準語励行運動の文脈においての重要な意味が存在していた。それは、一九四〇年以降の論調の変化においてである。

一九四〇年の方言論争を前後して、『沖縄教育』で二つの標準語教育の特集が組まれる。方言論争の直前の『沖縄教育』第二七三号（一九三九年五月）は、特集号とは銘打たれていないものの、標準語教育の重要な論考を集めた号である。そして、方言論争後の『沖縄教育』第三一八号（一九四三年四月）は「標準語励行運動展開」特集号である。その両者の論調を比べれば、方言論争の教育界に与えた影響の一端もうかがえるであろう。

前者（『沖縄教育』第二七三号（一九三九年五月））の内容は、山城宗雄「標準語励行の問題」、沖縄県「標準語励行大運動」、A「沖縄教育　標準語励行運動について」、「標準語徹底の鍵はどこにあるか」（六人の教師のコメント）、新垣源蔵「琉球語の三音脚性に就いて」、岸田国士「耳による正しい国語教育」、からなっている。

全体として県の方針に沿った教育実践や意見が述べられているのだが、それでも教育的な配慮は失われていなかった。A「沖縄教育　標準語励行運動について」（Aは編集人の有銘興昭か）においては、「以前は罰札といふものがあつて、方言を使つた生徒にこれが渡され、その生徒は早く違反者を見出してそれを渡さないかぎり毎日操行点が引かれるといふことをやつてゐた。今ではまさかそんなのは無いだろうと思つたがこれに近い様なことが行はれてゐる。それは学級に名簿を貼つておいて、生徒お互いがスパイしあつて方言を使ふものに×印を付けるといふことである。こんなのが果して教育上どうだらうかと思はれる」と述べ、運動実施上の陥りやすい問題点を指摘している。また、同特集にあたって、新垣源蔵「琉球語の三音脚性に就いて」という沖縄の言葉に対する研究論考が掲載されていることも重要である。標準語励行にあたって、沖縄の言葉の特性を知り、その上で標準語の教育に当たるべきであるという認識の表れと理解できよう。

しかし、それから七ヵ月後に方言論争が勃発すると、論争発生直後の『沖縄教育』第二八一号（一九四〇年一月）

では、方言論争を意識し、柳に批判的なコメントが見受けられるようになる。まず、「方言俗語を口にする人には、どうしても敬意を表する心持が起らない」[56]という認識をもつ、国語学者の保科孝一の論考が転載されている。またTT生「観象台 標準語の奨励」では、「能力と余裕のあるインテリが幾つもの言語をマスターし得るといふこと等と、この標準語問題を混同させてはならない」と「併用」論を退け、「早く方言を忘れて標準語に熟達せよ」、「方言の廃止も急務である」としている。

柳宗悦らによる県学務部の標準語励行運動への批判は、県の姿勢を頑ななものにしてしまった。そのことは、微妙なバランスの上で編集活動を行っていた島袋源一郎や有銘興昭らに、そのバランスを失わせ、『沖縄教育』を沖縄人の言論の機関、沖縄の教育を語る場たらしめえる可能性を失わせることになった。その後の戦局の悪化がそれに拍車をかけることになる。

方言論争後、『沖縄教育』第三一八号(一九四三年四月)の「標準語励行運動展開」特集号では、前者の「特集」と論調が大きく変容している。同号では「優秀論文四編掲載」(「編集後記」)として、泉正重「標準語論」、上原秀雄「標準語励行に関する一考察」、垣花良香「言語の戦時体制を叫ぶ」、大城安哲「標準語と本県教育」が「特集」の内容を構成している。

泉正重以外の三人は、いかに沖縄の言葉を駆逐し標準語を普及せしめるかを論じた内容である。上原秀雄論考は、「標準語励行は国家に忠なり」、「方言は真の日本人の使用語に非らず」とし、その標準語励行のイデオロギー性を明示している。大城安哲論考でも「買物も標準語でいはなければ一切売つてはいけないことにする。隣組の常会も方言を言ふものは、一切隣組より除名する。従つて一切の配給は停止されるわけである。中等学校も標準語を使用せざる者は退校を宣言する」という提案を行っている。標準語励行が国家への忠義を示す行為であり、沖縄方言は日本人の使用すべき言葉でないとされ、沖縄方言を使用した人間に対する社会的な制裁が検討されているのだが、そのような議論はすでに沖縄の学校教育の中で積み上げられてきた理論と実践を棄却してしまっている。それらが「優秀論文」として提示されているのである。

そして新垣良香論考では、「沖縄の特殊観念を掃討せよ」とし、「学術研究の対象となる事に興味を持ち光栄に思ふ偏狭な愛郷家によつて方言の愛護強化が叫ばれる」、「王国や独立国を鼻にかけたかの様なあの沖縄歴史を第一に書換へた方がいい」などと述べられる。同論考では八重山出身の著名な方言学者の宮良当壮の論が引用され「何故に日本民族は絶対に方言が必要だろうか」と批判されている。ここではすでに歴史学・言語学の学知が立ち入る余地も失せているといえよう。『沖縄教育』はもはや沖縄の教育を論じえる場ではなくなってしまった。そして言葉の喪失に加え、「沖縄歴史」が「書換へ」られ、沖縄の歴史的な記憶が捨て去られる時に「沖縄人」意識はその存立基盤を失うことになるであろう。

『沖縄教育』第318号の表紙（『沖縄教育』第318号、復刻版第34巻、不二出版）

一九三〇年代初頭から教育会主事として、教育会や『沖縄教育』の編集に影響を及ぼしてきた島袋源一郎は、一九四二年三月に死去するが、彼が生存していれば、このような誌面が構成されたであろうか。もちろん、教育会主事であり沖縄民俗学者であった島袋源一郎は、改姓改名運動をも主導し、標準語励行運動にも先頭に立った人物である。方言撲滅を主張する議論を島袋は行っていないが、県の主張を代弁した者の一人であった。本章の「はじめに」でも触れたように、県立図書館長島袋全発によれば、「柳氏一行と火花を散して太刀打ちをした第一線の勇士は実に島袋源一郎君であつたのである。そのために同君は雑誌民芸の記事に「日本人島袋源一郎君」とやゆされた位であった[57]とのことである。しかし、その島袋源一郎も、柳宗悦らを迎え入れ、彼らの活動に期待を抱いていた。島袋源一郎の当時の議論を読むと、沖縄人の歴史と文化への誇りと標準語励行の必要性の主張が何の矛盾もなく同居していることが分かる。彼の文章[58]には「日本人たるの誇りを持つて勇行邁進しなければならぬ」、「沖縄人たるの誇りを持つて勇行邁進せよ」という言葉が並び、日本人としての誇りと沖縄人としての誇りが重なり合いつつ主張されているのである。もし沖縄研究者でもある島袋が生きていたら、沖縄を「学術研究の対象」とする者を「偏狭な愛郷家」と非難する論考や、「沖縄歴史」を「書換へ」を主張する論考を、「優秀論文」として掲載したであろうか。

以上のように、方言論争をはさむ『沖縄教育』の標準語励行に関する二つの「特集」の違いは明らかである。後者においては、教育的な議論、学術的な認識が入り込む余地がなく、沖縄の教師たちが積み上げてきた議論がかなぐり捨てられてしまっているのである。

そのような変化は、戦局の進展によるところも大きいが、『沖縄教育』誌上の論調に大きな影響を及ぼし、教師たちを沈黙に追いやったのは、やはり方言論争というかつてない論争といえよう。方言論争の分析において、再度確認すべき点だが、柳ら民芸協会への批判は、県学務部の名のもとに県内全新聞にその方針として掲載されたものである。柳ら民芸協会という論敵を前にした学務部にとって、そのもとで教育活動を行う教師たちが柳らの議論に加担することなど許されるものではなかったであろう。県の方針を強く批判したわけでもない県立図書館長の島袋全発が、柳との関係からか、その職を追われたの[59]を目にすれば、柳を支持する意見を表明する意欲は失われたであろう。また、そのような議論があったとしても、教育会内部の政治的な状況を読みつつ『沖縄教育』の編集にあたっていた有銘興昭や主事の島袋源一郎も、その掲載を躊躇したであろうと推測する。宇久本政元も、一九四一年には、その経緯は明らかではないが、首里近郊の小学校から郷里の久米島の小学校へと異動している。方言論争は教師たちにとって、標準語励行に関する教育議論の終わりを意味するものであったといえよう。

その後、『沖縄教育』の確認できる最終号（第三三八号、一九四四年二月号）では、ガダルカナル島で戦死した沖縄人軍人の精神を顕彰しようとする記事が並んでいる。「大舛精神」とよばれ、沖縄人を戦争へと動員するものであるが、そこで、沖縄出身の軍人である親泊朝省は次のように語っている。「郷土の人は、いろいろ言語風俗のハンデキャップを克服し大舛大尉に続く勇猛心を振起せねばならぬ。（中略）稍々もすれば郷里の出身は優柔不断の非難を受けがちであり、特に軍あたりではその感を深くする。大舛君は平素の強い自己反省と実行力で以つてこれを吹き飛ばしてくれたのである。郷里からは知名の人が少いとか、或ひは高位にある人が少ないとかいふ点でひけ目を感ずるやうな気がしたがこの熾烈な決戦下において、大舛大尉のやうな人が出てくれたのは自分として胸がスーッとするような感を受けた。大舛大尉の働きはこの意味において県民にとつて大したものと自分は思ふ[60]」

このような発言の中にも「沖縄人」意識を確認することは可能であろう。しかし、その意識は悪化する社会情勢への異議申し立てや新たな社会像を提起するものではなく、人々を沖縄戦という破滅の淵に導いてゆくことになるであろう。朝省自体も日本の敗戦後、日本を憂う遺書を残し家族を道連れに自殺することになる。親泊朝省の父・朝擢は『沖縄教育』の編集主任として、一九一〇年代に伊波普猷らとともに、新しい沖縄教育の可能性を模索した人物であった。時代は少しずつそのような思想的な可能性を押しつぶす方向へと推移していった。

親泊朝省（『沖縄大百科事典』上巻、626 頁、1983 年、沖縄タイムス社）

小括

本章では、一九四〇年の沖縄方言論争を沖縄人教師の視点から確認してきた。具体的には、『沖縄教育』誌上の標準語励行の議論の延長線上に方言論争を位置づけ、その意義を確認し、そこから見えてくる「沖縄人」意識の様態を確認した。

『沖縄教育』誌上で標準語励行に関する在り方を議論してきた沖縄人教師達にとって、方言論争における柳宗悦の「併用」論は、それほど目新しいものとはいえないであろう。生活語としての方言の意義、差別からの脱却のための標準語励行、「混用」論を確認してきた沖縄教師たちの方言の未来への認識は、柳のそれにくらべて厳しいものであり、絶望は深いものであった。それでも方言論争には標準語励行の歴史の中で大きな意義があった。それは標準語励行に関して教育的な議論の終焉をもたらしたことである。県学務部が正式な声明として柳の論を批判し、柳らを擁護した県立図書館長島袋全発が解任されるという事態は、それ以降、教育的・学術的な観点からの議論を不可能とした。標準語励行は教育の議論としてではなく、総力戦体制下の国民精神総動員運動として遂行されることになる。

そして、その方言論争において、標準語と方言の関係を論ずる議論の中に、総力戦体制下の「沖縄人」意識が確認することができた。宇久本政元の示した「混用」論は、標準語が未成立な点を強調することによって方言と標準語の「混用」を主張するものであったが、それは沖縄の言葉の生き残る余地を暫定的にでも確保するものであり、「沖縄人」意識の存立の可能性を模索するものであった。標準語（「おおやけ」）と方言（「わたくし」）という構図を疑問視し、新たな標準語（「おおやけ」）のなかで、貶められている方言（「わたくし」）を復権させようとする企てであった。それは、文化的次元として論じられる標準語教育論が、公用語や軍隊における使用言語の問題として論じられ、制度や政治の次元での議論へと展開する思想的な可能性を示すものであった。また、兼城静の認識も、沖縄の言葉の「死」滅を語りつつ、日本語への「溶解」による「不滅」を模索するものであった。総力戦体制期におけるぎりぎりの状況で、「日本人」の意識に近づきつつも消滅しない「沖縄人」意識の様態が確認できるといえよう。

宇久本政元・兼城静と伊波普猷とに共通するのは、将来の標準語を想定し、その内部に沖縄の言葉の存在の余地を探るという点であり、そこでは、日本人と沖縄人、あるいは田舎人（勝連人）としての意識が流動的・可変的に重なり合うことになる。そのような意識は、柳が示した沖縄の言葉と標準語との「併用」論とは異なる方向で、当時の標準語励行運動を批判する可能性を有するものであったといえよう。宇久本が発した「私達は勇敢に私達個々の人々の有する言葉に関する既有概念に、他の人（これが幼少者でもよい）の言葉を押し込んでいいものか？」という問いに、その萌芽を確認しえるであろう。

また、当時表明された「沖縄人」意識がどれほどの思想的な内実を持ちえるのかは個々の文脈において判断されなくてはならない。たとえ「沖縄人」意識が高唱されても、それがいかなる社会的・思想的な意味を有しているかが問題である。東恩納寛惇のように、時局便乗的に「大東亜共栄圏」の先駆けとして古琉球の海外発展を喧伝するものであっては、そこに思想としての可能性を見出すことはできない。宇久本の場合、アクセントまでも矯正しようとする標準語教育への批判として議論を展開したのであり、そもそもの標準語のあり方や軍隊での使用言語にまで論及するものであった。兼城静の場合は、そのような内実を満たすものであったか、投書のみからは確認することができない。

しかし、時代を追うごとに、「沖縄人」意識がオルタナティブな社会像を提示するものとして語られる余地は狭まっていったようである。『沖縄教育』編集担当であった親泊朝擢の長子・朝省が示した「大桝精神」にみえる「沖縄人」意識は、沖縄戦に人々を動員するものであった。それでも、「沖縄人」意識は、状況により変容するものであるから、戦後沖縄まで射程に入れるのであれば、新たな思想性を盛り込まれることも可能であろう。それらを確認することを今後の課題としたい。

最後に、編集権という視点から本章の内容を振り返れば次のようになるであろう。まず、一九三〇年代前半と同様に、編集権を保持したのは沖縄人である島袋源一郎と有銘興昭であった。教育会主事である島袋源一郎は、改姓改名運動をも主導し、標準語励行運動にも先頭に立ちもしたが、『沖縄教育』誌上で、標準語励行の在り方に関する議論を組織し、必ずしも運動の方向性と合致するとは言えない議論も積極的に掲載していた。そこでは、方言札を批判する佐倉龍治の「人気者」という小説や、「わたくし」の言葉としての「方言」を擁護する真木滴の議論や、「標準語」と「方言」との「混用」を主張し、実質的に、現行の標準語励行運動を批判する宇久本政元の議論が掲載されていた。それは、「標準語問題」が「むし返されてゐる」状況を誌面に反映させたものといえる。総力戦体制の深まりが誌面に濃厚にあらわれながらも、いまだ沖縄人の自律的な言論の空間という意味合いを『沖縄教育』にみとめることができた。しかし、一九四〇年の方言論争という、柳宗悦ら民芸協会と県学務部の論争を境に、その自律的な空間は閉じられることになった。

注

（1）西原文雄「昭和十年代の沖縄における文化統制」『沖縄史料編集所紀要』創刊号、一九七六年、後に、西原文雄『沖縄近代経済史の方法』ひるぎ社、一九九一年、に収録。

（2）同論争は、「方言論争」「沖縄方言論争」「沖縄言語論争」などと呼ばれるが、本章に限り、煩雑さを避けるために、一般的な「方言論争」を主に用い、以下、カッコを省略する。また、「方言」の用語に関しても、「沖縄語」「方言」「地方語」などが用いられ、論者によるニュアンスの差があるが、引用以外では、「方言」という用語をカッコを用いず使用する（「方言」の対語である「標準語」に関しても同様）。

（3）同運動に関しては、納富香織「「生活改善」から「生活更新」へ―一九三〇年代の沖縄出身者による生活改善運動―（上）（下）『季刊　戦争責任研究』第六〇号、二〇〇八年夏、第六一号、二〇〇八年秋、を参照のこと。

（4）島袋源一郎「須らく勇行邁進せよ」『新生活』創刊号、一九三九年三月、五頁。

（5）島袋全発「随想三題」（下）『琉球新報』一九四〇年二月一五日。

（6）安田与重郎「偶感と希望」『月刊民芸』一九四〇年三月号、谷川健一編『わが沖縄2』木耳社、一九七〇年、六一頁。

（7）方言論争に言及する著作・論文は膨大である。近年の研究水準を示すものと思われるもののみをあげる。冨山一郎『戦場の記憶』（日本経済評論社、一九九五年）、小熊英治『〈日本人〉の境界―沖縄・アイヌ・台湾・朝鮮　植民地支配から復帰運動まで―』（新曜社、一九九八年）、安田敏朗『〈国語〉と〈方言〉のあいだ』（人文書院、一九九九年）、屋嘉比収『〈近代沖縄〉の知識人　島袋全発の軌跡』（吉川弘文館、二〇一〇年）、親富祖恵子「国家主義を超える視座―柳宗悦と方言論争―」（『新沖縄文学』第八〇号、一九八九年）など。

（8）引用は、戸邉秀明「民芸運動の沖縄―「方言論争」再考に向けてのノート―」（『早稲田大学大学院文学研究科紀要』二〇〇二年）。他にも同氏の研究として、同「沖縄　屈折する自立」（『岩波講座　近代日本の文化史』八、岩波書店、二〇〇二年）、同「一九三〇年代沖縄の産業振興と地域自立の課題―帝国内部での模索―」（河西英通ほか編『ローカルヒストリーからグローバルヒストリーへ』岩田書店、二〇〇五年）、同「「方言論争」をたどりなおす―戦時下沖縄の文化・開発・主体性―」『沖縄学入門』昭和堂、二〇一〇年）がある。

（9）上沼八郎「沖縄の「方言論争」について―沖縄教育史の遺産と決算―」『地方史研究』第一四一号、第二六巻三号、一九七六年六月。

（10）「第六章　アジア太平洋戦争下の標準語励行運動」、近藤健一郎『近代沖縄における教育と国民統合』北海道大学出版会、二〇〇六年、二三八頁。

（11）沖縄県学務部「敢て県民に訴ふ民芸運動に迷ふな」『琉球新報』『沖縄朝日』『沖縄日報』一九四〇年一月八日、引用は『那覇市史』より。

（12）柳宗悦「敢て沖縄県学務部に答ふの書」琉球新報・沖縄朝日・沖縄日報、一九四〇年一月一四日、引用は『那覇市史』

より。
(13) 吉田嗣延「柳氏に与ふ」『沖縄日報』、一九四〇年一月一六日。
(14) 編集部「問題再燃の経過」『月刊民芸』一九四〇年一一、一二月合併号。
(15) 沖縄連隊区司令官石井虎雄「沖縄防備対策送付之件」一九三四年二月二五日、沖縄連隊区司令部庶発第二六号。『陸海軍文書』R105―T671所収。藤原彰・功刀俊洋『資料 日本現代史 八 満州事変と国民動員』大月書店、一九八三年、二四九頁、より引用。
(16) 「球軍会報」一九四五年四月五日、『第三十二軍司令部 日々命令綴』防衛庁防衛研究所所蔵。
(17) 「渡辺学務部長標準語問題に一言」『沖縄日報』一九四〇年一月一二日。
(18) 東恩納寛惇「沖縄県人の立場より」『月刊民芸』一九四〇年三月号。
(19) 編集部「問題再燃の経過」『月刊民芸』一九四〇年一一、一二月合併号。
(20) 東恩納寛惇「日本文化の特質」『沖縄教育』第二七八号、一九三九年一〇月、二二一～二二三頁。
(21) 『東恩納寛惇全集』第三巻、第一書房、一九七九年、七頁、より引用。
(22) 筆名と推測したのは、沖縄県教育会『沖縄県学事関係職員録』(一九三五年、一九三八年)、『職員録(乙)』(印刷局)に、氏名を確認できなかったことによる。
(23) 佐倉龍治「人気者」『沖縄教育』第二三一号、一九三五年一一月。
(24) 近藤健一郎「『沖縄教育』復刻によせて(八)」『琉球新報』二〇〇九年一二月一日朝刊。
(25) 筆名と推測したのは、沖縄県教育会『沖縄県学事関係職員録』(一九三五年、一九三八年)、『職員録(乙)』(印刷局)に、氏名を確認できなかったことによる。
(26) 真木滴「野人方言」『沖縄教育』第二五〇号、一九三七年六月、三七頁。傍点は原文。句点を補った。
(27) 現役チョーク箱(日報)「教育者と標準語―真木滴氏への一言―」第二五一号、一九三七年七月、八七頁。
(28) 「謝花校」と肩書きにあるが、『沖縄県学事関係職員録』(一九三五年、一九三八年)の謝花尋常高等小学校の職員に氏名は見当たらない。また一九三六年の同職員録は存在しない。沖縄人だと推測する。『琉球人名地名辞典』(坂巻駿三編、東京大学出版会、一九六四年)を参照。
(29) 祖慶良次「標準語は先ず耳から」、『沖縄教育』第二四一号、一九三六年九月『那覇市史』資料編第二巻中三、一七八頁。

(30) 比嘉春潮『沖縄の歳月』中央公論社、一九六九年、一〇八～一一一頁。
(31)「県下校長会議概況」『沖縄教育』第二四一号、一九三六年九月、『那覇市史』一八〇頁。
(32)「県下校長会議概況」『沖縄教育』第二四一号、一九三六年九月、『那覇市史』一八〇頁。
(33) 芦田恵之助「国心と国語教育」『沖縄教育』第二四〇号、一九三六年八月、一一一頁。
(34) 沖縄県教育会編集部「原稿募集」第二四一号、一九三六年一一月、八八頁。
(35) 祖慶良次「標準語は先づ耳から」『沖縄教育』第二四一号、一九三六年九月、三二頁。
(36) 仲里小学校創立百周年記念事業期成会記念誌編集部『仲里小学校創立百周年記念誌』（一九八六年）によると、同校の年度別の職員名簿の中に、一九二二年と一九二三年に代用教員として、一九三二、三三、三四、四一年に訓導として宇久本政元の氏名を確認できる。『職員録』（内閣出版局）では、一九二四、二五、二六年に、沖縄県師範学校附属小学校訓導として宇久本政元の氏名が確認できるが同一人物かは確認できていない。
(37) 宇久本政元「標準語励行の方法に関する一考察―ブロークンで行け―」『沖縄教育』第二七七号、一九三九年九月。
(38) 沖縄研究者の金城朝永は、言語の「浄化」の側面や、日本語における沖縄方言の位置付けという点から批判している。金城朝永「宇久本氏の標準語励行一考察を読みて」『沖縄教育』第二七八号、一九三九年一〇月。
(39) 田中俊雄「沖縄県の標準語励行の現状」『月刊民芸』一九四〇年一一、一二月合併号。
(40) 近藤健一郎『近代沖縄における教育と国民統合』北海道大学出版会、二〇〇六年、二二六～二二七頁。
(41) この宇久本の議論は、当時の「標準語」と「方言」に関する全国的な議論から学び、沖縄の言葉に適用しているとも考えられる。しかし、それは単なる適用ではなく、沖縄の状況に置きなおし、新たな社会批判の意味を込めた流用といいえよう。安田敏朗『〈国語〉と〈方言〉のあいだ』（人文書院、一九九九年）では、当時、方言と標準語との二重言語主義をめぐる議論が紹介している。例えば、東京高師教授熊澤龍は「標準語と方言が渾然と溶け合ふ方が望ましいのである。各地の人々の言葉には標準語と方言が仲良く同居してゐる。所により人によつて、標準語的要素が多いか、方言的要素が多いかの区別が存するだけである」、「方言の中に少しづゝでも標準語的要素が含まれてゐたならば、これを取上げて正しく成長させるのである」（熊澤龍「標準語教育と言語生活の指導」『コトバ』一巻三号、一九三九年一二月号、五五頁）としている。

(42) 伊波普猷「方言は無暗に弾圧すべからず—自然に消滅させ—」『大阪球陽新報』、一九四〇年一一月一日、傍点ママ。
(43) 伊波普猷「適正な奨励法を—伊波さんは語る—」『沖縄日報』一九四〇年一月三〇日。
(44) 親富祖恵子前掲論文（『新沖縄文学』五〇頁、注（7））参照。ただし、親富祖は、「古文化保存的」言語観とは、柳に対する不当な批判だとするが、論争における発言を見る限り、柳に言語の流動性・可変性への着目は弱いのではないかと著者は考える。
(45) 真栄田義見「知性を忘れた沖縄（三）」『琉球新報』一九四〇年一月一五日。
(46) 伊波普猷「適正な奨励法を—伊波さんは語る—」『沖縄日報』一九四〇年一月三〇日。
(47) 真栄田義見「郷土と国語教育」『沖縄教育』第二〇〇号、一九三三年四月、五九頁。
(48) 兼城静「標準語の立場」兼城静『沖縄日報』、一九四〇年一月二一日。
(49) 小熊英二『〈日本人〉の境界』新曜社、一九九八年、四〇二頁。
(50) 沖縄県教育会『沖縄県学事関係職員録』一九四一年一二月。
(51) 新屋敷幸繁『与那城村史』与那城村役場、一九八〇年、二六七～二六九頁、四二六頁。
(52) 又吉康和「勝連半島より」『沖縄教育』第一四五号、一九二五年四月、八七頁。
(53) 兼城静「児童の実力増進をモットーとして字に於ける教育革新の実際—最劣等から優勝旗まで—」『沖縄教育』第一四二号、一九二四年一一月。
(54) 兼城静「中等学校入学受験郡部の大恐慌」『沖縄教育』第一五二号、一九二六年五月。
(55) 本章の元となる拙稿「「沖縄方言論争」と『沖縄教育』誌上の「標準語」教育論—「混用」という可能性—」（『日本教育史研究』第三〇号、二〇一一年）への「論評」（同誌所収）を戸邉秀明氏よりいただいた。過分なご評価と貴重なご批判をいただいたことに感謝すると同時に、この場で応答したい。一点目に、兼城静・真栄田義見の論は一九四〇年当時の京都学派の「世界史の哲学」などの言説空間への応答として理解されるべきものであり、そこに沖縄人としての主体の存立の余地を確保するという私の解釈への疑問についてである。たしかに、私の分析には同時代の思想との関連性への注意がはらわれておらず、そのような批判を招くものである。ただし、加筆に際し、京都学派との思想的な関連に紙幅を割くよりも、教育会雑誌から近代沖縄の思想像を読みとろうとする本書においては、兼城静の方言論争以前の言論・教育実践を紹介することで、彼の営為や自意識の帰結として一九四〇年段階の論説を解釈したほうがよいと判断した。伊波普猷の学知（日琉同祖論）をふまえ、「沖縄人」意識を有する彼が、時局に便乗することにより、どのような自画像を描いたかを叙述することが、近代沖縄教育像、あるいは植民地における近代を叙述することになると考えたからである。二点目に、兼城静・真栄田義見らの議論を宇久本政元・伊波普猷の議論に接続することへの疑義である。たしかに、同氏の示した時期区分・分類も魅力的である。しかし、本書では、言語の流動性・可変性を前提とした「沖縄人」意識という意味で、四者が共通した基盤を有し、宇久本政元の議論が突飛なものではないことを示す必要があった。そして、それぞれの「沖縄人」意識がどれだけ既存の秩序を相対化する思想的な力を内包していたか吟味する方向で論を展開した。「沖縄人」意識を有することそれ自体に価値があるのではなく、その思想的な力を吟味することが本書の課題として重要と考えたからである。三点目に、宇久本政元の議論に「政治的秩序そのものの相対化」を見ようとする著者の評価が過大にすぎないかという疑義である。その点に関しては、序章で、理論的な枠組みとして「エスニシティの政治化」という視点、および文化と政治の連続性の視点を提示した。それをふまえたうえで史料の再読・解釈をお願いしたい。

(56) 保科孝一「沖縄における標準語問題」『国語教育』第二五号、一九四〇年五月号。
(57) 島袋全発「随想三題」（下）『琉球新報』一九四〇年二月一五日。
(58) 島袋源一郎「須らく勇行邁進せよ」『新生活』創刊号、一九三九年三月、五頁。
(59) 屋嘉比収前掲書、注（7）、一四四〜一五六頁、参照。
(60) 親泊朝省中佐「黙々と異彩を放つ大舛大尉」『沖縄教育』第三二八号、一九四四年二月、句読点を適宜補った。

終章

本書の課題は、沖縄県教育会機関誌『琉球教育』（一八九五～一九〇六年）『沖縄教育』（一九〇六～一九四四年？）誌上で展開された沖縄教育をめぐる議論を分析し、沖縄人が「大和」によりもたらされた近代学校の中で、どのように自らの社会の未来像を模索したかを跡付けることであった。それは、「同化」「皇民化」を自ら目指したものと概括されがちであった沖縄人教師の議論に、いかなる願望と主体的営為を読み取ることをできるかという課題であった。それにあたり、教育会を「抗争・葛藤の舞台」として捉える視点と、「沖縄人」意識を流動的・可変的なものとして捉える視点を分析の基軸にすえた。

近代沖縄教育史研究は、一九六〇年代の沖縄の「本土復帰」に際し、「日本の一県」（阿波根直誠）の教育としての視点から構想される傾向があった。琉球国時代から米軍統治期までを「日本の一県」の歴史として叙述する視点では、近代沖縄の教育に関する経験を十分に拾い上げることは難しい。それをふまえて近年、植民地史との関連から近代沖縄史を把握とする視点も現れているが、植民地ナショナリズムの枠組みに近代沖縄史を押し込めるような分析もまた不十分である。「日本の一県」の歴史としてでもなく、植民地史の一環としてでもなく、近代沖縄の経験に即した歴史叙述が求められている。本書が提示した「沖縄人」意識を流動的・可変的なものとして捉える視点は、そのような問題性を踏まえたものであり、地域主義でもなく民族主義でもなく、そのどちらにもなりうるものとして叙述する観点を示したものである。

また、教育会を「抗争・葛藤の舞台」として捉える視点とは、沖縄の教育史を「国民統合」「大和化」という視点から、中央で定められた教育施策の浸透の過程として叙述する教育史研究に対して、統治される側の「抵抗」をすくい上げようと意図したものである。この場合の「抵抗」とは、狭義の政治的抵抗を意味するものではない。教育会の機関誌の編集にあたって沖縄人がイニシアティブをとって、いわば自律的に沖縄教育を創りあげていこうとする活動、およびこの活動に呼応するような言論を指す。こうした活動や言論が招いた大和人との抗争・葛藤を浮かび上がらせ、その抗争・葛藤の中に教師たちの「沖縄人」意識や教育の未来像を読み取ることを目指した。

雑誌分析を中心的な作業とする本書では、そのような抗争・葛藤の具体的な現れとして、雑誌編集の権限をめぐる抗争・葛藤に注目した。学校教育という国民統合の装置、あるいは大和の沖縄支配の装置としての学校教育にあっても、教育会の機関誌に誰のどのような教育論を掲載するかを決定する権限を持つということは、一定程度の自律的な判断で自治的な言論空間を組織しえるということである。いわば「編集権」といえるこの権限を、大和人と沖縄人のいずれが握るのか、あるいはどのような人物が握るのかにより、「自治的」な言論空間の質が規定されてくるはずである。その意味で「編集権」をめぐる抗争・葛藤に注目したのである。

この二つの分析の観点を包含するのが、台湾史研究の文脈において何義麟の用いた「エスニシティの政治化」という分析概念である。ネーションではなくエスニシティという用語を用いるのは「沖縄人」意識が大和の支配に先立って自然に存在するものではなく流動的・可変的なものだからであり、「政治化」という用語を用いるのは『琉球教育』『沖縄教育』の誌面構成をめぐる抗争・葛藤の中にエスニシティをめぐる問題が政治的な焦点としてせりあがる可能性が含まれているからである。

終章である本章においては、その「政治性」の象徴としての編集権をめぐる葛藤に着目しつつ、本書で明らかにした内容を要約する。さらに、それぞれの時期での最も特徴的な教育論を、言語認識と歴史認識に着目して確認してゆく。言語と歴史をめぐるせめぎあいが、「沖縄人」意識の行方をどのように方向づけるかを再確認することになる。本論の叙述内容から、言語においては、「積極的撲滅」「混用」「併用」を分析の指標とし、歴史認識においては、琉球国の独自性を承認するか否かを指標とする。

一．「編集権」に着目した本書の要約

第一章では、日清・日露戦間期における『琉球教育』の「論説」欄を分析し、沖縄教育の原型ともいえる教育像を描き出した。日清戦争の結果、就学率も上昇する状況の中で、大和人である新田義尊（沖縄県尋常師範学校教諭）は「日琉同祖論」を前提に、琉球国時代の歴史を国体論的な国史認識の中に取り込み、帝国日本の臣民としての沖縄人士の在り方を模索する言論を展開した。否定すべき「琉球」と肯定すべき「沖縄」という二元論は、勤勉と怠惰、清潔と不潔、未開と文明といった近代に発生する対概念と重なり、「文明」的とされる諸価値の獲得を「大和化」と同一視するのが、新田の議論の特徴だった。新田の形成した沖縄教育論の原型に対して、本論文では沖縄の教師の二つの対応の型を確認した。一点目は、新田の論を沖縄社会の近代化の論へと「読み替え」ようとする動きである。二点目は、新田の国家的な要請からの教育論を教育実践の視点に「ズラシ」て違和感を吐露するという態度である。沖縄人初の小学校長・親泊朝擢が示した態度であった。その対応の背後には非協力的な教員の存在があった。

このような沖縄教育の原型とその対応は、『琉球教育』の書誌的な分析からも裏打ちできる。日清戦争から日露戦争頃までの約十年間の傾向を考察すれば、「教育理念」中心の「論説」欄から「教育技術」中心の「教授と訓練」欄へと重点が移行しており、それは大和人中心の「論説」欄から沖縄人中心の「教授と訓練」欄への変化ともいえる。そのような背景があったからこそ、沖縄人である親泊朝擢の「抵抗」が可能であったことを明らかにした。

この時期の編集権は、新田義尊をはじめとした大和人により握られていた。「教授と訓練」欄を中心に、後半期に徐々に沖縄人が誌面に登場したとはいえ、編集委員のほとんどが大和人であり、教育会の幹部である評議員も大和人がほとんどを占めていた。新田義尊は、編集権を握るだけでなく、親泊朝擢らの論考に割注・解説を付けることにより、読者を誘導するようなことも行っていた。『琉球教育』の言論空間は大和人により統御されていたといえる。

第二章では、一九〇〇年前後の『琉球教育』の外部に目を転じて、沖縄初の新聞『琉球新報』主筆・太田朝敷の「新沖縄の建設」の構想と、太田と新田義尊ら大和人教員との葛藤を描いた。太田は「クシャミする事まで他府県の通り」すべきと発言したことばかりが注目されがちで、同化主義の権化のごとく評価されてきた。しかし、福沢諭吉から「文明」の意義を学んだ太田は、必ずしも「大和化」と同一視できない「文明化」の経路を示そうとしていた。すなわち、太田の「新沖縄の建設」のプランは、大和人との対抗意識の中で、沖縄内部の地方的対立を止揚し、士族と平民との調和をはかり、新たな「共同」性・「公共」性を生み出そうとするものであった。しかし、太田の議論は『琉球教育』誌上に、その意図を歪められる形で掲載され、大和人教師らの形成した支配的な言説を補強するものとして利用されることになった。こうした事実は、この時期の『琉球教育』がいまだ大和人のイニシアティブの下にあったことを示すとともに、こうした状況に変化をもたらすような状況が生じつつあったことをも物語っている。大和人に編集権を掌握されている『琉球教育』に対して、『琉球新報』は首里士族を中心とした新聞であったが、『琉球教育』の外部にそのような言論機関が存在していることが、教育会及び『琉球教育』誌上での沖縄人訓導の「抵抗」を支えることになったといえる。

第三章では、一九一〇年代を対象とし、主に親泊朝擢が『沖縄教育』の編集担当に就任した時期の誌面を分析した。一九一二年の衆議院議員選挙法の適用、一九二一年の府県制・町村制の特別制の撤廃をもって沖縄の大和への法制的次元の同一化が完了し、沖縄人の社会的な進出が一定程度実現され、沖縄人の教育会会長・編集担当者が誕生したが、その過程で大和人と沖縄人との葛藤はいっそう激しくなった。一九〇〇年前後には『琉球教育』誌上で支配的な言説への違和感の表明に留まっていた親泊は、雑誌の実質的な編集権を握ると、若手の沖縄人教員を書き手として登用し、沖縄の歴史を学ぶ意義を強調し、時には「過激」と評される論調も生んだ。太田朝敷の議論に比べても、沖縄の歴史認識を伴う点でより明確な「沖縄人」意識が表明されているといえる。他方で、「普通語」励行には積極的であった点は、植民地における抗日的ナショナリズムとは性格を異にするものであったことを示している。親泊が一九一五年に自らの意思に反して編集担当から外された事実は、その活動と言論が大和人との抗争・葛藤の契機を強くはらんでいたことを示している。

一九一〇年代に編集権をめぐる葛藤・抗争は、教育会の予算執行に関する決定の制度を評議員制度から代議員制度へと改変することと関連して展開された。予算の決議権は雑誌の刊行そのものを停止させうるものであった。編集方針に対する大和人らの批判が断続的に繰り返されるなかで、一九一五年には代議員制度が導入され、そこで編集担当のポストが廃止され、親泊はその職を追われることになった。沖縄人である親泊が編集権を一時的に掌握したものの、大和人と沖縄人との対立は根深く存在し、沖縄人が編集権を永続的に保持し得る状況ではなかった。

第四章では、一九二〇年代から一九三〇年代初頭までの『沖縄教育』の誌面を分析し、沖縄の言葉・歴史がどのように論じられているかを確認した。この時期以降の編集担当者は全て沖縄人であり、沖縄人対大和人という構図のみでは教育会の葛藤の要因をとらえることはできない。ただし、大和人の沖縄人に対する不信感が根強く存続したこともあって、「沖縄人」意識に関わる文化的な領域の議論は緊張感をはらむものとなった。加えて、「ソテツ地獄」とも形容される経済難が、沖縄をいかに立て直すかという問いを内包させ、沖縄人と大和人の抗争、及び沖縄人同士の葛藤を改めて強めることになった。

この時期、新聞記者の又吉康和・詩人の国吉真哲・ベテランの教育者である比嘉重徳や島袋源一郎が編集を担当する。多くの論者が沖縄の歴史・言語・文化を論じており、『沖縄教育』は沖縄文化に関する総合誌・「県文化運動の機関」誌という様相を呈していた。伊波普猷をはじめ、真境名安興・島袋源一郎・金城朝永・東恩納寛惇ら「沖縄学」の著名な研究者が主要欄を飾り、『沖縄教育』は沖縄人のアイデンティティを模索する学としての「沖縄学」揺籃の媒体という側面をもった。編集担当者が又吉・国吉から比嘉に変わるとこうした性格は弱まり、教育雑誌という性格を強めた。ただしその場合でも、大正自由教育・プロレタリア教育・郷土教育など最新の教育思潮の流入と実践の発表の場としての側面を持ち、その中で沖縄に関する重要な論点が深められていった。

一九二一年の町村制度の特別制度の撤廃により沖縄の大和への統合が完了されると同時に、沖縄人の沖縄社会の要職への進出も顕著になった。教育会の総裁・会長・副会長の地位はいまだ大和人が占めるのだが、幹事の多くが沖縄人により担われていた。それを背景にして『沖縄教育』の編集権も沖縄人が掌握することになる。これ以降は、沖縄人のどのような人物が編集権を握るかが重要となる。新聞人の又吉や詩人の国吉が学校教育に限らない沖縄文化全般を取り扱う雑誌を志向したのに対して、教育界を主な活動舞台としてきた比嘉・島袋が学校教育に根ざした編集を行ってきたことなどに、その違いが確認できた。

第五章では、一九三〇年代における沖縄認識を、島袋源一郎編集担当期の郷土教育論争を中心に検討した。『沖縄教育』一九三三年二月号の「郷土史教育特集号」では微妙に力点の異なる郷土教育論が並び、互いに競合していた。沖縄人教師である豊川善曄は、歴史認識に基礎を置く「沖縄人」意識を強調し、「自力主義」を唱えて、ソテツ地獄に苦しむ沖縄の建て直しと、それを支える人材の育成の必要性を強調した沖縄振興策を論じた。他方、大和人の直田昇ら師範学校関係者は、こうした郷土教育に「国民教育を破壊するの患」を見出し、それへの警戒心を露わにした。その両者を両極とし、その中間に力点の異なる郷土教育史論が展開されたが、豊川に限らず、東恩納寛惇や島袋源一郎もまた「郷土史」には解消されきれない「琉球史」を語った。そのことは、島津の琉球入りの評価や、琉球国の宰相蔡温の評価に端的に表れた。沖縄人として教育会の高い地位につき、『沖縄教育』の編集権を握った島袋は、一方で大和人の要求に応えるそぶりを見せながら、他方で、沖縄の現実に根ざした豊川らの議論を積極的に取り上げる役割を果たしたと考えられる。

第六章では、一九四〇年の「沖縄方言論争」を沖縄人教師の標準語教育の議論の文脈で再検討し、さらに、「方言」と「標準語」の関係性をめぐる議論の中に、総力戦体制下の「沖縄人」意識の様態を確認した。家庭などにおける「方言」使用を認めるべきだとする柳宗悦の「併用」論は目新しいものではなかったが、県学務当局の強い反発を買うことになった。当時の沖縄県知事淵上房太郎をはじめとして大和人は沖縄人の忠誠心が疑わしいという理由で標準語励行を推進しようとしていたが、学務当局の中でも沖縄人の社会教育主事吉田嗣延は内地や植民地に流出した沖縄人移民の経験に即して、標準語励行の必要を唱えていた。さらに、沖縄方言論争に先立って、沖縄人の小学校訓導宇久本政元は、「標準語」そのものが未成立である点を強調するとともに、児童の思いを率直に表現させるためには「標準語」と「方言」の混用も排すべきではないと論じ、将来の「標準語」に沖縄の言葉を混入させ、その存立の余地を模索した。この主張は、当時進行していた、発音・アクセントまでも矯正しようとする標準語励行運動への根本的な批判であり、軍隊においても沖縄「方言」の使用が認められるべきと述べるなど、総力戦体制下において地方文化が抑圧にさらされる状況において、ぎりぎりのところでの沖縄の言葉の存立の余地を模索するものであった。また、やはり沖縄人の小学校訓導である兼城静の議論には、田舎の人（勝連人）であり、沖縄人でもあり、日本人でもあるという多元的・重層的な自意識が表明されている。両者の議論に共通するのは、言葉は変容するものであり、その変容のなかに沖縄の言葉（及び「沖縄人」意識）の存立の余地を探るという姿勢であり、沖縄文化の抑圧とは性格を異にしていた。柳宗悦の議論はこうした宇久本や兼城の議論よりも後退したものであったが、沖縄県学務当局の反発を買ったことにより、これ以降の議論の展開の可能性を縮小させることにつながった。

第五章と第六章の時期、特に一九三〇年代以降において、編集権を握り、あるいは編集に大きな影響力を行使したのは島袋源一郎であった。島袋は一九二〇年代から死去する一九四二年まで教育会の幹事や主事を務めていた。この時期も、総裁・会長・副会長はすべて大和人であったが、数年で転出する彼らとは異なり、教育会の実務を継続的に担っていたのは島袋をはじめとする沖縄人であった。島袋は、沖縄人として雑誌の編集権を掌握していたといえるのだが、それによって実現しえた沖縄人の言論空間が、いかに不自由であり、危ういものであるかが彼の編集から確認しえた。

以上のように、教育会は、国や県の教育施策を無批判的に実行してゆくだけの機関ではなく、様々な対立と葛藤を内包した存在であり、時には、沖縄人と大和人との抗争の舞台であり、沖縄人同士の沖縄教育の有り方についての議論を闘わせる抗争の舞台でもあった。編集権をめぐる葛藤の結果として、『琉球教育』『沖縄教育』の誌面は構成されたのである。そのような歴史的な事実を示すことで、「同化」「皇民化」という用語でその本質を説明されてきた従来の沖縄近代史教育に対して、教育論という「同化」言説の内部で沖縄自立の思想が胚胎するという歴史像を提示しえたと考える。時期によって形態は異なっても、大和人と沖縄人の間に葛藤・抗争が存続し続けた事実は、大和人による抑圧の下でも沖縄人の主体的な営為が存在したことを示すと同時に、「同化」といわれる状況が深まってもなお、「沖縄人」意識が形態を変えつつも消え去らなかった事実を示すものといえる。

二　歴史認識をめぐる抗争

では、そのような葛藤・抗争の中で表明された「沖縄人」意識はどのような相貌を呈したであろうか。「編集権」をめぐる抗争のなかで、教師たちは沖縄教育のあり方を論じ、沖縄の歴史・文化・言語について語り、そこに将来の沖縄への想念が表明され、「沖縄人」意識が露わになるのである。それは帝国日本における沖縄のあり方を模索するというきわめて高い政治性を内包するものでもある。まず、「沖縄人」意識がたちあらわれた際に論点となった歴史認識から検討してゆきたい。沖縄の歴史の何が問題となり、論点を形成してゆくのかを確認してゆく。

日清戦争後、新田義尊の歴史認識は、琉球国時代の独自性を矮小化し国体論的な日本史像に琉球史を組み込もうとする点に特徴がある。近代日本のナショナルアイデンティティを支える教育勅語に示された歴史観に適合的なものとして沖縄史認識を改変するのである。具体的には、近世琉球の文化的黄金期の宰相蔡温を貶め、摂政の羽地朝秀、三司官の宜野湾朝保ら、「日琉同祖論」を主張した人物を高く評価するという歴史認識であった。

その新田義尊に対抗的な沖縄像を提示したのは『琉球新報』主筆の太田朝敷であった。太田の「新沖縄の建設」のプランは、大和との対抗意識の中で、沖縄内部の地方的対立を止揚し、士族と平民との調和をはかり、文明化された新沖縄という新たな「共同」性・「公共」性を生み出そうとするものであった。その歴史認識だが、太田は、古琉球時代の察度、尚巴志といった王や、羽地朝秀、蔡温らの近世期の政治家、平敷屋朝敏などの近世期の文芸人を高く評価する記事を残している。新田在職中にあっても、蔡温を熊沢蕃山と甲乙つけがたい存在だとし、それらの歴史的な人物を知らずに沖縄の評価を云々することは出来ないとしている。(1) 新田が貶めた蔡温を高く評価している点で、対立的な認識を示しているといえよう。

一九一〇年代の親泊朝擢は、歴史認識に関しては「本県固有の事物とさへ云へば、一も二も皆抹殺或は遣却〔ママ〕せんとするものあり」(2)と述べ、従来の「同化教育」を批判し、「現今の本県を知るには過去の沖縄を知らざるべからず。況んや特殊の歴史を有するをや」(3)と述べ、沖縄の歴史を学ぶ意義を強調する。その歴史認識は、『偉人伝』(『沖縄教育』第六四号、一九一一年八月)によって確認できる。伊波普猷、真境名安興らとともに編纂した同書は、教育会創立二五年記念に刊行されたものであり、公式的な沖縄歴史認識という様相を呈し、新田によって提示された沖縄歴史像を塗り替えるものであった。その重要な指標は、琉球国の独自性を認めるか否かという点であり、それは近世期の宰相蔡温への評価に顕著である。中国への朝貢体制を維持しつつ、薩摩のくびきの中で琉球国の経営に腐心し、日本と中国の影響を融合した文化的な黄金期を現出させた宰相の評価は、沖縄歴史の独自性をどのように把握するのかの分かれ目となる。新田は、その中国との関係を矮小化し、国体論的な日本史認識に沖縄の歴史を位置づけようとしたのだが、それに対して、『偉人伝』では、独自性を濃厚にたたえる沖縄の個性を評価しつつ、その個性を包含した多元的な日本像を提起することになる。伊波普猷の思想に基づくそのような沖縄教育像は、新たな沖縄像と日本像を提起するという意味で、思想的に可能性を持つものであった。

一九二〇年代の又吉・国吉編集期には、そのような認識が全面的に展開されることになる。

一九三〇年代には、郷土教育に関する議論の中に、歴史認識の対立を確認することができる。島袋源一郎編集期の一九三三年二月刊行の『沖縄教育』第一九九号は、「郷土史特集号」と銘打たれている。「師範方針」では、沖縄の郷土教育に「国民教育を破壊するの患」を見出し、それへの警戒心を露わにした。直田昇（大和人）ら師範学校関係者は、「郷土史」としての沖縄史の具体像を組み立て、提示していた。その歴史認識では、琉球国の独自性、対中国関係、対「本土」関係が問題となっており、「師範方針」に沿い前二者を矮小化し、後者を強調することにより、国体論的な日本史像に沖縄の歴史を地位づけようとする方向性が示されている。

それに対して、豊川善曄の論考では、「大沖縄の民族魂の復興」が議論の中心となっており、古琉球の尚真王時代の「剛健進取の民族魂」が顕彰され、薩摩入以来の苦難を耐え忍んできた向象賢・蔡温の時代や、当時における沖縄人の日本文化への貢献が讃えられており、日琉同祖論的な認識は「注意点」としてあげられているのみである。古琉球時代の活躍を日本史の中に解消しようとする視点も薄い。豊川が「郷土史教育の主眼点」として「日本文化に対する吾等の祖先の貢献を知らしめ大いに民族的自重心を起させ」ようとした点は、直田昇が「留意すること」として述べた「沖縄の政治並に文化界は全く国史の進行軌道を追従してゐる」ことを明瞭ならしめようとする意図と明確に対立している。「師範方針」が警戒する沖縄史像がここで語られているといえよう。そのような豊川の論考が『沖縄教育』に掲載されたのは、同特集を組んだ編集担当者である島袋がこの論考に意義を見いだしていたからにほかならない。

島袋源一郎は、国民教育を担うべき社会的な立場にあって、「沖縄人」意識と国民意識の狭間で揺れ動いていたようである。島袋は、「師範方針」に類する建前を述べつつも、具体的な歴史叙述では、「国史」に適合的な「郷土史」の枠には収まりきれない「琉球史」の事実を羅列し、「古琉球の人々即ち吾等の祖先は勇敢にして偉大なる素質を持つてゐたことを児童の脳裏に刻むこと」を強調し、「吾々は大いに自重奮発して此の偉大なる民族性の甦生を図らなければならぬ」とする。ここでの「民族性」は、直接的には「沖縄人」の「民族性」を指していた。

一九四〇年の「方言論争」直前の教育会の講演において、琉球史研究者の東恩納寛惇は、郷土史の在り方を論じ、当時の改姓改名運動や県官吏の言動を批判しつつ、「名前を変へる、けしからん話だ、（中略）沖縄人何が悪い、我は沖縄人、沖縄人こゝにあり！ ほんとうの教育はこゝにある、沖縄人であることをかくすために名を変へる、憐れむべし、（中略）私の話は諸君に自覚を促すのが一つの目的である」[4]と自らの講演と研究の目的を述べている。この時期、『沖縄教育』誌上でこれほど強烈な「沖縄人」意識を表明したのは東恩納寛惇をおいてほかにない。

以上、特筆すべき時期の特徴的な論者の歴史認識を検討してきたが、主要な論点を形成したのは、琉球国の独自性、対中国関係、対「本土」関係であった。日本の国史に沖縄の歴史を押し込めようとする際、琉球国の独自性を認めるか否かという点であり、それは近世期の宰相蔡温への評価に顕著であらわれるものであった。そして、沖縄の歴史の独自性を強調する際、強い「沖縄人」意識が表明されることに気づくであろう。「沖縄人」意識を形成する核の一つに歴史認識が重要なものとして存在することが確認できる。

三　言語認識をめぐる抗争

次に、言語に関してはどうであったかを確認してゆきたい。もしも沖縄の近代史を台湾・朝鮮と同様に植民地におけるナショナリズムの歴史として描くのであれば、その言語復興が検討されるであろう。しかし、近代沖縄教育史の史料をみわたしても言語復興を主張するものはなく、また、普通語（標準語）励行を全否定する議論は存在しない。それでは、何が論点となったのであろうか。

まず、日清戦争直後に新田義尊は、日琉同祖論を前提に沖縄の言語に関しては、「我が国粋の此沖縄に現存して居ります者は飽くまでも維持保存致して置きたい」と述べている。しかし、現実に進行している沖縄の言葉を学校から排除しようとする動きに無批判でいた。また、沖縄の言葉を記録、収集し、将来の標準語のために活用するという活動なども行っていないことから、彼の議論は沖縄の言葉や文化を否定しようとする教育の現状を糊塗する議論として存在していたといえよう。それゆえ、言語に関しては、「積極的撲滅」を容認するものといえ、その一翼を担うものといえるであろう。

その新田に対して対立的な立場をとった太田朝敷の言語認識についてだが、伊佐眞一[5]が太田の琉歌・和歌観を「本質・外装二分法」と論じていることが示唆的である。太田は、琉歌の外装的な側面が和歌に取って代わられようとも、その本質の維持は十分に可能だと考えていたようである。太田は「今日の時勢、わが方言を永く存するより、寧ろ速かに普通語に進化するを要する」[6]と述べており、それは、「クシャミ発言」と軌を一にする認識であるが、「クシャミ発言」と同様に、沖縄的なものの消滅を意図したものではない。語彙・表現が沖縄の言葉から「普通語」に置き換わったとしても、沖縄の言葉で表されていた精神的な部分が「普通語」に引き継がれれば、それは「進化」であり、消滅ではないととらえられているのである。本書の分析指標である「併用」「混用」「積極的撲滅」のいずれかに近いかといえば、「混用」であろうと考える。新田義尊の言語認識との微細な違いに留意しなくてはならない。その微細な違いの中に「沖縄人」としての主体の存在の余地が確保されているのである。

一九一〇年代の親泊朝擢の言語認識に関しては、普通語励行に関する彼の言動から確認することができる。もし親泊および伊波普猷を「沖縄ナショナリスト」と捉えるのであれば、沖縄の言葉の復権を目指すと考えられるが、実際には、そのようなことは行わず、普通語の励行を推進していた。『沖縄教育』第六九号（一九一二年一月）では、伊波普猷の「音声学大意」を掲載するが、その内容は、音声学的な知識の解説と「国語」と「琉球語」の音声組織を解説したものである。その論考に続き、小禄尋常高等小学校より入手した「発音矯正練習表」を掲載し、「音声学の大意を心得、口形図によりて矯正することあらば、其効果顕著」[7]と述べている。つまり沖縄的な訛音の矯正まで熱心に行うよう指導しているのである。伊波の言語学的な知識を借りてまで「正しい普通語」の習得を目指すべきだとしているのである。しかし、それは沖縄の言葉の抑圧を意味するものではなかった。同時期の伊波普猷の「方言講演」は著名であり、親泊も、「天長節」の説明を沖縄の言葉で行うような人物であった。彼等の実践は、「正しい普通語」と沖縄の言葉の「併用」と評することができよう。その意味で、一九四〇年の「方言論争」における柳宗悦の主張を実践において先取りしていたといえよう（一九四〇年頃には「混用」の側面が表にあらわれている）。

一九二〇年代の又吉康和の編集期になると、大正自由教育の影響もあり、高良忠成の授業実践など、教室内での沖縄の言葉の使用を一部容認しようとする事例も確認できる。その前提には「併用」論的な認識が存在していたといえよう。

一九三三年四月刊行の『沖縄教育』第二〇〇号は、島袋源一郎の編集によるもので、「国語特集号」と銘打たれている。島袋源一郎は巻頭の「本県と国語教育」で、「沖縄語」は日本語の一方言で同一系統であることを強調した上で、歴史的な経緯、地理的な条件からくる不利益を標準語励行が必要であると述べ、語彙の拡充、形容詞・副詞の適切な使用に加えて、「アクセントの矯正」まで行うべきだと述べている。小学校、師範、中学の教師により投稿・掲載された一九の論考では、島袋が示した方向性の議論が行われている。二中教諭で同校国語研究部員の真栄田義見は、「国語の郷土化」を主張しつつも、「沖縄独特なアクセント／沖縄独特な直訳風な言葉／使ひこなせない、習熟しない語彙／を考へた時矢張り方言の温情の中に飛び込みたくなる。が勇を鼓して訣別せねばならない」[8]と述べている。また、羽地尋常高等小学校の永山寛[9]も「郷土のアクセント」の矯正の必要性と、レコードの使用の有効性を述べている。ここでは、標準語の習得のみではなく、アクセントにまで留意した「正しい標準語」がもとめられているといえよう。

しかし他方においては、同号においても、沖縄の言葉を介した標準語教育の実践が有効な手段として紹介されている。具志川尋常高等小学校の古波蔵保昌は、語句の解説における教授法を列記し、最も有効なものとして、「方言の立場に立つ語ク教授〔ママ〕」を挙げている。例えば、「「容易」を「たやすく」と換語する、然し語彙の貧弱なる児童はすぐに受け取れないので方言の立場に立つことによって、ドウヤッサン＝タヤスク＝容易を敷衍して行く」のである。そのような方法による語彙の拡充が「方言禁止に先立って」必要であるとしているのである。アクセントまで矯正しようとする島袋・真栄田・永山に対して、古波蔵は「方言」の存在を前提として標準語励行を行っているという意味で、より「併用」に近い議論であるといえよう。そのような論考を掲載したのもまた、編集者としての島袋源一郎であった。[10]

一九四〇年には、柳宗悦ら民芸協会と県学務部との間で「標準語」励行に関する「方言論争」が巻き起こる。県学務部の「標準語」励行の行き過ぎを指摘した柳は、「方言」と「標準語」との「併用」を主張するものであった。しかし、標準語教育論に限定すれば、「方言論争」における柳宗悦の「方言」と「標準語」の「併用」論は沖縄の小学校教師にとっては目新しいものではなかった。それ以前に、沖縄人教師によって、「併用」論以上に根源的な「混用」論まで提起されており、そこでは「将来の標準語」の中での「方言」の復権が企図され、それと同時に、沖縄人の主体の残存の余地が模索されていた。小学校訓導の宇久本政元（沖縄人）は、標準語が未成立である点を強調し、将来の「標準語」に沖縄の言葉を混入させ、その存立の余地を模索した。この主張は、当時進行していた、発音・アクセントまでも矯正しようとする「標準語」励行運動への根本的な批判であり、総力戦体制下において地方文化が抑圧にさらされる状況において、ぎりぎりのところでの沖縄の言葉の存立の余地を模索するものであった。「混用」の典型的な議論である。また小学校訓導の兼城静の議論には、田舎の人（勝連人）

であり、沖縄人でもあり、日本人でもあるという複数の帰属意識が確認できる。両者の議論に共通するのは、言葉は変容するものであり、あるべき標準語は未成立であり、その変容のなかに沖縄の言葉（及び「沖縄人」意識）の存立の余地を探るという姿勢である。伊波普猷は柳宗悦への違和感として、言語の変容に関する認識が柳に欠如している点を挙げているが、その点で、伊波の認識と宇久本・兼城の議論は共通するといえよう。一九一〇年代の伊波の実践も「併用」論といえるが、伊波の実践においては、沖縄の言葉の「積極的撲滅」である「方言札」の使用を批判しこそすれ、文化本質主義的ともいえる柳のように沖縄の言葉を積極的に擁護し、その活用を奨励するというものではなかった。それは、この言語の流動性に関する認識、沖縄の言葉が固定的なものではなく変容するものという認識のゆえであった。それゆえ柳ほどに徹底的には、県・学務部の運動を批判することができないのである。沖縄学者において最も激しく県の方針に反発したのは、歴史認識に基づき強烈な「沖縄人」意識を露わにした琉球史研究者の東恩納寛淳であった。

以上のように、特徴的な論者の言語認識を検討してきた。歴史認識と比べて、対立点の所在が明瞭ではなく、どの論者の議論も表面的には標準語励行に反対するものではなかった。大和からもたらされた近代学校を受容する沖縄の教師たちにとって、標準語（普通語）励行の方針それ自体を否定するのは困難であった。「普通語」「標準語」教育を否定し、沖縄の言葉を教授用語とすべきという主張はみられなかった。そこで焦点となるのは、「標準語」励行に伴い、「琉球語」「沖縄語」「方言」と言い表された沖縄の言葉をどのように認識し、どう取り扱うかということである。その視点から考えれば、一見して類似した議論の中にも争点が存在することがわかる。沖縄の言葉の「積極的撲滅」をめざすものなのか、「標準語（普通語）」との「併用」を想定しているのか、「標準語（普通語）」と沖縄の言葉の双方の変容を前提に「混用」をめざすのかという点では相違があった。それに基づき議論を整理したが、そこで表出した「沖縄人」意識は、歴史認識に基づくそれと比べて、より多元的な色彩を帯びるものであった。歴史認識をめぐる議論で表出された強烈な「沖縄人」意識と比べると、「滅亡」「死」「溶解」「不滅」という言葉が象徴するように、「流動的」「可変的」なもののように見受けられる。

しかし、表出された「沖縄人」意識が強烈であれば、そこに思想的な価値があるということではない。親泊朝擢や豊川善曄・東恩納寛惇のそれが、太田朝敷や宇久本政元・兼城静のそれよりも、より「民族」的であり、可能性があるというわけではない。それぞれの沖縄教育論およびそこから浮かび上がる「沖縄人」意識が、同時代の支配的な秩序の抑圧性をどれだけあぶり出し、新たな秩序を構想する思想的な力を内包していたかが問われるべきである。「沖縄人」意識の可変性・流動性を踏まえたうえで、それぞれの時期にどのような願望が込められているのか、思想的な可能性がどれほどのものかを確認することが大切なのである。

四．今後の課題

以上のように、沖縄県教育会機関誌『琉球教育』『沖縄教育』を分析し、そこにあらわれた沖縄教育の模索の様子を明らかにしてきた。教育会を「抗争・葛藤の舞台」として捉え、また、沖縄教育をめぐる議論の中から立ち上がるものとして「沖縄人」意識を流動的・可変的なものとして捉え、そこにどのような沖縄の将来像が描かれているのかを跡付けた。従来「同化」「皇民化」、あるいは「大和化」という用語で対象を分析してきた近代沖縄教育史研究に対し、「同化」言説の中から「沖縄人」という主体が立ち上がってくる過程として、あるいは、大和によって強制的にもたらされた近代教育を沖縄人自らのものに改編しようとする過程として、近代沖縄教育史を構想し、その沖縄教育像および「沖縄人」意識の様態を描いたことが、近代沖縄教育史研究における本書の成果だと考える。従来の研究においては、国策を盲目的に遂行する存在として描かれてきた沖縄人教師たちの中に主体的な営為の一端を確認しえたと考える。最後に、その成果を踏まえた上で、今後の課題を二点、述べたい。

まず、序章でもふれたように、雑誌分析を中心に進める本書の限界にかかわることである。「改良」の対象としてのみ取り扱われた沖縄女性や、一方的な批判の対象となった「脱清人」ら救国運動に身を投じた人々の教育への認識を掘り起こさなくてはならない。これらの存在は本書の課題である「沖縄人」意識に不可欠なものである。

また、教育思想の分析も、知識人・中等学校教員に偏重しているといえる。小学校の教育に密接しながら紡がれた教育思想を十分に拾いえたとは言えない。親泊朝擢、幸地恵勇（耕地啓誘）、高良忠成、宇久本政元、兼城静ら小学校教師の実践と思想にも言及はしたものの、断片的に彼らの実践と思想をすくい上げたにすぎない。その結果、『琉球教育』『沖縄教育』誌上で主張された沖縄教育論と教育現場との距離とを十分にとらえられていないと考える。その点が課題としてあげられる。それにあたっては、一定の学校のより具体的な様子を学校日誌、沿革史、記念誌、回想に基づき再構成し、沖縄教育論と教育の実態との距離を見定める必要がある。

二点目の大きな課題としては、移民先の教育史についての研究があげられる。近代沖縄教育史において、移民・出稼ぎ先における被差別の体験が、沖縄における教育の、さらなる「大和化」を促す要因として機能し、「標準語」習得、風俗改良に関する教育を盛んなものにすると説明されている[11]。しかし他方において、フィリピン・ダバオの沖縄人移民の教育を分析した小林茂子によると、「「沖縄人としてのアイデンティティ」は消えることなく渡航先でも生きつづけた」とされ、その基盤としての移民先における郷友会的社会の存在をあげている。さらにその基盤の変容に伴い沖縄人としてのアイデンティティが変容していることも指摘している[12]。『琉球教育』『沖縄教育』の誌面分析を中心に進めた本書では、雑誌の残存状況から、移民の教育については十分な論究ができなかったが、「沖縄人」意識の様態を確認しようとする本書の問題意識からすると本格的な検討が必要である。近代日本教育史研究における移民教育史に関しても、沖田行司は、「日本の国民が体験しえなかった、もう一つの教育の「近代化」[13]ととらえ、その意義と可能性を論じているが、近代沖縄教育史研究においても同様の可能性が存在すると考える。

具体的には、移民先から帰郷した沖縄人が沖縄社会で果たした役割は、教育史研究においても再度、検討しなくてはならないと考える。象徴的な事例だが、一九四五年の沖縄戦において米軍が上陸した沖縄島西部の海岸の村々では、ガマとよばれた避難壕の中で、米軍への投降か「集団自決」(「強制集団死」)をめぐるギリギリの話し合いの中で、ハワイ帰りの移民の存在が大きな役割を果たしたことはよく知られている。読谷村では、チビチリガマで「集団自決」(「強制集団死」)が発生し、ハワイ帰りの移民のいたシムクガマではほぼ全員が投降し、未来に生をつなぐことができた[14]。そのような移民の影響は、近代沖縄教育史においても再検討されないといけないであろう。一九二〇年代以降の経済難から奨励された移民の教育は、沖縄教育全体の「大和化」を促すものとして論じられるが、それとは異なった可能性もあったと推測する。任意の移民地を例にとり、そこでの教育の在り方と「沖縄人」意識の様態を確認し、メインランドたる沖縄との比較および相互影響を確認する作業が必要である。次なる課題としたい。

三点目の大きな課題としては、戦後沖縄教育史研究との関係についてである。本書の問題意識の一つは、「同化」教育のもとでの「沖縄人」意識の様態がいかなるものであるのかを描くというものであった。その「沖縄人」意識が、一九四五年以降どのような変容をきたすのかが解明されなくてはならない。米軍統治下におかれ、日本の施政権が及ばなくなって以降も教育的な営みは継続され、そこに戦前との連続性があり、占領下的な変容があると考えられる。戦前における日本への文化的同一化の圧力はいったん影を潜め、米軍による沖縄の離日政策に基づく教育がおこなわれることになる。それとの葛藤の中で、沖縄教職員会は復帰運動の中核としてその運動の方針を確立してゆくことになるのである。その教師たちの営みは、一九六〇年代の「方言札」に象徴されるように戦前的な負の遺産を継承したものとして批判にさらされているが、性急な批判に陥ることなくその内実を実証的に検討する必要がある。戦前の教師たちが「同化」言説の内部で沖縄人としての主体を立ち上げようとしたのと同じように、復帰思想の内部から沖縄自立の思想が紡がれてゆくことも可能性として考えられる。それらを明らかにすることを、今後の課題としたい。

注

(1)「与K、S論時事」『琉球教育』一九〇二年六月一五日。比屋根照夫、伊佐眞一編『太田朝敷選集』第一書房、一九九六年、上巻、二七四頁。
(2)編集子「時言三則」『沖縄教育』第六六号、一九一一年一一月、三頁。
(3)親泊朝擢「報告書」『沖縄教育』第九七号、一九一四年七月、四五～四六頁。
(4)東恩納寛惇「日本文化の特質」『沖縄教育』第二七八号、一九三九年一〇月、二二～二三頁。
(5)伊佐眞一「解説 沖縄近代史における太田朝敷―その軌跡と思想の特質―」前掲『太田朝敷選集』下巻、注(1)。
(6)太田朝敷「琉歌と夏」『琉球新報』一九〇一年八月五日。
(7)『沖縄教育』第六九号、一九一二年一月、四二頁。
(8)真栄田義見「郷土と国語教育」『沖縄教育』第二〇〇号、一九三三年四月、五二頁。
(9)永山寛「本県国語教育と言語生活」『沖縄教育』第二〇〇号、一九三三年四月、五九頁。
(10)古波蔵保昌「読方教授に於ける語句取扱ひの根本態度」『沖縄教育』第二〇〇号、一九三三年四月、六六頁。引用に際して句読点、脱字を補った。
(11)近藤健一郎『近代沖縄における教育と国民統合』北海道大学出版会、二〇〇六年、第五章参照。
(12)小林茂子『「国民国家」日本と移民の軌跡―沖縄・フィリピン移民教育史―』学文社、二〇一〇年、一一八頁、及び終章参照。

（13）沖田行司『ハワイ日系移民の教育史─日米文化、その出会いと相克─』ミネルヴァ書房、一九九七年、四頁。
（14）例えば、下嶋哲郎『沖縄・チビチリガマの〝集団自決〟』岩波書店、一九九二年、参照。

文献目録

・本書作成にあたり直接的に引用・参照したもの、特に示唆深いものを、著書・論文をあわせ、著者名の五十音順、アルファベット順記す。
・史資料・新聞記事に関しては、『琉球教育』『沖縄教育』、各全集・選集、資料集に所収の論考は基本的にのぞき、その他の主なものに限る。辞典・全集等は史資料とともに示す。

〈論文・著書〉

浅野誠「沖縄における小学校教員形成過程　明治三〇年までの実像把握」阿波根直誠編『沖縄県の戦前における師範学校を中心とする教員養成についての実証的研究』一九七九年度科学研究費補助金（一般研究B）、一九八〇年
浅野誠「解題」『地域教育史資料三　沖縄県用尋常小学読本』文化評論社、一九八四年
阿波根直誠「初等教育」琉球政府『沖縄県史』第四巻、一九六六年
阿波根直誠「沖縄教育」沖縄県教育委員会『沖縄県史』別巻、一九七七年
阿波根直誠・川井勇・佐久川紀成「『沖縄教員養成史関係資料文庫』所蔵目録と解題」『琉球大学教育学部紀要』第二四集、一九八〇年
阿波根直誠「沖縄の師範学校における「郷土室」について（Ⅰ）（Ⅱ）」『琉球大学教育学部紀要』第二八集、第三〇集、一九八五年、一九八七年
新崎盛暉編『沖縄近代史への証言 上』沖縄タイムス社、一九八二年
伊佐眞一「解説　近代沖縄史における太田朝敷—その軌跡と思想の特質—」『太田朝敷選集』下巻、第一書房、一九九六年
石田雄『記憶と忘却の政治学』明石書店、二〇〇〇年

石田正治『沖縄の言論人 大田朝敷―その愛郷主義とナショナリズム―』彩流社、二〇〇一年
板垣竜太「〈植民地近代〉をめぐって―朝鮮史研究における現状と課題―」『歴史評論』第六五四号、二〇〇四年一〇月
板垣竜太『朝鮮近代の歴史民族誌―慶北尚州の植民地経験―』明石書店、二〇〇八年
伊藤純朗『増補 郷土教育運動の研究』思文閣出版、二〇〇八年
大宜味小学校創立百周年記念事業期成会編『大宜味小学校創立百周年記念誌』一九八三年
大田昌秀『沖縄の民衆意識』新泉社、一九七六年
太田良博「改姓改名運動」『沖縄大百科事典』沖縄タイムス社、一九八三年
岡田洋司「「全村学校」運動の理論とその実態」『日本歴史』第四一七号、一九八三年二月
小川正人『近代アイヌ教育制度史研究』北海道大学出版会、一九九七年
沖田行司『ハワイ日系移民の教育史―日米文化、その出会いと相克―』ミネルヴァ書房、一九九七年
小熊英二『〈日本人〉の境界―沖縄・アイヌ・台湾―朝鮮　植民地支配から復帰運動まで―』新曜社、一九九八年
親富祖恵子「国家主義を超える視座―柳宗悦と方言論争―」『新沖縄文学』第八〇号、一九八九年
海後宗臣・飯田晁三・伏見猛彌『我国に於ける郷土教育と其施設』目黒書店、一九三二年
何義麟『二・二八事件―「台湾人」形成のエスノポリティックス―』東京大学出版会、二〇〇三年
梶村光郎研究代表『沖縄教育と近代学校に関する研究』平成九年度～平成一一年度科学研究費補助金（基盤研究C（二））
研究成果報告書、二〇〇〇年
梶村光郎「『沖縄教育』の性格に関する研究―創刊の事情と発行状況を手がかりに―」『沖縄近代と近代学校に関する研究』
平成九～一一年度科学研究補助金研究成果報告書、二〇〇〇年
梶村光郎「「標準語教育」関連記事改題」近藤健一郎『近代沖縄における教育実践史に関する実証的研究』二〇〇六～
二〇〇八年度科学研究費補助金（基盤研究C）研究成果報告書、二〇〇九年、所収
梶山雅史編著『近代日本教育会史研究』学術出版会、二〇〇七年
加藤三吾『琉球乃研究』上中下巻、魁成舎、一九〇六～〇七年
鹿野政直『日本近代化の思想』研究社出版、一九七二年

鹿野政直『戦後沖縄の思想像』朝日出版社、一九八七年
鹿野政直『「鳥島」は入っているか―歴史意識の現在と歴史学―』岩波書店、一九八八年
鹿野政直『沖縄の淵―伊波普猷とその時代―』岩波書店、一九九三年
鹿野政直『化生する歴史学―自明性の解体のなかで』校倉書房、一九九八年
上沼八郎「沖縄教育史―独自性の確認過程―」世界教育史大系三『日本教育史Ⅲ』講談社、一九七六年
上沼八郎「沖縄の「方言論争」について―沖縄教育史の遺産と決算―」『地方史研究』第一四一号、第二六巻三号、一九七六年六月
上沼八郎「「琉球教育」復刻版」日本教育学会『教育学研究』四七（四）、一九八〇年
神田修『明治憲法下の教育行政の研究―戦前日本の教育行政と「地方自治」―』福村出版、一九七〇年
北村嘉恵『日本植民地下の台湾先住民教育史』北海道大学出版会、二〇〇八年
許佩賢「「愛郷心」と「愛国心」の交錯―一九三〇年代前半台湾における郷土教育運動をめぐって―」『日本台湾学会報』、二〇〇八年
金城正篤・西里喜行「「沖縄歴史」研究の現状と問題点」新里恵二編『沖縄文化論叢』第一巻歴史編、平凡社、一九七一年
金城芳子『なはおんな一代記』沖縄タイムス社、一九七七年
岐阜県教育委員会編『岐阜県教育史 通史編 近代二』岐阜県教育委員会、二〇〇三年
儀間園子「明治中期の沖縄教育会―本土出身教師と沖縄出身教師―」「史海」同人編『史海』創刊号、一九八四年
儀間園子「明治中期の沖縄歴史観についての一考察―『琉球教育』を中心に―」（上）（下）「地域と文化」編集委員会編『地域と文化』第二四号、第二五号、一九八四年六、七月
儀間園子「明治三〇年代の風俗改良運動について」「史海」同人編『史海』第二号、一九八六年
國分麻里『植民地期朝鮮の歴史教育―「朝鮮事歴」の教授をめぐって―』新幹社、二〇一〇年
小林茂子『「国民国家」日本と移民の軌跡―沖縄・フィリピン移民教育史―』学文社、二〇一〇年
駒込武「異民族支配の〈教義〉―台湾漢族の民間信仰と近代天皇制のあいだ―」『岩波講座 近代日本と植民地 四』岩波

書店、一九九三年
駒込武『植民地帝国日本の文化統合』岩波書店、一九九六年
駒込武「台湾における「植民地的近代」を考える」『アジア遊学』第四〇号、二〇〇三年二月
駒込武「「帝国のはざま」から考える」「年報日本現代史」編集委員会編『年報・日本現代史』現代史料出版、二〇〇五年
近藤健一郎「『沖縄県尋常小学読本』使用期（一八九七〜一九〇四年度）の沖縄における標準語教育実践とその論理」『国語科教育』、二〇〇四年
近藤健一郎『近代沖縄における教育と国民統合』北海道大学出版会、二〇〇六年
近藤健一郎「宮良長包作詞作曲「発音唱歌」（一九一九年）とその周辺（中）」『南島文化』第二九号、二〇〇七年三月
近藤健一郎「近代沖縄における方言札の出現」『沖縄・問いを立てる二　方言札　ことばと身体』社会評論社、二〇〇八年
近藤健一郎研究代表『近代沖縄における教育実践史に関する実証的研究』二〇〇六〜二〇〇八年度科学研究費補助金（基盤研究C）研究成果報告書、二〇〇九年
近藤健一郎「『沖縄教育』復刻によせて（八）」『琉球新報』二〇〇九年一二月一日朝刊
近藤健一郎「１９３０年代中葉の沖縄における標準語教育・励行政策とその実態」『ことばと社会』第一三号、三元社、二〇一一年
齋木喜美子『近代沖縄における児童文化・児童文学の研究』風間書房、二〇〇四年
佐竹道盛「沖縄近代教育の特質」『北海道教育大学紀要』第一部C第二九巻、第一号、一九七八年
澤地久枝『自決　こころの法廷』ＮＨＫ出版、二〇〇一年
後多田敦『琉球救国運動―抗日の思想と行動―』出版舎MUGEN、二〇一〇年
後多田敦「亀川党・黒党・黒頑派」歴史科学協議会『歴史評論』第六九二号、二〇〇七年一二月
島袋源一郎「『沖縄教育』変遷と思い出」『沖縄教育』第二四八号、一九三七年四月
下嶋哲郎『沖縄・チビチリガマの〝集団自決〟』岩波書店、一九九二年
城間有『豊川善曄論―「個」の行方―』琉球大学大学院人文社会科学研究科一九九九年度修士論文

城間有「豊川善曄論―「個」の行方―」（抄）『琉球アジア社会文化研究』第三号、二〇〇〇年
城間有編『豊川善曄選集』沖縄研究資料一八、法政大学沖縄文化研究所、二〇〇一年
新里恵二「解説」『沖縄文化論叢』第一巻・歴史編、平凡社、一九七一年
新城栄徳「うちなー・書の森人の網（十）」『沖縄タイムス』二〇〇三年一一月八日朝刊
新城安善「沖縄研究の書誌とその背景」沖縄県教育委員会『沖縄県史』第六巻、一九七五年
新屋敷幸繁『与那城村史』与那城村役場、一九八〇年
愼蒼宇「「民族」と「暴力」に対する想像力の衰退」『前夜』第二号、二〇〇五年冬
愼蒼宇「無頼と倡義のあいだ―植民地化過程の暴力と朝鮮人「傭兵」―」『暴力の地平を越えて』須田努他編、青木書店、二〇〇四年
高橋孝代『境界性の人類学―重層する沖永良部島民のアイデンティティ―』弘文堂、二〇〇六年
高橋孝代「奄美・沖永良部島民のエスニシティとアイデンティティ―「われわれ」と「かれら」の境界―」西川潤・松島泰勝・本浜秀彦編『島嶼沖縄の内発的発展―経済・社会・文化―』藤原書店、二〇一〇年
高良倉吉「沖縄研究の展開」『沖縄県史』第五巻、一九七五年
高良倉吉「島袋源一郎論」沖縄タイムス社『新沖縄文学』第三三号、一九七六年
高良倉吉「新田義尊」『沖縄大百科事典』下巻、沖縄タイムス社、一九八三年
高良倉吉「沖縄学」『沖縄大百科事典』沖縄タイムス社、一九八三年
多田治『沖縄イメージを旅する―柳田國男から移住ブームまで―』中央公論新社、二〇〇九年
趙景達『植民地期朝鮮の知識人と民衆―植民地近代性論批判―』有志舎、二〇〇八年
陳培豊『「同化」の同床異夢』三元社、二〇〇一年
照屋信治「『琉球教育』（一八九五～一九〇六）の史料的位置づけ―皇民化概念のとらえ直しをふまえて―」日本法政学会『法政論叢』第四〇巻一号、二〇〇三年
照屋信治「『琉球教育』（一八九五～一九〇六）にみる沖縄教育の展開―「学術」「教授と訓練」欄を中心に―」教育史学会『日本の教育史学』、二〇〇六年

照屋信治「『琉球教育』（一八九五〜一九〇六）にみる沖縄教育の原型―新田義尊の沖縄教育論とそれへの対応―」『歴史評論』第六八三号、二〇〇七年三月

照屋信治「沖縄教育における「文明化」と「大和化」―太田朝敷の「新沖縄」構想を手がかりとして―」日本教育学会『教育学研究』第七六巻第一号、二〇〇九年三月三一日

照屋信治「県文化運動の機関」としての『沖縄教育』―一九二三年から一九三三年までの誌面分析―」『京都大学大学院教育学研究科紀要』第五六号、二〇一〇年三月三一日

照屋信治「〔書評〕屋嘉比収著『〈近代沖縄〉の知識人 島袋全発の軌跡』」琉球大学国際沖縄研究所『国際沖縄研究』第二号、二〇一〇年一二月

照屋信治「『沖縄教育』にみる「沖縄人」意識の形成―一九一〇年代の親泊朝擢の言論に着目して―」歴史学研究会編『歴史学研究』、二〇一一年二月

照屋信治「1930年代前半 沖縄における郷土教育の思想と実践―豊川善曄と「沖縄人」意識の行方―」『沖縄キリスト教学院大学 論集』第九号、二〇一二年一二月

外崎克久『北の旅人―加藤三吾伝』御茶の水書房、一九八二年

戸邉秀明「民芸運動の沖縄―「方言論争」再考に向けてのノート―」『早稲田大学大学院文学研究科紀要』二〇〇二年

戸邉秀明「沖縄 屈折する自立」『岩波講座 近代日本の文化史 八』、岩波書店、二〇〇二年

戸邉秀明「一九三〇年代沖縄の産業振興と地域自立の課題―帝国内部での模索―」河西英通ほか編『ローカルヒストリーからグローバルヒストリーへ』岩田書店、二〇〇五年

戸邉秀明「「方言論争」をたどりなおす―戦時下沖縄の文化・開発・主体性―」『沖縄学入門』昭和堂、二〇一〇年

冨山一郎『近代日本社会と「沖縄人」―「日本人」になるということ―』日本経済評論社、一九九八年

冨山一郎『戦場の記憶』日本経済評論社、一九九五年

冨山一郎『暴力の予感―伊波普猷における危機の問題―』岩波書店、二〇〇二年

仲里小学校創立百周年記念事業期成会記念誌編集部『仲里小学校創立百周年記念誌』一九八六年

並木真人「植民地期民族運動の近代観―その方法論的考察―」朝鮮史研究会『朝鮮史研究会論文集』第二六号、一九八九

年
並木真人「植民地期朝鮮人の政治参加について―解放後史との関連において―」朝鮮史研究会『朝鮮史研究会論文集』第三一号、一九九三年
並木真人「植民地期朝鮮政治・社会史研究に関する試論」『朝鮮文化研究』第六号、一九九九年
並木真人「朝鮮における「植民地近代性」・「植民地公共性」・対日協力―植民地政治史・社会史研究のための予備的考察―」『フェリス女学院大学国際交流学部紀要　国際交流研究』第五号、二〇〇三年
西里喜行「『沖縄県人事録』解説」、高嶺朝光編『沖縄県人事録』沖縄朝日新聞社、一九三七年、復刻版、ロマン書房、一九九三年
西原文雄「昭和十年代の沖縄における文化統制」『沖縄史料編集所紀要』創刊号、一九七六年、後に、西原文雄『沖縄近代経済史の方法』ひるぎ社、一九九一年に収録
野口武徳「『琉球の研究』の学史的位置」加藤三吾『琉球の研究』未来者、一九七五年
納富香織「比嘉春潮論への覚書―一九三〇～一九四〇年代の在本土沖縄県人との関係を中心に―」『史料編集室紀要』第三二号、二〇〇七年
納富香織「「生活改善」から「生活更新」へ―一九三〇年代の沖縄出身者による生活改善運動―」(上)(下)『季刊　戦争責任研究』第六〇号、二〇〇八年夏、第六一号、二〇〇八年秋
早川孝太郎「本書の上梓について」加藤三吾著、早川孝太郎編『琉球の研究』文一路社、一九四一年
比嘉春潮『沖縄の歳月―自伝的回想から―』中央公論社、一九六九年
比嘉春潮『沖縄の歴史』『比嘉春潮全集』第一巻、沖縄タイムス社、一九七一年
久木幸男「郷土教育論争」『教育論争史録』第二巻、第一法規出版、一九八〇年
比屋根照夫『近代日本と伊波普猷』三一書房、一九八一年
比屋根照夫「明治沖縄思想史の一断面―太田朝敷の『同化』論をめぐって―」法政大学沖縄文化研究所紀要『沖縄文化研究』一四号、一九八八年三月
比屋根照夫『近代沖縄の精神史』社会評論社、一九九六年

比屋根照夫「「新人世代」の悲哀―濤韻島袋全発論各書―」『新沖縄文学』第三三号、沖縄タイムス社、一九七六年一〇月
比屋根照夫『戦後沖縄の精神と思想』明石書店、二〇〇九年
平山洋『福沢諭吉の真実』文春新書、二〇〇四年
藤澤健一『近代沖縄教育史の視角―問題史的再構成の試み―』社会評論社、二〇〇〇年
藤澤健一『沖縄／教育権力の現代史』社会評論社、二〇〇五年
藤澤健一研究代表『近代沖縄における自由教育運動の思想と実践に関する基礎的調査研究　付『沖縄教育』（一九〇六～一九四四年）目次集成』科学研究費補助金（若手研究B）研究成果報告書、二〇〇七年
藤澤健一「国家に抵抗した沖縄の教員運動―「日本教育労働者組合八重山支部事件」の歴史的評価―」藤澤健一編『反復帰と反国家　「お国は？」』社会評論社、二〇〇八年
藤澤健一・近藤健一郎「解説」復刻版『沖縄教育』解説・総目次・索引、不二出版、二〇〇九年
古川昭「公立普通学校の朝鮮人校長登用問題」『アジア教育史研究』第五号、一九九六年三月
本間千景「韓国「併合」前後の普通学校日本人教員聘用」『朝鮮史研究会論文集』第四三号、二〇〇五年一〇月
又吉盛清『日本植民地下の台湾と沖縄』沖縄あき書房、一九九〇年
又吉盛清「解説　台湾教育会雑誌―台湾教育会の活動と同化教育―」『台湾教育会雑誌』別巻、ひるぎ社、一九九六年
三島わかな「沖縄音楽の近代化と園山民平」『沖縄県立芸術大学紀要』第一六号、二〇〇八年
三島わかな「近代沖縄における音楽教員の系譜―沖縄県師範学校を中心に―」近藤健一郎『近代沖縄における教育実践史に関する実証的研究』二〇〇六～二〇〇八年度科学研究費補助金（基盤研究C）研究成果報告書、二〇〇九年、所収
森宣雄「琉球は「処分」されたか―近代琉球対外関係史の再考―」『歴史評論』第六〇三号、二〇〇〇年七月
文部省『沖縄県用尋常小学読本』一八九七年三月～一八九九年五月、復刻版、文化評論社、一九八二年
屋嘉比収「「琉球民族」への視点―伊波普猷と島袋全発との差異―」『浦添市立図書館紀要』第八号、一九九七年三月
屋嘉比収「古日本の鏡としての琉球―柳田国男と沖縄研究の枠組み―」『南島文化』第二一号、一九九九年
屋嘉比収「基礎資料整備と方法的模索―近代沖縄思想史研究の現状と課題―」『資料編集室紀要』第二五号、沖縄県教育委員会、二〇〇〇年

屋嘉比収『〈近代沖縄〉の知識人　島袋全発の軌跡』吉川弘文館、二〇一〇年
安田敏朗『〈国語〉と〈方言〉のあいだ―言語構築の政治学―』人文書院、一九九九年
山田恵吾『近代日本教員統制の展開―地方学務当局と小学校教員社会の関係史―』学術出版、二〇一〇年
山田恵吾「昭和初期千葉における郷土教育の展開―県当局の「教育の郷土化」施策を中心に―」『日本の教育史学』第四一集、一九九八年
尹海東／藤井たけし訳「植民地認識の「グレーゾーン」―日帝下の「公共性」と規律権力―」『現代思想』二〇〇二年五月
吉沢佳世子「一九二〇年代山崎延吉の朝鮮進出」『人民の歴史学』第一六二号、二〇〇八年一二月
與那覇潤「「日琉同祖論」と「民族統一論」―その系譜と琉球の近代―」日本思想史学会『日本思想史学』第三六号、二〇〇四年
與那覇潤『翻訳の政治学―近代東アジア世界の形成と日琉関係の変容―』岩波書店、二〇〇九年
林泉忠『「辺境東アジア」のアイデンティティ・ポリティクス―沖縄・台湾・香港―』明石書店、二〇〇五年
琉球政府編『沖縄県史』三 経済、一九七二年
渡部宗助『府県教育会に関する歴史的研究―資料と解説―』平成二年度文部省科学研究費研究成果報告書、一九九一年
Rwei-ren Wu "The Formosan Ideology: Oriental Colonialism and The Rise of Taiwanese Nationalism, 1895-1945" 2003, the dissertation submitted to The University of Chicago.

〈史資料〉

復刻版『琉球教育』全一四巻、復刻版、編者州立ハワイ大学・西塚邦雄、本邦書籍、一九八〇年
復刻版『沖縄教育』復刻刊行委員会、不二出版、二〇〇九～二〇一二年
沖縄大百科事典刊行事務局編『沖縄大百科事典』上中下巻、沖縄タイムス社、一九八三年
安藤喜一郎「沖縄教育ノ急務（上）（下）」『教育時論』第四四七号、第四四八号、一八九七年九月一五日、二五日
伊波普猷『琉球史の趨勢』小澤博愛堂、一九一一年

沖縄県教育会『沖縄県学事関係職員録』一九二九年版、一九三五年版、一九三八年版、一九四一年版、一九四三年版
沖縄県師範学校編『沖縄県師範学校一覧』一九〇一年五月、一九一四年三月
沖縄県師範学校編『郷土教育施設概要』一九三三年六月
沖縄県師範学校校友会編『龍潭』第三三号、一九三八年
沖縄連隊区司令官石井虎雄「沖縄防備対策送付之件」一九三四年二月二五日、沖縄連隊区司令部庶発第二六号。『陸海軍文書』R105-T671所収。藤原彰・功刀俊洋『資料　日本現代史八　満州事変と国民動員』大月書店、一九八三年、所収
太田朝敷『沖縄県政五十年』国民教育社、一九三二年
太田朝敷「沖縄県の県道と航路問題」湧上聾人編『沖縄救済論集』改造之沖縄社、一九二九年、所収
『太田朝敷選集』比屋根照夫・伊佐眞一編、第一書房、上中下巻、一九九三〜六年
親泊康永『沖縄よ起ち上れ』新興社、一九三三年
親泊朝擢『沖縄県案内』三秀社、一九一四年
河東碧梧桐「続一日一信」『日本及日本人』第五三七号、一九一〇年七月一五日
岸秋正「親泊朝擢について」沖縄県公文書館岸秋正文書資料コードT00015405B
国吉真哲『国吉真哲詩集　ゲリラ』おおみち出版社、一九九二年
月刊民芸編集部「問題再燃の経過」『月刊民芸』一九四〇年一一月・一二月合併号
島袋源一郎「『沖縄教育』変遷と思い出」『沖縄教育』第二四八号、一九三七年四月
島袋源一郎「須らく勇行邁進せよ」『新生活』創刊号、一九三九年三月
『職員録（乙）』印刷局、各年度版
新城朝功『瀕死の琉球』越山堂、一九二五年
第三十二軍司令部「球軍会報」一九四五年四月五日、『第三十二軍司令部　日々命令綴』防衛庁防衛研究所所蔵
谷川健一編『わが沖縄　二』木耳社、一九七〇年
高良忠成『南島発音矯正法』沖縄教友会、一九四一年

豊川善曄『経済問題を中心とせる沖縄郷土地理』愛南社、一九三〇年
豊川善曄『自力主義沖縄振興策論』沖縄書籍株式会社、一九三一年
豊川善曄『沖縄郷土誌教本』沖縄書籍株式会社、一九三二年
豊川善曄「魂のルネッサンス」『沖縄教育』第一九九号、一九三三年
豊川善曄『京城遷都論』興亜堂書店、一九三四年、韓国地理風俗誌叢書（三六）『京城と金剛山 京城遷都論』一九九五年、所収
『豊川善曄選集』城間有編、沖縄研究資料一八、法政大学沖縄文化研究所、二〇〇一年
那覇市史総務部市史編集室編『那覇市史　資料編二巻中の三』那覇市、一九七〇年
楢原翠邦編『沖縄縣人事録』沖縄県人事録編纂所、一九一六年
新田義尊編集発行『桃源吟藻　第貳集』一八八九年
新田義尊「履歴書」一九〇二年、順天学園所蔵
東恩納寛惇「沖縄県人の立場より」『月刊民芸』一九四〇年三月
『東恩納寛惇全集』第三巻、第一書房、一九七九年
比嘉春潮「大洋子の日録」一九一〇年一二月二五日の記述『比嘉春潮全集』第五巻、沖縄タイムス社、一九七三年、所収
編集部「問題再燃の経過」『月刊民芸』一九四〇年一一、一二月合併号
保科孝一「沖縄における標準語問題」『国語教育』第二五号、一九四〇年五月
広島高等師範学校附属国民学校国史・地理研究部編『全国における「郷土の観察」の実際』目黒書店、一九四二年
『福沢諭吉全集』第一五巻、岩波書店、一九六一年
藤原彰・功刀俊洋『資料 日本現代史　八 満州事変と国民動員』大月書店、一九八三年
文部省『沖縄県用尋常小学読本』一八九七年三月～一八九九年五月、復刻版、文化評論社、一九八二年
山崎延吉『農村自治之研究』扶桑新聞社、一九〇八年、『山崎延吉全集』第一巻、山崎延吉全集刊行会、一九三五年
龍潭同窓会『龍潭同窓会会報』第二号、一九〇九年
湧上聾人編『沖縄救済論集』改造之沖縄社、一九二九年

〈新聞記事〉

伊波普猷「方言は無暗に弾圧すべからず―自然に消滅させ」『大阪球陽新報』、一九四〇年一一月一日

伊波普猷「適正な奨励法を―伊波さんは語る」『沖縄日報』一九四〇年一月三〇日。

太田朝敷「旧慣的諸興行」『琉球新報』一九〇〇年八月一七日

太田朝敷「宴会改良論」『琉球新報』一九〇〇年八月二三日

「過去の沖縄県治」『琉球新報』一九〇六年六月八日

「本山氏の就職を聞きて（一）」『沖縄毎日新聞』一九一〇年一二月二五日

「校長輸入の理由如何」『琉球新報』一九一一年四月三〇日

「教育界の疑問」『琉球新報』一九一一年一二月七日

「編輯の後」『沖縄毎日新聞』一九一二年六月一九日

「謹んで森山校長に呈す」『沖縄毎日新聞』一九一二年六月二〇日

「ストライキ確聞（二）」『沖縄毎日新聞』一九一二年六月二四日

「師範学校のストライキ」『琉球新報』一九一二年六月一九日

「渡辺学務部長標準語問題に一言」『沖縄日報』一九四〇年一月二三日

あとがき

沖縄戦で日本軍が住民に「集団自決」（強制集団死）を強制したとの記述が教科書検定で削除されたことに対して、二〇〇七年九月二九日、検定意見の撤回を求める超党派の沖縄県民大会が開かれ、宜野湾市の海浜公園に、主催者発表で一一万人を超える人々が集った。大学院生として京都で暮らしていた私も、居てもたってもいられずに、その場に駆け付けた一人であった。一九九五年の少女暴行事件に抗議する県民大会に参加した時よりも多くの人々の参集を体感した。過去の記憶をめぐる問題がこれほど人々を動員するものかという感覚を抱くことになった。一九九五年以降の米軍基地をめぐる政治的情勢や歴史修正主義的な動向のなかで、沖縄の人々に最大の動員を促したのが歴史認識をめぐる問題であったことが、歴史研究者としての私に大きな示唆を与えることになった。

追悼式のような厳粛さの中で、多くの人々が、壇上から語りかけるその声をかみしめるように聞き入っていた。そのなかでも私の記憶に強く刻まれたのが、読谷高校生の津嘉山拡大さんの「この記述をなくそうとしている人たちは、沖縄戦を体験したおじいおばあがうそをついていると言いたいのだろうか。わたしたちはおじいおばあから戦争の話を聞いたり戦跡を巡ったりして沖縄戦について学んできた。「チビチリガマ」にいた人たちや、肉親を失った人たちの証言を否定できるのか」という発言であった。彼の「沖縄戦を体験したおじいおばあがうそをついていると言いたいのだろうか」という言葉に率直に共感できたし、それを聞きながら、民衆の歴史意識と国家のそれとの間にせめぎあいがあり、その葛藤が沖縄の人々の我々意識を高揚させ、人々を動員させているのだと感じた。そして、重要なことは、過去の歴史の何を引き継ぎ、どのような行動へとつなげ、どのような未来を創造しようとするのか、ということだという思いを深くした。

私は、一九九四年から二〇〇三年までの約一〇年間を沖縄県の高等学校の教員として歴史教育にたずさわってきた。その間の沖縄の情勢は、基地問題で揺れると同時に、歴史認識問題に翻弄されるものであった。日本全体を覆った歴史修正主義とは異なる文脈も有しつつ展開した沖縄のそれは、一九九九年の新沖縄県平和祈念資料館展示改ざん問題、二〇〇〇年の「沖縄イニシアティブ」をめぐるやり取りに、その特徴を見てとれるであろう。著名な琉球史研究者である高良倉吉氏の言動には深い落胆を覚えた。沖縄を学び始めた学生時代に氏の『琉球の時代』(新版、ひるぎ社、一九八〇年)を読み、新たな歴史像と沖縄像への期待に胸を躍らせた経験を持つ者にとって、氏の言動はショックであり残念なものであった。琉球史に対する深い見識を持つ者の現状認識がその程度のものであるのかと深く落胆した。氏の強調する「琉球」によって立ち上がる主体が日米安保を前提とする東アジア秩序にすんなりと収まることを確認して思い出されたのは、強烈な「沖縄人」意識を強調しながら帝国日本の南方進出の前例として琉球の大交易時代の歴史を喧伝する東恩納寛惇の言動であった。高良氏は、東恩納寛惇に対し「古琉球の歴史的局面を、現実の国策に非歴史的に短絡するあやまちを犯している」(同書、二五五頁)と批判しているのだが、氏もまた琉球史の知識を安易に日本の国策の現状に接合してしまっているのではないかと思われる。東恩納寛惇の言動は、一面においては県当局から蛇蝎視される毒をも有するものだったが、現状を追認する「沖縄イニシアティブ」にどのような思想的な可能性があるであろうか。

沖縄における歴史認識問題の動向に接しつつ、私は、沖縄の学が容易に日本のナショナリズムに包摂されることへの危機感を覚えた。沖縄の歴史教育の前提としての沖縄の歴史研究が危うい状態にあるのではないかという思いを強くした。そして教職を辞し、歴史研究に専念することにしたのだが、そのような思いを抱えながら参加した二〇〇七年の沖縄県民大会は、私に大きな示唆を与えるものであった。過去の沖縄の歴史の何を継承し、どのような社会を創造しようとするのか。我々意識が目指そうとするものの内実こそが問われるべきである。

本書は、二〇一〇年度に京都大学教育学研究科に提出した学位請求論文「近代沖縄教育史序説―『琉球教育』『沖縄教育』にみる沖縄教育の模索―」に加筆修正したものである。各章の内容は次の既発表論文を素材としている。

序　章　「[書評] 屋嘉比収著『〈近代沖縄〉の知識人 島袋全発の軌跡』」（琉球大学国際沖縄研究所『国際沖縄研究』第二号、二〇一〇年一二月）

「『琉球教育』（一八九五～一九〇六）の史料的位置づけ―皇民化概念のとらえ直しをふまえて―」（日本法政学会『法政論叢』第四〇巻第一号、二〇〇三年一一月）

第1章　「『琉球教育』（一八九五～一九〇六）にみる沖縄教育の原型―新田義尊の沖縄教育論とそれへの対応―」（歴史科学協議会『歴史評論』第六八三号、二〇〇七年三月、二〇〇七年三月）

「『琉球教育』（一八九五～一九〇六）にみる沖縄教育の展開―「学術」「教授と訓練」欄の傾向を中心に―」（教育史学会『日本の教育史学』第四九集、二〇〇六年一〇月）

第2章　「沖縄教育における「文明化」と「大和化」―太田朝敷の「新沖縄」構想を手がかりとして―」（日本教育学会『教育学研究』第七六巻第一号、二〇〇九年三月）

第3章　「『沖縄教育』にみる「沖縄人」意識の形成―一九一〇年代の親泊朝擢の言論に着目して―」（歴史学研究会編『歴史学研究』第八七六号、二〇一一年二月）

第4章 「「県文化運動の機関」としての『沖縄教育』―一九二三年から一九三三年までの誌面分析―」
（『京都大学大学院教育学研究科紀要』第五六号、二〇一〇年三月）
第5章 「一九三〇年代 沖縄における郷土教育の思想と実践―豊川善曄と「沖縄人」意識の行方―」
（『沖縄キリスト教学院大学 論集』第九号、二〇一二年）
第6章 「「沖縄方言論争」と『沖縄教育』誌上の「標準語」教育論―「混用」という可能性―」
（日本教育史研究会『日本教育史研究』第三〇号、二〇一一年）
終　章　未発表

なお本書の刊行にあたり、日本学術振興会二〇一三年度科学研究費補助金（研究成果公開促進費）の交付を受けている。

本書が刊行されるまでに多くの方々の学恩を受けている。謝辞を述べさせていただきたい。

大学時代を過ごした早稲田大学の小さな沖縄学習サークル先島クラブの田中裕司さん、松島泰勝さん、道場親信さん、與那嶺功さん、若林健介さん、空本善孝さん、中山綾子さんには大変お世話になった。先島クラブで琉球処分論・独立論・反復帰論・大城立裕・『球陽』などを読んだり、やんばるでの援農（パイナップルツアー）を行ったりした。そこでの思索や対話がなければ、本研究はおろか、現在の私自身の存在すらなかったであろう。みなさんに心より感謝する。沖縄タイムス社の與那嶺功さんには卒業後もたえず気にかけていただいている。和光大学の道場親信さんは大学生の頃より私のチューターのような存在であった。琉球民族独立総合研究学会共同代表の松島泰勝さんには、本書をもって二十年前の議論の応答とさせていただきたい。

また、早稲田大学での卒論ゼミの指導教員の鹿野政直先生には心から感謝している。鹿野先生の著作にめぐり会わなければ、私が歴史研究を行うことはなかったであろう。鹿野先生は、三年次の最初の授業で学生たちに向かって、どのような講義をお聴きになりたいですか、とお尋ねになられた。私が挙手して、民衆思想史の研究手法が理解できる講義内容にしていただきたい、と要望したところ、わたくしの研究が民衆思想史といえるかどうかわかりませんが、とおっしゃりつつ、著書『沖縄の淵―伊波普猷とその時代―』刊行以前の伊波普猷研究の内容をお示しいただいた。先島クラブでの議論で、反復帰論や大城立裕の間をうろうろとし伊波普猷を読みかじりしていた私にとって、大学入学以来積み上げてきたものがガラガラと崩れてゆくような感覚を味わうことになる内容だった。やっと定まりかけていた方向性がぐらつき、最初からやり直さなくてはならないという気持ちで途方に暮れることになった。鹿野先生の、研究対象に寄り添うような研究をなさい、という言葉が深く印象に残っている。そのような鹿野先生のご研究に憧れを抱くようになっていた。私の研究が研究対象に寄り添えているかは、はなはだ心もとないが、少なくとも、沖縄の教師たちを研究対象に選定したのは、鹿野先生の言葉が心の内にあり、そのような研究でありたいと思ったからである。心より感謝申し上げる。

大学を卒業後、沖縄に戻り、約一〇年間、沖縄県立高等学校教諭として歴史教育に関わってきた。その間でも、職場の先輩・同僚や、沖縄県高等学校教職員組合の関係者には大変お世話になった。沖縄の人々がもっと沖縄の歴史を知ればもう少し自律性の高い沖縄社会が創造できるのではないかという思いから教職に就いた私にとって、組合の教育研究集会は大切な場であった。少なくない沖縄の教師たちが問題意識を共有していることに気づき心強く思うと同時に、管理強化される教育の場で、それがどれほど難しいかも理解した。そこで出会い、今も奮闘している教師たちに感謝申し上げたい。また、三年間勤務した宮古島の高校の生徒たちからは、沖縄人としての主体に無批判的であった私自身の問題意識の限界を教えられた。大学卒業後の一九九四年以降、約一〇年の教師としての経験と、沖縄をとりまく状勢が、本書の問題意識を規定していることは言うまでもない。

大学院進学以降も多くの方々にお世話になった。兵庫教育大学大学院、京都大学教育学研究科で学ばせていただいた。諸事情によりご芳名を記し謝辞を述べることができないが、関わりをもった多くの方々に感謝を申し上げる。

また、教育史学会・日本教育史研究会・日本教育史学会・日本教育学会・歴史学研究会・歴史科学協議会で研究発表・論文投稿をさせていただいた。直接的にコメントをいただいた方々や、査読という形でコメントをいただいた方々もいる。そのやり取りの中で、私の問題意識が学問的な体裁を整えることができるようになったと思っている。特に教育史学会が主な研究発表の舞台であった。同学会の梶山雅史さんには教育会研究のグループに招き入れていただいた。アイヌ史研究者の小川正人さんからは沖縄教育史研究全般に対する厳しいご意見をいただいた。本書が、両氏のお気持ちに多少でもこたえられる内実を有していることを願いたい。また、『日本教育史研究』掲載拙稿には、小国喜弘さん、戸邉秀明さんからの厳しいご論評をいただいた。本書がその応答となっていることをお祈りする。

近代沖縄史研究に関しては、比屋根照夫さん、伊佐眞一さん、故屋嘉比収さんの先行研究に多くの学恩を負っている。拙稿へのコメントをいただき、暖かい激励をいただいた。伊佐眞一さんには、屋部公子さんをご紹介いただき、本書に掲載した太田朝敷の貴重なお写真をお借りする仲介の労までお取りいただいた。屋部公子さんにもこの場で謝意を述べさせていただく。沖縄タイムス社の城間有さんには、豊川善曄に関する氏の修士論文をコピーさせていただいた。強烈な個性を放つ豊川善曄の資料を収集し選集を編んだ氏のお仕事に心より敬意を表する。納富香織さんのお仕事にも励まされる思いを感じている。

また、近代沖縄教育史研究に関しては、藤澤健一さん、近藤健一郎さんにお世話になった。『沖縄教育』の復刻事業にも関わりを持たせていただき、学ぶ機会を提供していただいた。そして私が未所有であった『沖縄教育』を十数号分もご提供いただいた。感謝申し上げる。浅野誠さんからはブログ上で拙稿に対するご過分の評価をいただいた。

そして、研究調査においても様々な機関・個人にお世話になった。沖縄県立図書館・琉球大学附属図書館・那覇市歴史博物館・京都大学附属図書館には大変お世話になった。なかでも、『沖縄教育』を大量に所蔵する那覇市歴史博物館では、多くの資料を複写させていただいた。複写を終えるのに数日間を要したが、その際に宮城晴美さんに大変お世話になった。新田義尊の履歴書を所蔵する順天学園の渡辺孝蔵理事長にも感謝申し上げる。

現在の職場である沖縄キリスト教学院大学の教職員および学生の皆さんにも多くのことを教わった。沖縄で再び教職に就く機会をいただいたことに心から感謝している。大学以来の友人である當山清喜さんには、議論の相手になっていただいた。かけだしの教員として互いに励ましあってきたのだが、そのおかげで教職を投げ出さずにすんだと思っている。溪水社の木村斉子さんには出版のお話をいただき、初めての出版で何もわからぬ私に補助金の申請をはじめ多くのことをお教えいただいた。研究の過程で読んだ先行研究の著者の方々は、そのお顔も知らない人がほとんどだが、その方々との対話がなければ本書はない。ご芳名は記せないが感謝を申し上げる。

それ以外にもお名前を記し謝意を表さなくてはならない人々が多くいるが、紙幅の関係もあり、これだけでとどめておく。ご無礼をお許しいただきたい。

最後に、老父母である照屋明弘・照屋敏子にも感謝の気持ちを伝えたい。沖縄の歴史を研究するなか、父母から聞いた昔話が時折、思いかえされた。戦前のフィリピン移民としての経験、沖縄戦での投降、幼少期の特飲街での生活、米軍統治下のコザ騒動のことなどである。それらが歴史イメージを喚起し、私の研究の助けとなってくれた。それも含め、全てのことに感謝している。

88, 98, 151
宮城亀　10, 11, 134, 144, 163, 165, 185
宮城久栄　177
宮里静湖　190
宮里正光　257
宮良長包　14, 145, 147, 157, 158, 167, 314
宮良波響　145, 167
武藤長平　146
本松虎之助　182
桃太郎　90
森田正安　182, 183
森山辰之助　138, 183
諸見里朝清　177, 178, 180, 181, 183, 254

や行

屋嘉比収　17, 28, 36, 37, 39, 41, 174, 205, 285, 289, 316, 318, 319, 325, 328
保田与重郎　250
安村良公（迂斎）144, 145
柳田国男　28, 41, 174, 205, 318
柳宗悦　178, 179, 249, 252, 256, 274, 278, 280, 282, 284, 285, 296, 297, 303, 304, 305, 312
矢野勇雄　145
山内盛彬　145, 147
山岸進　80, 81, 182, 183
八巻太一　145
山口源七　182, 183
山口澤之助　177, 182
山崎延吉　231, 246, 319, 321
山里和弘　257
山城篤男　176
山城翠香　135
山城正忠　190
山城宗雄　277
山城盛貞　176
山城保平　185, 187
山田恵吾　15, 39, 216, 244, 319
山田有幹　135
山之口貘　190
尹海東　7, 37, 319
與儀清忠　182
與儀喜明　180, 181, 182, 183
横内扶　182
よし浦生　145, 165
吉田嗣延　177, 178, 179, 252, 253, 254, 256, 260, 286, 296
誉田豊吉　182
与那嶺堅亀　145, 147, 158, 167

ら行

林泉忠　18, 39, 319
琉球樽金　121, 122, 123, 124, 125, 126

わ行

湧上聾人　229, 246, 320, 321
湧田親雲上　224
和田規矩夫　183
渡部宗助　15, 38, 39, 319
渡邊瑞美　177, 179, 183, 254
渡邊信治　10, 11, 132, 146, 159, 165, 180, 183, 185

は行

羽田格三郎 177, 180, 183
秦蔵吉 105, 177, 182, 183
花城具志（小野重郎） 257
羽地朝秀（向象賢） 52, 83, 84, 146, 298, 299
馬場定一 169, 177
原田吉太郎 182
比嘉賀秀 135
比嘉賀新 181, 182
比嘉義源 82
東恩納寛惇 128, 184, 185, 187, 190, 203, 214, 215, 218, 222, 240, 242, 244, 245, 252, 254, 255, 256, 257, 258, 283, 286, 295, 296, 301, 306, 309, 321, 324
東恩納寛文 182
東恩納盛懋 136
比嘉重徳 10, 11, 32, 169, 172, 188, 189, 190, 194, 198, 203, 204, 208, 295
比嘉春潮 98, 130, 135, 136, 137, 139, 147, 159, 164, 166, 167, 260, 287, 317, 321
比嘉徳太郎 176
比嘉徳（南水） 145, 176
比嘉博 177, 182
久木幸男 216, 244, 317
日比重明 54, 154, 166, 183
比屋根照夫 17, 39, 42, 96, 106, 125, 127, 130, 131, 133, 163, 164, 166, 309, 317, 318, 320, 328
平田吉作 73, 175
平野薫 177, 181, 183
広田鐵蔵 146
深田覚助 182
福沢諭吉 32, 118, 128, 293, 318, 321
福光正義 177, 181, 183
譜久村朝範 182
藤澤健一 5, 14, 22, 23, 25, 36, 37, 38, 40, 99, 100, 163, 205, 206, 207, 243, 318, 328
伏見猛彌 215, 244, 312
淵上房太郎 177, 183, 252, 296
麓純義 182
古市利三郎 183
平敷屋朝敏 299
平田典通 224
外間完用 180, 182
外間政暉 181, 182, 183
外間良儀 175, 176, 177
本田亀三 138

ま行

前島清三郎 182
真栄田一郎 198, 207
前田百太郎 82
真木滴 258, 259, 264, 268, 284, 286
真境名安興 184, 185, 187, 193, 203, 295, 299
又吉康和 10, 11, 32, 132, 169, 170, 172, 182, 185, 188, 189, 190, 192, 193, 203, 204, 208, 275, 288, 295, 303
町田辰己 185, 187, 188
松根星舟 185, 187, 188, 190
丸山幹義 182, 183
三木原広介 182
三島わかな 14, 37, 39, 164, 318
溝口重亮 182, 183
味田浩 146
源為朝（為朝） 47, 52, 60, 62, 83, 84, 86,

高良忠成　196, 203, 206, 303, 307, 320
高良隣徳　81, 141, 177, 182
瀧口文夫　144
武富良茂　11
田島利三郎　46, 182
谷川健一　250, 285, 320
谷本富　145
玉城朝薫　151
田村浩　10, 11, 169
為朝（源為朝）47, 52, 60, 62, 83, 84, 86, 88, 98, 151
俵孫一　76, 101, 182
知花朝章　182
知里幸恵　193
陳培豊　24, 40, 108, 127, 315
ＴＴ生　278
程順則　86, 87, 151, 221, 233
勅使河原博　182, 183
照屋宏　193
天夢山人　144
東雲生　57, 58
東海散士　123
桃原思石　257
當間全慎　182
渡嘉敷唯功　175, 177, 182
渡嘉敷唯明　144
常葉作太郎　89, 90, 103, 182
鄰谷義一　182, 183
富川盛重　87
富川盛正　177, 182, 254
富永実達　73, 175, 177, 182
冨山一郎　17, 28, 39, 41, 131, 163, 174, 205, 285, 316
豊川善曄　4, 5, 6, 7, 17, 26, 28, 30, 33, 35, 39, 160, 167, 202, 208, 210, 217, 218, 222, 225, 226, 227, 228, 229, 230, 231, 232, 233, 234, 235, 236, 237, 238, 239, 240, 241, 242, 244, 245, 246, 247, 296, 300, 306, 314, 315, 316, 321, 326, 328
鳥原重夫　146

な行

仲尾次嗣善　177
中城真正　182
仲里松吉　177, 182
仲松庸祐　177
名嘉眞親雲上　224
中村敏子　118, 128
仲本政世　81, 142, 182, 183
名嘉山盛茂　177, 178, 221, 245
永山寛　177, 211, 243, 303, 309
名嘉元浪村　190
仲吉朝宏　182, 183, 257
仲吉朝睦　82, 103
仲村渠喜俊　81
今帰仁朝興　181, 182
奈良原繁　76, 152, 177, 183
南陲（樺山南陲）144, 145
ニーチェ　151, 276
西村光彌　177, 182, 183
新田義尊　13, 18, 21, 31, 40, 42, 44, 45, 53, 56, 64, 67, 70, 71, 74, 76, 80, 83, 84, 85, 93, 94, 95, 96, 97, 98, 100, 101, 105, 111, 115, 123, 124, 141, 147, 150, 151, 166, 174, 182, 204, 222, 241, 292, 293, 298, 301, 302, 315, 316, 321, 325, 329
野国総官　86
野間清治　182

佐倉龍治　258, 284, 286
雑録氏　57, 58, 93, 98, 122, 123, 124
佐藤栄四郎　182
佐藤幸一　177, 183
志喜屋孝信　176, 177, 229
重藤利一　144
篠原一二　54, 58, 98
志保田鉎吉　182
島内三郎　180, 183
島岡亮太郎　80, 81, 182, 183
島袋源一郎　10, 11, 32, 169, 170, 172, 173, 177, 178, 180, 181, 183, 184, 187, 188, 189, 190, 192, 194, 203, 204, 205, 206, 208, 209, 210, 211, 212, 213, 215, 218, 222, 223, 229, 240, 242, 243, 244, 245, 248, 249, 256, 257, 278, 279, 280, 284, 285, 289, 295, 296, 297, 299, 300, 303, 304, 314, 315, 320
島袋盛敏　214, 215, 240, 257, 258
島袋全発　17, 26, 39, 130, 163, 176, 185, 187, 249, 279, 280, 282, 285, 289, 316, 318, 319, 325
島袋盛文　257
島元清秀　181, 182
下国良之助　13, 182, 183, 193
謝花昇　12, 13, 43, 46, 76, 94, 100, 101, 106, 107, 110, 175, 234, 235
朱元璋　47, 83
舜天　47, 60, 62, 83, 86, 151
尚英　182
尚敬　221
尚思紹　224
尚思達　224
向象賢　52, 84, 96, 151, 152, 226, 300
尚真　4, 224, 226, 300
尚徳　187
尚巴志　151, 299
自了　151
白石金次郎　182
城間有　17, 39, 218, 223, 225, 239, 244, 245, 314, 315, 321, 328
城間隆栄　176
新里清良　176
新城安善　13, 37, 38, 46, 97, 315
愼蒼宇　7, 37, 315
信天翁　88
新納時哉　80, 81, 182, 183
吹田久雄　182
末原貫一郎　183, 190, 206
末吉麦門冬　135
菅野喜久治　182
杉浦外世四郎　182
杉谷房雄　10, 192
直田昇　221, 227, 241, 242, 245, 296, 300
鈴木邦義　180, 183
須藤信立　177, 182
須藤利一　257, 258
世礼国男　154, 166
副島藤吉　182
祖慶良次　260, 261, 262, 263, 286, 287
園山民平　138, 164, 318

た行

平良孝栄　182
高田宇太郎　182
高橋清次郎　80, 81, 144, 145
高良倉吉　42, 96, 102, 205, 209, 243, 315, 324

河東碧梧桐 129, 163, 320
川部佑吉 177, 180, 183
神田精輝 176
間適楼主人 145
漢那憲和 193
喜入休 182
岸田国士 277
岸本賀昌 106, 107, 140, 141, 151, 158, 175, 177, 178, 180, 182, 183
喜納政敦 185, 187, 188
喜納政常 181, 182
儀間真常 86, 149, 151, 221
儀間園子 13, 38, 46, 97, 313
喜屋武亀三 82
喜友名親雲上 224
許田普正 176
許佩賢 216, 241, 244, 313
切通唐代彦 175, 182, 183
宜湾朝保 83, 87, 151, 152
金城学人 145, 166
錦城子 144
金城朝永 184, 185, 187, 203, 287, 295
金城義昌 145, 147, 158, 167
久手堅憲喜 90
国吉真哲 10, 11, 32, 169, 172, 181, 182, 187, 188, 189, 190, 191, 194, 195, 198, 203, 204, 205, 206, 208, 295, 299, 320
久場長文 192
久場ツル 53
熊沢蕃山 299
蔵重久 177, 181, 183
栗村虎雄 177, 183
呉泉 177, 182
黒岩恒 80, 81, 182
桑江良行 185, 187
渓川（南辰次） 257
現役チョーク箱 258, 259, 286
幸地恵勇 185, 187, 188, 199, 201, 202, 203, 207, 307
耕地啓誘 185, 187, 188, 198, 199, 201, 202, 203, 207, 307
幸地新蔵 177, 183
呉叡人 24, 108
國分麻里 216, 244, 247, 313
護佐丸 151, 152
孤臣 122, 123, 124
小谷巨三郎 177, 183
児玉喜八 77, 101, 177, 183, 193
児玉辰二 183
小玉博明 182
後藤敬臣 150
古波蔵保昌 211, 240, 243, 304, 309
小林寂鳥 190
駒込武 40, 55, 98, 162, 167, 168, 313, 314
胡屋朝賞 176, 178
近藤健一郎 14, 20, 23, 36, 37, 38, 40, 103, 163, 167, 205, 206, 212, 232, 243, 246, 251, 258, 265, 285, 286, 287, 309, 312, 314, 318, 328

さ行

蔡温 4, 83, 84, 87, 88, 145, 151, 152, 221, 226, 296, 298, 299, 300, 301
蔡鐸 145
斎藤留吉 80
斉藤用之助 182
酒井豊明 182
佐久田昌教 177, 178

大久保周八 177, 182, 183
大城安哲 278
大城勲 177, 178
大城兼義 230, 246
大城彦五郎 81, 182
大城安正 185, 187, 188
大田祥介 182
太田朝敷 31, 32, 35, 42, 77, 96, 101, 105, 106, 107, 108, 109, 110, 111, 113, 114, 115, 116, 117, 118, 119, 120, 121, 122, 124, 125, 126, 127, 128, 131, 134, 158, 167, 171, 173, 174, 189, 192, 193, 204, 205, 212, 232, 241, 243, 244, 246, 293, 294, 298, 302, 306, 309, 311, 312, 316, 317, 320, 322, 325, 328, 339
大塚市五郎 182
大庭正次 185, 187, 188
大味久五郎 158, 177
大山武輔 183
岡田文次 182
岡村紫峰 45, 72, 82
小川鋹太郎 177, 183
沖縄太郎金 121, 122, 123, 124, 125
小熊英二 18, 19, 39, 46, 97, 107, 127, 272, 288, 312
翁長盛周 82, 103, 182
小野重郎（小野十露・花城具志） 256, 257
親泊康永 234, 246, 320
親泊朝啓 60
親泊朝省 99, 161, 281, 289
親泊朝晋 99, 161
親泊朝擢 10, 11, 31, 32, 59, 60, 61, 64, 65, 71, 72, 92, 93, 95, 99, 100, 103, 104, 105, 113, 126, 129, 131, 132, 133, 134, 136, 137, 139, 143, 145, 149, 158, 160, 161, 162, 166, 167, 169, 172, 175, 180, 182, 183, 185, 241, 257, 284, 292, 293, 294, 299, 302, 306, 307, 309, 316, 320, 325, 339

か行

カークード 79, 101
海後宗臣 215, 244, 312
垣花良香 278
何義麟 25, 26, 29, 41, 131, 163, 291, 312
梶浦済 182
梶村光郎 14, 37, 38, 39, 165, 206, 312
梶山雅史 15, 39, 312, 328
片山清暁 142, 177
勝海舟 123
嘉手川重豊 182
加藤三吾 81, 84, 94, 102, 312, 316, 317
門倉秀幸 80, 81
兼城静 267, 271, 272, 273, 274, 275, 276, 283, 288, 289, 297, 304, 305, 306, 307
鹿野政直 8, 17, 36, 37, 39, 131, 163, 312, 313, 327
川平朝令 176, 178
上沼八郎 13, 38, 71, 100, 165, 251, 285, 313
神谷常助 182
亀井光政 177, 180, 183
樺山純一 144, 145, 182
樺山純一（南陲） 144, 145
樺山南陲 145
河上肇 135
川畑篤郎 257

索　引

あ行

愛親覚羅　50
赤木愛太郎　100, 182
朝武士干城　182
安里成忠　198
足利義満　222
芦田恵之助　257, 261, 287
阿波根直誠　6, 14, 20, 36, 38, 141, 165, 217, 220, 244, 290, 311
油谷菊次郎　176, 257
新崎寛直　177, 182, 185, 187, 206, 257
新垣盛善　82
新垣庸一　10, 11, 257
新垣源蔵　257, 277
有銘興昭　10, 11, 181, 182, 208, 209, 210, 248, 277, 278, 280, 284
安藤喜一郎　45, 99, 111, 112, 115, 119, 121, 122, 125, 126, 177, 182, 183, 319
伊江朝煌　182
池内徳蔵　182
生駒恭人　183
伊佐眞一　17, 39, 106, 107, 127, 131, 302, 309, 311, 320, 328
石川於菟喜　144
石川浩　177, 181, 182
泉正重　278
市村光恵　146
伊藤熙　182
伊藤純郎　216
稲垣隆太郎　82, 182
稲村賢敷　176
乾利一　177, 180, 183
井野次郎　177, 183
伊波月城　130, 135, 138
伊波普猷　14, 16, 17, 18, 26, 28, 39, 42, 46, 66, 83, 126, 129, 130, 131, 133, 134, 135, 144, 151, 155, 161, 163, 164, 166, 167, 182, 184, 185, 186, 187, 188, 193, 195, 198, 203, 204, 227, 241, 269, 271, 274, 276, 281, 283, 288, 289, 295, 299, 302, 303, 305, 313, 316, 317, 318, 319, 322, 327
違星北斗　187, 193
殷元良　151
上里堅蒲　177, 182
上江洲栄徳　82
上田景二　177, 182
上原整吉　145
上原秀雄　278
上村靖　177, 183
宇久本政元　263, 264, 265, 266, 267, 268, 269, 270, 271, 274, 276, 280, 282, 283, 284, 287, 289, 296, 297, 304, 305, 306, 307
浦崎永春　182
浦崎純　177, 178
英祖　60, 62, 83
衛藤助治　53, 182
榎本武揚　123
遠藤金壽　177, 182

【著者】

照屋　信治（てるや　しんじ）

1969年　沖縄北谷村（現北谷町）に生まれる。
1994年　早稲田大学第一文学部史学科日本史学専修卒業
2003年　兵庫教育大学大学院学校教育学専修・領域研究学専攻修了
2011年　京都大学教育学研究科教育科学専攻博士課程修了、博士（教育学）
1994年より2003年まで沖縄県立高等学校教諭
2011年より沖縄キリスト教学院大学准教授
主論文：「沖縄教育における「文明化」と「大和化」―太田朝敷の「新沖縄」構想を手がかりとして―」（日本教育学会『教育学研究』第76巻第1号、2009年3月）
「『沖縄教育』にみる「沖縄人」意識の形成―1910年代の親泊朝擢の言論に着目して―」（歴史学研究会編『歴史学研究』第876号、2011年2月）
「「沖縄方言論争」と『沖縄教育』誌上の「標準語」教育論―「混用」という可能性―」（日本教育史研究会『日本教育史研究』第30号、2011年）

近代沖縄教育と「沖縄人」意識の行方
――沖縄県教育会機関誌『琉球教育』『沖縄教育』の研究――

平成26年2月25日　発　行

著　者　照屋　信治
発行所　株式会社　溪水社
広島市中区小町1-4（〒730-0041）
電話 082-246-7909／FAX 082-246-7876
e-mail：info@keisui.co.jp
URL：www.keisui.co.jp

ISBN978-4-86327-253-8　C3037